国家社科基金
UOJIA SHEKE JIJIN HOUQI ZIZHU XIANGMU
后期资助项目

基层政社关系

制、挑战与数字化时代的重塑

ssroots Political-Society Relations:
hanisms, Challenges, and Reshaping in the Digital Era

青　著

国社会科学出版社

图书在版编目（CIP）数据

基层政社关系：机制、挑战与数字化时代的重塑 / 魏万青著. --北京：中国社会科学出版社，2024. 10.

ISBN 978-7-5227-4232-8

Ⅰ. D630.1

中国国家版本馆 CIP 数据核字第 2024DB9664 号

出 版 人　赵剑英
责任编辑　刘亚楠
责任校对　张爱华
责任印制　张雪娇

出　　版　中国社会科学出版社
社　　址　北京鼓楼西大街甲 158 号
邮　　编　100720
网　　址　http://www.csspw.cn
发 行 部　010-84083685
门 市 部　010-84029450
经　　销　新华书店及其他书店

印　　刷　北京君升印刷有限公司
装　　订　廊坊市广阳区广增装订厂
版　　次　2024 年 10 月第 1 版
印　　次　2024 年 10 月第 1 次印刷

开　　本　710×1000　1/16
印　　张　19.75
字　　数　354 千字
定　　价　108.00 元

国家社科基金后期资助项目

出 版 说 明

后期资助项目是国家社科基金设立的一类重要项目，旨在鼓励广大社科研究者潜心治学，支持基础研究多出优秀成果。它是经过严格评审，从接近完成的科研成果中遴选立项的。为扩大后期资助项目的影响，更好地推动学术发展，促进成果转化，全国哲学社会科学工作办公室按照“统一设计、统一标识、统一版式、形成系列”的总体要求，组织出版国家社科基金后期资助项目成果。

全国哲学社会科学工作办公室

目　　录

导　　言

一　研究问题与推进之处

（一）本书核心问题：基层治理奇迹中的政社关系优势与挑战

针对既有关于中国社会长期稳定奇迹与基层治理的研究，无法解释基层治理“高负荷与低投入的悖论”的问题，本书在基层“减负”和“赋能”基础上提出基层政社关系优势的理解视角，强调基层政社关系是理解基层治理奇迹的关键视角，是理解中国社会长期稳定奇迹的基础。本书聚焦政社关系优势的形成机制与挑战这一核心问题，使用宏观背景数据、全国性代表性调查数据、实地调查案例和数字政府建设过程中用户留言数据，分析了数字政府对政社关系的整体影响、作用机制与挑战，进而聚焦政社关系这一核心中介变量，提出需求响应性的数字政府建设路径，为提升数字化时代的政社关系、基层治理能力提供对策建议。

具体而言，本书研究的问题包括如下几个层面。

一是基于治理负荷视角回答中国稳定奇迹中基层政社关系优势的重要性，即解释基层政社关系优势“为什么如此重要”？其一，基于发展中国家转型秩序难题与中国现代化过程中多重转型、规模巨大、短期聚集的特征与事实，强调理解中国社会长期稳定奇迹的重要性。其二，基于中国社会长期稳定奇迹中的“高治理负荷与低成本投入”的典型事实批评了既有研究的不足，进而在“减负”和“赋能”基础上提出基层政社关系优势的视角。其三，基于基层治理负荷与治理规模理解基层治理现代化，并从治理矛盾外溢、资源动员、信息沟通与回应能力、政策落实成本等多个维度对基层治理能力进行测量，并基于微观数据与典型案例分析了基层社会资本与政社关系的关键作用与途径。

二是借鉴传播理论与经典绩效模型回答了基层政社关系优势形成机

制，即回答基层政社关系优势“从何而来”？其一，基于传统绩效模型与中国共享发展理念分析了经济发展与再分配机制对政社关系的影响。其二，基于互联网时代的内容替代模型和媒体偏见理论分析了互联网兴起对政社关系优势的冲击与挑战。

三是基于敏捷治理与政府赋能理论分析了数字化时代基层政社关系型塑的挑战，即回答数字基层政社关系优势建设“为什么这么难”？其一，基于敏捷治理与政府赋能理论分析了数字政府建设对基层治理的乐观前景与困难。其二，将敏捷治理与赋能理论整合到政社关系优势研究中，借鉴批评视角搭建“服务、能力、安全”多轮驱动框架，分析了数字政府建设对基层政社关系的多层次多维度影响与现实图景。

四是基于需求响应型的数字化时代基层政社关系的强化与数字政府建设建议，即回答数字化时代的基层政社关系优势“如何强化”？其一，结合前文研究结论讨论了数字政府对基层治理乐观图景与现实图景的差异，分析了其可能的原因与问题。其二，基于需求与问题导向，对数字政府建设如何强化基层政社关系优势提出了对策与建议，针对数字政府建设中存在的“使用悖论”与数字鸿沟、隐私安全等问题，提出数字政府建设的重点与推进路径。同既有研究重视技术应用与基础设施建设不同的是，本书强调基础设施建设、基础制度建设，注重自下而上的需求，基于需求响应模式推进数字政府建设与制度建设，即技术、制度与需求响应型的数字政府建设模式。

（二）研究目标与推进之处

本书关注数字化时代的基层政社关系问题，主要基于既有关于中国式现代化道路中对社会长期稳定奇迹的关注不足，特别是在基层治理研究中对数字社会与政社关系优势的关注不足。具体而言，本书在对既有相关文献进行简要的梳理基础上，将研究目标与推进之处概括为三个主要的方面。其一，理解中国式现代化道路，构建“新发展社会学”理论，需要对中国社会长期稳定奇迹进行解读。然而，既有研究对中国式现代化的经济奇迹的文献丰富且研究深入，而对中国社会长期稳定奇迹关注较少，特别是对中国作为超大规模国家的社会治理与社会长期稳定奇迹的规模变量与治理负荷的关注相对较少。其二，既有基层治理与基层秩序研究文献，或基于国家中心主义强调政党、政府与社会政策的作用，关注基层政府的资源动员与对社会力量的吸纳对基层治理秩序的影响，或基于社会中心主义强调社会结构、社会组织、社会精英的作用，强调基层治理的社会基础，忽视了基层治理中的关键社会资本，即政社关系优势的关键作用，这与中国基层治理与社会长期稳定奇迹中的“低投入高负荷”的事实不符。其三，互联网技术的兴起与数字化时代的技术变革，是驱动基层治理模式、影响基层治理秩序的关键背景与关键变量，既有研究不仅对政社关系优势的形成机制缺少充分了解，更是对数字社会的技术变迁以政社关系为中介如何影响基层治理能力与治理负荷缺少了解。正是基于上述理由，本书关注数字化时代的政社关系与基层治理问题，以期弥补既有研究的不足，进而对基层治理乃至中国现代化进程中的社会长期稳定奇迹提供新的解释视角，即政社关系优势的视角。而针对上述问题的回应与实证研究，构成了本书的研究目标、主要内容与推进之处。

1. 弥补既有中国式现代化道路研究对“社会长期稳定奇迹”研究的不足。

既有关于中国式现代化道路建设的文献主要聚焦于中国的经济快速发展奇迹及其快速发展原因，而对发展中国家现代化建设过程中的普遍难题，即转型秩序难题抑或“发展社会秩序悖论”的关注较少，对中国式现代化道路中的“社会长期稳定奇迹”的解读相对滞后。本书认为，中国现代化过程中的“社会长期稳定奇迹”，是中国式现代化道路的显著特征，也是新发展社会学的核心内容。与国际上其他经济体的现代化过程相比，中国式现代化面临着更多的风险与挑战，治理规模与治理负荷成为影响中国转型秩序的关键问题。然而，关于“社会长期稳定奇迹”研究的滞后性与建立基于中国现代化经验的新发展社会学的需求不相符，不仅使得中国社会学研究遭遇明显的“研究困局”，也使得发展研究滞后于国家发展的战略需求，同时也制约了中国社会学以中国现代化经验为基础构建中国式现代化的话语体系、理论框架和解释逻辑的发展脚步。

每一次现代化的巨大变迁都会产生具有世界影响的社会学发展理论。习近平总书记 2020 年 8 月 24 日在经济社会领域专家座谈会上的讲话指出，“新时代改革开放和社会主义现代化建设的丰富实践是理论和政策研究的‘富矿’”（习近平，2020）。然而，虽然改革开放 40 多年的中国式现代化实践为基于中国式现代化经验的新发展社会学奠定了经验基础与理论认识基础，但这一作为世界现代化历史上的重大事件与历史变革事件，至今依然尚未产生具有世界影响的社会学理论和学派（李培林，2021）。作为一门与现代化密切相关的学科，社会学面临中国现代化经验实践的“富矿”却遭遇了明显的“研究困局”，发展理论的滞后性使得发展研究逐渐落后于国家关于发展理论和发展战略的需求（中国社会学会，2021）。

中国式现代化的发展经验需要超越西方现代化理论的视野，基于中国式现代化的发展经验，构建中国式现代化的话语体系、理论框架和解释逻辑（李培林，2021）。中国式现代化的发展经验中，经济奇迹和社会长期稳定奇迹的经验尤为值得关注。然而，社会科学研究往往聚焦于中国现代化过程中"经济快速发展增长奇迹"的解释而对其"社会长期稳定奇迹"的研究相对滞后。研究者对经济快速增长的"中国模式"开展了广泛而持久的研究，成果丰硕，形成了"新结构主义""政府+市场""地方官员晋升锦标赛论"以及"经济分权论"等具有广泛影响的理论，并引发激烈的学术争鸣（新近相关学术争鸣与综述论文可参见陶然、苏福兵，2021）。研究者从全球化背景、政治基础、政府职能、发展战略、激励制度、公共政策（高柏，2006；周黎安，2007；郑永年，2009；张宇等，2011；陈斌开、林毅夫，2013；范剑勇等，2015；马敏，2016；黄先海、宋学印，2021），以及社会基础中的社会资本、历史传统、理性文化与观念等社会基础的角度对中国经济奇迹进行了多角度的解读（如陈健民、丘海雄，1999；徐勇，2010；马敏，2014；王宁，2020）。

与关于中国"经济奇迹"的研究相比，中国式现代化道路中的"社会长期稳定奇迹"相对而言比较滞后。事实上，对发展中国家而言，转型秩序与稳定至关重要。发展中国家在现代化过程中不仅面临着经济层面的"贫困陷阱"与"低水平循环陷阱"，同时也面临着社会秩序的关键难题，即"转型悖论"与"发展秩序悖论"（冯仕政，2021）。后发赶超型国家社会变迁更快、利益调整的强度更大，对于社会秩序具有更强的破坏性，因此越是快速转型的国家，越需要强大的政府对转型方向和社会秩序进行把控（亨廷顿，2008：38）。通常而言，发展中国家的社会秩序是建立在经济高速增长的基础上，即绩效合法性。在社会转型过程中，有效性或政绩合法性是政府合法性的重要基础。然而，"把合法性建立在政绩基础之上"可能导致"政绩困局"（亨廷顿，1998：58），强调效率机制的增长与建立在增长基础上的合法性是脆弱的。从转型国家的经验来看，许多国家政局的动荡不安甚至政治体系的解体，并非因为经济的严重滑坡，而恰恰发生于经济增长绩效相当可观的情形下，这一悖论即"绩效合法性悖论"。与其他发展中国家经济体相比，中国现代化过程中不仅面临着巨大的人口、就业压力，同时转型社会面临着多重叠加、规模巨大、短期集聚的风险。中国现代化过程不仅仅是市场经济发展，还是经济体制和社会结构同时进行的双重重大转变过程（李培林，1992），也是超级人口大国在巨大规模压力下跨越式发展过程，中国社会转型秩序面临着诸多挑战。因此，改革、发展和稳定的关系，始终是驾驭中国巨大变迁的快车的关键（李培林，2021）。使得中国现代化过程中的“社会长期稳定奇迹”显得尤为重要和独特，更能彰显中国现代化与新发展社会学的特点。然而，既有研究对此缺少充分的、整体性的解读，特别是对中国社会稳定秩序中的治理负荷与规模变量的关注更少。

这就构成了本书的第一个研究目标，即从基层治理负荷角度理解基层治理能力，进而为理解中国社会长期稳定奇迹提供基层治理的视角。本书认为，作为超大规模的发展转型国家，中国现代化道路中的基层治理的核心是“低成本治理”，基层治理的核心是降低治理负荷。因此，治理负荷与治理规模是理解基层治理的关键变量，本书将基于治理负荷与规模变量的维度理解基层治理能力现代化，并在梳理既有关于基层治理研究的基础上，将基层治理能力操作化为治理矛盾外溢、资源动员、信息沟通与回应能力、政策落实成本等多个维度。

2. 弥补基层治理研究文献中对政社关系优势研究的不足。

基层治理是国家治理的基石。既有关于中国社会长期稳定奇迹与基层治理能力的文献，或聚焦于国家中心主义，强调政治势能、公共政策与社会政策、考核与激励制度、资源分配与人才下沉对基层治理秩序的影响（周雪光、练宏，2011；黄晓春、周黎安，2019；姚东旻等，2021；王程伟、马亮，2020；张文翠，2021），以及在制度压力下基层政府对基层社会矛盾的化解与吸纳（何艳玲，2009；张永宏、李静君，2012；Lee & Zhang，2013，郁建兴、黄飚，2016）；或基于社会中心主义，延续传统的双轨政治思路，强调基层社会基础与社会网络、基层精英与特定群体、社会组织在基层治理中的作用（曹正汉，2011；狄金华、钟涨宝，2014；何欣峰，2014；杨敏，2016；王向阳，2017；黄晓春、周黎安，2017；刘建生等，2019），强调基层治理能力、内部问题与纠纷解决能力，防止基层治理矛盾上移与基层政权治理负荷过重（程金华、吴晓刚，2010；朱涛，2015；陆益龙，2019），而对中国基层治理中的政社关系优势关注不足。然而在实践层面，根植于党的群众路线与以人民为中心发展理念的政社关系优势是中国现代化道路中的鲜明特征。基础不牢，地动山摇。基层治理能力与稳定的社会秩序是社会稳定的基础。中国社会长期稳定奇迹，特别是基层稳定奇迹中存在一个典型的悖论，即治理负荷与压力较大而投入资源较低的“高负荷低投入”悖论。但在基层治理“高负荷低投入”

悖论下，中国成功地实现了基层治理的稳定，为中国社会长期稳定奇迹奠定了基础。理解基层稳定奇迹的一个关键维度就是政社关系优势。政府信任感是衡量民众对政府信心、公平感与满意度的一个综合维度的指标。社会科学各学科对信任度展开了大量的研究，而对相同调查问题的回应表明，发达国家的政治和社会信任度下降（Levi & Stoker，2000；Citrin & Stoker，2018）。然而，与美国民众以及世界其他国家对政府信任维持低位且不断下降的趋势相比（Hetherington，1998；Weinschenk & Helpap，2015；Citrin & Stoker，2018），中国现代化道路与社会治理、基层治理中的一个典型事实是，虽然民众对不同层级政府信任存在一定的差异，但整体而言，中国民众对中央政府、地方政府乃至基层政府的信任感与满意度一直维持非常高的水平（马得勇，2007；孟天广，2014；Wu & Wilkes，2018）。这种政社关系优势体现了基层治理现代化过程中的社会资本优势，成为中国现代化道路的重要组成部分与显著特征，也是中国社会治理、基层治理的显著特征。也正是因为中国社会治理中的显著的政社关系优势，城乡社区与基层治理在社会巨变、利益关系快速调整、人员流动加速与风险叠加的背景下，在资源投入相对较少而治理负荷与压力较大的背景下实现了长治久安，创造了中国现代化进程中举世瞩目的社会长期稳定奇迹。

然而，学术研究与实践发展存在明显的“错配”，社会学研究与发展理论对政社关系优势的讨论不足。主流研究对中国社会的稳定奇迹与转型和巨变中的基层秩序的理解主要基于社会政策的视角。中国社会政策发展过程被认为是国家面向急剧社会变迁与多重叠加发展风险的回应过程。毋庸置疑，现代国家治理体系的建设过程必然是政策体系的建设过程，理解中国社会长期稳定奇迹不能忽视政党与国家的核心作用，不能忽视社会政策的关键作用。公共政策与社会政策视角主要是基于功能取向，从国家整体主义出发强调各种公共政策或社会政策是国家基于社会问题的回应，国家中心主义的观点有助于理解政策出台的大背景。然而，对政社关系的重视不足，不仅忽视了政策实施的社会基础，也无法理解相同的政策在不同地方有着不同的落实结果的差异。“政策如何被执行”，一直是困扰国家治理的核心问题。基层治理中的政策落实一直被研究者们所关注，既有研究除关注基层政策执行者的影响外（代表性的理论是“街头官僚理论”，参见Lipsky，1980：13-26），政策的社会基础也得到了更多的重视，强调政策的落实过程必须考虑地方文化结构对社会政策的作用。而对中国社会的基层治理而言，绵密的地方家族网络关系是支配中国社会结构的关键，成为形塑构造政策实施效果的重要力量。任何政策的落实与执行过程，都是嵌入在一定社会环境、社会规范中，因此，社会传统规范也必然会影响到制度落实的效果与程度（魏万青、刘庄，2017）。相对而言，既有研究对政社关系优势的研究相对滞后且存在明显的偏差。既有基层治理文献主要是在“政府与社会”的西方理念与分析框架下，分析两者之间的紧张关系。大量文献关注社会转型与利益调整过程中的社会抗争集体行动，其主要分析视角则明显受西方社会运动文献的影响。既有研究从经济利益分配、挫折—反抗的心理机制与不满情绪、怨恨等心理因素，到资源动员、机会结构、文化认同感和话语等维度，解释了集体行动的原因（赵鼎新，2005；应星，2007；谢金林，2012；韩志明，2012）。这些研究主要聚焦于基层治理中的社会矛盾与冲突展开，并形成了“集体抗争”“维权行动”“群体性事件”“社会运动”“集体行动”等关注集体行动概念的连续谱（相关综述可参见谢岳、曹开雄，2009），围绕民众维权与社会抗争的研究日渐成为一个跨学科的综合研究领域（魏万青，2015）。这些研究在一定程度上捕捉到了中国社会治理变革中风险聚集的事实，揭示了社会转型巨变与利益调整过程中社会长期稳定奇迹的来之不易，但相关研究聚焦于微观层面而忽视了中国整体上的稳定奇迹。虽然部分研究从政府与社会互动角度关注中国基层社会的稳定问题与维稳问题，但这些文献依然存在较大的偏差。这些研究关注基层的维稳策略，如，张永宏和李静君（2012）强调基层治理中的讨价还价常规化、物质上的让步惯例化、程序同意和服务导向政府等策略的作用，强调政府利用资源吸纳民众抗争。这些解释无疑捕捉了复杂的社会变迁中基层治理的某些特征，特别是东南沿海等富裕地区的基层治理的某些特征，但相关研究依然是基于幸存者偏误的研究，过于强调冲突，也过于强调冲突解决中的讨价还价和稳定机制。这意味着中国社会奇迹中的基层稳定奇迹是建立在超高额度的资金投入基础与沉重的治理负荷基础上。对一个超大规模、风险集聚、风险叠加的中国社会转型而言，基于海量资源投入的基层治理不是常态，特别是作为发展中国家，中国西部与广大农村的基层政府拥有的资源不足，不可能有着类似于东南沿海与富裕地区强大资源去“购买稳定”。这种基于强大资源的基础治理模式无疑也是不可持续的。因此，这一解释路径也与中国社会治理的典型事实相矛盾。正如前文所述，中国社会长期稳定奇迹，特别是基层稳定奇迹中存在一个典型的悖论，即治理负荷与压力较大而投入资源较低的悖论。中国式现代化实践的一个重要事实是，在基层治理“高负荷低投入”悖论下，中国成功地实现了社会的长治久安。

研究中国现代化过程的基层治理与社会长期稳定奇迹，不能脱离中国现代化过程中群众路线与政社关系优势的影响。由于政治信任是社会科学的经典议题，中国社会科学研究者也对此进行了一系列的研究，但发展理论对此关注依然不够。既有社会学研究与基层治理研究对政社关系的讨论，主要集中在基层纠纷处理、上访等微观问题研究上，缺少系统的视角，对政社关系优势在整个基层治理，特别是降低基层治理负荷等方面的关键作用缺少充分的讨论，对政社关系优势的形成缺少充分的经验研究与理论归纳。中国式现代化的一个显著特点是，与经济奇迹相伴随的是多重叠加、规模巨大、短期集聚的社会风险。多重叠加的社会风险给社会治理与基层治理带来巨大的治理负荷，对社会治理与基层治理提出了新的要求，进而成为驱动中国社会治理体制变革的关键力量。对政社关系优势与基层治理现代化的关系研究，特别是基于基层治理规模与负荷角度讨论基层政社关系优势的作用，构成了本书实证分析中的重要内容。在此基础上，本书将基于经典的绩效主义的政治信任模型，讨论中国政社关系优势的形成过程。

3. 弥补社会学在基层治理研究对数字化时代技术变迁影响的关注不足。

近年来，数字技术全面融入经济、社会、文化等各个领域，给人类生产生活、国家治理带来广泛而深刻的影响。《中共中央关于制定国民经济和社会发展第十四个五年规划和二〇三五年远景目标的建议》提出："加强数字社会、数字政府建设，提升公共服务、社会治理等数字化智能化水平。"数字化时代的技术革新给基层治理创新创造了难得的机遇，互联网技术兴起与数字化时代的技术变革，使得基层治理模式面临着新的挑战，同时也对社会治理模式提出新的要求。科技创新驱动着基层治理变革，成为影响基层治理乃至国家治理现代化的关键变量。作为研究社会变迁与现代化的社会学和发展理论，理应将科技创新的社会过程与社会影响，对数字化时代数字社会的社会结构、政社关系、治理手段等进行过程追踪与记录。社会学研究对技术变迁，特别是数字化时代技术变迁带来的社会治理的巨变缺少足够的敏锐性，社会学与发展研究对数字化时代社会变迁的影响依然有限。这也构成本书的另一个重要目标与研究内容，即关注数字化时代的技术变迁与社会基础，分析数字政府建设对基层政社关系优势的影响，以及影响的途径和作用机制，进而讨论数字化时代如何提升政社关系优势而强化基层治理能力。

技术变迁是社会治理与基层治理变革的重要基础，也是影响政社关系优势的重要因素。作为社会科学的经典议题，既有研究从政府行为与政治信任、民众满意度等角度进行了大量的研究。相关研究从政治参与、社会资本、传统文化等多个维度分析了政社关系与信任感的影响因素，政府绩效的关键作用得到实证研究的普遍支持（如马得勇，2007；胡荣等，2011；李艳霞，2014；高勇，2014）。互联网的兴起则进一步引发研究者对技术使用与政社关系、政治信任的作用进行研究（如 Bennett & Segerberg，2012）。整体而言，既有研究通常将互联网技术的使用作为政社关系优势的挑战因素。诸多经验研究发现，互联网使用与影响政社关系优势的一些不利因素，特别是集体行动与业主维权等非制度参与行为联系在一起，成为非制度参与中动员的重要工具（如黄荣贵、桂勇，2009；高恩新，2009；黄荣贵，2010；汪建华，2011；陈云松，2013）。因此，许多研究将互联网的兴起、新媒体的使用视为降低政治信任感关键因素（如王正祥，2009；苏振华、黄外斌，2015；张明新、刘伟，2014）。

然而，上述研究无论是研究议题还是研究结论都值得商榷。其一，大部分研究依然是选择性的研究，其关注的本身就是非制度参与行为，进而分析互联网使用在其中的作用。

其二，互联网技术的兴起与数字化时代的来临，使得基层治理模式面临着新的挑战，同时也给基层治理带来新的机会，提供了治理的新手段。社会的快速发展与转型，使得“多种矛盾和张力以更为错综、浓缩和升级化的形式复合叠加”（李友梅，2021），复杂性社会的到来、国家的社会治理挑战、互联网技术的兴起……又进一步强化了这一趋势与挑战，对基层治理提出了新的要求。数字政府建设是中国政府推进国家治理现代化与社会治理转型的重要举措。近年来，信息技术的应用与数字政府建设，不仅提升了基本公共服务的覆盖率，也使得基层治理模式发生了较大变化。数字治理与敏捷治理理念的兴起、数字技术的广泛应用，在降低治理成本、提升信息沟通效率以及政务服务与需求的匹配性等方面取得了显著成效。

一方面，数字政府建设使得基本公共服务向基层覆盖，提升了公共服务的可及性与覆盖率，推进了服务均等化与服务效能。数字政府建设不仅降低了服务成本，同时也提高了服务效能，这会进一步提升民众的满意度与获得感，进而强化社会治理中的政社关系优势。另一方面，数字技术的发展使得敏捷治理成为可能。敏捷治理被认为是一种新的管理变革，其目标是使组织能够快速适应环境变化，将敏捷应用到感知、响应和协调整个组织之中，使组织获得高绩效、竞争力和可持续性的管理机制总和（任嵘嵘等，2021）。数字政府建设与典型技术应用使得敏捷治理成为可能，能让城市治理变得更聪明、更智慧。敏捷治理实现了治理效率、机构变革、政策改革等方面的赋能，形成了技术+制度双轮驱动模式（赵静等，2021），进而提升了基层治理与整个社会治理的效能。智慧治理模式的应用也降低了基层治理负荷。2015 年，中央审议通过《关于全面深化公安改革若干重大问题的框架意见》，在全国各地大力开展智慧警务的建设，智慧警务建设是社会治理技术化的一个缩影，其目标就是要通过技术驱动社会治理模式重构，解决传统警务模式面临的治理负荷问题，即无法回应和解决复杂社会转型中的问题（何艳玲、宋锴业，2021）。而智慧社区的建设，也是针对传统社区治理模式面临的困境的回应，应着手推动社区层面的敏捷治理变革（葛天任、溥雨欣，2020）。数字化时代的新治理模式成为媒体与社会各界关注的热点问题，“最多跑一次”“让数据多跑路，群众少跑腿”“社区吹哨，部门报到”成为数字政府建设与各类政府服务平台建设成绩的典型概括。诸多研究也展示了数字化时代数字政府建设在社会治理与基层治理中的乐观图景，并对阻碍数字治理的因素进行了广泛分析（如颜海娜等，2021；张欣亮、王雯，2021；吴磊等，2022）。

其三，技术发展带来便利的同时，技术回应也带来了新的风险。在大数据广泛应用的金融创新活动中，技术驱动所内含的技术风险、操作风险，甚至诱发系统性风险之可能，迫使监管者必须予以有力回应（杨东，2018）。与系统性风险相比，数字化时代的技术红利建立在一个重要的信息悖论或“隐私悖论”的基础上。所谓“隐私悖论”，泛指使用者或消费者自称的隐私偏好和他们实际的隐私保护行为之间的普遍脱节（Chen et al.，2021）。数字化时代的技术红利在一定程度上建立在信息共享基础上，而信息共享如果缺少有效的隐私保护，导致大规模的信息泄露，进而带来诸多的社会风险，损害社会整体信任与政社关系优势。事实上，数字化时代平台经济与平台企业的兴起以及人工智能等技术在公共服务领域的应用伴随着巨大隐私与法律保护的争议，影响着社会信任与政治信任（Baik，2020）。隐私问题不仅仅存在于商业与金融领域，在公共服务领域也同样存在（Willems et al.，2022）。与此同时，数字化时代的公共服务，在提升公共服务的可及性与覆盖率的同时，还伴随着数字鸿沟等问题。这些问题与争议对政社关系优势有何影响？社会学的相关研究依然滞后。总之，数字化时代的数字政府建设是影响国家治理与公共服务能力的关键事件，是影响基层治理与服务的大事件，在带来服务便利与敏捷治理的可能的同时，也伴随着隐私与风险。然而，与社会媒体，以及管理学、法律与伦理学等学科对技术变迁、对数字政府建设的研究热度相比，社会学研究特别是发展研究对相关问题的研究力度依然有待提升，而数字政府建设对基层治理的复杂影响依然非常滞后。

正是基于上述原因，本书以政社关系优势为中介变量，重点关注数字政府建设对基层治理负荷的影响、作用途径。具体而言，本书将分析传统政社关系解释模型或者说基于政府绩效的政治信任模型在互联网时代所遭遇的挑战，以及数字化时代政府的回应和数字政府建设对政社关系优势的提升机制，进而分析政府建设如何通过提升政社关系优势来影响基层治理能力、治理负荷。

二　思路框架与主要内容

（一）思路框架与核心概念

本书研究思路与主要框架如图导-1所示。

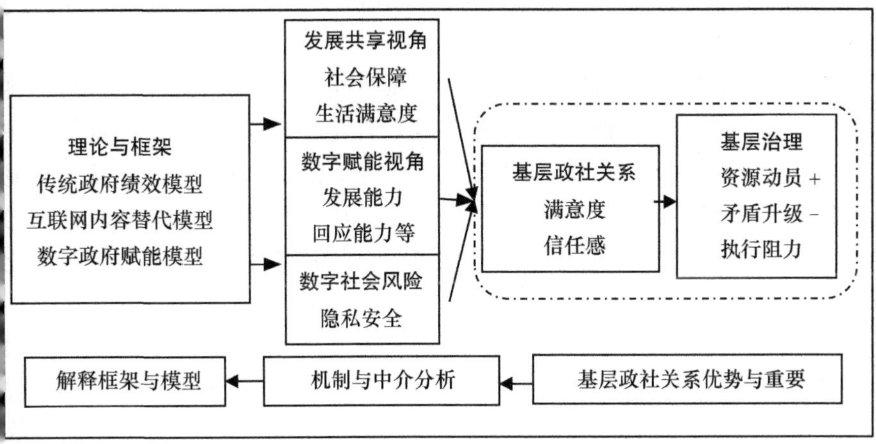

图导-1　本书研究思路与主要框架

本书采取的是嵌套式、倒推式的研究思路，整体遵循着“低成本治理之谜——基层政社关系优势的重要性——政社关系优势的形成机制——数字政府建设与政社关系优势的提升路径”的研究思路。

本书的核心概念是政社关系。政社关系是一个内涵广泛的概念，属于国家与社会框架关注的重点内容。本书主要是在操作意义上理解政社关系，具体是关注其中两个方面，一是政治信任或政府信任感；二是政府满意度（Weatherford，1992；Weil，1989；Gilley，2006）。作为社会学、政治学与发展研究关注的经典议题，研究者对政治信任感与政府满意度的研究兴趣经久不衰。虽然政府信任感和满意度无法完全反映出政社关系概念的丰富内涵，但在实证研究中逐步被研究者所接受。研究者或从民众满意度或幸福感角度讨论政府行为的重要性（Bjørnskov et al.，2007；Dolan，2011；Kim & Kim，2011；Ram，2009），或从政府信任角度探讨政府行为的影响（Chanley et al.，2000；Citrin，1974；Miller，1974；Miller & Listhaug，1990.）。与此同时，政府信任感与满意度也可以被理解为一种社会资本，影响着政策实施效果，是基层治理与经济发展的社会基础（燕继荣，2013；杨宝，2014）。中国现代化转型的一个重要事实就是，民众对政府的信任感非常高，许多学者认为中国长期的高水平政治信任是政府在经济建设中取得巨大成就、赢得民众的认可与积极评价的结果（Wang，2005；Yang & Tang，2010）；而这与美国社会日益下降的政治信任感形成鲜明对比（Levi & Stoker，2000），也同转型国家面临的信任危机与转型秩序悖论形成鲜明对比（冯仕政，2021）。而政府信任感也可以理解为民众对政府满意度的结果，故本书在后续分析中更注重对于政府信任感的分析。

首先，本书对基层政社关系优势的重要性进行研究。对重要性的回答基于两个方面：一是理论层面，基于既有研究重点与对政社关系优势关注的不足，强调政社关系优势是中国发展与现代化过程中的典型特征，凸显其学术意义上的价值。二是实证层面，即从基层治理负荷与低成本治理之谜，利用数据与案例分析政社关系优势对降低治理负荷、资源动员与防止矛盾向上传导的重要性。

其次，基于传统政府绩效模型、网络内容替代模型、数字政府赋能模型，分析政社关系优势的形成机制。从传统政府绩效模型、网络内容替代模型到数字政府赋能模型，体现出动态发展与分阶段的视角，传统政府绩效模型解释了绩效合法性与有效性、再分配与社会保障对政社关系优势，即政府信任感和满意度的影响。网络内容替代模型则关注互联网时代的挑战，即互联网改变信息获取渠道、内容框架，进而如何传导到政社关系优势。数字政府赋能模型则从数字政府建设对社会保障服务、政府能力、安全保护的影响，以及这种影响机制是否传导到政社关系优势层面。

最后，基于上述研究的讨论与对策建议。一是回到学术价值维度，讨论本书解释框架的学术价值与推进之处，阐述实证研究层面的不足与下一阶段的研究目标。二是回到对策维度，对数字政府建设提出政策建议。考虑到数字政府建设发展日新月异，具体建议很可能因为时效问题而失去价值，因此，本书重点在社会基础与作用机制层面提出方向性的建议，针对现阶段数字政府建设注重基础设施建设和自上而下的考核压力，提出需求响应性的数字政府建设路径。

（二）主要内容

与上述框架对应，本书的主要内容也是从三个层面展开。

首先，基于中国社会长期稳定奇迹与治理规模负荷压力，本书引出基层治理负荷的概念，并从资源动员、矛盾升级、政策落地与执行阻力三个重要的维度搭建了基层治理负荷的测量框架，衡量基层治理能力。一般而言，资源动员能力越强，则基层治理能力越强；基层矛盾升级与向上转移，则基层治理能力变弱，治理负荷向上转移；公共政策的执行阻力越大，则基层治理负荷越大。因此，基层治理能力在一定程度上可理解为资源动员能力、防止矛盾上移能力和降低政策落地的阻力三个方面。在此基础上，本书建立政社关系优势与基层治理负荷模型，强调政社关系优势对基层的"低成本治理"与防止治理压力向上传导的关键作用。本书利用全国性代表性的调查数据与案例资料，对政社关系优势与基层治理负荷模型进行实证分析。

其次，本书重点关注基层政社关系优势的形成机制。本书遵循政治信任的学术史，按照政府绩效传统模型——互联网时代替代性框架理论的挑战——数字化时代敏捷治理的回应思路进行实证分析。具体而言，基于传统熊彼特假设的绩效模型，本书分析了转型社会中的政府行为对政社关系的影响；基于替代性框架理论与媒体偏见理论，本书分析了互联网兴起对政社关系优势的冲击与挑战；基于敏捷治理理论与数字政府使用悖论，本书分析了数字化时代数字政府建设对基层政社关系优势的积极作用与不足。

最后，为突出数字化时代这一重点，在数字政府与政社关系优势的关系分析中，本书在关注信息沟通、需求回应力、绩效评估等沟通传导机制之外，增加了服务质量、隐私安全和数字鸿沟对政社关系优势的影响。其中，服务质量与满意度与需求回应力相关，但更能体现敏捷治理与精准治理的优势，而隐私安全和数字鸿沟的作用，则体现了本书对伦理学、管理学关注的热点问题的回应，更能体现出敏捷治理的技术回应路线的“双刃剑”特征，这能为数字政府建设提供具有价值的参考，使其更符合公共管理的目标。

三 研究方法

（一）资料来源

1. 多重资料来源确保研究的可行性与研究可信性。

多重资料来源是本书资料来源的重要特征，也是本书研究质量的重要保障。多重资料来源为本书提供了丰富的资料基础，保证了研究的可行性。特别是多年积累的一手资料，能接触到社会治理领域的实践者和数字政府领域的专家，弥补了定量研究与微观调查的不足，确保研究质量与可靠性。具体而言，本书使用的资料主要包括如下三个方面。其一是数字政府建设数据、经济发展等宏观背景数据，这些数据源自腾讯研究院、国家统计局以及《中国检察年鉴》等各类年鉴。数据来源于权威机构，质量可靠且在学术研究中被广泛使用。其二是丰富的具有全国代表性的微观调查数据。本书使用的微观数据主要是中国人民大学中国综合社会调查（Chinese General Social Survey，以下简称 CGSS）与中国社会科学院的中国综合状况数据（Chinese Social Survey，以下简称 CSS）。CGSS 始于 2003 年，是我国最早的全国性、综合性、连续性学术调查项目；CSS 是中国社会科学院社会学研究所于 2005 年发起的一项全国范围内的大型连续性抽样调查项目，目的是通过对全国公众的劳动就业、家庭及社会生活、社会态度等方面的长期纵贯调查，来获取转型时期中国社会变迁的数据资料，从而为社会科学研究和政府决策提供翔实而科学的基础信息。两个数据信息丰富，数据质量高，都被广泛地应用于科研、教学、政府决策之中。两个数据涵盖了本书研究的重要议题，因此能较好地满足研究的需要。其三是各种丰富的一手调研资料，主要是笔者多年来收集整理的关于基层治理与社区治理的案例资料，以及本书作者在从事各类合作课题和指导研究生论文时收集的各类一手资料。

2. 基于连续性纵贯调查数据资料确保跨时期研究的可行性。

中国现代化过程是经济社会急剧变迁、利益格局深刻调整、基层治理体系大变局的过程，多元、复杂而充满异质性。借助调查数据研究社会现象的做法在中国已被越来越多的社会科学研究者所认同和采纳。但截面数据由于局限于单一时点的截面设计、调查对象层次的单一化和调查内容的有限性，往往不能满足对变迁本身和变迁机制研究的需要（谢宇等，2014）。为反映社会变迁中的政社关系与基层治理特征，本书采用了跨时期纵贯调查数据，即 CGSS 与 CSS 数据。其中，最早的数据是 CGSS 2006 数据，最新的数据是 CSS 2019 数据。CGSS 2006 数据对应的是中国投资与外贸增长的黄金时期，能反映经济发展等层面给政社关系优势带来的影响。在匹配宏观数据后，该数据能较好地检验经典绩效模型的影响。而 CGSS 2010 数据能反映互联网技术的兴起及其在中国社会的广泛应用，该数据能基于替代性内容框架模型，检验互联网技术的兴起特别是微博媒体的兴起对政社关系的影响与挑战。CSS 2019 数据则反映了数字化时代数字政府建设的作用，能与数字经济、数字政府等发展指标匹配，分析数字化时代的政社关系优势的影响与作用机制。此外，两个纵观数据均有反映基层治理负荷的相关指标，包括集体行动、上访、志愿参与等。两个调查也涵盖了本书所需要社区事务的参与、基层政府信任感，以及对所在辖区政府的绩效评估等关键信息，确保研究的可行性。值得提出的是，CSS 数据对志愿参与、公共服务满意度、数字化时代的隐私担忧均有调查，为本书检验数字化时代的“隐私悖论”等问题提供了数据基础。此外，针对调查数据的不足，笔者多年跟踪数字中国建设与智慧社区建设的情况，与相关部门领导访谈、收集新基建资料，也为本书进行多期纵贯研究提供了丰富的案例资料。

（二）方法与技术

1. 定量研究为主、定性研究为辅的混合研究方法。

基于可信性标准，本书采取的是“方法论的拼接主义”。在具体方法上，本书采用的是量化研究与定性研究的混合研究方法。混合方法容易存在的问题就是定量研究与定性研究脱节、两者衔接不紧密，其中量化研究有利于发现政社关系对基层治理的负荷与规模的影响；而案例研究则有利于发现数字政府建设中的悖论。本书基于实用主义测量，以定量研究为主、定性研究为辅。

具体而言，本书的传统熊彼特假设的绩效模型分析、基于替代性框架理论与媒体偏见理论分析，以及基于敏捷治理理论的数字政府建设对基层政社关系优势影响分析，主要是利用调查数据匹配宏观数据进行定量分析，对相关假设进行检验。

由于微观数据缺少政府层面的数据，本书除了匹配其他宏观数据信息之外，还根据研究需要进行了案例分析。本书使用的案例主要是笔者所在自治区的案例，包括来自中心城市具体领域的调查留言板数据、来自边境区县的案例和来自典型工业城市的社区治理案例，本书进行了匿名化处理。案例研究是针对量化研究中的不足进行补充。如，量化研究部分分析了治理参与对政社关系的影响是积极的还是消极的、是否显著，但没有解释"为什么"。本书在案例部分则重点揭示从治理参与到政社关系的影响机制，提出参与本身不是目的，关键是参与能否解决基层治理中存在的问题，能否提升资源使用目标与民众需求的匹配度。下文对花山县与龙城区案例的分析，则进一步强调基层治理中的治理参与的目标替代问题，甚至在一些基层治理创新中，关注的是参与、协商本身，陷入"议事不办事""议而不办"的形式主义。如果"协商议事"不能促进政策和项目落地，是很难对基层政社关系产生积极影响的。

2. 基于研究目标需求的具体方法的使用。

本书各章节对使用的资料与方法均有详细介绍，故这里不再一一展开。需要指出的是，基于研究可信性与研究质量目标，本书强调多种方法与分析技术的应用。具体而言，针对基层治理能力，本书聚焦于治理负荷与规模视角，建立了对社会资源动员能力、纠纷解决能力与政策执行能力的指标，进而基于因变量的特点，选择相应的线性回归与 logit 模型分析政社关系优势的重要作用。具体使用中，本书利用更换因变量、更换具体指标、子样本等多种方式，确保研究结论的可靠性与稳健性。

本书强调研究方法与数据资料特点的匹配。如，针对中介效应的检验，本书除按照经典的三步法，逐步检验交互性与中介效应之外（Baron & Kenny，1986；温忠麟、叶宝娟，2004），针对逐步法与 Sobel（1982；1986）方法在估计标准上的不足，采用 Bootstrap 法检验策略（温忠麟、叶宝娟，2014）。针对政社关系影响中的地区差异，本书根据数据信息的层次选择相应的多层次模型。本书在中介效应模型基础上构建了多水平的中介效应模型（Bauer et al.，2006；Krull & Mackinnon，2001；Preacher et al.，2010）。针对二分变量等非线性模型的中介效应检验（Mustillo et al.，2018），本书采取了 KHB 方法与嵌套模型结合进行检验中介效应的显著性（Kohler et al.，2011）。

四　研究意义与价值

（一）学术价值

承前所述，本书学术价值与可能的创新点主要体现为四个方面。

第一，强调中国社会长期稳定奇迹与基层治理中治理负荷与“低成本治理”的关键作用，并提出政社关系优势的解释视角。针对既有研究对中国现代化道路中社会长期稳定奇迹分析的不足，本书聚焦社会长期稳定奇迹分析并提出了社会长期稳定奇迹的社会资本与政社关系的解释路径。本书的主要观点是：把规模与负荷变量作为理解中国社会治理奇迹的关键，作为超大规模的发展转型国家的社会长期稳定奇迹，是建立在基层治理的“低成本治理”基础上。而理解基层治理的“低成本治理”的关键是中国现代化进程中的社会资本与政社关系优势。政社关系优势与低成本治理视角，为理解“低投入高负荷”背景下的中国社会长期稳定奇迹提供了新的解释思路，在推进对中国式现代化道路理解的基础上，本书也通过丰富的各类数据对此进行了实证分析，推进了新发展社会学的研究。

第二，基于结果导向与治理负荷视角丰富了对基层治理能力的测量与实证研究。在对基层治理研究梳理基础上，本书基于资源动员与政策落实成本和基层治理负荷分流的视角，将基层治理的“低成本治理”主要操作化为三个层面的能力：政策落实能力（政策实施的低成本与低阻碍），资源动员能力（志愿参与），矛盾化解能力（矛盾冲突是否上交、外溢）。政社关系优势与政治信任正是通过上述三种途径防止基层治理中的矛盾和冲突向上集聚，并通过对志愿参与和资源动员的途径弥补基层治理资源的不足，降低治理负荷，助推基层治理实现“低成本治理”。本书通过丰富的资料对上述假设进行检验，推进了基层治理的实证研究。

第三，基于传统—挑战—回应的思路推进政社关系与政治信任的实证分析。本书分别检验了经典政府绩效框架、替代性框架与媒体偏见理论、敏捷治理理论与数字政府使用悖论；分析了基层政社关系的形成机制、面临的挑战。上述分析框架推进政社关系与政治信任的实证分析，同时针对既有数字政府研究主要聚焦内部资源整合（数据孤岛、协同）而较少关注数字政府建设对良好的政社关系的影响的不足，强化了数字化时代数字政府建设对政社关系的影响研究，分析了数字化时代数字政府建设重塑政社关系优势的机制、成效与不足。其中，关于公共服务中的便利性与隐私悖论、数字鸿沟对政社关系影响的实证研究具有一定的开拓性。

第四，本书聚焦政社关系的中介作用，首次利用丰富的资料检验了数字政府建设对基层治理能力与治理负荷的影响。在资料使用方面，本书使用长达十余年的全国性的社会综合调查数据（CGSS 和 CSS）与宏观背景数据相匹配，并结合数字政府建设留言与开放题目的文本展开分析，强调利用多重资料来源提升研究质量与可信度，同时在一定程度上体现了本书以研究质量为导向的方法论拼接上的探索与尝试（Pratt et al.，2020；周小豪、朱晓林，2020）。

（二）实践价值

本书的实践价值可以概括为如下几个方面。

第一，在基层治理中找回治理成本与治理负荷，基于治理负荷与规模视角推进了对基层治理现代化的理解，为测评、跟踪、考核基层治理现代化提供了具体的指标，有利于基层治理现代化从理论、理念走向具体化、可操作化，有利于促进基层治理现代化的比较分析。

第二，本书强调技术回应路线有效性的前提是公共服务的落地，为数字化时代数字政府建设提供了靶向与目标。面对流动性、复杂性对基层社会治理的挑战，数字政府建设与智能化治理被视为重要的工具与手段。然而，技术回应路线容易让基层政府陷入技术决定论的误区。事实上，数字政府建设过程中的一个普遍难题是，虽然政府投入巨大的资金与资源，但效果不尽如人意。本书强调技术只是工具，最终还是看有效性：技术回应路线有效性的前提，是公共服务的有效性与满意度，技术回应路线应与公共政策回应路线相结合，促进公共政策落地与服务的可及性，才能强化政社关系优势，实现基层社会的良治善治。与此同时，本书也提供了数字政府建设面临的各种困境，为数字政府建设与政社关系优势的提升提供了负面清单，强调理解数字化时代社会治理的复杂性。

第三，本书虽然讨论的是基层治理现代化中的政社关系优势，其结论对理解中国现代化道路中的社会治理与社会长期稳定奇迹均有较强的参考价值。中国现代化的显著特点就是风险的多重叠加与集聚。基于政社关系优势的社会长期稳定奇迹观点的提出，可以为复杂环境下的风险治理与危机处理，提供有益的思路。不了解中国式现代化的社会基础与政社关系优势，就很难理解中国式现代化在巨大规模的变迁、多重风险叠加下，如何实现基层稳定。忽视了政社关系优势在超大规模国家治理中的关键作用，将导致知识供给与实践需求存在一定的脱节，无法为中国基层治理与社会治理转型提供智力支撑，也无法为广大发展中国家治理可持续的转型秩序提供富有价值的参考与启发。

五　结构安排

根据研究目标与具体问题、结合研究思路，本书余下结构部分安排如下。

第一章为社会稳定与基层治理奇迹中政社关系优势研究。首先是理论分析。本书强调基层低成本治理在中国社会长期稳定奇迹中的重要性，提出了中国基层治理“低投入高产出”之谜。其次，本书在对既有基层治理负荷与治理规模文献的综述基础上，提出了本书的解释路径，即在自上而下的国家中心主义解释视角与自下而上的社会中心主义解释视角之间，提出了强调两者关系与社会资本的政社关系优势视角。再次是基层治理能力的测量与实证分析。本书基于治理负荷与规模的视角，提出了针对基层治理负荷与能力的测量指标，即从资源动员、矛盾升级、政策落地与执行阻力三个重要的维度衡量基层治理能力。如前所述，社会资源动员能力越强，基层治理能力越强，基层矛盾升级与向上转移意味着基层治理能力较弱而治理负荷向上转移；公共政策的执行阻力越大，则基层治理负荷越大。具体而言，本书基于数据资料中的信息，将上述三个层面的测量操作分为志愿参与、上访与矛盾向上向外溢出、邻避设施落地遇到的阻力大小。在实证分析部分，本书利用全国代表性的调查数据与案例资料，对政社关系优势与基层治理负荷模型进行实证分析，进一步论证了基层低成本治理中政社关系优势的关键作用。同时，利用实地调查案例，分析了政社关系优势作用于基层治理的机制。最后，在讨论部分强调政社关系优势是中国社会现代化道路中的典型特征，是社会长期稳定奇迹的重要内容。通过第一章内容，本书不仅将政社关系优势作为理解基层治理的关键视角，更是将其置于中国现代化道路中的社会长期稳定奇迹大背景中进行讨论，强调政社关系在“新发展社会学”中的重要性。

第二章为转型秩序的政社关系与不平等的挑战。首先，本书在综合既有关于转型社会的稳定制度的研究基础上，具体从满意度与支持度两个角度理解政社关系优势，并归纳出经典研究中关注的三个主要问题，即绩效有效性、价值认同与政治参与。其次，本书基于 2006 年的中国社会综合调查（CGSS）数据与宏观数据，检验了经济绩效、价值认同、程序合法性对政社关系优势的影响，同时使用中国社会综合调查（CGSS）数据匹配宏观税负数据，检验政府的再分配行为，即宏观税负、民生财政支出、地区收入差距等再分配层面的因素，对民众满意度与政社关系的影响。两个研究分别关注经济绩效与分配秩序，从不同维度对经典绩效模型进行了检验。最后，本章对政府绩效与政府行为与政社关系优势的形成进行了讨论，特别是对其成本与意外后果进行了讨论，在对经典模型不足之处进行讨论时，也为下一步研究进行了铺垫。即便是在经典模型分析中，本章也增加了中国现代化本土特征，强调价值观、共享理念对政社关系优势的影响，并在实证操作中增加了上述变量。

第三章为互联网时代的政社关系优势与挑战。针对传统模型忽视了技术变迁的影响，而对互联网时代政社关系的解释有所不足。本书基于替代性框架理论与媒体偏见理论、验证性新闻理论，梳理了互联网兴起对政社关系优势的冲击与挑战。在梳理相关理论基础上，提出了互联网时代的政社关系分析框架。另外，本章以验证性新闻理论为基础，使用 2010 年的中国社会综合调查数据检验了互联网媒介使用对政社关系优势的影响机制，特别是互联网媒介对不同偏好（政治文化认同感）居民政府信任感的影响。同时，本章还基于微观数据与多层次中介效应模型，对替代性框架理论相关假设进行检验，分析了互联网媒介对政社关系优势影响的地区差异。通过本章分析，对政社关系的框架进一步完善，其中，技术变迁与互联网兴起的影响在本章得到了验证，而数字化时代的到来以及对基层政社关系的影响，则是本书余下章节分析与讨论的重点。

第四章为数字化时代的基层政社关系优势：视角与框架。本章将数字政府建设视为数字化时代政社关系的重塑机制，是对互联网时代挑战的回应。具体而言，在前文基础上，本章对数字化时代数字政府建设对基层政社关系优势的影响，搭建分析框架与具体分析思路。

第五章是在第四章搭建框架的基础上，以政府满意度为因变量。本章使用中国综合状况调查 CSS 2019 数据匹配数字政府建设数据，分析了数字政府建设对政社关系优势（满意度）的影响。同时，基于敏捷治理理论与数字政府赋能，结合数字化时代的风险与民众对隐私安全的担忧，分析了数字政府建设对政社关系优势影响的传导机制。本章的分析不仅关注数字政府建设对政社关系优势的传导机制，更为重要的贡献是对伦理学、管理学关注的问题的吸纳，从敏捷治理与技术的“双刃剑”特征，分析了数字政府建设的影响。

第六章为多层的视角下的基层政府信任感与数字政府建设。在前文框架的基础上，本章以政府信任感测量政社关系优势，分析了数字政府对社会保障、政府服务能力、安全隐私的影响，以及上述机制的传导作用。在具体分析中，将基层政社关系优势区分为区县、乡镇、基层整体信任感等多层级，并展开分析。

第七章为数字化时代的政社关系与城乡差异。充分考虑到中国城乡二元结构特点，如果说，数字政府建设对城市社区治理是锦上添花，那其对农村治理则是雪中送炭。这也意味着数字政府对政社关系优势的影响存在显著的城乡差异。基于此，本章内容将充分考虑城乡差异特征，分析数字政府建设对政社关系影响的城乡差异。

第八章为总结与讨论，在对全书研究发现的梳理基础上，进一步阐释本书的贡献和不足，以及对数字政府建设提出对策建议，强调在敏捷治理与安全治理的基础上，回应数字鸿沟问题，以数字政府建设推进公共服务的均等化。

第一章　社会稳定与基层治理奇迹中的政社关系优势

一　问题提出：基层治理中的治理负荷与低成本治理

（一）中国社会长期稳定奇迹中的基层治理

经济快速发展奇迹与社会长期稳定奇迹是中国式现代化道路中的两大奇迹。《中国共产党第十九届中央委员会第六次全体会议公报》指出，“党的百年奋斗开辟了实现中华民族伟大复兴的正确道路，中国仅用几十年时间就走完发达国家几百年走过的工业化历程，创造了经济快速发展和社会长期稳定两大奇迹”（人民出版社，2021：3）。社会安定有序是如此重要。中国现代化进程中社会风险呈现出多重叠加、规模巨大、短期集聚的特点，使得中国社会转型秩序面临着诸多挑战。因此，改革、发展和稳定的关系，始终是驾驭中国巨大变迁的快车的关键（李培林，2021）。对安全与稳定的重视，成为中国现代化道路中的关键内容。对社会稳定与秩序的研究，也一直是社会学与发展理论探索的经典议题，甚至被视为社会学学科的根本问题。在中国社会学重建过程中，研究者对社会学对象展开了热烈的讨论与学术争鸣（可参见赵善阳、郑晨，1984；刘祖云，1985；陈烽，1985；雷洪、范洪，1986），郑杭生等研究者将社会学对象规定为社会良性运行和发展的条件和机制（郑杭生，1986）。从国际社会发展中经济体的转型实践来看，后发展经济体的现代化道路，不仅仅面临着投资不足与资源动员等经济难题，更为重要也更难的问题是，如何在社会快速变迁与利益调整的背景下建立转型秩序。社会长期稳定奇迹是经济快速发展、人民安居乐业、民族复兴的基础，是坚持以人民为中心，落实发展为人民执政理念的关键所在。探索中国社会长期稳定奇迹，对提升国内民众福祉以及为全世界发展中国家转型秩序的建立均具有重要的参考价值。

社会科学界对中国经济奇迹的研究文献汗牛充栋，相关经济奇迹的研究丰富、深刻且系统全面，虽然社会科学各界对社会长期稳定奇迹的研究文献丰富，但显得零散、滞后、不系统且比较片面。研究者对社会转型风险与压力进行了探讨，分析了社会转型风险的特征、形成原因与社会转型秩序面临的挑战（如孙立平，1991；宋林飞，1995；孙立平，2000；胡鞍钢、王磊，2006；熊光清，2006；朱力，2009；何艳玲，2009；田毅鹏、吕方，2009；刘燕等，2011；童星，2012），以及社会政策、上下分治机制与风险分散机制在维持社会稳定中的关键作用（如李培林等，2004；2005；张云昊，2005；孙立平，2009；曹正汉、周杰，2013；何艳玲、汪广龙，2016），但没有回答这些风险如何在基层被化解。部分研究关注基层治理中的抗争议题的形成与化解机制（如陈映芳，2006；王国勤，2007；刘能，2009；周黎安，2014；盛智明，2017），主要聚焦于单位控制、讨价还价、吸纳与柔性治理、运动型治理等策略性行为（如张永宏、李静君，2012；谢岳、党东升，2013；肖唐镖，2015；张紧跟，2017；樊红敏、刘晓凤，2019；武小龙，2021；周雪光，2012；欧阳静，2014），以及新代理人、社会组织的作用（如李祖佩，2016；石发勇，2010；徐林等，2017；张国磊、张新文，2017）。这些研究有助于理解基层治理的复杂性、艰巨性图景，但更多地将基层治理视为一个被动的、消极的回应过程。这一过程不仅与媒体报道的基层治理积极动态图景不相符，也与中国基层治理的“低投入高绩效”不相符。虽然在发展过程中，基层维稳经费不断扩张，特别是中央加强了对中西部贫困地区基层政府的公共安全支出的支持（谢岳、党东升，2013），但绝大部分基层并非像东部沿海地区一样具有强大的资源动员能力，其掌握的资源非常有限，甚至部分地区处于“吃饭财政”的紧张状况且面临着债务压力（周飞舟，2006；贾康、白景明，2002；龚强等，2011）。强调讨价还价与吸纳的作用与基层治理中的资源不足的现实不符。正如前文所指出的，这些研究关注基层的维稳策略，强调基层治理中的讨价还价常规化、物质上的让步惯例化、程序同意和服务导向政府等策略的作用，强调政府利用资源吸纳民众抗争，捕捉到了复杂的社会变迁中基层治理的某些特征，特别是东南沿海等富裕地区的基层治理的某些特征。但相关研究过于强调冲突，存在着选择性偏误，而且这种解决机制的常态化意味着中国社会奇迹中的基层稳定奇迹是建立在超高额度的资金投入基础与沉重的治理负荷基础上。对一个超大规模、风险集聚、风险叠加的中国社会转型而言，这种基于强大资源的基础治理模式无疑也是不可持续的。因此，这一解释路径无法解释中国社会治理的整体状况，也与中国社会治理的典型事实相矛盾。中国式现代化实践的一个重要事实是，作为超大规模国家，中国基层治理面临着巨大的治理负荷压力，但财政投入相对较低，也就是说，在基层治理“高负荷低投入”悖论下，中国成功地实现了基层治理的稳定与社会的长治久安。理解中国社会治理，特别是基层治理的整体图景，必须强调治理规模与负荷变量的关键作用。

（二）治理规模与基层的低成本治理：政社关系优势

治理规模与负荷是大国治理中面临的关键问题。随着国家治理体制与治理能力现代化建设，基层治理短板在补强的同时治理规模也日益扩张，治理负荷与日俱增。财政收支差距在一定程度上是治理规模与负荷的体现。2001~2020 年，全国财政收入从 16386.04 亿元增加到 182894.92 亿元，同期财政支出从 18902.58 亿元增加到 245588 亿元，2020 年支出比收入高 62693.1 亿元，占全国财政总支出的 25.5%。地方财政压力更为明显。2001~2020 年，地方财政收入从 7803.3 亿元增加到 100143.16 亿元，财政开支从 13134.56 亿元增加到 210492.5 亿元，2020 年收支差约为 110369 亿元，占同期收入的 52.4%（图 1-1）。

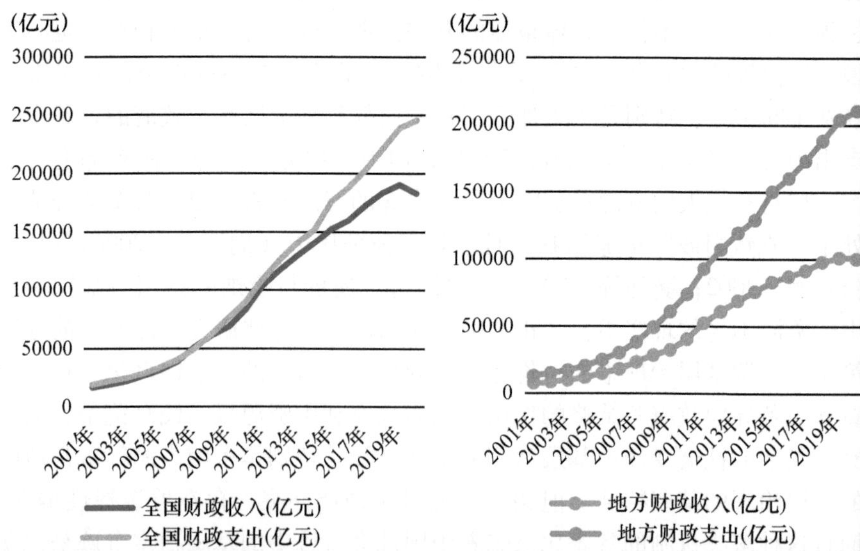

图 1-1 全国财政预算收入与支出　地方财政预算收入与支出：2000~2020 年

数据来源：国家数据库。

图 1-1 反馈出的一个重要趋势就是：从全国到地方，财政预算收入与开支的缺口越来越大，地方政府面临着巨大的债务压力，截至 2020 年 12 月，全国各地财政支出与收入缺口高达 7.79 万亿。财政支出压力与缺口导致政府债务呈逐年扩张态势（饶品贵等，2022）。图 1-2 为 2020 年年底地方政府投债和政府债券情况，其中债务负担为地方债务总额占当地 GDP 的比重，负债率为债务总额占当地财政收入的比重。

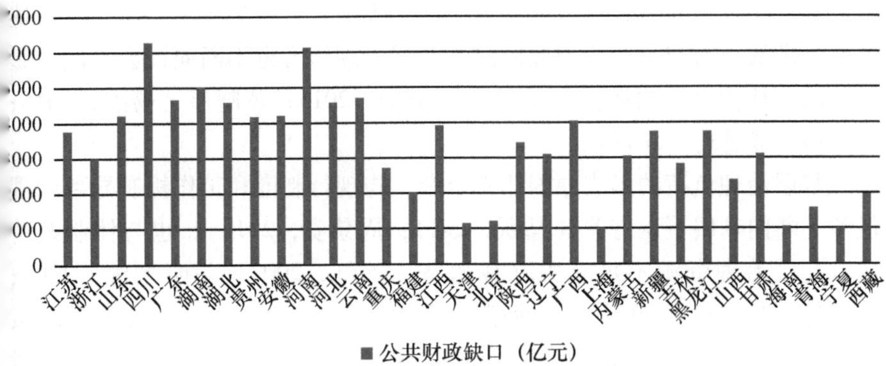

图 1-2　2020 年 12 月各地财政缺口（财政支出减去财政收入）

数据来源：WIND。

与此同时，财政资源供给侧的风险也日益凸显。随着经济结构调整与发展环境的变化，作为国家财政重要基石的工业税基的确定性正不断削弱，土地财政面临的约束不断增强，而福利支出增长导致的刚性支出不断增加（付敏杰等，2017）。在该背景下，实现低成本的基层治理显得至关重要，基层治理的高负荷与高投入，势必进一步增加政府财政压力与治理压力，影响社会治理模式的可持续性。

如何实现低成本的基层治理？本章强调政社关系优势的重要性，并搭建了“基层治理负荷——政社关系——治理参与和政社沟通”的分析框架以理解基层治理规模压力与治理负荷。首先，本书通过构建测量基层治理负荷的框架，分析基层政社关系对基层治理负荷的关键作用。具体而言，良性的政社关系可提升基层政府的资源动员潜力，降低基层矛盾向上转移压力和政策落地的阻力。另外，本章分析了从基层治理参与到良性政社关系的形成机制。本章提出，良好的政社关系源自治理参与导致基层政府回应力和治理效能的提升，流于形式的参与不仅不会带来治理负荷的降低；恰恰相反，它也会导致基层治理负荷的增加。

二　理论基础：基层治理负荷与政社关系

（一）基层治理规模压力与治理负荷：表现与后果

治理规模与负荷是大国治理面临的关键问题（周雪光，2013）。学术界常以“上面千条线，下面一根针”“小马拉大车”“内卷”等词语描述基层治理的压力与负荷。与此同时，基层治理压力也不断向社会扩散，影响社区与社会组织的运行与发展（狄金华，2015；黄晓星、杨杰，2015；黄晓星、熊慧玲，2018）。

基层治理负荷的形成原因非常复杂，与现行制度和工作机制导致治理任务不断向基层下压有关（马跃，2011；周黎安，2014），也与体制改革导致基层治理资源不足有关（杨善华、苏红，2002；刘明兴等，2008；周飞舟，2006）。简而言之，治理负荷主要源自两个方面。一方面是政策与决策执行压力，包括经济发展、政策决策和项目实施，以及实现上级考核目标等（周黎安，2014；侯光辉、王元地，2014）。另一方面是属地秩序稳定与社会问题纠纷的处置，如民众上访与维权等（陆益龙，2019；Lee & Zhang，2013）。

治理规模与负荷过重，不仅影响基层服务供给与政策执行（姜长云，2004；周雪光，2008；杨爱平、余雁鸿，2012；陈那波、李伟，2020），同时，基层政府在考核压力下不断突破资源约束（周雪光，2005），通过人员扩张、服务外包等形式应对繁重的治理任务（吕芳，2015；叶静，2016；颜昌武，2019；侯麟科等，2020）。而相关措施又进一步加大了基层负荷与财政风险（马骏、刘亚平，2005），导致地方对土地财政过度依赖（赵文哲、杨继东，2015）。

（二）治理负荷与政社关系：低成本的视角

如何回应基层治理压力与负荷？既有研究强调基层“减负”和“赋能”。无论是项目制、运动型治理、向基层派送驻村干部（李祖佩、钟涨宝，2015；张国磊、张新文，2017），还是动员乡贤、自治组织参与治理（黄冬娅，2010；龚丽兰、郑永君，2019），均可理解为加强资源供给。而政社关系为理解基层治理提供了另一种思路：对基层治理的“减负”，不仅仅是降低自上而下的压力与任务，“赋能”也不仅仅是资源下沉，它更可能通过良好的政社关系“减负赋能”。

制度落实与政策执行是基层治理负荷的重要来源，而良好的政社关系是降低基层治理负荷、实现良治的关键。如果社会认同规范与正式制度或政策冲突，落实执行的成本就会增加，导致基层治理负荷加重。理想状况是两者相互协同，基层治理负荷较低（Peng，2010）。因此，低成本治理的关键是提升政社合作与协同（燕继荣，2013；杨宝，2014）。

政社关系也影响处理社会问题与矛盾纠纷的成本。在社会快速发展与急剧转型过程中，利益关系的调整与社会结构变迁，引发了民间纠纷或社会问题。纠纷和问题的解决方式是影响基层治理规模与负荷的关键因素。基层社会内部解决纠纷越多，向基层政府或上级政府转移的压力就越小（Michelson，2008）。因此，降低基层治理负荷与压力，关键是化解矛盾纠纷，社会主体承担的治理事务越多、化解的矛盾纠纷越多，基层政府的治理负荷就越低。

（三）治理规模与负荷：从治理参与到政社关系

民众对基层政府的信任感、满意度是政社关系的关键指标。

民心基础，即政治信任感，是国家能力的重要体现（樊鹏，2009；夏志强，2020），不仅影响着治理成本与政策执行阻力（熊美娟，2014；庞金友，2017；Peng，2010），同时，较高的政治信任也意味着较强的资源动员能力，助推基层矛盾化解与服务供给（韩燕等，2021）。

如何提升民众对基层政府的信任感？现代治理观念强调社会参与的重要作用。在中国，治理理论包含的协商理念也根植于传统民本价值观与实践（何包钢、黄徐强，2013；He & Warren，2011），民众参与是赋予决策合法性的重要机制（陈家刚，2008）。从效率而言，公共服务供给与民众真实需求之间错配，是政府服务供给低效的重要表现，而形成“供需错配”的关键原因是决策层面公众低参与导致有效识别不足（王绍光，2006）。公众参与是民众“利益诉求表达机制”（谢秋山、许源源，2012），能增强政府服务供给与民众需求的匹配性。此外，民众对政府的满意度也是理解国家与社会关系的重要指标。一般而言，民众的满意度会提升其对政府的信任感。民众参与和政府绩效、信任感之间的关系也被诸多实证研究结果所支持（魏万青，2016；刘伟、彭琪，2021；何包钢、吴进进，2016）。

综上所述，良好的政社关系是实现基层可持续治理的关键。其一，良好的政社关系能够提升基层政府资源动员的能力。其二，良好的政社关系是简约治理的基础，民众对基层政府信任感越高，社会纠纷与问题越有可能在基层解决。其三，良好的政社关系有利于公共政策的落地，降低政策执行阻力。那么，又应如何形成良好的政社关系呢？关键在政社沟通机制。社会参与、共建共治的作用非常重要。参与协商机制根植于传统协商价值，能促使基层治理决策更符合程序正义。此外，民众参与也有利于基层政府了解民众诉求，提升基层政府回应力与治理绩效。因此，更为关键的是政府对民众诉求的回应，以及民众对政府的满意度或者绩效评价。

三　研究框架：研究假设与分析策略

（一）研究框架与假设

本章以搭建“基层治理负荷—政社关系—治理参与和政社沟通”的倒推分析框架，来理解基层治理中政社关系的关键作用。

首先，本章将从治理成本与负荷角度分析基层政社关系为何如此重要。借鉴国家能力的测量，将基层治理能力分解为资源动员能力、纠纷处理能力、政策执行能力。资源动员能力是国家能力的关键指标；而纠纷处理能力代表着基层政府的回应性能力；政策执行能力代表着压力型体制下的行政派生性任务的落地能力（陈那波、李伟，2020）。基层资源动员能力越强，对财政的依赖程度越低；基层对社会纠纷与矛盾的处理能力越强，向上向外转移治理压力与负荷就越低；基层治理中政策或决策执行阻力，即获得民众对政策支持的能力、政策落地阻力越低，基层治理负荷与压力就越低。

其次是良性政社关系的形成机制，重点关注政社沟通机制的中介作用，具体而言：其一，信息沟通与回应机制，即治理参与是否提升了政府信息的透明度，进而提升基层政社关系。其二，治理参与是否有利于政府对民众需求的回应性，即提升了基层政府的回应能力。其三，回归有效治理角度，治理参与是否提升了民众对政府绩效的满意度。

基于对上述问题的回答，形成本章的分析框架，如图 1-3 所示。

与之对应，本章研究假设 1 关注政社关系与治理负荷的关系：基层政社关系对治理负荷与治理能力有显著影响。基层政社关系主要体现为民众对基层政府的信任感，故可以从资源动员、社会纠纷矛盾处理与升级、政策或决策执行阻力，形成如下假设：

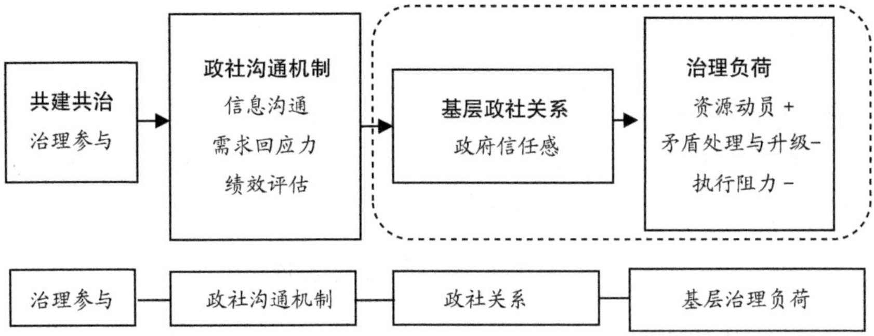

图 1-3　分析框架

注：资料来源：作者自制。

假设 1a：民众对基层政府信任感越高，参与志愿活动的可能性越高。

假设 1b：民众对基层政府信任感越高，矛盾纠纷升级的可能性越低。

假设 1c：民众对基层政府信任感越高，政策决策执行的阻力越低。

假设 2 则关注治理参与良好政社关系形成的政社沟通机制的作用，即政社沟通机制的中介效应。

第一步即检验治理参与对政社关系的影响：

假设 2a：民众基层治理参与程度越高，对基层政府的信任感越高。

第二步检验治理参与对各中介变量的影响：

假设 2b：基层治理参与，有利于提升政社信息沟通。

假设 2c：基层治理参与，有利于提升政府对民众的需求回应力。

假设 2d：基层治理参与，有利于提升政府绩效与满意度。

第三步检验治理参与以政社沟通机制为中介对政社关系的影响：

假设 2e：民众治理参与以政社沟通效果（政府信息透明度、回应力、绩效满意度）为中介，对提升政府信任感有着显著作用。

对假设 2 的检验，本书试图强调治理参与的重要性不在于治理参与的形式，关键是参与对政社沟通的影响。只有能回应民众需求的参与，才能提升民众满意度以及对政府信任感。

（二）资料来源与分析策略

本章采用中国社会科学院的中国社会综合调查 2019 年数据（以下简称 CSS 2019 数据）和广西实地调研资料。CSS 2019 数据为具有代表性的微观数据，涵盖了本书所需要的关键信息，如社区事务的参与、民众对基层政府的信任感，以及对所在辖区政府的绩效评估等，是对民众个体的调查，缺少政府层面的信息。因此，实地调研的重点是政府工作人员。

余文安排如下：首先是基于 CSS 2019 数据对上述两个研究假设进行检验，关注政社关系与治理负荷、政社沟通与良性政社关系的形成。前者回答政社关系为何如此重要，后者回答良性政社关系从何而来。其次是以广西龙城和花山县两地案例，分析从基层治理参与到良性政社关系的形成机制，以便有效理解财政压力与负荷的关系。

四　实证分析：基层治理负荷、政社关系与政社沟通

（一）数据变量与样本情况

1. 数据

本章采用 CSS 2019 数据，调查区域覆盖了全国 31 个省、自治区、直辖市、604 个村/居委会，样本容量为 10143。该数据为公开数据，故不再赘述。

2. 核心变量

政社关系：本书以民众对基层政府信任感衡量基层政社关系，根据受访者问卷中关于乡镇政府的信任程度而来，从非常不信任、不信任、不确定、信任、非常信任，分别赋值 1~5 分，分数越高，信任程度越高。

基层治理负荷与治理能力主要关注资源动员能力、防止矛盾升级能力或社会问题与纠纷处理能力、政策与决策执行能力。（1）基层政府对社会资源动员能力以民众是否参与志愿活动衡量，最近三个月是否参与过一

次及以上的志愿活动，“参与”赋值为1，反之为0。（2）防止矛盾升级能力或者说社会问题与纠纷处理能力通过两个变量体现。一是问题举报意愿（举报偏好），根据受访者向媒体、网络与社会反馈社会问题的经历与意愿编码而成，如果愿意，则意味着纠纷由社区内部转向社区外部，即意味着矛盾向上级政府转移，同时增加了基层政权的回应成本与压力。具体而言，“反馈过”为4，“愿意反馈”为3，“不好说”为2，“不愿意”为1，分值越高，对外反馈问题、诉求外部力量解决纠纷的偏好越高。二是上访偏好（集体维权偏好），即根据受访者是否采取过集体维权与上访，以及是否愿意采取集体与上访形式维权，分别赋值1~4分，分数越高意味着集体维权或上访偏好越高。无论是向上级政府举报，还是上访、集体维权行为，都意味着基层治理矛盾向上转移。（3）政策与决策执行能力相关变量是邻避设施抵制意愿，反映的是基层政府在政策落地或者决策执行中遇到的阻力，阻力越大，基层治理成本越高。选择邻避设施建设作为政策执行的代理变量，与邻避设施落地执行难有关，是基层治理中的难点（王佃利等，2017；侯光辉、王元地，2014；张乐、童星，2014）。具体而言，其是针对“如果政府部门规划要在您居住的社区附近建一个垃圾处理站”问题受访者态度编码而成，包括：对建垃圾处理站的事，我一定会站出来表示反对意见的；我不相信政府部门说的“垃圾处理站污染很小，对居民没有影响”的话；我不相信环保专家们说的“垃圾处理站污染很小，对居民没有影响”的话。其回答越符合个人观点，意味着对建设垃圾站这类邻避设施的反对态度越强烈，每个选项都是1~5分。加总后分数越高，反抗意愿越强，基层政府落实相关决策与政策的成本越高。“参与志愿活动”“举报、上访偏好”和“邻避抵制”与基层“治理负荷”密切相关，其中志愿活动参与可以在一定程度上缓解基层治理财政、人员等资源不足的问题，而举报、上访偏好与基层治理向上转移相关，“邻避效应”往往与治理困境相关，需要特别指出的是，这些测量依然是间接测量。其中，“邻避抵制”体现的是非常态治理的困境，一些研究也将“邻避抵制”视为集体行动。这些变量虽不全面，但体现了基层治理中面临的各类问题与基层治理的复杂性。这里通过数据分析，展示基层治理中的政社关系优势对抑制非常态状况（如“邻避抵制”）以及矛盾向上转移（举报、上访偏好）是有用的。

基层治理参与：根据受访者对社区（村）居委会选举、重大决策的参与情况编码，两者都参与编码为3，参与重大决策或选举投票编码为2，两者都没参与编码为1。

政社沟通：信息沟通、需求回应力、政府绩效（政府满意度）。信息沟通是基于受访者对“政府信息公开，提高政府工作的透明度”的评价，“很好”编码为 5，比较好、不清楚、不太好、很不好，分别编码为 4、3、2、1。同样，基于对当地政府“有服务意识，能及时回应百姓的诉求”和“政府绩效”的评价，获得需求回应力和政府绩效信息。

3. 控制变量

控制变量包括性别、年龄、是否为党员、教育水平、婚姻状况，考虑到信任感与纠纷处理与阶层相关，故控制了阶层认同和住房产权变量。此外，社会信任会影响到政治信任或者政府信任感，故控制社会信任变量。变量含义与样本基本情况如表 1-1 所示。

表 1-1　**样本基本情况与变量描述**　（分）

变量名	变量含义	均值	标准差	最小值	最大值	N
政府信任感	政社关系					
中央政府	信任程度，1~5 分	4.512	0.798	1	5	10282
区县政府	信任程度，1~5 分	3.108	0.930	1	5	10282
基层政府	信任程度，1~5 分	3.458	1.305	1	5	10282
志愿活动	参与为 1，否则为 0	0.125	0.330	0	1	10282
集体维权	上访偏好，分越高越强	2.282	1.076	1	4	10043
举报意愿	分越高越强	2.119	1.013	1	4	10282
邻避抵制	对建垃圾站的抵制态度	9.210	3.621	3	15	5112
回应能力	政府对民众诉求的回应	3.451	1.186	1	5	10282
信息沟通	政府信息透明度	3.519	1.151	1	5	10282
政府绩效	政府绩效评估	3.795	0.991	1	5	10282
治理参与	基层选举和决策参与	1.417	0.617	1	3	10282
都没参与	选举和决策都没参与 1	0.652	0.476	0	1	10282
参与选举或决策	参与选举或决策 2	0.280	0.449	0	1	10282
都参与	两者都参与 3	0.069	0.253	0	1	10282
宗教信仰	信教为 1，反之 0	0.131	0.337	0	1	10282
社会信任感	1~10 分，越高越信任	6.328	2.124	1	10	10282
社会公平感	1~10 分，越高越公平	6.692	2.089	1	10	10282

续表

变量名	变量含义	均值	标准差	最小值	最大值	N
住房产权	房产数，其中 3 套及以上编码为 3	1. 181	0. 581	0	3	10282
城镇社区	是否城市社区	0. 564	0. 496	0	1	10282
男性	男性 1，女性 0	0. 429	0. 495	0	1	10282
年龄	岁	46. 58	14. 26	18	69	10282
是否为党员	中共党员为 1，否则为 0	0. 103	0. 304	0	1	10282
婚姻状况	已婚为 1，未婚为 0	0. 878	0. 357	0	7	10282
教育水平	受教育年限	9. 250	4. 418	0	19	10282
社会地位	主观社会地位	3. 649	0. 924	1	5	10282

居民对基层政府的信任感较高，67%的居民表示信任或者比较信任，平均得分为 3. 458 分，居民对地方基层政府绩效评分均值为 3. 9 分。集体维权或者上访平均得分 2. 282 分，举报偏好均值为 2. 119 分。居民对邻避设施的抵制态度较强，总分 15 分，平均得分为 9. 2 分。样本显示基层治理中民众参与度较低，65. 2%受访者过去两年既没有参加社区（村）居委会投票，也没有参加社区（村）的重大决策讨论，两者都参与的比例仅为 6. 9%。志愿活动参与度也较低，过去两个月参与过志愿活动的比例仅为 12. 5%。

（二）实证分析结果

1. 政社关系与治理负荷

对政社关系与治理负荷的实证分析主要关注志愿活动参与、举报偏好、集体维权偏好（上访偏好）、邻避抵制态度四个方面。其中，志愿活动参与代表着社区资源动员的潜力，是二分变量，故使用 logit 模型；举报偏好、集体维权（上访偏好）与基层社会矛盾是否向上转移相关。居民越是愿意将矛盾向媒体反馈，或越是愿意以集体维权的形式去诉求个人意愿，则意味着纠纷与矛盾的上移，其背后是基层治理能力的不足与政府治理负荷的增加。两个变量都是次序测量，故采用次序 logit 模型；邻避设施建设的抵制态度反映的是政策实施的成本，使用的是线性回归模型。分析结果如表 1-2 所示。

表 1-2 政社关系与治理负荷

变量	资源动员	矛盾上移		执行阻力
	志愿参与	举报偏好	上访偏好	邻避抵制
基层政社关系	0.060**	-0.107***	-0.035**	-0.260***
	(0.028)	(0.016)	(0.016)	(0.042)
城市社区	-0.088	-0.131***	-0.309***	0.393***
	(0.070)	(0.042)	(0.041)	(0.108)
男性	0.136**	0.238***	0.252***	-0.432***
	(0.065)	(0.041)	(0.040)	(0.105)
年龄	-0.013***	-0.013***	-0.006***	0.018***
	(0.003)	(0.002)	(0.002)	(0.005)
宗教信仰	0.316***	0.168***	0.053	0.376**
	(0.090)	(0.057)	(0.056)	(0.146)
党员	0.912***	0.054	0.626***	-0.390**
	(0.087)	(0.069)	(0.071)	(0.177)
已婚	-0.175*	-0.308***	0.026	0.204
	(0.097)	(0.069)	(0.062)	(0.162)
教育水平	0.113***	0.036***	0.017***	0.011
	(0.010)	(0.006)	(0.006)	(0.015)
阶层认同	-0.170***	-0.025	-0.067***	-0.040
	(0.036)	(0.022)	(0.021)	(0.057)
社会公平感	0.053***	0.030***	0.017	-0.122***
	(0.020)	(0.011)	(0.011)	(0.028)
社会信任感	0.035*	0.032***	0.064***	-0.013
	(0.018)	(0.010)	(0.010)	(0.027)
住房产权数	-0.018	0.080**	0.068**	0.197**
	(0.052)	(0.034)	(0.034)	(0.087)
/cut1		-0.733***	-0.374**	
		(0.177)	(0.172)	
/cut2		-0.514***	-0.170	
		(0.177)	(0.172)	
/cut3		3.095***	2.429***	
		(0.184)	(0.175)	

续表

变量	资源动员	矛盾上移		执行阻力
	志愿参与	举报偏好	上访偏好	邻避抵制
截距	-0.347			9.784***
	(0.397)			(0.452)
观察值	10229	10229	9989	5089
R^2或伪R^2	0.0911	0.0218	0.0154	0.035

注：括号内为标准误，*** $p<0.01$，** $p<0.05$，* $p<0.1$。

假设1得到数据较好的支持，即良好的政社关系对提升基层治理能力、降低负荷与规模具有显著影响。表中第一列政社关系回归系数显著为正（系数为0.060，5%的水平上显著），与假设1a预期一致，良好的政社关系与基层政府对社会资源动员潜力有关，民众对基层政府信任感越高，其参与志愿活动的可能性越高；良好的政社关系对基层纠纷与矛盾是否向上转移的影响显著。具体而言，民众对基层政府信任感越高，其举报偏好、上访偏好越低，假设1b、1c得到数据的支持；良好的政社关系意味着决策与政策执行阻力较小，表中第四列显示，民众对基层政府信任感越高，对邻避设施的抵制态度越低。

统计结果也显示了基层治理中的城乡差异，相对于农村居民，城市社区的居民处理社会问题与纠纷时，举报偏好与上访偏好更低，但对邻避设施建设的抵制态度更高。这可以通过利益视角得到一定程度的解释，城市居民参与纠纷处理、集体维权的成本更高，而邻避设施的建立影响其生活环境与房产价格，故其抵制态度更强烈。此外，居民的受教育水平、主观阶层地位和房产数，对志愿参与、是否向外反馈社会问题、邻避设施抵制态度的影响显著。

2. 治理参与、基层政社关系：政社沟通机制的作用

接下来将关注基层治理参与的影响机制，特别是政社沟通机制的中介作用。具体而言，将信息沟通、需求回应、政府绩效以及政社关系（基层政府信任感）为因变量进行回归，分别检验“治理参与—信息沟通—政社关系”“治理参与—需求回应—政社关系”“治理参与—政府绩效—政社关系”的传导机制。

基于中介变量检验步骤，表1-3报告了假设2a—2d相关检验结果。整体而言，相关假设得到了数据较好的支持。假设2a得到数据较好的支持，表中第一列基层治理参与变量的回归系数为0.048，在5%的水平上

显著，基层治理参与对基层政社关系的影响非常显著。基层治理参与对信息沟通、需求回应、政府绩效等中介变量的影响也非常显著，回归系数分别为0.079、0.074、0.058，均在1%的水平上显著，假设2b、2c和2d得到支持。

表 1-3　　**治理参与、政社关系与政社沟通**

模型	假设 2a	假设 2b	假设 2c	假设 2d
变量	政社关系	信息沟通	需求回应	政府绩效
治理参与	0.048**	0.079***	0.074***	0.058***
	(0.020)	(0.018)	(0.019)	(0.015)
控制变量	已控制	已控制	已控制	已控制
样本量	10229	10229	10229	10229
R^2	0.160	0.115	0.128	0.148

注：括号内为标准误，*** $p<0.01$，** $p<0.05$，* $p<0.1$。

接着，我们将信息沟通、需求回应、政府绩效等中介变量分别纳入模型进行分析，结果见表 1-4 第 1~3 列。控制了政社沟通机制相关变量后，基层治理参与对基层政社关系的影响虽然依然为正，但都没有通过统计显著性检验。故可以推断，基层治理参与对政社关系积极影响的关键是政社沟通机制。基于系数乘积检验法逐一进行 Sobel 检验（Sobel，1982；1987），结果显示，中介效应显著（p 值均小于 0.05），同时设定抽样次数为 100 次进行 Bootstrap 检验，结果非常稳健。

表 1-4　　**信息沟通、需求回应与政府绩效的中介效应分析**

变量	政社关系	政社关系	政社关系	政社关系
治理参与	0.023	0.022	0.023	0.012
	(0.019)	(0.019)	(0.019)	(0.019)
中介变量	0.315***			
a. 信息沟通	(0.010)			0.090***
	0.023			(0.013)
b. 需求回应		0.348***		0.183***
		(0.010)		(0.0136)

续表

变量	政社关系	政社关系	政社关系	政社关系
c. 政府绩效（满意度）			0.430***	0.263***
			(0.012)	(0.0153)
控制变量	已控制	已控制	已控制	已控制
样本量	10229	10229	10229	10229
R^2	0.228	0.247	0.251	0.281
Sobel 或 KHB 检验	0.025***	0.026***	0.025***	0.036***
	(0.006)	(0.007)	(0.007)	(0.0071)

注：括号内为标准误，*** $p<0.01$，** $p<0.05$，* $p<0.1$。

最后一列，采用 KHB 方法对多变量的中介效应进行检验（Kohler, Karlson & Holm，2011），政社沟通机制的中介效应非常稳健。对总体中介效应进行分解的结果显示，信息沟通、需求回应、政府绩效的中介效应分别为 0.0071、0.0136、0.0153，政府绩效的贡献最高，需求回应次之，最后是信息沟通。这意味着，政社沟通的关键是实现有效治理和对民众需求的回应。

（三）进一步分析：治理参与、政社沟通、政社关系与治理负荷

本书采用 KHB 方法分析了从治理参与到治理负荷的影响机制，即政社沟通与政社关系的中介作用，具体结果如表 1-5 所示。

表 1-5　**从治理参与到治理负荷：政社沟通、政社关系的中介效应**

变量	资源动员	矛盾上移		执行阻力
	志愿参与	举报偏好	上访偏好	邻避抵制
总体效应	0.748***	0.342***	1.796***	-0.098
	(0.049)	(0.034)	(0.039)	(0.085)
直接效应	0.742***	0.350***	1.800***	-0.077
	(0.049)	(0.034)	(0.039)	(0.085)
间接效应	0.007**	-0.009***	-0.004**	-0.020**
	(0.003)	(0.003)	(0.002)	(0.009)

注：括号内为标准误，*** $p<0.01$，** $p<0.05$，* $p<0.1$。

表中信息进一步展示了政社沟通、政社关系的关键效应。治理参与直

接效应分别为 0.748、0.342、1.796、-0.098，除邻避抵制模型系数为负且不显著外，治理参与对志愿参与、举报偏好、上访偏好的影响均显著为正。说明治理参与并非一个随机选择过程，其也并不意味着基层治理的低成本、低负荷。具体而言，治理参与有利于提升志愿参与，然而，基层治理参与也意味着其更强的举报偏好与上访偏好。也就是说，在参与者的利益诉求没有得到满足或者利益受损的情况下，更有可能向上级政府、媒体反馈问题，或者上访集体维权，进而增加基层回应成本，甚至将治理负荷向上传导。

中介效应（间接效应）均在 5%的水平上显著，该结果则揭示了从治理参与到治理负荷，关键在政社沟通机制与政社关系，有效的政社沟通与良好的政社关系，不仅提升了民众的志愿参与，同时也降低了其社会问题与矛盾向上传导的可能性，以及对邻避设施的抵制态度。治理参与对邻避设施的抵制态度并没有显著影响，可能与垃圾处理站建设对社区居民的环境、房产价值的影响相关，其中原因需要进一步分析。

五　案例分析：治理参与、政社关系与基层治理

（一）主要研究目标与案例抽样

基层政社关系是影响基层治理负荷与效能的关键因素，而良好的政社关系形成的重要基础就是吸纳民众参与基层治理，增强政社沟通，破解基层政府与民众之间的沟通不畅问题，进而提升基层政府对民众诉求的回应力与治理效能。虽然相关假设得到了数据分析的支持，但 CSS 2019 数据缺少对政府官员与社区社会精英的动机、行为关注，而案例研究能补充相关信息，且非常适合厚实的分析基层治理模式的变革过程。

本书选取的是广西花山县和龙城区两个案例。选择此两地案例的原因有二：其一，笔者对这两个案例有着长期的追踪调查，并和课题组多次实地调研，与政府官员、政府工作人员、社区工作者和居民进行访谈、座谈与其他渠道的交流，有着丰富的资料积累。而且，这两个案例在媒体曝光度比较高，读者可以通过其他资料渠道进行验证。其二，龙城区代表城市基层，花山县代表农村基层，且在基层治理中面临的问题，具有代表性。从解决方案来说，两案例代表着低成本治理模式，其可持续性更强，对全国基层治理更具参考价值。双案例复制性研究也有利于提升论文结论的外

部有效性（苏芳、毛基业，2019）。需指出的是，两案例都是政府主导的基层治理能力建设的案例，且地方政府都予以各种资源倾斜，以破解基层治理资源的不足。但案例分析重点不在资源下沉，而是关注政社沟通机制对基层治理的作用。按学术惯例，本书对案例地与访谈者信息进行了匿名处理。

（二）案例的基本情况

1. 花山县案例概况

花山县案例的核心是“村决策、乡统筹、县审批”。花山县人口 44 万，地处西南边陲，是滇桂黔石漠化片区和广西扶贫开发工作重点县。“村决策、乡统筹、县审批”工作模式的形成主要源于传统模式面临的困境。2015 年贫困发生率 18.9%，2016 年县领导因扶贫工作被约谈。花山县乡村基础设施非常落后，而县财政压力非常大，2018 年、2019 年县财政支出分别是 34.6 亿元、35.33 亿元，收入仅为 6.22 亿元、5.02 亿元。

为推进扶贫工作，县政府对标扶贫要求加强乡村基础设施建设，其推进工作是先有专项资金，然后再决定项目落地。该工作模式面临扶贫项目实施进度慢、项目资金滞留以及村民满意度低两个问题。当地主要官员在谈到工作模式的转换时说：“老百姓各有各的想法，村里要达成共识有难度，而且大家也会比较，如果其他村做得更好，就会对本村工作有意见。”传统模式陷入困境，给县里非常大的压力。“如果项目进展没有达到预期，项目资金滞留，会被问责、约谈。老百姓不满意，‘三率一度’中群众满意度得分低，影响退出评估。我们想了很多办法，很努力，指挥部 12 点前没有关过灯，为了扶贫是精锐尽出，连续作战，但问题不解决，还会被问责。”

2018 年县里决定采取“村决策、乡统筹、县审批”工作模式，推进村级组织建设中的基础设施扶贫项目，将 400 万元以下扶贫项目放权给村委会决策实施。与之配套，在“村决策”环节采取“五议两公示”的工作方法，即屯级党支部提议、村民小组会议、村“两委”商议、党员大会审议、村民代表大会依法决议项目计划，前期公示项目计划、后期公示项目中标结果，加强信息沟通、增加项目透明度。在村屯一级，村民根据本村屯的实际，民主决定村内公共基础设施和公共服务事项。“村决策、乡统筹、县审批”工作模式取得了理想的效果，该县第一批“村决策、乡统筹、县审批”基础设施项目投入 8372.5 万元，用于村屯巷道硬化、排水排污、引水入户、路灯、垃圾处理等公共基础设施工程，“老少边山穷”地区旧貌换新颜，“及时解决村里最急需、群众最急盼、受益最直接的突出矛盾和问题，不断提升群众的满意度和获得感”，“取得了高质量、高效益，全面提高了群众的满意度和参与度”。该工作模式获得了广西日报等媒体的广泛报道。据近年县政府工作报告，该工作模式依然坚持了下来，成为乡村振兴项目推进的主要工作模式。

2. 龙城区案例

龙城区总户籍人口约 41 万，2020 年年底常住人口约 61.8 万人，龙城区地处广西中部，交通便利、工业和商贸物流基础雄厚，主要经济指标位列全区前列。然而，作为老工业基地的龙城区却面临发展转型诸多难题，2019 年其工业总产值下降 1.5%，财政收入下降 12.72%。

龙城老工业城区在基层治理方面面临的诸多难题也是当时基层治理面临的典型问题。“三无小区”治理是社区建设的难点和重点，其辖区内有破产、改制企业 37 家，约有 219 个原来由单位管理的居民生活小区从企业剥离，小区脏、乱、差现象是基层治理的痛点与难点。与此同时，老城区停车位紧张，经常出现占道停车、车辆乱停放、堵塞交通的情况，老城区违建、整治违法经营、治理环境污染、物业管理等成为治理中的“硬骨头”，而基层参与协商中面临着“议而不决”的普遍难题。如，红桥社区因靠近学校，一到上班下班高峰期与学校上学放学时间，两个高峰段交叠，导致周边道路非常拥堵。与此同时，红桥社区地处老城区，早年由于设计原因，社区内车位不足，近年来随着汽车的日益普及，社区内汽车用户增加，因此社区内车位非常紧张，居民车辆经常停放在路边等处。正如当地工作者介绍的，“基层治理、社区治理中面临的问题都不是新问题，老百姓的诉求有几个大类是很清晰的，但很多问题不是社区、街道能解决的，老问题拖而不决，老百姓自然不满意”。“基层工作、社区工作是小马拉大车，压力大，大家都很忙很累效果还不理想。”基层治理诸多难题，是制约民众满意度提升的堵点。传统治理模式与新时期基层治理要求不符，也是制约该市“创建文明城市”的关键因素，“公共环境脏乱差”“车辆乱停放”等问题成为“创城突出问题”。

2019 年，龙城区以“街道协商规范化建设”为主题，成立民政部“全国街道服务管理创新实验区”。对此，龙城民政工作负责人介绍道：“这么多年的努力，我们在协商方面积累了许多经验，有很好的基础。全市有‘吾事五说’等各种民主协商渠道，社区内部有从事民间矛盾纠纷调解的‘和事佬说和事务所’‘睦邻惠社工站’。”为推进街道服务管理创新，一是建立“街道派单、部门接单”工作机制，破解基层执法资源不足，推行“五办两中心”优化街道职能机构设置，增强街道的人事资源，建立街道综合行政执法队伍，解决执行难问题，推进“一个平台”，构建“一岗通办”，实行“一网共治”，提升办事效能。二是基层减负，建立了“大事派单、小事协商、私事自治”的“三事分流”机制，综合治理中心通过“三事分流”为基层减负，按照对应权责划分街道社区事务清单。三是放权，街道承接上级各部门下放业务共425项，街道将其放权给社区。四是“五社联动”，党建引领社会参与，依托“红色管家”协调社区、居委会、物业“三驾马车”，推进小区治理，充分发挥社会参与作用，“和事佬说和事务所”“睦邻惠社工站”成为基层治理的重要力量，通过“善邻志愿—邻里互助”等志愿组织推进社区建设。龙城区街道试点工作改革取得了显著成效，“三无小区”治理进入2019年全国城市社区治理九大成功案例，龙城区成为城市基层党建示范城区与基层服务“供给侧”改革的典范。民众满意度得到提升，后续的“创城”（即创建全国文明城市）与志愿者服务开展都得到了民众的积极回应。

（三）基层治理参与、政社沟通机制与有效治理

两个案例都是在传统治理模式与新的目标、要求不匹配情况下的创新求变，成为基层治理的典范，其治理创新成效的取得，离不开自上而下的资源投入，但投入之外，政社沟通机制发挥着重要作用。具体而言，政社沟通对基层治理的影响主要是信息沟通机制、回应机制与绩效机制。

1. 信息沟通机制、需求匹配与回应力。

有效的基层治理建立在政社信息畅通的基础上。从服务供给的精准匹配来看，在基层治理中，从扶贫对象的精准识别、扶贫措施的精准供给，到资源约束下对民众需求的轻重缓急的排序，以及安全隐患的排除等，都需要服务供给方（基层政府）了解民众需求。民众满意度与其诉求得到有效回应有关，也与诉求回应过程的信息透明度、诉求无法得到满足时的结果反馈及原因解释有关。无论是花山模式还是龙城模式，政社信息沟通机制均发挥着关键作用。有效的信息沟通，提升了政府回应力，同时也能增进政社双方的理解，进而提升民众的信任感与满意度。

要想基层工作做得好，信息沟通非常重要。花山县主要负责人在调研中说：“现在扶贫对象的精准识别有着一套严格的流程，有效地保证识别工作的规范性是考评指标，同时，通过公示环节，群众也能起到互相监督作用，有疑问可以向村委、工作队反馈。特别是以前财政系统没有进数据库时，村民之间掌握的信息比我们更准确。”而“村决策、乡统筹、县审

批”工作模式是对既有经验的拓展运用。“基层工作做得好不好，不仅是我们自己满意不满意，也不仅仅是完成资金使用进度，更重要的是村民是否满意。以前那套做法，项目落地难、资金使用滞后，关键是有些项目做了，总有一些村民提建议，找工作队和乡镇政府处理。现在我们是先把资金额度交个底，让村里自己商量，到底是先修路还是怎么样？村里统一意见了再报乡里，县里掏钱买单。群众也不用再去找乡里、县里，减少沟通成本。这样县里也没有多花钱，群众也认可，皆大欢喜。”需求精准对接，在城中镇松林村道路修建项目中有充分的体现。“如果只是为了完成基建项目的任务，自然屯道路 1 米宽就行了”，当地干部说：“但只修 1 米的话，村民很难满意。一是比较心理，别的地方能通车，1 米宽连摩托、三轮车都难通行，怎么满意？好事变坏事。二是随着收入的提高，有汽车通行，需求也在增加。村里提出要修宽一点，到 2.5 米宽，乡里也在资金允许的条件下接受了村民意见，群众自然非常开心。”

龙城区的街道干部也多次表达了类似观点，强调需求匹配与回应的作用。“平时老百姓有问题，向社区街道反馈，但很多业务不是社区、街道中心管的，如果事情既没有解决也没有反馈，他们肯定不高兴。老百姓认为是反馈给了政府，他们也不知道这件事到底是哪个部门管的。但我们有一个优势。大家熟悉政府各部门职责，知道这事找谁，或者找哪几个部门。现在的‘街道派单、部门接单’机制，不需要老百姓自己去找对应的职能部门，对百姓诉求的回应更加有效了。”即便是问题没有解决，信息沟通与政府及时回应，对政社关系的提升非常有益。“百姓的诉求、需求，能解决当然更好，但很多事情是在街道，甚至是龙城区一级难以解决的。但我们现在要求在多少个工作日之内给出回复，找政策依据去解释（不能办的）原因。虽然问题没得到解决，但大部分时候百姓还是比较理解的，满意度自然也就提升了。”

总之，如何在有限资源情况下，提升民众满意度，识别民众需求及其轻重缓急非常重要。如果没有对民众的真实需求做到“心中有数”，有时即便是付出努力，提供公共产品，也不一定能得到民众的积极评价。对村民而言，修路当然重要，但如果道路修好了，钱花了，道路却只能满足步行，满足不了其生活生产需要，摩托车、三轮车都不能走，那么修路就会流于形式主义，只满足于考核目标，这种重心向上的修路模式，对提升政社关系并无益处。这也不难解释，为什么前文量化研究中，参与的作用不显著。正如案例展示的，参与的关键不是“参与”本身，而是要通过参与实现信息的有效沟通，能识别民众的需求，同时更为关键的是，识别需求之后，还要进一步落实，要求政府对民众需求做出有效回应。基层治理，关键是要解决民众的“急难愁盼”问题，让民众得到实惠，有获得感。但笔者在调研中发现，基层治理中一个普遍存在的问题就是居民的“形式主义参与”，很多社区都将基层协商作为治理创新的抓手，居民议事搞得轰轰烈烈，被地方媒体广泛报道，甚至被地方政府树立为典型。但现实层面的“参与”经常是退出劳动力市场的局面，更为重要的是，基层协商经常是“议事不办事”，流于形式。这种形式主义的参与，是一种目标替代与异化行为，不利于政社关系的改善。而本案例也进一步解释，参与很重要，但参与不是目标，参与的关键是通过参与、信息沟通，最终在资源约束条件下，让民众诉求得到有效的回应。

2. 政社沟通机制、资源匹配与治理成本。

政社沟通机制是降低治理成本的有效机制，具体表现为信息收集与识别、资源动员与志愿参与、低成本劳动力优势。

一是信息收集与识别低成本机制。花山县一位领导对课题组成员说：“基层治理、扶贫工作压力大，与历史基础有关，也与工作方式有关。专项资金下来，要好也不容易。有些大项目需要县里集中精力推进，但这么多村的项目也需要跟进。同志们真的是像上战场一样，不敢有丝毫懈怠，指挥部的灯经常亮通宵。‘村决策’也是为我们减负，村民之间进行沟通比较有优势，我们去沟通还不如他们内部沟通。‘村决策’后我们不需要事事去协调，少了很多解释工作，乡里（对各村的项目）统筹排序，我们（县里）做好监督、检查，保证项目质量与进度。”“五议两公示”工作方法，使村民参与到项目决策中来。“村民可以在村民代表大会提出自己的想法，可以在公示期找当地村委、驻村干部提建议，不需要跑乡里、县里。”信息沟通机制的畅通，提升了沟通效率，降低了沟通的时间与交通成本。

龙城区采取的是“找熟悉的人、进熟悉的门、做熟悉的事”的“三熟”工作法，选聘小区居民做社区助理网格员。街道工作人员解释道：“社区居民做网格员有非常明显的优势，他们对楼栋、小区居民的家庭情况比较熟悉，有些信息甚至不需要登门也能提前知道。例如，哪家有高龄老人，对他们来说很容易掌握，聊天、串门就能了解。社区的要求也灵活，完成任务就行，不是说一定要白天上门。如果我们工作人员去，不一定能找得到人，来来回回时间过去了，效率却很低。”民众参与的低成本、高效率在“技术赋能”背景下更为突出，工作人员举例说：“‘创城’中我们针对乱停乱放行为的举报，给予一定的激励。老百姓看到乱停乱放，或违建，拍照上传到群里，工作人员发现后就可立即去现场处理。”

二是低成本劳动力优势与资源匹配。人员短缺是基层治理中面临的普遍问题，也是导致“影子雇员”的重要原因，在经济较发达地区一般是通过雇用工作人员或者类似“双百社工”项目去弥补人员不足问题，其前提是地方财政雄厚，而龙城区采取的是充分利用当地低成本劳动力的优势，低成本解决人员短缺问题。当地政府工作人员解释道：“如果能雇用年轻大学生、专业社工，那肯定好，但是对年轻大学生而言，他们做助理网格员或者社区工作人员，主要是过渡性质的，对此我们也非常理解，待遇太低肯定是留不住人的。我们的想法是这样的，不一定要年轻大学生或者年轻人，可以考虑让在家带孩子的妇女、退休人员来做这事。这些人有能力，我们时间安排也灵活，他们把任务完成就行，只要能做好就行，妇女就可以兼职，不耽误带孩子、辅导孩子，毕竟我们付的工资也不高。”在具体实践中，龙城区采取的选聘小区里威望高、有一定技能、退休在家又热心公益事业的居民担任社区助理网格员。“他们可以发挥余热，觉得这份工作有价值，非常认可。”社区党组织发挥助理网格员的信息优势，根据其擅长技能与调解技能分配任务，实现“专业人”做“专业事”。

3. 社会参与、资源动员与政社沟通正反馈机制。

基层治理事务繁多，需要投入大量的时间与精力，而基层政府往往资源紧张，因此，动员民众参与显得尤为重要。

花山县领导介绍了修路的案例。“在资金允许的情况下，项目推进自然容易。但有时是群众有需求，我们资金又不多，没有群众的配合是无法想象的。”“我们这里地方大，一个村的村头到村尾就很远、路也长，修路成本高。而且道路维护成本也高，收甘蔗都是大车、重车，路容易被压烂。我们群众没钱，县里资金也很吃紧。怎么办？只能是大家都出工出力。”“我们的基础设施建设非常落后。昨天您去看的东安乡，离县城很近，但一直没有通公路。甘蔗出不来，一下雨甚至烂在地里。县里很想修这条路，周边群众也盼望着能修路，但修路要征地，要拆迁征地款，但我们财政很困难。最终是各村讨论，村民不要征地款。这个如果没有群众支持是不可想象的。后来修路，周边群众热情也非常高。有了路，不仅仅是周边群众出行方便，甘蔗运得出来，就连后续推进‘双高’甘蔗田的改造也有了基础。”

龙城区街道干部也介绍了政社互惠解决治理难题的案例与实践。停车难是老城区社区面临的普遍问题。“这里（红桥街道）居民多、车多，停车位紧张，以前占道停车现象比较普遍。同时有两个学校在周边，上下班和学校上下学的高峰期叠加，更是寸步难行。车来车往给学生带来很大的安全隐患。”对此，街道和社区居民商议后，一是向交通运输部门、市政部门反馈，设置单行道，缓解堵车问题；二是把社区里的车位空出来，空闲时间、下班后允许周边居民停车。停车难与堵车问题得到了一定程度的解决。三是强化志愿服务，街道与社区干部，联合学校、家长组建“校园护路服务队”，动员辖区社区的护路志愿者，在学生上下学高峰时段，在人流车流量密集地段维护交通秩序，共同营造平安文明的校园周边环境。

修路、护路事关周边民众的利益。在治理目标与民众利益一致的情况下，群众参与积极性也得到提高，从参与到有效治理，两者之间形成了正反馈。“修路如果没有周边村民支持是不可想象的，征地就是老大难问题，建设也不可能推进那么快。”按当地媒体说法就是：“在项目的实施过程中，我们感觉自己就像业主一样，大家参与投工投劳的热情空前高涨。”而龙城区的“校园护路服务队”与社区志愿者，真正做到了“自家人”管“自家事”。

4. 简要总结：基层政社沟通、治理成本与有效治理。

沿海地区依托其雄厚的财政能力，通过“双百社工”、购买服务回应日益增长的基层治理规模需求。然而对经济后发展地区而言，东部经验难以复制。基层治理的关键是降低治理负荷，实现治理规模与治理成本之间的平衡。而花山和龙城的案例为低成本治理提供了诸多启发，有助于我们理解从共建共治到有效治理的关键机制。

其一是政社沟通的信息机制与精准匹配机制。一方面，民众参与基层治理过程，也是基层民众和基层政府的信息沟通过程，吸纳民众参与有利于民众表达诉求，降低沟通成本。另一方面，信息沟通是政府回应力提升的基础，信息沟通机制为服务供给的精准匹配提供了靶标，进而提升资源利用效率与民众获得感。最后是在政策执行与反馈环节，政社沟通能有利于政府及时向民众反馈需求满足的堵点与问题。

其二是治理参与带来的认同机制与基层政府执行能力的提升。一方面是执行阻力，民众参与有利于提升民众的认同感，达成共识，降低决策执行成本，减少政策执行阻力。另一方面是执行动力，即资源动员机制，这能动员其为公共服务供给提供资源，助推政策决策实施。从这个意义上来说，参与本身只是形式，关键是对资源动员、服务需求的回应，以及对各种服务需求轻重缓急的识别。

六　结论讨论：低成本治理与社会长期稳定奇迹

（一）结论与发现

基于治理规模与负荷视角，本章提炼了基层治理能力的关键指标：资源动员能力、基层秩序维持能力、政策与决策执行能力，指出良好政社关系是降低基层治理负荷、实现低成本治理的关键。基于调查数据与田野资料研究发现：（1）良好的政社关系是基层治理能力的关键指标，影响着基层资源动员能力、矛盾纠纷化解能力、政策决策执行能力。（2）建设良好的政社关系，需要民众参与治理，通过政社信息沟通，加强政府对民众需求的回应力，提升绩效，促进良好政社关系的形成。（3）基层治理参与和治理负荷的关系是复杂的，参与并不意味着降低治理负荷，其关键是提升政府回应力，促进有效治理。这也意味着在后续分析中，不能关注形式意义上的参与，而应该将分析重心放在民众需求回应与利益诉求的满足上。

本章贡献主要体现在四个方面：第一，借鉴国家能力的测量，从资源动员、基层秩序供给与矛盾的化解、政策决策执行阻力等方面，对基层治理负荷与治理能力进行测量。第二，构建了基层政社关系与治理负荷的分析框架，并基于调查数据验证了基层政社关系的关键作用，为进一步探讨治理规模扩张背景下低成本治理提供了启发。第三，探讨了从基层治理参与到良好基层政社关系的形成机制，指出实现有效治理的关键是，通过治理参与信息沟通，提升政府的回应力与治理绩效，促进良好的政社关系。第四，提出治理参与的参与者并非随机性的，治理参与者不仅有着积极的志愿服务意愿，也有着积极的维权意愿与上访偏好，如果其权益受损或者诉求没有得到满足，可能导致基层治理负荷的增加。总之，本书超越了结构视角，从政社关系出发讨论了治理规模扩张背景下低成本治理何以可能，强调基层有效治理不仅仅是资源下沉，更需要加强政社沟通。

本章也存在诸多不足。首先，这里使用的是 CSS 2019 数据，该数据虽然信息丰富，但并非针对基层治理而设计的调查。虽然补充了案例资料，补充了对基层官员干部的资料信息，但对相关假设的检验主要是源于个体受访者的回答。治理负荷的测量方面，是从资源动员、基层矛盾化解能力与政策执行能力展开的，缺少更直接的指标。此外，治理参与是高度选择的过程，本章没有解决治理参与的选择性与内生性问题，进而讨论治理参与和治理负荷的因果中介关系。

但正如前文所说，这里重点关注的是政社沟通机制与政府满意度，对政府信任感的影响，同时强调治理参与的关键不是参与本身，也是其中的沟通机制与民众诉求的满足。这也为后续分析提供了基础，即要重点关注利益诉求的满足，而非简单的信息沟通。在后面的章节分析中，特别是数字政府建设对基层政社关系的影响分析中，数据分析结果多次验证了这一观点，即相对于信息透明对政府满意度和基层政府信任的影响，民众利益诉求的回应、安全隐私的保护的影响更显著。

此外，通过案例研究与 CSS 2019 数据分析对比，可以再一次印证前文的担忧。即，前文对基层治理负荷的测量，主要是一些非常态的问题，如，举报上访、邻避抵制等，这些现象并非基层治理的常态。在更多层面上，基层治理的内容主要是自上而下的政策落实，包括政务服务打通“最后一公里”、资源下沉与项目落地等问题。而案例能对 CSS 2019 数据做出一定的补充，案例中呈现的问题并非一种对立关系；恰恰相反，从停车位到修路等，案例呈现的具体议题都事关民众福祉，涉及“下沉资源”如何落地，变为民众得到“实惠”，这些问题都是基层政府和民众关注的问题，政府与民众在这些议题上均有着广泛的共识，但案例呈现出更多丰富的细节。以修路为例，对民众而言，不仅仅是需要“路”，更关键的是花了钱要修一条能“用”的路。这对后文我们分析数字化时代政府社会保障供给与服务能力的提升也富有启发意义。如果我们讨论社会保障供给的影响，可能不仅仅是相关保障有无的问题，还涉及保障水平与民众需求相适应的问题。

（二）讨论与建议

基层治理是国家治理的基石，基层政社关系是基层治理体系与治理能力现代化的核心内容。《中共中央　国务院关于加强基层治理体系和治理能力现代化建设的意见》提出，加强基层治理体系和治理能力现代化建设要“推动政府治理同社会调节、居民自治良性互动”。然而，在实践中社会参与基层治理在一定程度上出现了流于形式的问题，社会参与治理与协商，常常是“议事不办事”。本书研究发现，形式上的参与可能提升基层治理成本，要实现治理参与到有效治理，其关键是建立良性的政社关系，做到“政府治理同社会调节、居民自治良性互动”。只有政社良性互动、有效沟通才能降低基层治理的负荷与压力。

中国社会正处于发展转型的关键期，发展环境的不确定性与风险叠加，使国家治理的刚性支出不断增加，而财政基础特别是工业确定性不断削弱，在这一背景下，如何实现基层治理短板的补强与治理负荷的平衡显得至关重要，或者说，新时期提升基层治理能力，关键是要回答在财政风险增加与治理规模扩张的背景下，如何实现有效且低成本治理。本书结论对提升新时期基层治理能力建设具有重要的参考价值。

其一，要以良好的政社关系为基层工作的重点，降低治理负荷与压力。在实践层面，自上而下的减负与推进资源下沉非常重要，但“减负”不仅仅是降低自上而下的压力。考虑到治理成本与财政负荷，“减负”要从建设良好的政社关系角度做文章、下功夫。事实上，随着治理重心下移与资源下沉，基层治理的负荷会越来越大，因此，“减负”是结构性的“减负”，在整体上，伴随重心下移的是对基层治理要求越来越高。如果仅仅通过增加人员投入等方式解决，治理成本就会进一步提升。因此，强化政社关系优势是降低治理负荷与压力的重要途径。

其二，政社关系优势的关键是民众利益诉求的回应。既有研究强调，民众参与是“共建共治”理念的体现，是推进基层治理能力提升的关键举措。民众参与带来了资源，降低了服务供给成本，但如果参与只是协商，而非落实，那么对政社关系改善的价值是不大的。在基层实践中，参与协商常面临“议事不办事”的困境，治理参与流于形式，这不仅不利于治理负荷的降低，反而可能增加治理负荷。因此，从治理参与到治理能力的提升，关键是通过“共建共治”实现“共享”，通过治理参与提升基层政府对民众诉求的回应力。具体而言，基层服务供给与基层治理关键是要落实“以人民为中心”的理念，参与过程中的政社沟通机制是摸清民众需求、增强服务供给与民众需求的匹配性、提升政府对民众需求回应力的重要渠道，而基层政府的重心要瞄准需求推动供给侧改革，助推民众诉求的落实，提升治理效能。

第二章　转型秩序的政社关系与不平等的挑战

一　转型秩序中政社关系与风险

本章的内容是对转型秩序政社关系研究的经典模型——政府绩效传统模型进行实证检验。

对发展中国家而言，跨越贫困陷阱步入工业化需要对人口规模压力做出有效回应。面对人口规模压力，政府通过社会政策采取不同的机会分配措施，形塑了农业转移人口的机会空间与命运轨迹。依靠资源动员优势，中国重工业取得较大成就，全能型社会政策发挥着重要作用。然而，优先发展重工业，需要巨大资金；但提供就业岗位不足，无法对人口与就业压力形成有效回应，城市就业压力巨大，农村剩余人口无法转移，其结果是城乡“两个澡盆”都盛满了水（邓一鸣，1989）。为缓解城市就业压力，政府限制农业剩余人口转移与流动，并将城市人口压力向农村转移，其结果是“过渡汲取”导致的农业投入不足、农村生产率逐步下降，逆城市化也导致农业严重“内卷化”（刘守英、王一鸽，2018）。城乡二元体制导致农业剩余人口无法转移，限制了其“自谋生路”的权利。农村人口压力与户籍制度一起，在剥夺了农民参与城市化、推动城市化机会的同时，使得农业生产效率降低，最终使得工业发展缺乏“源头活水”与市场，变成了工业内循环。如果没有外部资源输入，发展中国家跨越低水平增长陷阱实现经济起飞，则需要快速实现农业现代化，以农业剩余促进工业投资增长和满足工业劳动力的生活需求（Ranis & Fei，1961）。即便如此，这种增长也是脆弱的，因为城乡剩余劳动力的增长会吞噬生产剩余。在现实中，欠发达经济体的普遍状况是，城乡工资水平差异促使农村人口向城市流动，城市存在严重失业现象，消耗生产剩余、抑制投资增长（Harris & Todaro，1970）。马尔萨斯主义所代表的人口与经济的悲观观点为人熟知。人口规模的快速增长迫使稀缺资本被用于非生产性部分（如儿童），对经济投资激励不足，进而导致就业不足、低工资和抑制市场需求（Coale & Hoover，1958：18）。人口的快速增长常被认为是欠发达国家经济停滞的原因，人口规模导致的就业与贫困是亚洲不发达国家与地区发展的主要挑战。如何走出“马尔萨斯陷阱”，是农业国向工业化发展的关键问题，也是发展中国家实现现代化必须解决的关键问题（徐朝阳、林毅夫，2009），跨越这一阶段涉及两个紧密联系的重要因素：资本短缺与人口压力。现代发展理论在人口规模与经济增长的复杂关系中发现人口对经济增长的有利一面，人口规模能带来国内市场规模效应，通过增加使用量降低公共基础设施（如道路、港口）的人均成本，同时在家庭形成过程中能带来消费需求。丰富的劳动力是经济腾飞的先决条件（Todaro & Michael，1981：19-25），也是“亚洲奇迹”的重要原因（Williamson，1998）。东亚模式展示了开放经济体走出马尔萨斯陷阱的范例：充分依靠国际资本与国际市场，解决投资不足的问题，将人口规模压力转变为人口红利，参与国际竞争，而社会政策对人口规模向人口红利转型起着关键作用（Bloom et al.，2003：148）。

对发展中国家而言，转型秩序与稳定至关重要。发展中国家的社会秩序通常是建立在经济高速增长的绩效合法性基础上。有效性或政绩合法性是影响政社关系的重要因素（亨廷顿，1998：59）。但对转型国家而言，仅强调效率的增长是脆弱的。在社会转型过程中，有效性或政绩合法性是政府合法性的重要基础。从转型国家的经验来看，许多国家政局的动荡不安甚至政治体系的解体，并不是因为经济的严重滑坡，而恰恰发生于经济增长绩效相当可观的情形下，这就是“绩效合法性悖论”。基于经济增长的合法性面临的困境，不仅是因为经济不可能无限制地、长期地快速增长，更重要的是，即便经济快速增长，也并不能保证民众能成为经济快速增长的获利者。经济增长、收入增长往往伴随着社会不平等程度的加大（托马斯·皮凯蒂，2014：46）。而贫富差距扩大会导致民众不满情绪增加，进而威胁社会秩序与社会转型进程。在民众因收入分配不公导致剥夺感增强的同时，社会冲突增加，合法性危机由此产生。在民众因收入分配不公导致剥夺感增强的同时，社会发展过程也往往伴随着社会权利的意识高涨、预期提升。在托克维尔关于大革命的研究中，他提出了一个重要的命题解释，大革命为什么会发生在法国经济快速发展、民众权利快速改善的时期？他认为过高的期望与实现期望手段的差距会导致合法性的流失，其中缺少政治参与渠道是导致民众不理性期望的原因。缺少公共参与的权威主义的一个可能的后果是政府权力进入社会各个层面并进入国民的日常生活，一个极端的例子是，“中央政府不仅限于赈济农民于贫困之中，它还要教给他们致富之术，帮助他们，在必要时还要强制他们去致富”（托克维尔，1997：81），最终导致民众对政府的无限期望与政府的无限责任。在个人眼中，中央政府已经成为社会机器的唯一动力，成为公共生活所必需的唯一代理人。在这种情况下，如果政府给出过高的承诺，必然使得民众期望进一步提升，一旦这一期望无法实现，必然导致民众不满与怨恨。普通民众的期望无法满足，而特权阶层获得很好的社会福利，必然使得这一矛盾激化。缓解、回应转型过程中的社会冲突与风险问题，建立良好的转型秩序，成为转型国家面临的普遍难题。

此外，伴随着现代化进程中的工业化与城市化的推进，新的社会问题与民生问题不断出现，影响社会秩序稳定。现代市场经济制度的兴起过程是土地、人的商品化过程，在缺乏社会保护的情况下，必然导致民生问题。因此，现代社会被一种双向运动支配着：市场的不断扩张以及它所遭遇的反向运动。这种反向运动即社会保护，其重要内容就是社会立法和社会保障制度对人的“去商品化”，“各种措施和政策所织成的网络与各种强有力的制度配合，目的是抑制与劳动力、土地和货币相关的市场行为”（波兰尼，2007：66）。然而，发展中国家在资源条件的约束下，通常采取不平衡增长策略。社会资源主要服务于经济发展，集中有限的资金和其他资源，有选择地在某些区域、某些部门进行投资。公共财政支出主要被用于基础设施建设，具有明显的生产财政的特征。社会政策与社会保障制度被视为稳定的基础，是社会稳定的装置（刘军强，2010）。然而，现实情况是，为吸纳全球资本投资、扩大就业，各国政府常采取税率优惠与财政补贴等资本友好型政策（Dobbin et al.，2007）。社会政策是服务于全球化竞争优势的竞争型社会政策（魏万青，2020），而社会支出规模呈现下降的“趋同”趋势（Garrett & Mitchell，2001）。不平衡增长、大推进战略导致不平等，民众不公平感增多，而公共财政又在社会支出方面滞后，民生问题凸显，进而导致更大的不公平感，影响社会秩序。

总之，经济发展带来的社会变革与利益格局的调整过程，也是社会风险与矛盾不断集聚的过程。一方面，随着经济社会快速发展，传统利益格局不断变化，新的分配格局与不平等对传统社会格局构成挑战，社会矛盾与冲突不断发展，其结果是社会风险也不断集聚；另一方面，大量失业人口与潜在失业人口是发展中国家的一个重要现象（Ranis & Fei，1961）。如何回应经济社会发展过程中的就业与人口压力，考验着执政者的智慧。

无论是利益格局调整带来的社会风险集聚与治理压力，还是失业人口带来的就业压力，对发展经济体而言，关键是通过经济发展不断做大“蛋糕”来提升民众收入与生活质量，解决失业与就业问题，走出低水平循环。然而，随着经济社会秩序的转型，工业社会的失业风险不断集聚。因此，发展中国家走向现代化的过程，伴随着新的风险不断产生与集聚过程如何回应相关风险，成为影响转型秩序的关键问题。

与其他发展中经济体相比，作为超级人口大国的中国，现代化过程面临着多重叠加、规模巨大、短期集聚的特点，中国现代化过程中面临着巨大的治理压力与规模压力，因此，改革、发展和稳定的关系始终是驾驭中国巨大变迁的快车的关键（李培林，2021）。在发展中解决问题是中国现代化道路的重要历史经验。针对经济社会转型过程中的风险，中国现代化道路提出了“稳定压倒一切”的理念。为了降低改革风险，保障社会秩序与改革的顺利推进，政府基于“阻力最小原则”推动改革（苗壮，1992；盛洪，1996）。改革从阻力最小的行业、阻力最小的群体推进，通过做大新体制，以强化新支柱。如改革从纺织等市场竞争激烈、亏损严重的轻工部门开始推进，“抓大放小”，先易后难，降低改革阻力。改革过程中往往聚焦重点群体，采取差异化、层次化的推进。例如，在福利体制的改革中，通过“老人老办法”降低改革阻力，通过“新人新办法”做大新体制，而对在职职工等“中人”则保证“实际待遇不降低”，“维护职工队伍和社会的稳定”（魏万青，2020）。总之，风险是中国式现代化道路中优先考虑事项，但解决风险与问题，关键还是要通过经济发展做大新体制，改变新旧体制的力量对比。

再分配政策与社会政策被视为国家对于社会问题与风险的回应（Saunders & Shang，2001；Guan，2005）。社会政策主要是两方面的功能：满足人民群众的合理需求，改善福祉；辅助主流价值观和社会秩序的构建（贡森、李秉勤，2019）。面对日益集聚的社会风险，社会政策成为化解转型风险的重要选择。中国的社会保障制度，围绕着改革目标与转型风险开始重建，中国政府不断通过社会政策发展，优化分配体制，促进发展成果的共享。在社会主义市场体制建设的关键时期，改革开放的总设计师邓小平同志就强调“是否有利于提高人民的生活水平”是衡量改革是否成功的“三个有利于”的重要内容。此后，中国经济进入快速增长的黄金期，中国政府强调优化收入分配机制，防止贫富差距扩大，并通过社会保障与社会政策的快速发展，优化分配格局。进入新时期，以人民为中心的发展理念更是不断强化，强调经济增长成果由人民共享，提升民众获得感与幸福感。总之，在发展中解决问题，坚持以人民为中心的发展理念不断推进发展是中国现代化的显著特征，也是中国现代化过程中政社关系优势的重要来源。然而，虽然转型秩序与政社关系优势，与经济发展、再分配政策密切相关，但少有研究对此展开讨论，特别是对此展开实证分析。

正是基于上述原因，本章将聚焦经济发展、再分配政策两个层面讨论中国现代化进程中的政社关系优势。其一是基于经济发展的有效性，分析经济发展对政社关系优势形成的影响。其二是社会发展与转型过程中的贫富差距与腐败现象等相关风险对政社关系优势的挑战。其三是关注再分配政策的影响。社会保障与再分配政策被视为对社会转型风险的回应机制。因此，本章特别关注社会保障支出对民众满意度的影响。最后回到基层治理秩序与治理负荷角度，分析贫富差距与社会保障支出对基层社会矛盾发展，以及民众对社会矛盾的参与的影响，进一步强调提升民众获得感与幸福感对基层治理的关键作用。

二 转型秩序中的有效性模型与政社关系优势[①]

（一）转型秩序基础与挑战：有效性与贫富差距问题

中国的经济奇迹举世瞩目，经济总量先后超过德国、日本，成为世界第二大经济体。在这一增长奇迹中，政府之手起到了至关重要的作用（丘海雄、徐建牛，2004）。这种发展主义国家或生产型政府推动下的社会发展模式，在带来亮丽的经济增长数据的同时也带来了许多问题。一方面，经济发展与居民幸福感脱节甚至倒挂已成为目前中国城市经济、社会发展中普遍存在的问题。经济增长理应提升人民幸福感，然而，转型期中的很多社会现象却使很多人并没有获得预期的幸福感。另一方面，不平等与社会矛盾的冲击。转型过程中积累的社会矛盾使社会集体增多，社会群体性事件呈现增加的趋势。民众日益流失的幸福感与频频发生的集体事件背后是民众的不满与对政府信任感的流失，严重侵蚀着政府合法性基础。由此，许多学者提出，要实现中国社会的长治久安，增强社会对政府信任、支持和认同，必须实现由单一的绩效合法性走向程序合法性，促进社会民主（甘剑斌，2007；黄华兵，2008；康晓光，1999），使合法性基础

① 本节主体内容曾发表于《社会学评论》，有改动。

多元化（龙太江、王邦佐，2005）。

合法性问题十分重要，作为政治社会学重要议题虽然被国内学者从诸多方面论述，但学者们要么从思想史上对该问题进行梳理，要么从应然层面阐述从绩效有效性走向程序有效性的重要性，缺少系统的实证研究。本节试图以全国性调查数据 CGSS 2006 为基础，结合宏观统计数据，从政府信任角度探讨政治合法性。

（二）转型秩序合法性研究的文献回顾

政治合法性是政治学、社会学关注的核心问题。自社会学家韦伯系统地提出合法性概念以来，学术界对合法性的研究兴趣经久不衰。韦伯总结了三种合法性：传统型、超凡魅力型与法理型（马克斯·韦伯，1997，261-274；2004：19-20），不仅使关于统治合法性（正当性）问题系统化，也使合法性问题从规范性的价值问题向经验问题转向：合法性（正当性）统治演变成人们（被统治者）认为合法（正当）的统治，合法性问题因此也变成政府权威或民众对政府的信任问题（吴冠军，2005：46-94）。韦伯将合法性由一个事关权力体系的性质的价值问题，转变成了对于身处权力体系中的人的信念的实证问题（Beetham，1991：28）。关于转型秩序中的合法性研究更多继承了韦伯经验研究传统。其中，政绩合法性对于许多后发展国家和地区，特别是实行威权体制的国家和地区而言，在维护其政治秩序的稳定中发挥了重要的作用（亨廷顿，1998：59）。但对于政治体系的长治久安来说，政绩合法性是远远不够的。来自权威主义国家的一个经验事实是，许多国家政局的动荡不安甚至政治体系的解体，并非因为经济的严重滑坡，而恰恰发生于经济增长绩效相当可观的情形下。就经验而言，合法性问题就是政府行为合理性的问题，合法性基础的转变问题背后就是政府职能转型的问题，即政府应该如何做才能让民众满意，才能获得民众的积极支持与社会认可，进而使人们产生和坚持现存政治制度是社会的最适宜制度之信仰的能力（李普塞特，1997：55）。而在民主国家中，程序合法性所扮演的角色要远高于政绩的合法性，现代成熟的民主政治体系中执政者的合法性来源于选举（阿尔蒙德，2007：32）。基于发达国家经验，国内许多学者提出，现代政府不应仅关注经济绩效，而应该由政绩合法性走向程序合法性（甘剑斌，2007；黄华兵，2008；康晓光，1999；龙太江、王邦佐，2005）。

合法性问题很重要，但合法性概念的操作化困难又限制了相关实证研究的发展。在实证研究中，研究者们主要从两个方面测量合法性，一是政府信任感；二是人民满意度（关于合法性的测量的讨论可参见，Weatherford，1992；Weil，1989；Gilley，2006）。这些测量虽然无法完全反映出合法性概念的丰富内涵，但在实证研究中逐步被研究者所接受。近年来，随着社会学、政治学对社会转型的关注，对合法性的学术讨论日趋增多，并出现了众多的实证研究，如从民众满意度或幸福感讨论政府行为的重要性（Bjørnskov Dreher & Fischer，2007；Dolan，2011；Kim & Kim，2011；Ram，2009），从政府信任角度探讨政府行为的影响（Chanley et al.，2000；Citrin，1974；Miller，1974；Miller & Listhaug，1990；胡荣，2007）。但在中国，相关实证研究并不多见，且缺乏系统性。

无论是从民众满意度，还是从政府信任感来探讨，合法性问题都与政府职能（政府管理范围、政府行为）息息相关。学者们对合法性基础或政府职能的讨论主要表现在三个方面：经济层面的政绩合法性，即建立在经济发展基础上的合法性；价值层面的合法性，即建立在价值理念上的认同，如关于社会公正与公平的理解；民主合法性，即建立在民主、民众政治参与基础上的合法性。

1. 社会转型与政绩合法性

经济发展是国家合法性的重要基础。无论是单一国家的经验研究，还是跨国家比较研究（Burkhart & Lewis-Beck，1994），无论是发达国家（Robinson et al.，2013），还是发展中国家（Remmer，1990），不同时期的证据表明，宏观经济发展状况对民主国家的政府信任感影响都十分显著且非常稳健，而转型国家合法性更依赖经济绩效。与许多权威主义国家一样，经济绩效成为我国政府合法性基础。近年来，中国经济总量先后超过德国、日本，成为世界第二大经济体。这也使中国政府在以意识形态为主导的合法性逐步转向以经济绩效为中心（杜运泉、李力，2007；张健，2000）。

相对于意识形态为基础的合法性，政绩合法性是一种契约型的政府信任关系（程倩，2005），是建立在理性主义假设基础上的合法性。民众对政府的认同不仅出自一定文化观念影响，而且必然以民众对政治统治实际作为的认识为基础，以对公共利益的维护和民众个人利益、社会需要的程度为基础（龙太江、王邦佐，2005）。而政府大力发展经济，增加社会财富，提高民众收入，提升人们生活水平，当然更容易得到民众的认同和支持。这种经济增长带来的认同与信任，对一个长期以来为解决温饱而努力的社会来说更是如此。在中国经济增长奇迹中，各级政府为促进经济的发展不遗余力，中国的各级政府在培育市场和产业集群等方面做得远远超过许多国家（高柏，2008），在经济增长过程中，政府之手起到了至关重要的作用（Lin，1995；Oi，1995；Walder，1995；丘海雄、徐建牛，2004）。改革开放以来中国经济高速增长，极大增强了国家实力，提高了社会物质发展水平，也极大地提升了民众生活质量。在市场转型初期，经济绩效主导的合法性获得了极大成功，经济上的成功也使"新权威主义"在中国有了较深厚的社会基础（罗兴佐，2006）。大政府理念受到许多民众的认可，而一个权威主义的强大政府，被视为社会稳定、经济发展的基础，是中国社会转型与现代化的关键（康晓光，2003；夏振坤、唐龙，2005），政府主导下的合作主义是"对外建设一个强大的国家，对内建设一个繁荣公正的社会"的基础（康晓光，2003）。

2. 价值合法性与不平等冲击

经济绩效基础上的有效性存在很多不确定性。一方面，经济增长受制于多种条件，受经济周期影响。另一方面，经济增长并不必然带来居民收入的增长（杨建党，2007）。在我国经济发展过程中，近年来，居民收入占 GDP 比重持续下降（王小鲁，2010）。更为严重的是，传统经济增长方式造成了诸多社会失调，侵蚀了社会价值。其一是社会贫富差距对平等价值的影响。随着经济发展，中国社会贫富差距也不断扩大（程永宏，2007）。其二是官员腐败现象背离社会公正的价值观，背离权为民所用的承诺。中国的社会转型中，政府在经济上深度介入，经济发展给缺少有效约束的权力寻租提供了机会（过勇、胡鞍钢，2003；黄少安、赵建，2009；刘欣，2005）。

无论是"不患寡而患不均"的传统价值理念，还是社会主义的"共同富裕"价值观，都证明了中国社会更偏好平等理念。然而，经济发展过程中不断扩大的贫富差距与社会传统价值观念不符。发展过程中的贫富差距过大带来的剥削感，会在相当程度上危及执政党的社会基础（Larry & Alex，1990；杨建党，2007）。而贪腐官员的种种劣行，在扭曲人民关于勤劳致富的理念的同时，侵蚀着政治系统的两大基础：法律平等与公正（Anderson & Tverdova，2003），也影响着政府形象，侵蚀政府合法性基础。官员腐败不仅会影响到经济表现，也影响到民众对政府的信任感（Anderson & Yuliya，2003；Manzetti & Wilson，2006），即便是东南亚特殊的社会文化也不会降低这种影响（Chang & Chu，2006）。

3. 政治参与：利益诉求与程序合法性

无论是权力与市场结盟导致的社会不平等，还是官员腐败，都与民主参与有关。官员腐败之所以会降低政府合法性，是因为腐败挑战了民主政治的基本原则——公正、平等与透明。而权威主义政府在发展经济的同时，也在一定程度上压制了民众利益的表达渠道。当民众利益受到损害，而缺少制度化渠道，或制度化渠道并不能给民众一个合理的期望时，许多民众就会采取非制度化的手段去表达自己的利益诉求。回到合法性问题，民众对政府的支持来自政府的代表性——民众利益诉求能得到很好的表达与回应。因此，现代成熟的民主政治体系中合法性来源于民主参与和选举（阿尔蒙德，2007：32），甚至程序合法性所扮演的角色要高于政绩的合法性。因此，有学者提出现代国家建设，从根本上来说是民主国家的建设（徐勇，2006）。

（三）研究问题与假设

本章关注三个问题。一是绩效有效性：经济发展带来的合法性，是经济增长速度重要，还是提升民众收入更重要？二是价值有效性：关注各种与经济发展相关的不平等与不公正在多大程度上侵蚀了政府权威。三是程序合法性：关注民众各类型的政治参与，包括非制度化的集体行动与制度化的民主参与，如何影响到政府权威。

1. 经济绩效：经济增长与收入提升

如上所述，我们可以就绩效合法性提出假设 1：

> 假设 1a：经济增长能提升居民对政府信任感。
> 假设 1b：居民可支配收入增长能显著提升居民对政府信任感。

政绩合法性是基于理性主义假设，假设 1a 后面的机制就是，社会财富的增加（具体体现为地方 GDP）会对居民收入产生较大的提升，进而提高居民的生活水平与生活质量，给民众带来更多的实惠。而权威主义政府下，地区经济增长又是政府有形之手强力推动的结果。由此，对生活质量提升感到满意的民众，饮水思源，更信任政府，从而增加政府信任度。然而，从生产到分配还有一段距离，生产增加、社会财富增加与民众可支配收入增加并不能画等号。经济发展是国家合法性的重要基础。宏观经济发展状况对民主国家的政府信任感影响得到了诸多实证研究的支持（Burkhart & Lewis-Beck，1994；Robinson et al.，2013；Remmer，1990）。然而，对于民众而言，地方 GDP 增长还是过于抽象，而可支配收入增长才是真正落实到个体的实惠，能带来实实在在的效用。由此推导出假设 1b，即居民可支配收入增长越快的地区，居民对政府的信任感越强。与假设 1a 中强调生产（即 GDP 增长）不同，假设 1b 更强调分配，强调经济绩效中对民众效用的提高。

2. 价值认同：不平等冲击与社会保障的回应

从某种意义上说，政府信任是政府对其承诺兑现的结果（张旭霞，2002）。社会主义国家“共同富裕”的许诺，以及中国传统价值观中对平等的追求，使得中国社会民众更偏好平等与公正的理念。然而，“效率优先”的经济发展理念使得某些亲商的地方过于重视资本而忽视了“公平”，其结果是：一方面，社会贫富差距越来越大，损害了平等价值观；另一方面，缺少有力制衡的权力，官员在市场经济扩张中不断寻租，背离廉洁奉公、执政为民理念，导致社会不公。关于不平等与合法性的关系，韦伯曾指出资源在社会等级间分布的不连续或不平等程度很高时，被统治者会撤回对统治者的合法性（乔纳森，2006：133-134），并在西方国家中得到了实证研究支持（Larry & Alex，1990）。在关于腐败与合法性的研究中，腐败对政府合法性（政府信任感）的负向影响在诸多发达国家得到验证（Donatella，2000）。虽然一些学者基于发展中国家现状认为腐败、政治不透明现象能与政府权威（民众对政府的信任感）共存（Seligson，2002），随后的东亚经济增长奇迹也使学者们在腐败“功能论”的基础上提出了“亚洲例外论”（Lim & Stern，2002）。但新近研究发现，东南亚的家长文化并不能降低腐败对政府信任的负向效应（Chang & Chu，2006）。

总之，无论是贫富差距还是官员腐败，这些现象在不断侵蚀政府宣扬的主流价值观的同时加剧社会不平等，致使民众对政府的信任感不断流失。由此可推断出如下假设：

假设 2a：地区贫富差距越严重，居民对政府信任感越低。
假设 2b：官员腐败导致民众对政府信任感降低。

如果说，以社会发展失衡、贫富差距扩大为代价追求经济发展最终会影响到政府合法性。那么，政府若致力于公正理念，如通过社会保障等构建社会安全线、维护社会公平的措施会增加民众的信任感。

假设 2c：政府的社会保障等投入会增加民众对政府的信任感。

3. 政社沟通：制度化与非制度化参与

与发展中国家合法性主要依赖于经济绩效不同，西方民主国家合法性主要来自政治参与（选举）。民众通过政治参与表达自己的利益诉求，政府在回应民众诉求中保持对民意的代表性与法律的公平性。因此，许多学者提出，现代国家建设从根本上来说是民主国家的建设（魏万青，2012；徐勇，2006），本质是要大力发展民主。而现代政府要想建立持续的合法性，就应该通过民主协商（孙玉娟，2007；朱光磊、赫广义，2005），民众政治参与终由政绩合法性走向程序合法性（白钢、林广华，2002）。

而政治参与有非制度化政治参与和制度化政治参与。非制度化政治参与是一种消极的政治参与。在民众利益诉求，特别是利益受损的情况下，如果缺少有效的制度化的渠道去表达，民众就会通过一些不太为政府所承认的途径去表达、维护自身利益，如集体行动。这种非制度化的政治参与会影响民众对政府中立性的看法，降低民众对政府的信任感。由此可推断：

假设 3a：集体行动等政治参与方式会降低居民对政府的信任感。

而制度化的政治参与对政府信任的影响机制主要是两个方面：一是政治参与作为利益表达机制。通过制度化的政治参与，民众利益诉求得到表达，也维护了政府的中立性。二是政治参与能使政府的政策在出台前得到民众的同意，使得官员任免、政策出台等政府行动获得程序合理性。当然，民众政治参与使得相关政治活动更透明，也能在一定程度上防止权力寻租。由此可形成研究假设 3：

假设 3b：选举参与能提高居民的政府信任感。

政府如何增强民众对政府的信任与支持？这成为转型时期不可回避的问题。与国际上诸多学者从民众满意度与政府信任感两个角度对合法性问题进行了一系列的实证研究不同，在国内，相关实证研究不足。本章以 CGSS 2006 为基础，结合宏观统计数据，以民众对政府信任感为因变量，从经济发展、价值观念、政治参与三个角度探讨转型期民众对政府信任感流失的原因与对策。

上述三个方面内容形成了本章的分析框架。经济绩效主要体现在社会财富与个人财富的增加，即经济发展与个体收入增长上，对于民众来说，更直接、更实在的就是收入增长，增加个体效用。价值认同主要体现在平等价值和公平价值两方面，同时也体现在政府行为与其倡导的价值的一致性。过大的贫富差距不仅背离了中国传统价值观，也与社会主义倡导的共同富裕理念不一致。譬如，拆迁、征地等与民争利行为，以及牺牲环境为代价的行为，损害了民众利益，也透支了民众对政府的信任。同时，政府官员权力寻租导致的腐败，违背执政党执政为民的承诺，也恶化社会贫富差距，与表述的价值观相违背，这也会导致政府信任的流失。而政府致力于公平，向服务型政府转变，加大社会保障力度，降低不平等程度，这些行为符合政府倡导的主流价值理念，会提升民众对政府的信任感。政治参与是利益表达渠道，也是政府行为程序合法性来源。缺少合法的政治参与渠道，民众利益得不到有效表达，而选择街头政治、集体行动的表达方式，会导致民众对抗行为增加，降低政府信任感，也使得政府权力得不到有效约束，无法避免公共权力作恶，损害民众利益，从而导致民众的政府信任感流失。而有效的政治参与，能使民众的利益得到表达，也能规范权力，赋予政府政策程序合法性，从而增加民众对政府的信任感。

（四）数据与测量

1. 数据

本章微观数据来自 CGSS 2006 数据，CGSS 2006 依据第五次全国人口普查资料，采用多阶段分层随机抽样方法进行抽样，样本覆盖全国 28 个省级单位的 18 岁以上的城乡居民，总样本量为 10151 个，其中农村样本 4138 个，城市样本 6013 个。根据研究目的与数据本身特点，本章只选取了城市样本。宏观数据中，各省腐败案件数据来自《中国检察年鉴》，其他数据为作者根据《新中国六十年统计资料汇编》整理。

2. 测量

（1）因变量：政府信任感

政府信任感是政社关系的重要体现，也是社会科学研究的重要议题。一般而言，对政府信任的测量可追溯到合法性这一经典概念。作为社会学家，韦伯系统地提出了合法性概念，也使合法性问题从规范性的价值问题向经验问题转向：民众对政府的信任问题。民众对政府的信任感不仅是政治合法性来源的重要基础，同时对合法性的实证研究而言，也是一个更实在、更容易操作的指标（李连江，2012）。CGSS 2006 问卷中，要求受访者回答对国内腐败问题、贫富差距问题、大学生就业形势、社会治安形势的判断、某次矿难的伤亡数字等话题的不同信息渠道的信任程度，从“最不信任”到“最信任”，分别计 1~5 分。将受访者对上述话题的政府渠道信息的信任程度得分进行加总，得到民众关于政府信任感分数。

（2）自变量：经济绩效、价值认同与政治参与的测量

经济绩效的测量主要体现在两个方面：社会财富和个人财富增长。本章选取各省 2006 年人均 GDP 指标来衡量社会财富状况。以 2006 年各省人均可支配收入增长速度来衡量家庭（个人）财富的增长。

价值认同主要来自政府对宣称的主流价值观的践行。这里我们首先选取了 2006 年各省 GINI 指数来衡量各地贫富差距。然后以《中国检察年鉴》中各省 2003 年到 2005 年期间腐败案件数量来衡量官员腐败程度。为反映腐败的相对程度，我们并非将腐败案件数的绝对值纳入模型，而是先将腐败案件数取三年的平均数，再根据平均数从低到高分五组，表示腐败相对程度。同时，本章以各省 2006 年人均社会保障投入（纳入分析时取对数）来衡量政府在弥补社会不平等方面的努力程度。

政治参与主要关注两方面，一是非制度化参与，即集体行动，一般而言，这是一种消极参与，是不被制度所认可的参与。根据 CGSS 2006 问卷 E22 题得到受访者身边是否发生“串联起来反对征地或拆迁、集体参加环保活动”等集体行动的信息。二是制度化的政治参与方式，即选举，这是一种积极的政治参与。相关问题的测量来自 CGSS 2006 问卷 E45 题，即“在最近一次的人大代表直接选举中”，受访者是否参与“投票”“推荐候选人”等选举活动。

（3）控制变量：人口特征、环境污染与外语水平等

控制变量主要是一些人口特征变量，具体包括性别、年龄、婚姻状况、政治面貌、工作单位类型、教育水平与外语熟练程度等，另外，还控制了个体收入、受访者近三年来的生活状况（收入、资产、职位、工作、社会经济地位变化情况）、对改制合理性的看法（“最近这些年国有/集体企业改制的过程中，工人的权益是否得到了有效的维护”）、环境污染损害（受访者及其家人在过去一年是否因环境污染遭受健康或经济损失）等变量。而外语水平不仅代表个体人力资本，也在一定程度上反映受访者对西方文化、外文媒体信息的掌握程度等信息。因此，还要控制受访者对外语的熟练程度。同时，考虑到政府信任感影响因素的复杂性，以及一些未观测变量的影响，控制变量中还加入了对专家的信任感。

3. 样本基本情况

本书选取了 20~60 岁的受访者问卷进行分析。在变量处理中，我们采取列删的方法剔除缺失值，最后得到 4329 个有效个案进入分析，样本基本情况见表 2-1。

表 2-1 样本基本情况与变量描述（N=4329）

变量	变量描述	均值	标准差
政府信任	对政府渠道关于国内腐败、贫富差距等话题的信息的信任得分进行加总	18.190	4.401
经济增长	各省 2006 年人均 GDP，取对数	7.635	0.678
收入增长	各省 2006 年人均可支配收入增长速度	0.222	0.336
贫富差距	各省 2006 年的基尼指数	0.541	0.9675
腐败程度	各省 2003~2005 年官员腐败案件数的均值，分五组，1~5 分值越高腐败越严重	3.000	1.141
社保投入	各省 2006 年人均社保支出，取对数	0.260	0.148
集体行动次数	最近五年身边发生集体行动的次数	0.570	2.599
选举	是否参与最近人大选举，是=1，否=0	0.319	0.466
年龄	年龄，20~60 岁	40.500	10.660
性别	男=1，女=0	0.470	0.499
政治面貌	党员=1，民主党派=2，群众=3，共青团=4	3.642	0.902
婚姻状况	未婚=0，同居=1，已婚原配=2，再婚=3，分居=4，离婚=5，丧偶=6	1.887	1.064
教育水平	受教育年限	10.450	3.354
外语熟练程度	“一点不懂”到“非常熟练”，分别赋值 1~6 分	1.709	0.956
工作单位类型	党政机关=1，企业单位=2，事业单位=3，社会团体=4，个体户=5，其他=6	3.276	1.494
改制合理性	国企、集体企业改制对工人权利的维护情况	3.349	1.229
生活处境	根据近三年收入、资产、职位、工作条件、社会经济地位变化情况，上升=1，差不多/说不清=2，变差=3，再加总	9.547	2.368
专家的信任感	对关于国内腐败、贫富差距等话题的专家渠道信息的信任得分进行加总	16.480	4.201
环境污染	是否遭遇污染危害，是=1，否=0	0.076	0.226

表 2-1 结果显示，受访居民的政府信任感平均得分为 18.190 分（总分 25 分），相当于百分制的 73 分。表中统计信息也反映出我国当时经济发展过程中的一些问题，如：贫富差距较大、环境污染和社会集体事件增多。表中统计结果显示，各省基尼系数简单均值为 0.570，在个体层面，有 8%的受访者表示过去五年中自己或家人曾受到环境污染的损害，有 15%的受访者表示近五年来身边曾发生过集体行动，发生集体行动的平均次数为 0.58 次（表中只显示平均次数）。由于官员腐败程度是根据数据从

低到高分五组，所以均值为中位数 3。另外，从表中也可以看出，当时我国选举政治参与率不高，约 32%的受访居民表示过去五年曾参与人大选举。

我们根据 CGSS 数据计算了涵盖数据调查省市的不平等指数，具体见图 2-1。

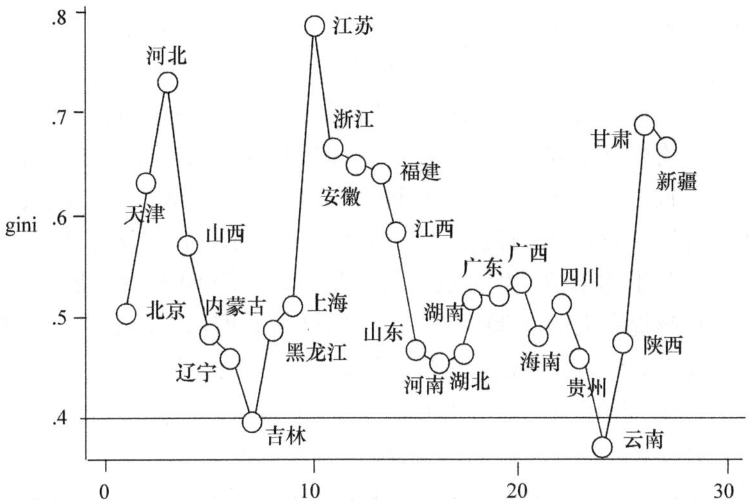

图 2-1　28 个省城镇居民收入差距

数据来源：作者根据 CGSS2006 数据计算。

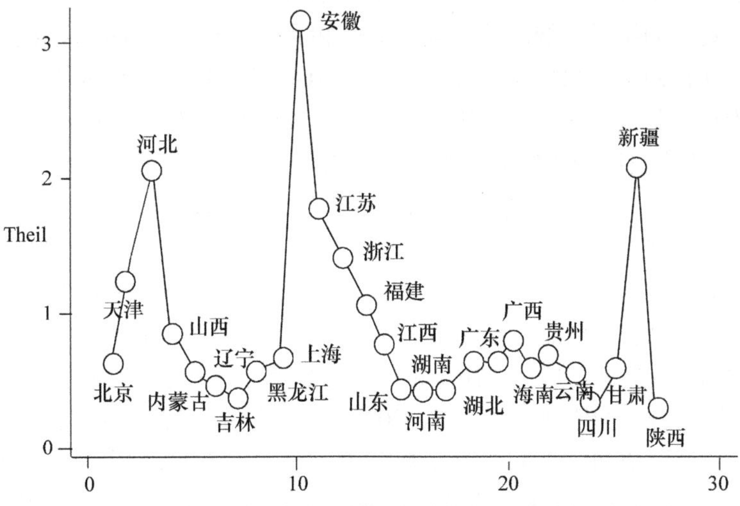

图 2-2　28 个省城镇居民收入差距

数据来源：作者根据 CGSS2006 数据计算。

（五）结果与分析

政府合法性体现为民众对政府的满意度（谢舜等，2012）与信任度，本章将从经济发展、价值观念、政治参与三个角度探讨民众对政府的信任感。表 2-2、表 2-3 是以政府信任感为因变量的多元回归统计结果，其中，模型 1 到模型 7 分别对应假设 1a~假设 3b 的检验结果。

经济绩效对政府信任感的影响主要体现在两个方面：社会财富状况与个人财富的增长。模型 1 以人均 GDP 衡量经济增长带来的社会财富状况，模型 2 以人均可支配收入增长速度，来衡量收入增长情况。统计结果与假设 1 预期一致：经济增长能提升居民对政府信任感，居民可支配收入增长能显著提升居民对政府信任感。模型 1 的结果显示，在控制了性别、年龄、教育水平以及工作单位、生活处境等变量后，人均 GDP 每增加 1%，民众的政府信任感提高大约 0.004 分，人均 GDP 对政府信任感有正向影响，但在统计意义上并不显著。模型 2 结果支持了假设 1b：民众收入增长能显著提高政府信任感。具体而言，在其他条件相同的情况下，人均可支配收入每提高 1%，居民的政府信任感提高 0.9 分。相对于 GDP，人均可支配收入的影响无论是现实意义上还是统计意义上都十分显著。可见，对政府合法性而言经济绩效依然是有效途径，但更关键的是经济增长能否给民众带来真正的实惠。

价值认同主要来自政府对宣称的主流价值观的践行。我们选取了 GINI 指数、官员腐败、社保投入来反映地方政府在践行平等、公正、公平价值观念的结果，统计结果见表 2-2 和表 2-3 模型（3~5）。统计结果显示，在控制了人口特征等变量后，GINI 指数对民众的政府信任感影响显著为负［模型（3）中，基尼指数回归系数为-0.075，在 1%的水平上显著］。而官员腐败程度显著影响民众对政府的信任感，模型（4）统计结果显示，官员腐败程度对政府信任感的回归系数为-0.082，说明官员腐败程度越严重，民众对政府信任感就越低。而政府致力于缩小贫富差距，增加社保投入，能提升民众对政府的信任感，但模型（5）统计结果显示，其影响并不显著。可能的解释是当时我国社会保障覆盖面较低，主要是针对体制内就业群体，这种选择性的社会保障可能并非对市场不平等的修正，反而是社会分层的体现（杨伟民，2005）。而国外研究也表明，社会保障等再分配资源的增加，并不必然带来政府信任，在政府公共资源使用低效率的情况下，反而会导致民众的不信任感（Nye et al.，1997：339）。总之，虽然在本书中将社会保障投入视为政府努力弥补社会不平等的措施，但现实中社会保障投入与民众的政府信任感的关系非常复杂，有待深入研究。

表 2-2　经济绩效、价值认同、政治参与对政府信任感影响的多元回归统计

	模型（1）	模型（2）	模型（3）	模型（4）
GDP（对数）	0.004			
	(0.093)			
收入增长率		0.901***		
		(0.187)		
基尼指数			−0.075***	
			(0.024)	
官员腐败程度				−0.082*
				(0.044)
污染危害（1=遭受）	−0.517**	−0.430*	−0.435*	−0.489**
	(0.232)	(0.232)	(0.232)	(0.232)
生活处境	−0.056**	−0.057**	−0.058**	−0.059**
	(0.027)	(0.027)	(0.027)	(0.027)
改制合理性	−0.235***	−0.223***	−0.243***	−0.229***
	(0.054)	(0.054)	(0.054)	(0.054)
专家信任感	0.442***	0.437***	0.444***	0.442***
	(0.016)	(0.016)	(0.016)	(0.016)
企业单位	−0.812**	−0.874**	−0.831**	−0.826**
	(0.389)	(0.389)	(0.389)	(0.389)
事业单位	−0.978**	−0.976**	−0.985**	−0.994**
	(0.405)	(0.404)	(0.405)	(0.405)
社会团体	−0.199	−0.262	−0.178	−0.221
	(0.529)	(0.529)	(0.527)	(0.529)
个体户	−0.618	−0.646	−0.594	−0.614
	(0.399)	(0.397)	(0.398)	(0.398)
其他	−0.584	−0.646	−0.570	−0.604
	(0.454)	(0.453)	(0.454)	(0.453)
年龄	0.012	0.006	0.011	0.010
	(0.008)	(0.008)	(0.008)	(0.008)
性别（1=男）	−0.218*	−0.207*	−0.215*	−0.218*
	(0.122)	(0.121)	(0.121)	(0.122)

续表

	模型（1）	模型（2）	模型（3）	模型（4）
民主党派	0.267	0.410	0.216	0.180
	(1.371)	(1.434)	(1.387)	(1.395)
群众	0.452	0.451	0.477	0.446
	(0.361)	(0.360)	(0.359)	(0.361)
共青团员	0.494**	0.440*	0.505**	0.484**
	(0.225)	(0.226)	(0.225)	(0.225)
同居	0.844	0.939	0.843	0.909
	(0.640)	(0.636)	(0.642)	(0.643)
已婚原配	0.078	0.173	0.064	0.107
	(0.215)	(0.214)	(0.214)	(0.215)
再婚	0.404	0.565	0.316	0.445
	(0.463)	(0.462)	(0.464)	(0.462)
分居	0.728	0.785	0.671	0.760
	(0.993)	(1.008)	(0.997)	(0.985)
离婚	0.259	0.379	0.250	0.286
	(0.416)	(0.414)	(0.418)	(0.417)
丧偶	0.547	0.707	0.528	0.576
	(0.580)	(0.578)	(0.581)	(0.580)
受教育年限	0.037	0.026	0.036	0.029
	(0.024)	(0.024)	(0.024)	(0.024)
外语水平	-0.307***	-0.360***	-0.315***	-0.303***
	(0.084)	(0.084)	(0.083)	(0.083)
截距	12.179***	12.519***	14.462***	12.601***
	(1.043)	(0.737)	(1.019)	(0.762)
个案数	4329	4329	4329	4329
R^2	0.201	0.205	0.203	0.202

注：1. 显著度：*** $p<0.01$，** $p<0.05$，* $p<0.1$；2. 就业单位特征参照组为机关事业单位；3. 婚姻状况参照组为未婚；4. 政治面貌参照组为党员；5. 括号中标准误为稳健标准误。

模型（6）和模型（7）分别以是否参与集体行动、是否参与选举代表消极政治参与（非制度化参与）与积极的政治参与（制度化政治参与）。统计结果与假设3预期基本一致：从模型（6）的回归结果可看出，非制度化的政治参与（集体行动）与政府信任感的流失显著相关。在控制其他因素后，最近五年身边发生集体行动次数显著地影响受访者对政府信任程度（回归系数为-0.066），假设 3a 得到了数据的支持。模型（7）的回归结果显示，选举参与者对政府信任程度高于非参与者 0.15 分，与假设 3b 预期方向一致，但不显著。其可能的原因是当时我国一些选举的方式是等额选举，不能很好地体现选举者的真实态度。

总体而言，前文提到的关于经济绩效、价值认同、政治参与相关假设都得到了数据较好的支持。社会财富（体现为人均 GDP）的增加、个人财富增长（体现为人均可支配收入的增长），都能给政府带来更多信任感，但相对而言，个人财富增长影响更明显。贫富差距、官员腐败会造成民众对政府信任感的流失，而加大社会保障投入，降低社会不公在一定程度上能提升民众对政府信任感。在政治参与方面，非制度化的政治参与与政府信任感流失相关，而制度化的政治参与能提升民众对政府的信任程度。但由于测量指标问题，相关研究尚待加强。

从控制变量系数也可看出政府信任感流失或获得的原因，如生活状况变差会造成政府信任感流失，遭受环境污染危害的民众信任感更加流失。

表 2-3　**经济绩效、价值认同、政治参与对政府信任感影响**

	模型（5）	模型（6）	模型（7）
社保投入（对数）	0.056		
	(0.417)		
集体行动		-0.066*	
		(0.034)	
选举（1=参加）			0.149
			(0.135)
污染危害（1=遭受）	-0.520**	-0.471**	-0.526**
	(0.233)	(0.234)	(0.233)
生活处境	-0.056**	-0.057**	-0.056**
	(0.027)	(0.027)	(0.027)
改制合理性	-0.236***	-0.225***	-0.234***
	(0.055)	(0.054)	(0.054)
专家信任感	0.442***	0.441***	0.442***
	(0.016)	(0.016)	(0.016)

续表

	模型（5）	模型（6）	模型（7）
企业单位	-0.811**	-0.855**	-0.791**
	(0.389)	(0.384)	(0.390)
事业单位	-0.979**	-1.015**	-0.961**
	(0.405)	(0.401)	(0.405)
社会团体	-0.196	-0.241	-0.195
	(0.530)	(0.526)	(0.529)
个体户	-0.617	-0.669*	-0.593
	(0.398)	(0.393)	(0.399)
其他	-0.582	-0.638	-0.570
	(0.454)	(0.448)	(0.455)
年龄	0.012	0.012	0.011
	(0.008)	(0.007)	(0.008)
性别（1=男）	-0.218*	-0.209*	-0.220*
	(0.122)	(0.122)	(0.122)
民主党派	0.263	0.347	0.211
	(1.371)	(1.317)	(1.371)
群众	0.453	0.446	0.459
	(0.361)	(0.359)	(0.361)
共青团员	0.495**	0.457**	0.506**
	(0.225)	(0.222)	(0.225)
同居	0.843	0.947	0.857
	(0.639)	(0.659)	(0.638)
已婚原配	0.075	0.089	0.079
	(0.215)	(0.215)	(0.215)
再婚	0.396	0.471	0.423
	(0.465)	(0.464)	(0.461)
分居	0.725	0.719	0.738
	(0.992)	(0.997)	(0.988)
离婚	0.255	0.274	0.263
	(0.418)	(0.415)	(0.416)
丧偶	0.542	0.567	0.548
	(0.581)	(0.578)	(0.579)

续表

	模型（5）	模型（6）	模型（7）
受教育年限	0.037	0.035	0.035
	(0.024)	(0.024)	(0.024)
外语水平	-0.306***	-0.304***	-0.305***
	(0.083)	(0.083)	(0.083)
截距	12.189***	12.333***	12.173***
	(0.748)	(0.733)	(0.737)
个案数	4329	4329	4329
R^2	0.201	0.203	0.201

注：1. 显著度：*** $p<0.01$，** $p<0.05$，* $p<0.1$；2. 就业单位特征参照组为机关事业单位；3. 婚姻状况参照组为未婚；4. 政治面貌参照组为党员；5. 括号中标准误为稳健标准误。

（六）总结与讨论

政治合法性是政治学、社会学的核心问题。国内学者亦对此有诸多研究，但相关研究更多是在思想层面、应然层面的研究，相关实证研究较少且缺少系统性。在综述国内外关于合法性研究的基础上，笔者提出从民众对政府的满意度、信任感作为政府合法性的代理变量进行实证分析。本节选取了民众对政府的信任感为因变量，以 CGSS 2006 数据和宏观经济数据为基础，从经济绩效、价值认同、政治参与三个角度对政府信任感进行系统的实证分析，探讨政府合法性基础与机制。

研究发现，经济绩效依然是民众对政府信任感的重要来源，社会财富的增长、个体或家庭收入增长能提升民众对政府的信任感，相对于社会财富的增长，个体可支配收入增长速度的影响无论是在现实意义上，还是在统计意义上都更显著。贫富差距悬殊、官员腐败与我国社会主流价值观、执政党的政治承诺不符，贫富差距扩大、官员腐败严重会显著地降低民众对政府的信任感，削弱政府合法性基础，而加大社会投入等致力于社会公平的行为则在一定程度上带来更多的信任。

政府积极介入经济活动，依靠土地财政驱动经济发展的后果导致政府更多的拆迁（曾国平、许峻桦，2004；生青杰，2009；施芸卿，2007）、征地（陈晨等，2004；谭术魁，2009；周其仁，2004）行为，进而引起更多的社会矛盾和利益冲突，在缺乏制度化的政治参与、表达利益诉求的情况下，一些民众走向街头政治，导致社会群体性事件开始显示出增加的趋势（于建嵘，2000，2009；朱力，2009）。本节研究还发现，政治参与形式影响民众的政府信任感。非制度化的参与（集体行动）导致政府信任感流失，而制度化的政治参与（选举行为）能在一定程度上带来更多的政府信任感。

本节研究依然是初步性的。一些假设虽然与预期方向一致，但在统计意义上并不显著，背后原因还需深入探究。如研究显示，社会保障投入、选举对政府信任感的影响并不显著，其结果可能是数据本身限制，也可能是相关操作并不能很好地体现概念的内涵。再如，我国社会保障覆盖率低，社会保障是缩小社会不平等还是扩大社会不公也值得讨论。此外，在等额选举如此普遍的情况下，选举是否能带来程序合法性也值得注意。这些问题需要更多信息量的数据与更多的实证研究来解决。同时还需注意的是，影响民众对政府信任程度的原因是多方面的，如政府透明度、个体的价值观念等等，本节并没对此进行探讨。可以说，本节研究依然是框架性的粗线条。但即便如此，与以往应然层面的政府合法性研究不同，本节从经济绩效、价值认同和政治参与三个方面，较系统地探讨了政府合法性背后的机制，并基于全国性的数据，以政府信任感为因变量对相关理论假设进行检验，对促进合法性研究的实证化具有一定意义。本节研究也揭示了当时政府职能转型的必要性，如从粗放型发展转向更好更高质量的发展（减少污染）、缩小贫富差距、增加公共服务（如社保投入）、让人民共享发展成果（增加可支配收入）、建设更廉洁政府（减少腐败）、发展民主（如更多的制度化政治参与渠道）。这些并不仅仅是应然层面、理念层面的要求，而是影响民众对政府信任感的重要原因，是政府合法性的基础。

三　转型社会的再分配与政社关系：满意度与主观幸福感[①]

（一）引言：再分配政策与政社关系

坚持以人民为中心的发展理念，不断推进发展改革成果共享，是中国社会转型秩序与政社关系优势的重要来源，中国政府强调以经济建设为中心，在发展中解决问题，强调效率优先、兼顾公平。此后，中国经济快速

① 本节内容主体部分曾发表于《社会》杂志，有改动。

发展，但与此同时社会利益的深度调整与社会的快速转型导致风险不断集聚，中国政府提出建设“和谐社会”，不断加强社会保障体系建设，迎来了“社会政策时代”。社会政策与再分配政策被视为政府干预社会经济的重要措施，也是缓解社会风险与社会矛盾的重要手段。社会政策与再分配政策也被认为是政社关系的体现，其本质是社会风险在政府与家庭、个人之间的责任分担，对政社关系有着直接影响。然而，虽然再分配与社会政策对政社关系的影响十分重要，但对两者之间的直接讨论并不多，相关实证研究更是滞后。基于此，本部分内容将重点讨论再分配与社会保障（社会政策）对政社关系的影响。考虑到本部分应用的数据并没有对基层政社关系的直接测量，因此，这里关注的是再分配对民众满意度的影响。

选择以民众满意度和幸福感作为政社关系优势的重要指标，是基于中国现代化目标与特征决定的。以人民为中心的发展思想，是习近平新时代中国特色社会主义经济思想的重要内容。习近平总书记 2022 年 2 月 25 日在十九届中央政治局第三十七次集体学习时的讲话指出：“人民幸福生活是最大的人权。我们完整、准确、全面贯彻新发展理念，坚持以人民为中心的发展思想，坚持发展为了人民、发展依靠人民、发展成果由人民共享，努力实现更高质量、更有效率、更加公平、更可持续、更为安全的发展，在发展中使广大人民群众的获得感、幸福感、安全感更加充实、更有保障、更可持续。”因此，民众满意度和幸福感是衡量有效性与政府绩效的关键指标。与此同时，新福利经济学认为，民众主观幸福感是评价社会、经济政策成功与否的关键指标（Veenhoven et al.，1993），社会政策的根本目标在于提升民众福祉和让人民生活得更加幸福。中国经济持续高速增长，人民收入水平不断提升，经济增长本应该给居民幸福感，但是转型期社会中很多现象却显示现实中很多人并没有获得预期的幸福感。经济发展与居民幸福感脱节甚至倒挂已成为目前中国城市经济、社会发展中普遍存在的问题。如何理解经济发展与幸福感脱节的事实？面对居民幸福感流失的困境，政府何为？正是基于对上述议题的关注，本节拟对政府行为——主要是财政行为——对居民幸福感的影响进行研究，并在此基础上进一步探讨政府职能转变或政府转型的路径。

本节研究发现：（1）我国的宏观税负水平对居民主观幸福感具有显著的负面影响。（2）总体而言，政府公共支出行为增进了居民的主观幸福感。（3）从支出结构上看，政府用于科教文卫支出和社保支出对居民的主观幸福感有显著的正向效应。（4）科教文卫支出与社保支出对市民与外来人员幸福感影响存在显著差异。

本节的剩余内容可分为四部分：第二部分为简要文献回顾与研究假说；第三部分为数据变量与模型设定；第四部分为实证分析；第五部分为结论与讨论。

（二）简要文献回顾与研究假说

1. 文献回顾

主观幸福感是反映民众生活质量的重要指标，从认知评价角度来讲，主观幸福感是人们对自身生活满意程度的认知评价（Diener，2000）。社会科学对于幸福感的兴趣由来已久（Veenhoven et al.，1993）。对于幸福的理解涉及哲学、心理学、社会学、经济学、文化学等多个学科，人格理论、比较理论、目标理论、适应平衡理论和认知动机理论作为当前比较有代表性的理论，都从各自不同的角度对主观幸福感形成的心理机制进行解释（Busemeyer & Townsend，1993）。主观幸福感的研究开启了理解人类行为的另一途径。陆铭等（2008）认为，主观幸福感是比决策效用大得多的概念，它还包含了经验效用，人们想要的许多事物，如工作安全感、地位、权利，特别是收入，并非想要它们本身，而是为了使自己更快乐。另外，主观幸福感的概念允许经济学家直接测度福利和效用，这为验证经济理论的基本假设和结论奠定了基础，丰富了人们对效用函数的理解。经济学对幸福感的关注始于20世纪80年代（Oswald，1997），较心理学对它的研究稍晚，在探讨居民主观幸福感的浩瀚文献中使用的幸福感术语也各有差异，主要包括快乐（happiness）、主观幸福感（subject well-being）、满意度（life satisfaction）、效用（utility）和福利（welfare）等（Blanchflower & Oswald，2000；Clark，1996，1999，2001；Clark & Oswald，1994；Easterlin，1974：89-125，2001；Frank，1985：8；Frey & Stuzer，2002；Oswald，1997；Scitovsky，1976；Borooah，2005）。20世纪90年代以来，经济学家对幸福感的测量和决定因素进行了大量研究，并针对主观幸福感的解释提出了四种假说：相对效用假说、收入的边际效用递减假说、收入分配状况恶化假说、忽视变量假说（彭代彦，2003）。

伯克（Bok）总结了经济学对幸福感研究感兴趣的主要原因，除研究者个人兴趣外，另外两大因素是经济政策与制度因素（主要是社会资本）（Bok，2010：17-23）。在微观领域，幸福感与福利经济学的帕累托改进标准在本质上具有一致性和兼容性（关于微观变量影响亦可参见综述Oswald，1997），在宏观领域，经济政策也必须对失业和通货膨胀进行权衡。

Di Tella 等（2001）、Oswald（2008）同时也发现失业和通货膨胀对人民的幸福感具有负面的影响；对于后者，伯克认为政府质量和社会资本的程度显著影响个人的主观幸福感。赫利韦尔（Helliwell）利用 49 个国家 1980~1999 年的数据实证研究表明：社会资本、政府的效率和稳定性、法律和对腐败的控制对人民的主观幸福感具有正向效应，而这些因素对于发展中国家而言，内生于市场化转型和政府转型之中（Helliwell，2001）。金贝尔（Gimbel，2002）等学者发现，良好的工作环境与自评满意度呈正相关，企业家群体的重要特征在于企业家担负着企业发展的重任，企业家常常要直接面对来自政府的干预及其造成的额外负担。已有的其他研究同时表明，影响个人主观幸福感的宏观因素还包括经济增长、收入、失业状态、消费、民主和政治倾向等，赫利韦尔（2005）、鲁元平和王韬（2010）对此做了很好的文献整理工作。

政府是否有效提高居民主观幸福感？持肯定观点的居多。一般认为，理性的个体对政府的支持和对政策的拥护，很大程度上是从个体利益出发的，公众对政府政策的认同，从根本上说来，是出于自身利益的需要和利益的衡量。“对社会需求的满足程度已经成为能否赢得政治忠诚和支持的重要因素。”（俞可平，1998：84）因此，在积极意义上，现代国家合法性来源于国家对整个社会福祉（人民满意度）的促进。如果执政党能够长期提高效率，改善民众的福祉，使民众免于物质的贫乏，获得更好的发展，从而获得民众的支持。这些都需要以社会经济的增长为基础，因此，不管是哪届执政党，都会致力于经济建设，大力发展生产力和提高人民的生活水平，从而赢得人民的支持，通过提高执政绩效来增强自身执政的合法性。但仅靠执政政绩作为执政党执政的合法性基础是靠不住的，而且是相当危险的，会出现“绩效困局”丧失执政的合法性（亨廷顿，1998：59）。研究者使用 OECD 的面板数据发现，即使控制了经济周期的影响，失业的人也表现得更加不幸福（Di Tella & Macculloch，2006），因此，从某种程度上讲，政府应对失业的各种政策背后深层次的原因是失业导致人民的幸福感下降，进而引发的社会不稳定。研究者在考察转型经济体的宏观经济变量对幸福感的影响时指出，GDP 的增长可能是不显著的，但是失业对幸福感影响显著为负（Perovic & Golem，2010），他们认为成功再就业的妇女给予政府公共支出以更多关注。

始于 20 世纪 80 年代初的市场转型以及随之而来的中国经济增长奇迹，为中国社会带来物质财富的快速增长，人民生活水平也不断改善与提高。幸福感也日益成为中国学者们的重要议题。利用 2002 年的一个全国住户调查数据研究发现，相对收入对中国农村居民的主观幸福感有重要影响（Knight，Song & Gunatilaka，2009）。田国强和杨立岩（2006）构建了一个规范的经济学理论模型，同时考虑了收入和非收入因素，将心理学和经济学中的攀比理论和“忽视变量”理论的基本思想统一起来，在现代经济学中最为基本的帕累托最优标准和个人自利性假设下，探讨了幸福—收入悖论问题并给出了相应的解决方案。罗楚亮（2006）研究了中国城乡分割背景下居民的主观幸福感状况。孙凤（2007）基于北京市统计局的一项调查，探讨了社会保障等因素的关系以及对幸福感影响。何立新和潘春阳（2011）利用CGSS 2005 和 CEIC 2005 的数据，从社会不平等的两个维度——收入差距和机会不均——对中国的“Easterlin 悖论”进行解释，认为保障中国社会机会均等程度，适当缩小收入差距，特别是提高低收入阶层和中低收入阶层以及农村居民的收入，对于提高居民幸福感具有重要的现实意义，但涉及政府转型与主观幸福感的研究尚属空白。

2. 研究假说的提出

幸福不仅是理性的最终目标，也是公共政策的终极目的（黄有光，2008）。因此，经济学的研究对象是而且应该是研究个人效用，尤其是经济增长、失业、通货膨胀、制度因素（社会资本）对人们的幸福感（或效用）的影响。在现实层面，党与政府强调发展为了人民，通过经济发展与社会政策的建设不断为民谋幸福，提升民众的获得感与幸福感。幸福很重要，相关研究文献汗牛充栋，然而，集中反映政府行为的宏观税负和政府支出是否影响城镇居民的主观幸福感？除了媒体等机构组织的调查报道外，目前学术上尚无任何的实证文献。

宏观税负一直是中国学者们关注的重要论题（参见程安亭，2008；靳东升、陈琍，2003；张德志、王耀波，2005；钟鸣明，2007），关于“中国宏观税负究竟高还是低”的争论已经持续多年。从 2010 年 8 月中国财政部官方网站发布数据来看，按照 IMF 的统计口径，2007 年至 2009 年，中国宏观税负分别为 24%、24. 7%和 25. 4%，而由中国社科院财贸所发布的《中国财政政策报告绿皮书》指出 2010 年中国的宏观税负为 32. 2%，并指出一些制度外收入、非税收入仍未计算在内。与此同时，中国每年财政收入增速都在 25%以上，根据财政部公布的数据，2011 年前三季度全国财政收入 81663. 34 亿元，比 2010 年同期增长 29. 5%。宏观税负本质上是一种收入再分配，政府集中财富增多意味着居民收入所占比例减少，税收收入的“超常增长”一定程度上抑制了人们的消费和生活水平的改善，从而主观幸福感的提升也受到限制。由此，我们首先检验如下经验命题：

命题 1：目前的宏观税负水平对居民主观幸福感具有显著负效应。

然而，宏观税负反映了政府收入的来源，仅从财政收入占 GDP 的比重等指标来评价宏观税负和“税负痛苦指数”是高还是低，过于简单，评价宏观税负和“税负痛苦指数”高低要综合考虑公共开支的范围、效率和效果。如果政府能将税收真正做到“取之于民，用之于民”，用到民众最需要的公共产品上，这非但不是增加民众的痛苦指数，反而能提升民众的幸福感。在公共基础设施不足的情况下，政府投资基础设施建设，能够提升民众幸福感（彭代彦，2003）。然而，我国当时的城市基建投资也存在“重复建设”“过度投资”现象（参见孙宁华，2001；汪大海、唐德龙，2005），政府再将公共财政用于基建，必然挤占民生财政的支出。当前中国与民生状况直接相关的政府社会性支出的不足，是导致增长失衡的重要原因（中国经济增长与宏观稳定课题组，2006）。政府公共支出份额比例较低，导致政府对公共产品、公共服务的供给能力削弱，一些公共服务甚至成为收费服务；更重要的是，当政府公共开支水平不足时，一些部门会想方设法争取更多收入，各部门、单位“创收”“三乱”现象，扭曲、搅乱分配渠道，影响政府部门形象，降低民众对政府的满意度与幸福感。倘若政府将更多财政投入扶贫等公共项目，为社会提供教育、医疗、卫生和社会保障等公共产品，必然会提升居民收入水平和生活质量，从而促进国民福祉，提升居民幸福感。由此，本书提出如下命题：

命题 2：总体而言，政府公共支出能显著增进居民主观幸福感。

民生状况直接相关的政府社会性支出的不足，是导致增长失衡的重要原因（中国经济增长与宏观稳定课题组，2006）。正如前文所指出的，如将政府财政收入用于提供社会急需的教育、医疗、卫生和社会保障等公共产品（刘尚希，2002；牟放，2001），相当于政府以服务的方式对纳税人税收的返还，也意味着民众得到更多的公共服务与效用。增加这些社会性支出比重，能改善民生状况，纠正“发展主义”过程中的增长失衡，能使民众得到更高的满足与效用，从而提高民众的幸福感。由此，我们提出命题 3：政府用于民生的支出等项目对居民幸福感有显著的正向效应。

具体到公共支出结构，即：

命题 3a：政府用于科教文卫的支出对居民的主观幸福感有显著的正向效应。

命题 3b：政府用于的社保支出对居民的主观幸福感有显著的正向效应。

户籍制度是一项与资源配置和利益分配密切相连的制度，在当时中国现实中，户籍制度除了人口管理职能外，还与人们能够享受到的福利密切相关（王美艳、蔡昉，2008；陆益龙，2008；魏万青，2012）。户籍制度下，外来人口在就业机会与待遇、社会保障等方面还面临一定的排斥。基于此提出

命题 4：政府用于科教文卫、社会保障等民生的支出对城市居民与外来人口的幸福感的影响存在显著差异，外来人口显著低于本地居民。

具体而言：

命题 4a：政府科教文卫的支出对城市本地居民主观幸福影响显著高于外来人员。

命题 4b：政府社会保障的支出对城市本地居民主观幸福影响显著高于外来人员。

（三）数据变量与模型设定

1. 数据与关键变量处理

本节数据来自 CGSS 2006，该调查采用多阶分层随机抽样方法完成抽样，样本覆盖全国 28 个省级单位的 18 岁以上的城乡居民，总样本量为 10151 个，其中城市样本 6013 个。根据数据本身特点与研究目的，这里选取了城市样本进行分析。

因变量：主观幸福感。在构建居民幸福感指标时，以往的文献只是测量总体幸福感，如设计问题："总的来说，您现在觉得幸福吗?"，赋值为1~5的整数，分别对应着受访者的"非常不幸福""不太幸福""一般""幸福""非常幸福"等回答选项（Frey & Stutzer，2002；Knight et al.，2009；罗楚亮，2009）。这一测量过于简单（Di Tella & MacCulloch，2006），随着对幸福经济学研究的推进，相关研究对主观幸福感测量呈现出两大取向，除心理健康意义上的测量外，社会经济学科更倾向于从生活满意度（life satisfaction）上测量主观幸福感。CGSS 2006问卷既有总体幸福感的测量，又有生活质量方面的测量。这里采用的是生活质量各方面的测量。问卷调查了受访者家庭经济状况、人际关系、个人健康状况、住房状况、居住社区、生活状况等八个方面的"满意度"，测算更符合心理科学的判断依据范式（吴明霞，2000），我们将回答为"非常不满意""不太满意"到"比较满意""非常满意"分别赋值1~4分，回答为"不适合"视为缺失值，最后将所得分值累加即为综合主观幸福感指数得分。具体描述见表2-4。

表2-4 **幸福感指数的测算及其结构统计表**

满意度评价	选项	频数	百分比（%）	均值	标准差
家庭经济状况	非常满意	213	3.54	2.433	0.726
	比较满意	2806	46.67		
	不太满意	2351	39.10		
	非常不满意	630	10.48		
	不适合	13	0.22		
家庭关系	非常满意	1360	22.62	3.149	0.543
	比较满意	4221	70.20		
	不太满意	379	6.30		
	非常不满意	42	0.70		
	不适合	11	0.18		
人际关系	非常满意	1058	17.60	3.086	0.510
	比较满意	4420	73.51		
	不太满意	486	8.08		
	非常不满意	28	0.47		
	不适合	21	0.35		

续表

满意度评价	选项	频数	百分比（%）	均值	标准差
个人健康状况	非常满意	1056	17.56	2.931	0.685
	比较满意	3644	60.60		
	不太满意	1149	19.11		
	非常不满意	161	2.68		
	不适合	3	0.05		
住房状况	非常满意	463	7.70	2.505	0.791
	比较满意	2771	46.08		
	不太满意	2094	34.82		
	非常不满意	666	11.08		
	不适合	19	0.32		
居住社区	非常满意	347	5.77	2.666	0.600
	比较满意	3629	60.35		
	不太满意	1662	27.64		
	非常不满意	341	5.67		
	不适合	34	0.57		
生活状况	非常满意	240	3.99	2.506	0.763
	比较满意	2546	42.34		
	不太满意	1502	24.98		
	非常不满意	567	9.43		
	不适合	1158	19.26		
总体生活状况	非常满意	282	4.69	2.679	0.623
	比较满意	3727	61.98		
	不太满意	1744	29		
	非常不满意	229	3.81		
	不适合	31	0.52		
幸福感指数	满意度的加总	4802		21.980	3.374

从表 2-4 可知，居民的家庭关系满意度和人际关系满意度最高，均值分别为 3.149 和 3.086，有 92.8%受访者对家庭关系感到满意或非常满意，不满意（非常不满意、不太满意）的只占 8.6%。满意度最低的是家庭经济状况与住房状况满意度，近一半（49.98%）的受访者对家庭经济状况表示不太满意，均值为 2.433；45.6%的受访者对其住房状况表示不

满意，均值为2.505。这说明收入分配与住房问题成为影响城市居民主观幸福感（满意度）提高的主要因素，其背后是中国经济高速增长过程中的收入分配差距扩大与住房难等社会热点问题。

核心解释变量：宏观税负。宏观税负是一定时期私人部门因国家课税而放弃的资源总量，宏观税负的高低表示政府在国民经济总量分配中集中程度的大小，代表着政府对整个社会财富的占用程度及在经济中的地位。关于宏观税负有大、中、小三种统计口径，分别是政府收入占GDP的比重、财政收入占GDP的比重、税收收入占GDP的比重、（郭庆旺，吕冰洋，2010；马拴友，2001）。表2-5为按三种口径算出的宏观税负比重，由于本节探讨重点是宏观税负比重增加对主观幸福感的影响，而不是具体衡量中国宏观税负究竟有多大，故选取各省、市、自治区2006年财政收入占GDP比重衡量宏观税负进入分析。

表2-5　　1994~2006年我国大、中、小口径宏观税负情况

年份	GDP增长率（%）	小口径税负增长率（%）	小口径税负	中口径税负增长率（%）	中口径税负	大口径税负增长率（%）	大口径税负
1994	35.10	24.03	10.98	19.98	11.20	29.09	22.30
1995	25.06	20.14	10.33	19.63	10.70	25.62	22.80
1996	16.09	18.63	10.18	18.68	10.90	35.88	24.70
1997	9.69	16.02	11.08	16.78	11.60	19.17	23.80
1998	5.21	9.71	11.82	14.16	12.60	12.49	25.30
1999	4.55	15.26	13.01	15.88	13.90	12.42	27.10
2000	9.15	22.90	14.06	17.05	15.00	13.52	28.10
2001	8.27	21.62	15.72	22.33	16.80	14.12	29.70
2002	7.80	15.26	16.83	15.36	18.00	13.64	31.20
2003	9.50	13.49	17.12	14.87	18.60	13.23	31.20
2004	9.50	20.73	17.66	21.60	19.30	14.39	31.30
2005	9.90	20.01	16.93	22.22	17.12	19.92	33.00
2006	10.70	24.30	17.90	—	18.70	—	31.50

资料来源：根据《中国统计年鉴》（2007）、《中国税务年鉴》（2007）、《中国财政年鉴》（2007）和国家税务总局《税收收入统计报表》整理。

与宏观税负指标一样，模型中财政支出、科教文卫支出、社保支出、基建投资指标均源于《新中国60年统计资料汇编》。我们把财政支出按用途分成科教文卫支出、社保支出、基建投资以及其他开支，选取的是人均

财政支出、人均科教文卫支出、人均社保支出等指标。纳入模型分析时，人均财政支出、人均科教文卫支出、人均社保支出取对数，以探讨人均财政支出变化比例对居民幸福感的影响。考虑到中国经济发展的一个现实是，

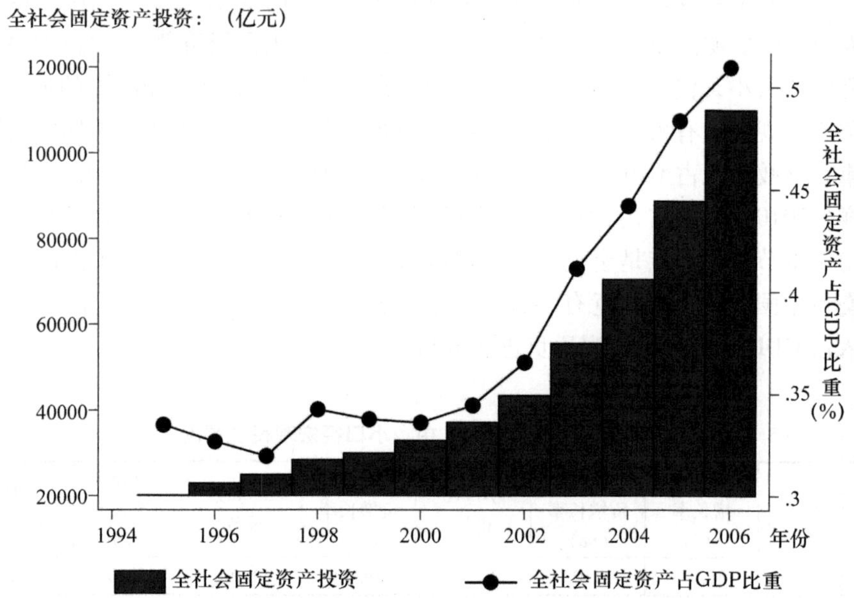

图 2-3　固定资产投资情况统计：1994~2006 年

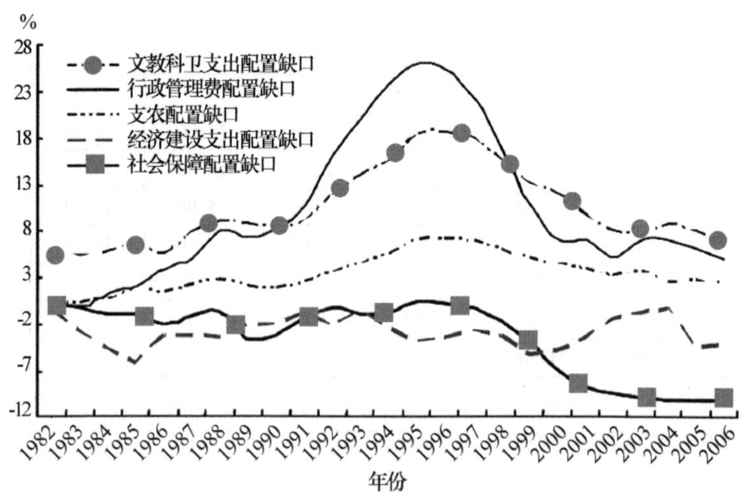

图 2-4　财政支出部门间横向配置缺口

注：资料来源（李永友，2009）；图中配置缺口为相对比重，即占当年财政支出的比重，正值表示配置不足，负值表示配置过多。

长期以来，全社会固定资产投资占 GDP 比重在 1/3 以上，并且近期呈上升趋势。1995 年全社会固定资产占 GDP 的 33.47%，2006 年占比 50.9%。

在基础设施过度投资的情况下，政府依然将公共财政用于基建，必然挤占其他民生开支。从图 2-4 的时间序列也可以看到科教文卫支出和社保支出的不足，而基建投资过多的现象。

控制变量：被访者性别、年龄、收入、收入平方、教育、婚姻状况、工作单位、家庭人数、户籍、社区类型、工作情况、工作评价、住房产权等变量。社会资本指标的选取和计算参考了梁玉成（2010）的计算方法。最后得到有效样本量 3967 个。基本描述参见表 2-6。

表 2-6　　　　**模型中主要变量描述及其基本统计量**

变量名称	变量描述	均值	标准差
幸福指数	八指标的加总分值，见表 2-1	21.980	3.303
宏观税负水平	各省 2006 年财政收入占 GDP 比重	0.082	0.027
宏观税负对数	宏观税负水平的对数	-2.548	0.290
人均公共支出	各省 2006 年人均公共支出（元）	2147	2263
人均公共支出对数	人均公共支出对数	7.295	0.793
人均科教文卫支出	各省 2006 年人均科教文卫支出（元）	0.068	0.047
人均科教文卫支出对数	人均科教文卫支出对数	-2.855	0.522
人均社保支出	各省 2006 年度人均社保支出（元）	381.8	213.5
人均社保支出对数	人均社保支出对数	-0.057	0.827
性别	男=1，女=0	0.504	0.500
年龄	年龄	41.810	12.400
是否外来人口	外来人口=1，本地居民=0	0.121	0.326
户籍	城镇=1，农业户口=0	0.835	0.372
教育	年	10.29	3.541
收入	元	1365	2735
未来三年生活状况预期	1-4 表示：上升、持平、下降、难以判断。	0.854	1.065
社会资本	按春节拜年网因子分	-0.057	0.827
工作状态	1=有工作，2=曾工作，3=从未工作	1.306	0.461
工作单位类型	1=党政或国企，2=集体企业，3=体制外	2.029	0.935

2. 模型设定

为了验证本节第三部分提出的研究假说和根据以往对影响主观幸福感

主要因素的文献回顾整理，构建如下模型进行分析：

$$SWB_i = \beta_1 + \beta_2 macrotax + \beta_3 fiscal\_struct + \beta_4 wailai + \beta_i x' + \varepsilon_i$$

SWB_i 表示第 i 个被调查者的主观幸福感指数，*macrotax* 表示宏观税负。*fiscal_struct* 表示公共支出及其结构（包括人均财政支出以及人均社保支出，人均科教文卫支出和人均基建支出），*wailai* 表述是否外来人口变量。为了检验人均科教文卫支出和人均社保支出对本地居民与是否外来人口主观幸福感影响的系统性差异，本节在上述模型中增加了外来人口与公共支出结果的交互项。控制变量 X 包括：市场化指数（2006）、教育年限、年龄、年龄平方、收入、收入平方、工作状况，工作单位类型、社会资本、宏观变量以及婚姻状况等，ε 为模型的扰动项。对于多变量模型存在的共线性问题，我们对变量进行了对中处理。

（四）实证分析

1. 宏观税负、人均财政支出与主观幸福感

对命题 1、命题 2 检验结果见表 2-7。总体而言宏观税负水平、人均财政支出（取对数）对主观幸福感的相关假设（命题）基本上得到实证结果的支持。控制变量中，社会资本、收入、教育水平等对居民主观幸福感有显著正向效应。外来人口与本地居民主观幸福感存在系统性差异，这点我们将在后文讨论。

表 2-7 统计结果显示，宏观赋税对居民主观幸福感存在显著负向效应。在其他条件相同的情况下，宏观赋税占 GDP 比重每上升 1 个百分点，居民主观幸福感总体得分下降 0.3448 分。政府公共支出能显著增进居民主观幸福感。模型（2）结果显示，人均财政支出每增加 1%，能使居民幸福感得分提升 0.4616 分，影响非常显著。总之，目前，我国总体宏观税负水平过重，对居民幸福感有显著负效应，但是，在控制宏观税负水平情况下，如果政府能增加人均公共开支水平，对居民主观幸福感的提升具有显著作用，能提高民众的满意度。

表 2-7　**宏观税负、支出和贫富差距等与主观幸福感：稳健 OLS**

	模型（1）	模型（2）	模型（3）
宏观税负水平		−0.3448**	−1.3644***
		(0.156)	(0.279)

续表

	模型（1）	模型（2）	模型（3）
人均财政支出对数			0.4616***
			(0.101)
是否外来人口（是=1）	-0.7843***	-0.7652***	-0.7965***
	(0.158)	(0.158)	(0.158)
社会资本	0.2117***	0.2044***	0.1961***
	(0.054)	(0.054)	(0.054)
性别（男=1）	0.0286	0.0214	0.0392
	(0.093)	(0.093)	(0.093)
年龄	-0.1957***	-0.1924***	-0.1937***
	(0.031)	(0.031)	(0.031)
年龄平方	0.0023***	0.0023***	0.0023***
	(0.000)	(0.000)	(0.000)
户籍（城镇=1）	0.1453	0.1515	0.1304
	(0.150)	(0.150)	(0.150)
婚姻状况（参照组：已婚）			
同居	0.2922	0.2442	0.2389
	(0.736)	(0.737)	(0.738)
原配	0.8587***	0.8209***	0.8488***
	(0.173)	(0.174)	(0.173)
再婚	0.5869	0.5231	0.5998
	(0.381)	(0.385)	(0.386)
分居	1.1471*	1.1160*	1.1210*
	(0.656)	(0.653)	(0.651)
离异	-0.6640*	-0.6936*	-0.6410*
	(0.357)	(0.357)	(0.357)
丧偶	0.2333	0.1868	0.2067
	(0.349)	(0.349)	(0.350)
教育水平	0.0758***	0.0811***	0.0795***
	(0.016)	(0.016)	(0.016)
收入	0.0122***	0.0131***	0.0115***
	(0.003)	(0.003)	(0.003)

续表

	模型（1）	模型（2）	模型（3）
收入平方	−0.0000***	−0.0000***	−0.0000***
	（0.000）	（0.000）	（0.000）
单位类型（参照组：公共部门）			
集体企业	−0.3551**	−0.3575**	−0.3887**
	（0.153）	（0.153）	（0.152）
民企或其他	−0.3677***	−0.3670***	−0.3816***
	（0.111）	（0.111）	（0.110）
工作状况（参照组：有工作）			
无工作	−0.5429***	−0.5502***	−0.5717***
	（0.132）	（0.132）	（0.131）
从未工作	2.6325***	2.6972***	2.4608***
	（0.145）	（0.148）	（0.158）
收入自评（参照组：非常合理）			
合理	−0.6049	−0.6164	−0.5989
	（0.452）	（0.451）	（0.460）
不合理	−2.5590***	−2.5626***	−2.5385***
	（0.456）	（0.454）	（0.464）
非常不合理	−4.0303***	−4.0397***	−4.0396***
	（0.480）	（0.479）	（0.488）
不清楚	−1.8742***	−1.8911***	−1.8566***
	（0.530）	（0.529）	（0.538）
未来三年期望（参照组：下降）			
上升	1.2616***	1.2706***	1.2692***
	（0.245）	（0.246）	（0.246）
持平	1.9527***	1.9469***	1.9504***
	（0.250）	（0.250）	（0.250）
截距	24.7156***	23.7107***	17.7907***
	（0.810）	（0.945）	（1.634）

续表

	模型（1）	模型（2）	模型（3）
样本量	3967	3967	3967
R^2	0.256	0.257	0.261
对数似然比	-9781	-9779	-9769

注：括号内为稳健标准误，*** $p<0.01$，** $p<0.05$，* $p<0.1$。

2. 公共支出结构对主观幸福感影响的统计分析

接下来重点考察政府支出结构，特别是民生支出水平——公共财政中科教文卫支出与社会保障支出——对居民主观幸福感的影响。模型检验结果见表2-8。

表2-8　**公共支出结构对主观幸福感 OLS 稳健回归结果（$N=3967$）**

	模型（4）	模型（5）
人均科教文卫	0.6340***	
	（0.179）	
人均社保		0.5337***
		（0.121）
宏观税负水平	-1.3179***	-0.9118***
	（0.328）	（0.210）
是否外来人口（是=1）	-0.7633***	-0.7166***
	（0.158）	（0.158）
社会资本	0.2058***	0.2344***
	（0.054）	（0.054）
性别（男=1）	0.0290	0.0193
	（0.093）	（0.093）
年龄	-0.1925***	-0.1937***
	（0.031）	（0.031）
年龄平方	0.0023***	0.0023***
	（0.000）	（0.000）
户籍（城镇=1）	0.1235	0.0955
	（0.150）	（0.150）

续表

	模型（4）	模型（5）
婚姻状况（参照组：已婚）		
同居	0.2548	0.2405
	(0.739)	(0.734)
原配	0.8308***	0.7978***
	(0.173)	(0.173)
再婚	0.5221	0.4552
	(0.388)	(0.387)
分居	1.1109*	1.1446*
	(0.652)	(0.658)
离异	-0.6881*	-0.7228**
	(0.355)	(0.355)
丧偶	0.1929	0.1470
	(0.349)	(0.348)
教育水平	0.0791***	0.0788***
	(0.016)	(0.016)
收入	0.0120***	0.0135***
	(0.003)	(0.003)
收入方	-0.0000***	-0.0000***
	(0.000)	(0.000)
单位类型（参照组：公共部门）		
集体企业	-0.3690**	-0.3667**
	(0.152)	(0.152)
民企或其他	-0.3552***	-0.3602***
	(0.111)	(0.111)
工作状况（参照组：有工作）		
无工作	-0.5785***	-0.5760***
	(0.131)	(0.132)
从未工作	2.4665***	2.5277***
	(0.162)	(0.154)
收入自评（参照组：非常合理）		
合理	-0.6115	-0.6345
	(0.458)	(0.452)

续表

	模型（4）	模型（5）
不合理	-2.5625***	-2.5804***
	(0.462)	(0.455)
非常不合理	-4.0792***	-4.1168***
	(0.486)	(0.480)
不清楚	-1.8632***	-1.9323***
	(0.536)	(0.531)
未来三年期望（参照组：下降）		
上升	1.2820***	1.3310***
	(0.246)	(0.248)
持平	1.9698***	2.0084***
截距	23.0588***	19.2260***
	(0.977)	(1.444)
R^2	0.260	0.261

注：括号内为稳健标准误，*** $p<0.01$，** $p<0.05$，* $p<0.1$。

表2-8的统计结果显示，公共支出结构的相关命题得到了数据的支持。模型（4）和模型（5）统计结果很好地支持了命题3，在控制了宏观税负水平以及人口社会经济变量后，政府增加人均科教文卫等支出，对居民主观幸福感的影响非常显著（人均科教文卫回归系数为0.6340），增加人均社保支出对居民幸福感有显著正向效应（人均社保支出回归系数为0.5337）。总的说来，政府如果将公共开支用于科教文卫与社会保障等民生开支，能显著提升居民幸福感。这意味着政府如能合理调整公共支出结构，将其用于当时人们急需的科教文卫以及社会保障投入等民生支出，能显著提升人们幸福指数。

3. 公共支出结构对主观幸福感影响的户籍差异分析

为检验假设4，模型（6~7）纳入了公共财政支出与外来人口的交互项。统计结果见表2-9。统计结果显示，无论是科教文卫支出，还是社保支出，对外来人口与本地居民影响都存在非常显著的系统性差异。在其他条件相同的情况下，政府对科教文卫支出每提高1%，对本地居民幸福感影响系数比对外来人口的影响要高0.4116分；同样情况也体现在公共支出中的社会支出水平上，政府对社保支出每提高1%，对本地居民幸福感影响系数比对外来人口的影响要高0.5891分。公共服务的社会排斥特征得到了数据很好的支持。

表 2-9 公共支出结构的差异性影响的 OLS 稳健回归结果（$N=3967$）

	模型（6）	模型（7）
科教文卫支出与外来人口交互项	7.0982***	
	(1.998)	
人均科教支出对数	-0.4116*	
	(0.245)	
人均社保支出对数		0.5891***
		(0.125)
社保支出与外来人口交互项		-0.5120**
		(0.260)
外来人口	1.9418***	-2.1871
	(0.712)	(1.489)
宏观税负水平	1.2511***	0.8924***
	(0.327)	(0.210)
社会资本	-0.2041***	-0.2362***
	(0.054)	(0.054)
性别（男=1）	-0.0276	-0.0195
	(0.093)	(0.093)
年龄	0.1964***	0.1939***
	(0.031)	(0.031)
年龄平方	-0.0023***	-0.0023***
	(0.000)	(0.000)
户籍（城镇=1）	-0.1318	-0.0902
	(0.150)	(0.150)
婚姻状况（参照组：已婚）		
同居	-0.2487	-0.2245
	(0.741)	(0.736)
原配	-0.8439***	-0.7999***
	(0.173)	(0.173)
再婚	-0.5440	-0.4636
	(0.388)	(0.388)

续表

	模型（6）	模型（7）
分居	-1.1191*	-1.1305*
	(0.657)	(0.657)
离异	0.6839*	0.7303**
	(0.357)	(0.355)
丧偶	-0.2226	-0.1522
	(0.349)	(0.348)
教育水平	-0.0773***	-0.0784***
	(0.016)	(0.016)
收入	-0.0124***	-0.0134***
	(0.003)	(0.003)
收入方	0.0000***	0.0000***
	(0.000)	(0.000)
单位类型（参照组：公共部门）		
集体企业	0.3639**	0.3686**
	(0.153)	(0.152)
民企或其他	0.3527***	0.3582***
	(0.111)	(0.110)
工作状况（参照组：有工作）		
无工作	0.5660***	0.5763***
	(0.132)	(0.132)
从未工作	-2.5389***	-2.4936***
	(0.153)	(0.155)
收入自评（参照组：非常合理）		
合理	0.6381	0.6618
	(0.455)	(0.450)
不合理	2.5941***	2.6042***
	(0.459)	(0.453)
非常不合理	4.1130***	4.1534***
	(0.484)	(0.479)
不清楚	1.9165***	1.9643***
	(0.534)	(0.529)
未来三年期望（参照组：下降）		

续表

	模型（6）	模型（7）
上升	-1.2978***	-1.3391***
	（0.246）	（0.248）
持平	-1.9788***	-2.0233***
	（0.250）	（0.252）
	（0.150）	（0.150）
截距	18.9477***	21.0153***
	（1.285）	（1.452）
R^2	0.260	0.262

注：括号内为稳健标准误，*** $p<0.01$，** $p<0.05$，* $p<0.1$。

（五）结论与讨论

研究宏观税负、公共支出对居民主观幸福感的影响，探讨政府转型与方向，是一个有着重要现实意义和学术价值的问题。然而国内对这一重要问题的详细论述并不多见，本书利用全国性的调查数据 CGSS 2006 等相关数据对此进行了验证分析，尝试弥补国内幸福经济学实证文献中缺少的宏观税负、公共支出问题对于主观幸福感的影响的研究不足，得出了一些有意义的结论：（1）宏观税负对居民主观幸福感有显著的负面影响。（2）总体而言，政府公共支出增进了居民的主观幸福感。（3）从支出结构上看，地方政府基建投资对居民的主观幸福感具有负面效应，政府用于科教文卫支出和社保支出对居民的主观幸福感有显著的正向效应。（4）公共支出结构对居民主观幸福感的影响存在系统性差异，无论是科教文卫支出水平，还是社会保障支出水平，对本地居民的影响都要显著高于外来人口。

我国经济高速增长，地方政府在其中扮演了至关重要的角色。研究者们提出了“地方法团主义”（Oi，1992；1995）、“地方政府即厂商”（Walder，1995）、“地方性市场社会主义”（Lin，1995）、“谋利型政权经营者”（杨善华、苏红，2002）等观点。中国的社会转型进程是在政治体制保持稳定的情况下进行的经济改革（Bian & Logan，1996；Cheikbossian，2003；Lau et al.，2000）。这种渐进式的改革强调制度的连贯性和互补性，取得了巨大的效率（Lau et al.，2000），中国政府成为经济增长奇迹的最主要推手。然而，政府深度介入经济，促进了经济高速增长的同时，也带来了诸多负外部效应，经济社会发展严重失衡，民生问题日益凸显。在“官员锦标赛”治理模式激励机制下，中国的财政收入一直以来大多用于经济建设和政府维持性支出，社保、科教文卫等民生支出则偏低。一方面“官员锦标赛”治理模式和行政与财政分权确实构成地方政府激励的最为基本和长期的源泉，是理解中国政府激励与经济增长的关键线索之一；另一方面，激励官员的目标与政府职能的合理设计之间存在一定冲突（周黎安，2007），导致了民生财政支出的比例偏低和各地存在大量的重复建设现象（李广杰等，2009）。与此同时，人民群众“上学难、看病难、住房难、饮水难、养老难”等问题在我国不同地区仍然普遍存在。因此，高税负、民生支出与当前我国居民的主观幸福感并不成正比，这导致社会矛盾凸显，各地群体性事件数量日益增多。

近年来，社会对这种片面的“发展主义”反思日益增多。发展被理解为一个多维的过程，包括社会结构、流行观念和国家制度方面的主要变迁，从其本质上来讲，发展，必须涵盖全方位的变迁，整个社会转而面向其体系内所有个人和群体的多样化的基本需求和希望的满足，远离那种被广泛认为是不满意的生活状况，朝向那种无论是物质还是精神方面都更好的生活状态。诸多学者认为，告别这种片面的“发展主义”，政府应从经济建设型政府向“公共服务型政府”的转变，从过去的以增长为中心的结构政策转向以转移支付为中心的结构政策（周业安、赵坚毅，2004；王绍光，2008）。从政府财政角度来说，中国财税体制改革的主线也由“非公共性”的财税运行格局及其体制机制不断向“公共性”的财税运行格局及其体制机制靠拢和逼近，由“生产建设型”财政向“公共财政、民生财政、绿色财政、阳光财政”渐进式演变（高培勇，2008）。政府直接投资增多意味着需要更高的宏观税负水平才能维持，而我们的研究结果也展示，过高的宏观税负水平对民众幸福感有显著的负效应，这势必影响到民众对政府的认同感。因此，本节研究为政府转型提供了依据。我们的研究显示，从生产型政府向公共服务型政府转型，提高财政收入利用效率，用于当时民众最需要的科教文卫和社会保障支出，能显著提高民众的幸福感。这给政府转型提供了方向——向公共服务型政府转型。同时，还应逐步消除户籍排斥不合理制度，实现公共服务的均等化。总之，以人们满不满意为评价政府行为的标准，政府应该提高行政效率，降低行政成本，从而使宏观税负水平下降成为可能，政府应该将更多财政支出用于科教文卫与社保等民生支出。

四　发展型政府、分配秩序与基层治理负荷

（一）发展导向与基层治理负荷再讨论

前文从政府信任感与满意度角度对发展型政府与传统绩效模型进行了讨论。虽然测量角度有差异，但满意度与信任感是高度关联的。表 2-10 是基于 CGSS 2006 城乡样本的回归结果，因变量是信任感。结果显示，民众对生活的幸福感与整体满意度均能显著提升民众对政府的信任感。这也再一次验证了以人民为中心发展观与民众对政府支持的关联。

表 2-10　满意度、幸福感与政府信任感之间的关联

	政府信任感	政府信任感	政府信任感	政府信任感
幸福感	0.247***	0.260***		
	(0.088)	(0.094)		
满意度			0.554***	0.658***
			(0.171)	(0.182)
民间传闻信任感	0.025***	0.021**	0.026***	0.023**
	(0.009)	(0.009)	(0.010)	(0.010)
男性		-0.248*		-0.322**
		(0.141)		(0.153)
年龄		0.000		0.000
		(0.000)		(0.000)
已婚		-0.415**		-0.338
		(0.195)		(0.217)
教育		0.010		0.013
		(0.023)		(0.026)
党员		-0.007		-0.064
		(0.253)		(0.275)
英语能力		-0.308***		-0.288**
		(0.109)		(0.119)
城市户口		-0.074		-0.153
		(0.223)		(0.243)

续表

	政府信任感	政府信任感	政府信任感	政府信任感
家庭收入		0.000		0.000
		(0.001)		(0.001)
城市社区		−0.880***		−0.782***
		(0.220)		(0.239)
截距项	28.899***	30.340***	29.774***	31.118***
	(0.360)	(0.433)	(0.199)	(0.354)
样本量	10006	9093	8274	7564
R^2	0.001	0.008	0.002	0.010

注：*** $p<0.01$，** $p<0.05$，* $p<0.1$。

需指出的是，本节研究对政社关系的讨论依然是总体性的。由于CGSS 2006年的数据对政府信任感的测量，没有具体指明是哪一级政府，因此，无法对基层治理中的政社关系进行进一步讨论。但相关研究依然是富有启发意义的。前文的实证分析讨论了发展主义的成绩与不足，以经济建设为中心，带来了中国经济奇迹，为社会事业与社会政策发展提供了坚实的物质基础。经济绩效也是政社关系优势的重要来源，对提升民众信任感有着积极的影响，特别是包容性增长，即社会财富的增长带动家庭收入增长，能提升民众对政府的信任感。而经济发展中存在的问题，特别是贫富差距等问题，对政社关系优势构成了一定程度的挑战，贫富差距悬殊、官员腐败与我国社会主流价值观、执政党的政治承诺不符，贫富差距扩大、官员腐败严重会显著地降低民众对政府的信任感。而加强社会建设，强化社会保障制度，加大社会投入等致力于社会公平的行为则在一定程度上带来更多的信任，社会保障有利于民众幸福感与满意度的提升，进而降低基层治理负荷，有利于基层秩序的稳定。

（二）基层治理负荷与分配秩序

政府信任感是政社关系的重要体现，贫富差距悬殊、腐败等行为必然侵蚀政社关系优势，导致社会治理压力上升，非制度化政治参与和集体行动增加。导致基层治理负荷与压力增加，这种压力向上传导，比如带来社会稳定风险的集聚。为验证上述观点，本书将集体行动作为基层治理负荷的指标，分析政府行为、政府信任感与幸福感和集体行动参与之间的关系。使用的数据依然是CGSS 2006。

具体而言，这里对基层治理矛盾与负荷分两个层次展开。首先，集体行动等加大基层治理负荷的事件是否发生。CGSS 2006 年调查问卷中的问题 E22 曾对此进行调查，其具体问题表述为："在现实生活中，经常会看到一些群体性的活动或行动，比如，联合抵制不合理收费、串联起来反对征地或拆迁、集体参加环保活动、集体签名、集体谈判、集体诉讼、集体请愿、集会等等。请问，在过去五年中，您身边是否发生过这样的事情?"如果发生则编码为 1，反之编码为 0。其次，接下来的 E24～E26 分别对受访者参与情况的提问，如受访者参与则编码为 1，表示参与了集体行动，反之没有参与集体行动则编码为 0。1134 名受访者表示身边曾发生过类似社会矛盾，占总数的 11.17%，其中，1118 名受访者进一步回答了其自身的参与情况，248 名受访者表示参与其中，即身边发生过集体行动者的受访者中有 22.18%的受访者参与其中。关键自变量，我们选择了基尼系数、社保支出对数、幸福感和政府信任感。其他控制变量包括性别、年龄、婚姻状况、政治面貌（是否党员）、教育、英语能力、户口、对社会传闻的信任感，以及调查所在社区以及所在省份的城市化率。由于两个因变量均为二分变量，故采用 logit 模型分析。

集体行动事件的发生是社会矛盾与基层治理压力的体现。集体行动事件是否发生的分析结果如表 2-11 所示。数据分析结果显示，社会发展中的不平等增加了集体行动发生的可能性，增加了社会治理压力与基层治理负荷，而社保支出能显著降低社会冲突事件的发生，有利于基层秩序稳定与和谐，降低治理负荷。政府信任感和民众幸福感，显著降低了社会冲突事件的发生。整体而言，结果与预期一致。此外，基层治理矛盾主要发生在城市社区，这与当时我国城市社会发展的整体状况是一致的，而所在省市的城市化率可理解为经济发展成果，显著降低了社会矛盾的发生率。

表 2-11 **集体行动事件发生的 logit 回归结果**

	是否发生	是否发生	是否发生	是否发生
基尼系数	0.035***	0.025*	0.024*	0.024*
	(0.013)	(0.014)	(0.014)	(0.014)
社保支出对数		−0.293**	−0.278**	−0.282**
		(0.115)	(0.116)	(0.116)
政府信任感			−0.030***	−0.029***
			(0.005)	(0.005)

续表

	是否发生	是否发生	是否发生	是否发生
幸福感				-0.155***
				(0.047)
传闻信任感	-0.011**	-0.011**	-0.010**	-0.011**
	(0.005)	(0.005)	(0.005)	(0.005)
男性	0.229***	0.228***	0.221***	0.214***
	(0.070)	(0.070)	(0.070)	(0.070)
年龄	-0.000***	-0.000***	-0.000***	-0.000***
	(0.000)	(0.000)	(0.000)	(0.000)
已婚	0.356***	0.357***	0.349***	0.386***
	(0.101)	(0.101)	(0.101)	(0.102)
教育	0.034***	0.036***	0.036***	0.039***
	(0.012)	(0.012)	(0.012)	(0.012)
党员	0.201*	0.202*	0.203*	0.226**
	(0.113)	(0.113)	(0.113)	(0.113)
英语能力	0.042	0.037	0.030	0.039
	(0.050)	(0.050)	(0.050)	(0.050)
城市户籍	0.348***	0.360***	0.360***	0.367***
	(0.110)	(0.110)	(0.111)	(0.111)
家庭收入	0.000	0.000	0.000	0.000
	(0.000)	(0.000)	(0.000)	(0.000)
城市社区	0.204*	0.212*	0.180	0.172
	(0.111)	(0.111)	(0.112)	(0.112)
城市化率	-1.870***	-1.047**	-1.064**	-1.003**
	(0.288)	(0.436)	(0.439)	(0.439)
截距	-3.307***	-1.668**	-0.799	-0.342
	(0.408)	(0.762)	(0.778)	(0.792)
观察值	9014	9014	9013	9013
对数似然比	-3064	-3064	-3064	-3064

注：*** $p<0.01$，** $p<0.05$，* $p<0.1$

表2-12为集体行动参与的分析结果，表中结果进一步支持了前文的预设。不平等促进了民众对集体行动的参与，而社保支出增长，则降低了

参与的可能性，有利于社会和谐与基层治理。同样，民众对政府的信任感和幸福感，有利于降低民众对冲突事件的参与。

表 2-12　　集体行动参与模型的 logit 回归结果

	是否参与	是否参与	是否参与	是否参与
基尼系数	0.079**	0.063*	0.061*	0.058*
	(0.031)	(0.032)	(0.032)	(0.033)
社保支出对数		-0.509*	-0.474*	-0.501*
		(0.264)	(0.266)	(0.267)
政府信任感			-0.021*	-0.022*
			(0.011)	(0.011)
幸福感				-0.275**
				(0.107)
传闻信任感	-0.001	-0.002	-0.003	-0.006
	(0.011)	(0.011)	(0.011)	(0.011)
男性	0.090	0.075	0.085	0.088
	(0.162)	(0.163)	(0.163)	(0.164)
年龄	0.000	0.000	0.000	0.000
	(0.000)	(0.000)	(0.000)	(0.000)
已婚	0.028	0.046	0.056	0.151
	(0.233)	(0.234)	(0.235)	(0.238)
教育	-0.029	-0.020	-0.020	-0.019
	(0.028)	(0.029)	(0.029)	(0.029)
党员	-0.515*	-0.506*	-0.516*	-0.478
	(0.293)	(0.294)	(0.293)	(0.294)
英语能力	0.065	0.055	0.046	0.077
	(0.128)	(0.129)	(0.129)	(0.130)
城市户籍	-0.310	-0.272	-0.293	-0.313
	(0.264)	(0.265)	(0.266)	(0.268)
家庭收入	-0.007	-0.008*	-0.008*	-0.007
	(0.004)	(0.005)	(0.005)	(0.004)
城市社区	0.006	0.004	-0.016	-0.039
	(0.261)	(0.261)	(0.262)	(0.264)

续表

	是否参与	是否参与	是否参与	是否参与
城市化率	0.148	1.343	1.232	1.265
	(0.715)	(0.964)	(0.971)	(0.976)
截距	-3.137***	-0.236	0.323	1.381
	(0.967)	(1.784)	(1.813)	(1.865)
观察值	1005	1005	1005	1005
对数似然比	-503.9	-503.9	-503.9	-503.9

注：*** $p<0.01$，** $p<0.05$，* $p<0.1$。

总之，我们利用 CGSS 2006 年数据匹配宏观数据，分析了发展成果的再分配对政社关系优势、基层治理负荷的影响，进一步验证了前文的观点，即中国现代化过程中的政社关系，是不断在发展中解决问题的结果，经济增长提升民众获得感、幸福感与民众支持，而社会保障等措施不断优化分配秩序，降低社会冲突与治理负荷。

（三）进一步讨论：政社关系优势的形成与挑战

政社关系优势是理解中国社会长期稳定奇迹与基层治理能力的关键视角。本节对政社关系优势形成的政府绩效模型进行了检验。具体而言，经济发展与成果的贡献，提升民众的满意度，强化了民众对政府的支持和信任感。因此，理解中国现代化过程中的政社关系优势，不能简单地从经济增长去理解，更为关键的是经济增长的包容性与经济成果的共享性。发展不仅仅是增长，更为重要的是要坚持以人民为中心的发展理念，让民众得到实惠，提升收入与生活质量。快速的经济增长与利益分配格局的挑战，也不可避免地带来了收入差距的扩大。本节实证分析展示了这种不平衡增长和不平等带来的负面影响。具体而言，不平等降低了民众的幸福感，也在一定程度上侵蚀着中国现代化的政社关系优势，在一定程度上降低了民众对政府的信任感。这种负面影响传导到基层治理，其结果就是基层治理中矛盾冲突增加，社会治理压力与负荷增加。因此，在发展经济，做大“蛋糕”的同时，再分配与成果的共享变得越来越重要。而这又进一步促进了中国政府职能的转型，不断加大公共支出，向服务型政府的转型。

事实上，中国的改革开放过程也是中国社会保障制度与社会政策不断建立、健全与完善的过程。到 2003 年，中国已经建起与社会主义市场经济制度相适应的社会保障制度。此后，中国政府也不断加强再分配力度。

自 2005 年以来，中国政府将和谐社会作为执政战略，强调政府职能转型，不断强化社会保障支出，加强社会保障政策体系，中国社会走向社会政策时代（李培林等，2004）。随后，中国建立起世界规模最大的社会保障体系与社会政策体系，在教育、社会保障等各方面的支出也不断加大。而相关再分配支出，进一步维持了中国社会的政社关系优势，为中国社会长期稳定奇迹与经济快速增长奇迹奠定坚实的基础。本节的分析，进一步验证了强化再分配的积极作用。社会保障的支出，有利于提升民众的幸福感和对政府的信任感，进一步强化了政社关系优势。与此同时，社会保障支出和民众幸福感、信任感一起，对基层治理中的社会矛盾缓解有着积极的作用，能降低社会矛盾冲突的发生，降低民众对冲突事件的参与，降低基层治理负荷。

总之，中国现代化的稳定奇迹是在发展中不断解决问题的奇迹，是经济快速发展、民众共享发展成果的奇迹。中国现代化的稳定奇迹，也是对不平等与腐败等问题不断回应的结果，面对不平等等问题带来的负面影响，中国不断优化分配秩序、强化再分配力度、促进社会公平。与此同时，经济快速发展，伴随着技术变迁，互联网时代的到来对政社关系优势产生了复杂的影响与挑战，而互联网时代的兴起与政社关系优势的挑战，构成了下一章讨论的重点议题。

第三章　互联网时代的政社关系优势与挑战

一　互联网时代的政社关系与政府信任感

从人口就业与失业压力到社会矛盾与冲突，从如何吸纳资本发展经济，做大“蛋糕”，到如何合理分配社会财富，后发展国家的现代化之路面临着诸多难题、风险与挑战，这也使得如何回应社会风险、为发展奠定稳定基础，成为发展中国家现代化之路必须解决的难题。即便是步入经济快速发展时期，转型秩序与社会稳定依然存在诸多挑战。互联网的兴起就是其中最典型的挑战。互联网与技术变迁不断改变人们的生产生活方式，改变人们的信息获取、社会互动、观点表达方式与途径，互联网的普及与广泛使用，在带来了新的发展机遇的同时，也带来了更多的不确定性与风险。如何适应互联网时代技术变迁带来的影响，成为中国社会治理与基层治理的关键议题。这也是本章研究关注的核心问题。具体而言，本章研究将基于风险与不确定视角，关注互联网使用对政社关系优势的影响。

首先，本章关注互联网媒介与传统媒介内容框架上的不同，以及这种不同对政社关系优势的影响。众所周知，媒体是“制造同意”、影响社会秩序的重要一环，但在政府信任感研究中常被忽略。本章研究首先基于社会学经典“框架理论”分析媒介，特别是互联网媒介对政府信任的影响，并以一个全国性调查数据，通过多层次中介效应模型控制区域差异，分析互联网媒介如何对传统宣传系统造成冲击，进而影响到政府信任感。研究发现，作为消息渠道的互联网在作为主流宣传媒介的替代性框架得到数据支持，互联网信息渠道显著降低了城市居民的官方媒体信任感，进而对政府信任感产生负面影响。同时，本章指出，在城市居民对政府总体信任感较高的情况下，互联网的影响不宜夸大。

另外，本章研究聚焦于互联网媒介使用对政社关系优势与政治信任感影响机制，以及这种影响的异质性。同样，基于 CGSS 2010 数据研究发现，网络媒介使用偏好、以互联网媒介为最主要消息来源，降低了城市居民的政府信任感，个体的自由主义政治文化认同感与政府信任感显著负相关，而对权威主义政治文化认同能显著提升城市居民的政府信任感。与以往研究不同，本章研究基于验证性新闻理论，分析了互联网媒介对不同政治偏好（政治文化认同感）城市居民政府信任感的影响，数据分析结果很好地支持了验证性新闻理论相关假设，即个体的媒介使用偏好是个体价值观与媒介偏好匹配的结果。与此同时，互联网媒介对不同价值观的城市居民的政治偏好影响呈现双向加强的特征，体现在政府信任感层面，即权威主义政治文化认同的政府信任感的正向效应对互联网使用者更显著，而自由主义政治文化认同的政府信任感的负向效应对互联网使用者更显著。

二　替代性框架与互联网使用对政社关系优势的影响

（一）问题的提出：互联网媒介是替代性框架吗?

从韦伯时代开始，控制就成为社会秩序、组织研究的核心概念。在国家治理体制与治理能力建设过程中，如何有效控制、维护社会秩序是研究者关注的核心议题。与简单控制相比，基于认同的控制或合法性，是实现组织目标乃至维护社会秩序的有效途径。而民众对政府机构的认同与支持研究，又往往和政府信任感等问题联系在一起。在社会建设与国家治理现代化建设背景下，近年来政治信任感被社会学研究者所关注。政治社会学对政府信任研究主要基于两个视角，社会资本视角与政府绩效视角（胡荣等，2011）。社会资本视角主要是基于科尔曼（Coleman，1990：239-244）和帕特南等（Putnam et al.，1994：40-41）的社会资本概念，以信任为核心，关注公众参与网络与规范等社会资本对政府信任的影响。政府绩效的视角把政府信任视为政府绩效的晴雨表或“指示器”（Chanley et al.，2000），政府行为的好坏决定着公众对政府信任感的高低（Yang & Holzer，2006）。两种视角或聚焦政府主体方的绩效，或关注公众方的社会资本，忽视了双方主体的信息连接过程。

事实上，媒体是“制造同意”、影响社会秩序的重要一环。政府可以通过信息控制，以宣传替代信息传播，向公众传达“政府绩效”信息，进而影响到公众对政府的评估与信任感。持反对立场的社会力量，也可以通过媒介传播批评信息，影响公众的信任感。因此，研究政府信任感不能仅仅关注政府在经济与社会发展、公共秩序方面的努力与成效，也不能仅仅关注社会层次社会资本与信任的影响，还需要关注连接政府与公众的纽带——信息媒介，特别是互联网媒介的影响，然而，既有研究对此关注不够。

正是基于对上述问题的关注，本章基于社会学家戈夫曼的框架理论，以及框架理论在传播社会学的发展，分析媒介，特别是互联网媒介对政府信任的影响，并以一个全国性调查数据，通过多层次中介效应模型控制区域差异，分析互联网媒介如何对传统宣传系统造成冲击，进而影响到政府信任感。

（二）相关文献综述与假设

1. 从戈夫曼的框架分析到敌意媒体理论

在国家治理体制与治理能力建设过程中，如何有效控制、维护社会秩序是研究者关注的核心议题。一般认为，基于认同基础上的控制或合法性，相比于简单控制，是实现组织目标乃至维护社会秩序的有效途径。而媒体控制是制造同意、合法性的重要一环，其中框架理论得到广泛运用。在媒介效果研究，特别是在媒介对政府信任影响的研究中，框架理论占有非常重要的地位。该理论来源于社会学家戈夫曼（Erving Goffman）的开创性贡献。戈夫曼在其经典著作《架构分析》中提出了框架的概念（Goffman，1986：258），框架是人们对确切的事物和行为链头的解释性“框架”或“参照系”，认为人们在情境中对事物的解释或行为链条的解释，是通过可以感知的、环绕他的蓝图和引发的框架来进行的（乔纳森，2006：133-134）。框架概念强调“框架是社会行动者理解社会场景、诠释意义的工具”。概念很快在传播社会学中得到广泛应用，成为媒体偏见理论乃至传播学的核心概念。

在戈夫曼框架概念的基础上，传播社会学形成了著名的媒体偏见理论。早期媒体偏见理论基于新闻媒体框架理论。在媒体信息的生产过程中，媒体机构对信息的筛选过程、议程设置、报道倾向，都会影响媒体信息传播的社会效果。这些偏误也构成了媒体的内生性偏误，其中，议程设置理论强调的是媒体从业者的自由度，他们决定了哪些公共议题是值得报道的，哪些不在报道的范围内。与此相关的是新闻框架理论，该理论强调，对同一事件报道，媒体语言会影响受众政治态度与倾向。而社会学互动理论的话语分析也影响了新闻媒体的报道框架，媒体对同一事实报道，通过选择语言，选择性地省略，或改变信息来源，可能会传达出完全不同的信息（Gentzkow & Shapiro，2010）。媒体的内生性偏误，与媒体机构的外部压力（如监管机构、赞助商等）一起，使得全面、中立、客观、无偏的新闻报道难以实现。在特殊情况下，媒体报道甚至可能从传播完全变为“商业广告”或“政府宣传”，这一情况在权威主义国家或垄断性的媒体市场更可能发生。

然而，仅关注新闻传播的供给方是不够的，社会公众的主动性与异质性会影响到传播的社会效果。建构主义理念下的社会公众，接收媒介信息时并非被动的傀儡，而是积极参与的行动者。一方面，个体对媒体是有选择性的，个体对媒体的选择过程是与已有政治偏好、信仰相匹配的过程（Gentzkow et al.，2016：623-645）。另一方面，个体对新闻报道信息的记忆也是有选择性的，更易记住并认同与本身认知一致的信息，是内心价值偏好的“自我投射”。更重要的是，对同一报道，不同读者的解读也不同。因此，可以说个体在接收信息之前就存在一个认知的原生框架或基本框架（primary framework），这个框架所包含的社会规则决定了个体将何者排除于框架的边框之外，何者被描画于框架之内。体现在媒体信息的接受与解读中，人们对待媒体信息并非完全受媒体操纵的，而是受自己内心已有认知结构的影响，甚至将自己偏好不一样的信息视为“媒体敌意”。因此，敌意媒体感知的实质并非媒体内容在客观上的偏见程度，而是人们主观上所感受的“媒体观点与己方观点的偏差度”（Hwang，Pan & Sun，2008），而敌意媒体感知可理解为受众对“非验证性新闻”的抵制。

总之，基于框架理论，媒介传播效果取决于多方面因素。一方面，在新闻的制造过程中，新闻机构内生性偏误和外部压力会导致偏见；另一方面，个人的先在经验与媒介信息之间的契合程度也会影响媒介的传播成效。个人的认知基础与媒介框架契合度越高，其受到媒介框架的影响也会越强烈（聂静虹等，2013）。而相关理论研究证明，在影响媒介传播效果的影响因素中，读者异质性是比市场竞争性更为重要的因素（Mullainathan & Shleifer，2004）。

2. 媒体市场竞争、互联网与替代性框架理论

（1）框架、市场竞争与传播效果

媒介传播效果还须考虑媒体市场环境。在竞争市场环境中，框架影响是复杂的。诸多研究者发现了媒体拥有者的政治偏好对新闻偏误的影响，如，新闻媒体所有者的政治偏好对议程设置（失业率等）的影响。在美国大选中，如果现任总统是共和党，民主党倾向的媒体所有者旗下的媒体会更多地对高失业率进行报道；如果现任总统为民主党，则显著降低对高

失业率的报道（Larcinese，Puglisi & Snyder，2011）。媒体偏见对公众投票产生显著影响，且其影响程度与媒体的声誉有关（Chiang & Knight，2008）。

另外，诸多研究者认为竞争能减轻新闻供给侧的媒体偏误（Mullainathan & Shleifer，2004）。马修·根茨科（Matthew Gentzkow）通过对美国420家媒体的政治报道偏见分析发现，媒体对消费者意识形态与政治偏好的反映无论在现实意义还是统计意义上均显著，而在控制了媒体的地理属性后，他们发现，同一所有者拥有的两家报纸和随机抽取的两家报纸在政治偏好上没显示出更多的趋同性。因此，新闻机构拥有者的偏好对媒体政治偏好影响不显著（Gentzkow & Shapiro，2010）。而后，在关于媒体经济学的一篇重要理论性论文中，马修·根茨科指出，当消费者自身需求是偏误的，竞争也许会导致更大的偏误以迎合消费者，在消费者是理性且充分信息搜寻的情况下，这通常会提升消费者福利，反之则会降低消费者福利（Gentzkow et al.，2016：623-645）。

事实上，考虑到受众对信息准确性的评估，在一个公平的市场竞争环境中，供给侧的媒体偏见对理性受众会消失，因此媒体偏见主要是非竞争环境下的现象（Sobbrio，2014）。在非竞争的媒体背景下，新闻机构报道受政府严格监管，其信息传播受政府偏好的影响，而在高度监控的社会，媒体甚至可能会成为官方宣传的工具。

（2）权威主义国家媒体市场、互联网与替代性框架理论

“党办媒体”“党管媒体”是中国媒体管理模式的鲜明特征（夏倩芳，2004）。在新闻媒体的政治与传播的双重属性中，政治属性是本质属性（曹劲松，2016），更强调媒体在公共舆论的引导功能（高方，2016）。党媒在报道内容方面与宣传党政机关的执行力和工作业绩密切相关（邵梓捷等，2015）。批评性报道仅限于媒体代表上一级政府（尤其是中央政府）对下级政府或具体的政府机构展开批评和监督，而“党报不得批评同级党委”影响至今（靖鸣，2004；童兵，1988）。

市场化进程使得政府对媒体的管辖方式发生了变化。其一是从绝对控制转变为经济“软控制”。一些媒体，特别是市场化媒体在传播上获得了更多的自主权。其二是在管辖权方面强化了对媒体的“属地管理”。“属地管理”虽然使得媒体环境呈现一定地方差异，但总体而言是“通过管理人事以管理编辑权”，强化了对媒体人事和财政权的管理（夏倩芳、袁光锋，2014）。虽然市场机构的发展以及随之而来的对新闻媒体机构大量资助，有利于媒体摆脱对官方资源的依赖，进而减轻政治对媒体信息倾向

的影响（Gehlbach & Sonin，2014）。然而，研究者基于媒体运营的两种模型——市场模型（追求利润）和公共领域模型——研究了不同的“政治控制—市场竞争”的结构组合对党媒的影响，发现党办媒体之间的差异依然非常有限（刘伟伟，2013）。虽然新闻专业主义试图通过安全选题、异地监督策略试图摆脱“宣传范式”（王毓莉，2010），但基于媒体社会冲突性议题采编流程研究发现，“风险规避”依然是新闻报道的常规，无论是市场化媒体还是机关媒体均无显著差异（夏倩芳、王艳，2012）。

互联网的发展带来了新媒体的兴起，越来越多的学者认识到互联网对政治健康与发展的重要作用（Farrell，2012）。互联网媒介的兴起，也改变了中国信息传播的结构性特征。首先，互联网是突破属地控制的重要方式。与镶嵌于科层体系的人事、财政、媒体从业资格高度受控的传统媒体不同，在互联网空间，国家对媒体的人事权是失效的，在财政上互联网企业也很少依赖政府（夏倩芳、袁光锋，2014）。其次，互联网在一定程度上完成了对宣传的祛魅。研究者发现，在互联网空间，宣传范式在一定程度上失效了。网民通过狂欢娱乐化处理、悬置语境预设解读图式等策略，对政治类新闻图片进行了“祛魅”。“祛魅”意味着去权威化、世俗化，使宣传话语的权威严肃乃至真实之“魅”逐渐开始褪去神秘性光晕（盛希贵、贺敬杰，2014）。最后，互联网空间也改变了媒体内容的生产流程与内容特征。互联网技术的兴起改变了人的交往方式的变革与交往网络，互联网以及与之相关的博客、微博等新媒介使得政府控制力减弱，降低了公共话语的进入门槛，也在中国社会真正掀起了一场使用者生产内容的热潮（韦路、王梦迪，2014）。互联网媒体报道更多受市场导向的影响。在新闻选材、查证、整合过程，网络媒体均与传统媒体存在较大差异，更强的市场导向使得网络媒体摆脱传统专业规范，进而影响到不同媒体之间的内容特质（区家麟，2013）。

3. 互联网与政府信任的研究假设：供给侧的视角

互联网的兴起为官方宣传范式之外，提供了一种替代性框架的可能（Tang & Huhe，2014）。在内容生产方面，互联网技术兴起改变了人的交往方式的变革与交往网络，互联网以及与之相关的博客、微博等新媒介使得政府控制力减弱，降低了公共话语的进入门槛。由于官方舆论表达渠道的缺失，公众成员纷纷涌入互联网微博空间，生产他们自己的知识，表达他们自己的观点，这势必削弱官方媒体的话语权。从内容选择与议程设置来看，互联网在权威政府信息控制之外，提供了替代性信息：权力腐败、不文明与不公正的案例等信息。这些信息在高度管控的官办媒体中出现频率较低（Tang & Huhe，2014；计永超、刘莲莲，2016）。在信息倾向方面，互联网空间使得更多的批判叙事成为可能（邱林川、史安斌，2013）。与官方媒体更多倾向于“正面引导舆论”不同，网络媒体有可能提供更多的批评视角或批评叙事，进而影响到公众对政府（政策）的评价、信任与支持度（Tang & Huhe，2014）。与正面宣传官方媒体不同，互联网针对腐败、不公等现象批判更有力度，同时也成为民众情绪的宣泄地（Hassid，2012），这必然影响到公众对政府绩效的认知与评估。由此，可以形成本书研究假设：作为一种替代性叙事框架，互联网媒介对公众的政府信任感存在负面效应。

互联网媒介对政府信任感的负面效应主要体现在两个层面。其一是直接效应，即互联网媒介信息直接影响了公众对政府绩效的认知与评估。互联网媒介为关于腐败、不平等、群体事件等负面消息提供了传播空间，进而对公众的政府信任感产生负面影响。其二，作为宣传系统的替代性叙事框架，互联网除了议程设置、议题选择与传统媒体不同之外，对同一事件的报道框架也与传统媒体存在差异，甚至冲击传统的宣传系统，影响官方话语权，进而降低政府信任感。互联网媒介对政府信任感的影响是以削弱传统媒体信任感为中介的。

（三）数据、变量与方法

1. 数据与变量

本章采用的是 2010 年中国社会综合调查（CGSS 2010）的城市居民部分数据，共 7222 个样本。CGSS 2010 数据为公开数据，涵盖 31 个省市，由于其调查的高质量以及涉及议题广泛，在学术研究中应用较广，数据设计与调查基本情况可参见其官方网站，这里不再详细介绍。选择 2010 年数据，是因为在该时期中国互联网使用已经非常广泛，互联网也形成了以新浪、搜狐、网易为代表的门户网站。与此同时，微博在 2010 年迎来了快速发展时期，新浪、搜狐、网易和腾讯等互联网巨头均开设微博。微博的兴起与广泛使用对人们信息获取方式产生了巨大的影响，改变了人们信息获取习惯。与此同时，在内容生产方面，微博与豆瓣等新媒体也带来了所谓的“大 V”与意见领袖时代（丁汉青、王亚萍，2010；王君泽等，2011）。微博等新媒介的兴起也伴随着网络舆情的极化（史波，2010），意见领袖通过自有/共有媒体来影响公共议题与公共政策的趋势开始显现（宋石男，2010；曾繁旭、黄广生，2012）。

因变量：政府信任感。政府信任感可以为二分变量（信任或不信任)，也可以为信任程度（Levi & Stoker，2003)。CGSS 2010 数据调查了居民对各种机构的信任程度，本章选取了中央政府和地方政府信任程度作为政府信任感的指标。一是将城市居民对中央政府和地方政府的信任感得分（从很不信任到很信任，分别赋值 1~5 分）进行加总，形成总的政府信任感；二是将城市居民对中央与地方政府信任感进行区分，分别进行分析。

媒体信任感：在 CGSS 2010 中调查了受访者对中央媒体和地方媒体的信任感。在具体操作中，除了对中央媒体信任感和地方媒体信任感得分分别进行分析外，同样也将两者得分进行加总形成总的媒体信任感，然后进行分析。中央媒体和地方媒体是宣传机构的关键机构，故也可以理解为宣传机构信任感。

互联网使用：本章从媒介使用偏好、信息渠道两个方面理解互联网的使用。其中，对于媒介使用偏好，根据受访者“过去一年对媒体的使用”信息来界定互联网的使用情况，根据受访者情况（“从不”到“总是”）分别赋值为 1~5 分，得分越高，使用频率越高，本章简称为“互联网使用偏好”。但这种处理方式并没有界定受访者对互联网的使用方式，因此，本章进一步根据受访者“最主要的信息来源”对信息渠道进行界定，如果受访者回答主要根据互联网与手机上网获得信息，则编码为 1，表示主要依赖新媒体信息，简称“互联网信息渠道”；反之编码为 0，即主要依赖传统媒体信息。

控制变量包括年龄、性别、出生代际、受教育年限、家庭地位、生活满意度、基本法律知识掌握情况、是否参与基层选举投票以及社会信任感。这些变量均是以往关于政府信任感研究关注的有显著影响变量。“90后”是在中国物质丰裕背景下成长的一代，也是在互联网逐步兴起且爱国主义教育加强背景下成长起来的一代，这势必导致他们与其他代的政府信任感有差异，故本书以“90 后”为参照组。政府信任感与个体经济状况、社会遭遇等相关，也与政治参与、社会信任相关（Levi & Stoker，2003)，本书生活满意度、家庭地位、社会公平感等因素对应的是关于政府评价的绩效标准，选举投票体现了城市居民的政治参与情况（魏万青，2016)，并控制个体的社会信任感，以法律知识掌握情况控制个体对法律程序理解程度。

相关研究认为，媒介传播效果不仅与媒介本身报道有关，也与受众的政治偏好、认识框架有关。故本书以个体的政治文化认同感或价值观测量其政治偏好。一是自由主义认同度，以受访者对言论自由、工作与生活自由和生育自由的认同得分进行加总，形成自由主义认同度变量。具体而言，问卷中询问受访者是否同意“如果有人在公共场所发布批评政府的言论，政府不应该干涉”；“生多少孩子是个人的事，政府不应该干涉”；“在哪里工作和生活是个人的自由，政府不应该干涉”等观点，从完全不同意到完全同意，分别赋值1~5分，得分越高，表示受访者越认同自由主义政治文化。二是权威主义认同度，权威主义与民主价值观相对，而民主价值观重要的指标是税收民主与预算民主（马骏，2012），因此本书将个体对税收的收支观念作为民主价值或权威主义价值的重要指标，即“政府制定税收政策必须征求老百姓的意见”；“只要纳了税，就有权利讨论政府怎么花钱”。在实证研究中，个体对政府的服从是其中重要指标。在中国转型语境中，权威主义或新权威主义强调的是精英政治与普通民众的服从和配合。因此，本书以受访者对问题“老百姓应该服从政府”的同意程度进行测量个体服从意识。在数据处理过程中，将前两项指标进行反向编码，在三项指标统一方向编码后加总，得分越高，越认同权威主义政治文化，或者说越认同服从文化。

2. 样本基本情况

表3-1汇报了样本基本情况。总体而言，中国城市居民对政府有较高的信任感，总分10分，平均得分7.922分。其中，对中央政府的信任感得分为4.269分（满分5分），明显高于地方政府的3.654分，城市居民对政府的信任感呈现出“央强地弱”的格局。图3-1对此展现更为直观。对中央政府，有45.94%（3301人）的城市居民表示完全可信任，认为比较可信的占比40.33%，两者合计86.27%，而认为地方政府完全可信、比较可信的比例分别为21.32%、42.55%，两者合计仅为63.87%。“央强地弱”的信任格局也体现在媒体信任感上。城市居民对中央媒体信任得分为3.930分，而地方媒体为3.530分。具体而言，城市居民受访者中，认为中央媒体可信（完全可信和比较可信）的城市居民占比73.6%，而地方媒体的可信度更低，受访者认为完全可信和比较可信的比例仅为54.78%。

表3-1 **样本基本情况**

变量名	均值	标准差	最小值	最大值	个案数（个）
政府信任感					
政府总体信任感	7.922	1.651	2	10	7171
中央政府信任感	4.269	0.839	1	5	7185

续表

变量名	均值	标准差	最小值	最大值	个案数（个）
地方政府信任感	3.654	1.064	1	5	7175
媒体信任感					
媒体总体信任感	7.460	1.763	2	10	7149
中央媒体信任感	3.930	0.929	1	5	7166
地方媒体信任感	3.530	0.999	1	5	7169
互联网使用					
使用频率	2.338	1.565	1	5	7160
互联网信息渠道	0.209	0.407	0	1	7141
价值观/政治文化认同					
自由主义	8.841	2.504	3	15	7169
权威主义	7.952	1.879	3	15	7099
社会公平感	2.876	1.071	1	5	7204
年龄	47.44	16.02	18	97	7219
男性	0.475	0.499	0	1	7222
教育年限	10.23	4.341	0	19	7220
出生世代					
“40前”	0.0850	0.279	0	1	7219
“40后”	0.120	0.325	0	1	7219
“50后”	0.185	0.389	0	1	7219
“60后”	0.215	0.411	0	1	7219
“70后”	0.208	0.406	0	1	7219
“80后”	0.155	0.362	0	1	7219
“90后”	0.0310	0.175	0	1	7219
家庭阶层	2.653	0.761	1	5	7199
幸福感	3.813	0.851	1	5	7210
基本法律知识	3.329	1.058	1	5	7208
选举投票	0.348	0.476	0	1	7199
社会信任	3.414	1.105	1	5	7206

互联网使用偏好（频率）平均得分为2.338分。其中，城市居民中有51.4%的受访者表示，基本不使用互联网媒介，而经常、总是使用互联网媒介的受访者比例分别为15.71%、14.72%，两者合计约为30%。另

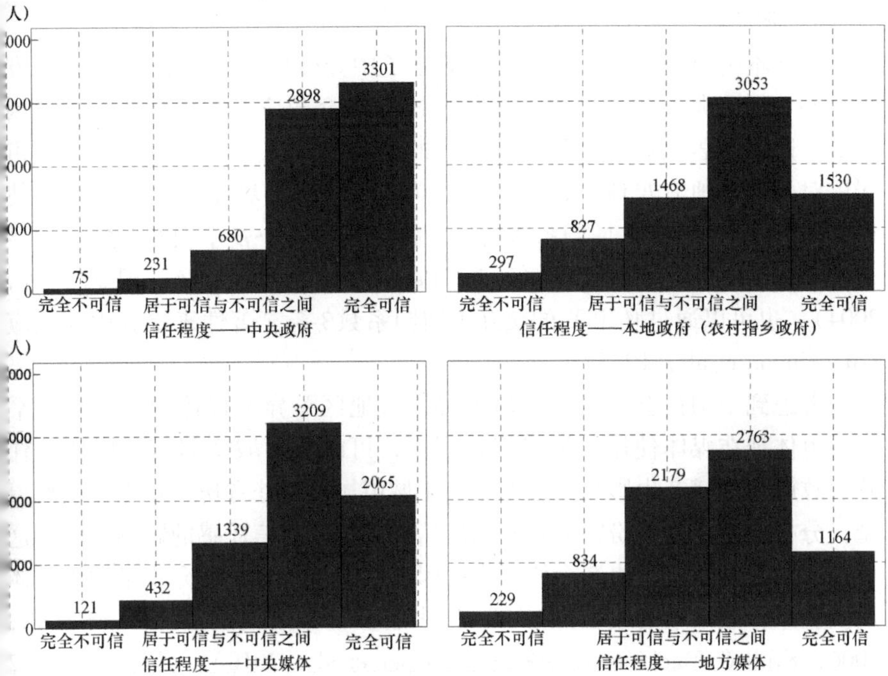

图 3-1　城市居民政府信任与媒体信任感

外，有 20.9%的市民表示其最主要信息渠道是互联网媒介。

其他变量方面，受访市民对自由主义与权威主义政治文化认同得分分别为 8.841 分、7.952 分，具体而言，对税收民主（“政府征税必须征求老百姓意见”）同意与完全同意的占比 82.6%，而对预算民主（“只要纳了税，就有权利讨论政府怎么花钱”）赞同（同意与完全同意，下同）比例略低，为 63.6%。另外，城市居民对政府的服从意识（“老百姓应该服从政府”）非常高，同意与完全同意的占比 68.2%。可见，在民主观念或与之相对的权威主义价值观方面，城市居民依然是从自身利益（收税）来衡量，持功利主义态度，而对约束政府（预算、服从）、限制权力层面考虑得较少。在自由主义政治文化认同观方面，受访者对工作自由赞同比例最高，为 70%，而对生育自由，赞同的比例仅为 20%。这也反映出市民关注自身的工作自由，但对是否能生育二孩（调查时并未放开二孩政策）不关心，这也一定程度上暗示市民的生育意愿不强。另外，样本中男性比例（47.44%）略低于女性，受教育平均年限为 10.23 年，在代际构成中，“60 后”（21.5%）、“70 后”（20.8%）占优，市民法律素养（3.329 分）、社会信任感得分（3.414 分）。

3. 研究策略与实证模型

基于本书研究目的，笔者首先建立了中介效应模型。表 3-2 左列方程 1~3，即为典型的单层次（个体层次）中介效应模型。其中，Y_{ij}为因变量，即城市居民对中央和地方政府的信任感，M_{ij}为中介变量，即城市居民对中央和地方媒体的信任感，X_{ij}为自变量，即城市居民对互联网使用情况。在β_a、β_b、β_c回归系数均显著的情况下，$\beta_c-\beta_{c'}$，即β_c和$\beta_{c'}$差异显著的情况下，中介效应即存在（Baron & Kenny，1986；温忠麟等，2004），也可以通过M_{ij}和X_{ij}的交互项回归系数$\beta_a\beta_b$显著性来检验中介效应（Mackinnon et al.，1995）。

考虑到中国社会巨大的区域差异，且地区差异不仅体现在收入水平上，也体现在媒体使用与消息渠道层面，可能会对城市居民的媒体信任感、政府信任感产生影响。故本章基于城市居民所处省份，建立多层次模型，分析个体所处省份特征对其媒体信任感、政府信任感的影响。由于这里检验的中介效应发生在个体层次，因变量、自变量和中介变量均为个体层次变量，故本书的模型为 1→1→1 多层次中介效应模型（Bauer et al.，2006；Krull & Mackinnon，2001；Preacher et al.，2010），具体如表 3-2 右列所示。

表 3-2　**单层次和 1→1→1 类型多层次中介效应模型**

	单层次中介效应模型	1→1→1 多层次中介效应模型	
方程 1	$Y_{ij}=\beta_0+\beta_c X_{ij}+\gamma_{ij}$	层 1	$Y_{ij}=\beta_{0j}+\beta_c X_{ij}+\gamma_{ij}$
		层 2	$\beta_{0j}=\gamma_{00}+\mu_{0j}$
方程 2	$Y_{ij}=\beta_0+\beta_{c'} X_{ij}+\beta_b M_{ij}+\gamma_{ij}$	层 1	$Y_{ij}=\beta_{0j}+\beta_{c'} X_{ij}+\beta_b M_{ij}+\gamma_{ij}$
		层 2	$\beta_{0j}=\gamma_{00}+\mu_{0j}$
方程 3	$M_{ij}=\beta_0+\beta_a X_{ij}+\gamma_{ij}$	层 1	$M_{ij}=\beta_{0j}+\beta_a X_{ij}+\gamma_{ij}$
		层 2	$\beta_{0j}=\gamma_{00}+\mu_{0j}$

资料来源：Krull & MacKinnon（2001），有删节。

单层次中介效应模型和 1→1→1 多层次中介效应模型的层 1 模型，仅在截距项（β_0和β_{0j}）有下标存在差异，多层次模型中β_{0j}的含义是截距项是随机效应，层 2 组间（各省市）截距项是不同的。层 2 模型表示β_{0j}可以由所有省份截距项的均值γ_{00}和层 2 截距项的误差项μ_{0j}决定。

对每个多层次方程均可将层 2 方程代入层 1 方程得到组合方程，求得层 2 方差成分τ_{00}和层 1 方差成分σ^2，由此可计算组内相关系数（intra-class correlation coefficient，ICC），即层 2 之间的差异在层 1 结果变量的总方差所占比例，其公式是：

方程 4：$\rho=\tau_{00}/(\tau_{00}+\sigma^2)$

对于是否需要采用多层次模型的一个经验法则是，零模型（当层 1、层 2 不含任何解释变量的模型）的组内相关系数ρ大于 0.059 时需采用多层次模型，但更多时候是基于模型检验结果进行判断。

无论是单层次中介效应模型，还是多层次中介效应模型，检验中介效应主要体现为$\beta_c-\beta_{c'}$或$\beta_a\beta_b$是否显著，常用的是 Sobel（1982）提出的方法。$\beta_a\beta_b$标准误估算公式是：

方程 5：$S_{\beta_a\beta_b}=\sqrt{S_{\beta_a}{}^2\beta_b{}^2+S_{\beta_b}{}^2\beta_a{}^2}$

（四）模型统计结果分析

在本部分，我们分析互联网使用对政府信任感的整体影响。与此同时，正如前文描述统计所展示的，城市居民的政府信任感存在“央强地弱”的格局，为分析互联网使用对城市居民政府信任感的影响是否也存在央地差异，故区分中央政府和地方政府，分别分析了互联网使用对中央政府和地方政府信任感的影响。

1. 互联网使用偏好、媒体信任与城市居民政府信任感

（1）政府整体信任感：互联网使用偏好与媒体信任

表 3-3 为互联网使用频率对媒体信任感与政府总体信任感影响 1→1→1 多层次中介效应模型统计结果，其中政府总体信任感即城市居民对中央政府信任得分和地方政府信任得分之和。为方便比较阅读，表中信息根据表 3-2 关于 1→1→1 多层次中介效应模型分析步骤给出了方程 1～3 的估计结果。统计结果显示，β_a、β_b、β_c系数均在 1%的水平显著。方程 1 中，互联网使用频率（$\beta_c=-0.0470$）与政府总体信任感显著负相关，在控制了个体性别、出生代际、教育、家庭经济地位、主观幸福感、基本法律知识掌握情况、社会公平感与社会信任感以及政治偏好（政治文化认同感）的条件下，互联网使用倾向得分每增加 1 分，对政府总体信任感降低 0.0470 分。媒体信任感对政府总体信任感显著正相关（在方程 2 中，

媒体信任感回归系数，即$\beta_b=0.5107$），在其他条件相同的情况下，城市居民对媒体的总体信任得分每上升 1 分，对政府总体信任感得分上升 0.5107 分，无论是统计意义还是现实意义上，媒体信任感对政府信任的影响非常显著。在增加了媒体信任感变量后，互联网使用对政府信任感的影响从显著变得不显著（在方程 2 中，$\beta_{c'}=-0.0079$，且在 10%的水平上不显著），由于在方程 3 中，$\beta_a=-0.0760$，影响非常显著，因此，可以认为互联网使用频率对政府信任感的影响中，完全是以媒体信任感为中介。而基于自举法重复 100 次抽样对$\beta_a\beta_b$的检验发现，$\beta_a\beta_b$系数为-0.0381，标准误为 0.0091，在 1%的水平上显著（具体结果见表 3-7）。因此，基于表 3-3 统计结果可知，互联网使用对政府总体信任感有着显著的负向效应，假设得到数据有力的支持。基于多水平中介效应模型可知，互联网媒介对政府信任感的影响是以媒体信任感为中介的。互联网媒介发挥着替代性框架作用，通过削弱城市居民对宣传系统的信任感（媒体信任感），进而影响政府信任感。其中，互联网使用对政府信任感的直接效应不显著，间接（中介）效应非常显著。

表 3-3　互联网使用（使用频率）、媒体信任感与政府总体信任感

	方程 1	方程 2	方程 3
	政府信任感	政府信任感	媒体信任感
互联网使用倾向			
互联网使用频率	-0.0470***	-0.0079	-0.0760***
	(0.0160)	(0.0133)	(0.0174)
媒体信任感		0.5107***	
		(0.0092)	
价值观/政治文化认同			
自由主义	-0.0830***	-0.0478***	-0.0684***
	(0.0076)	(0.0063)	(0.0083)
权威主义	0.1065***	0.0613***	0.0880***
	(0.0101)	(0.0085)	(0.0110)
男性	0.0056	-0.0179	0.0440
	(0.0364)	(0.0303)	(0.0397)
教育程度	-0.0129**	0.0032	-0.0306***
	(0.0057)	(0.0047)	(0.0062)

续表

	方程 1	方程 2	方程 3
	政府信任感	政府信任感	媒体信任感
出生世代（参照组："90 后"）			
"40 前"	0.0451	0.1022	-0.0965
	(0.1257)	(0.1044)	(0.1369)
"40 后"	-0.1081	-0.0794	-0.0448
	(0.1187)	(0.0987)	(0.1292)
"50 后"	-0.1584	-0.1454	-0.0165
	(0.1132)	(0.0941)	(0.1232)
"60 后"	-0.2061*	-0.1747*	-0.0557
	(0.1096)	(0.0911)	(0.1192)
"70 后"	-0.3035***	-0.2735***	-0.0538
	(0.1075)	(0.0895)	(0.1170)
"80 后"	-0.3293***	-0.2338***	-0.1817
	(0.1088)	(0.0905)	(0.1184)
家庭经济地位	-0.0195	0.0002	-0.0411
	(0.0258)	(0.0215)	(0.0281)
幸福感	0.1839***	0.1053***	0.1506***
	(0.0238)	(0.0198)	(0.0259)
基本法律知识	0.0437**	0.0278*	0.0314
	(0.0193)	(0.0160)	(0.0210)
政治参与（投票 vs 不投票）	0.2296***	0.1465***	0.1628***
	(0.0398)	(0.0330)	(0.0433)
社会信任感	0.1464***	0.0619***	0.1646***
	(0.0171)	(0.0143)	(0.0186)
社会公平感	0.2910***	0.1638***	0.2510***
	(0.0186)	(0.0156)	(0.0202)
截距	6.0407***	2.9576***	6.0438***
	(0.2051)	(0.1772)	(0.2248)
观察数	6932	6932	6932
组数	31	31	31

续表

	方程 1	方程 2	方程 3
	政府信任感	政府信任感	媒体信任感
省际层次方差τ_{00}	0.0606***	0.0197***	0.0942***
	(0.0193)	(0.0074)	(0.0296)
个体层次方差σ^2	2.1790***	1.5103***	2.5788***
	(0.0371)	(0.0257)	(0.0439)
组内相关系数（ICC）ρ	0.0271	0.0129	0.0352
LR test	120.74***	47.59***	132.10***

注：括号内为标准误，*** $p<0.01$，** $p<0.05$，* $p<0.1$。

模型报告了组内相关系数。零模型（层 1、层 2 不含任何解释变量）为多层次模型分析的起点，其组内相关系数 $\rho=0.0599$，根据组内相关系数是否大于 0.0599 的经验法则，需要用多层次模型。在表的最后一行，报告了基于个体层次和省际层次线性回归检验结果（LR test vs. Linear model），统计性非常显著，这表明在对城市居民政府信任感进行建模时不得不考虑个体与城市这两个层次数据存在嵌套性的事实。因此，本书采用多层次中介效应模型是合适的。

在控制变量中，幸福感、社会公平感、社会信任感以及基本法律知识的掌握情况均与政府信任感显著正相关，教育程度与政府信任感显著负相关。性别与家庭经济地位对政府信任感的影响不显著，其他各代际的政府信任感相对于“90 后”均为负。个体政治偏好或政治文化认同感对政府信任感的影响，自由主义政治文化认同感与政府信任感显著负相关，而权威主义政治文化认同感与政府信任感显著正相关。这与既往研究结论相一致（池上新，2015），同时从方程 1 与方程 2 政治文化系数变化来看，统计结果在一定程度上支持了关于媒体偏见理论中的验证性新闻假设。由于这里重点讨论媒体偏见的供给侧效应，故不详细展开。

（2）互联网使用偏好、媒体信任与政府信任感的央地差异

前文描述信息显示，城市居民对中央政府信任感与地方政府信任感存在较大的差异，呈现“央强地弱”的格局。那么，互联网使用对政府信任感的影响是否也存在央地差异呢？表 3-4 报告了互联网使用频率、媒体信任感与政府信任感的央地差异。

表 3-4 的左边（A 部分）报告了互联网使用对城市居民的中央媒体信任感或中央政府信任感的影响。方程 1A～3A 中β_a、β_b、β_c系数均在 1%

的水平显著。在方程1A中，互联网使用频率与城市居民中央政府信任感显著负相关，在其他条件相同的情况下，城市居民使用频率每提升1级，中央政府信任感就会下降0.0419分，当控制了媒体信任感后，互联网使用频率变量的回归系数变为-0.0196（方程2A），虽然在1%的水平依然显著，但影响程度下降了。这说明互联网使用对中央政府信任感的影响被媒体信任感部分终结。表3-7分析结果表明，在控制了性别、教育等诸多因素后，互联网使用偏好对中央政府信任感的负向效应中，中央媒体的中介效应为-0.0505，即50.5%作用是通过对中央媒体信任感所中介的。另外，互联网使用不仅对中央媒体信任感造成负面影响，进而影响到城市居民对中央的政府信任感，同时，也直接对中央政府信任感造成影响。不过，从影响程度来看，这种影响依然比较小，而前文描述统计也展示，城市居民对中央政府依然有着较高的信任度。

表3-4右边（B部分）为互联网使用频率对地方媒体或地方政府信任感的多层次回归模型结果。由于方程1B和方程2B中，互联网使用频率变量对政府信任感影响均不显著，因此，不符合继续进行中介效应检验前提。表3-7对互联网使用对地方政府信任感影响分为总效应、直接效应和间接效应（中介效应），统计结果显示，互联网使用对地方政府信任感总效应不显著。但从方程3B统计结果可知，互联网媒介的使用频率与城市居民地方媒体信任感显著负相关。这一定程度上支持了关于互联网媒体框架与官方媒体新闻框架互为替代性框架的假设。为什么互联网使用对地方政府信任感影响不显著呢？一方面与互联网使用目的有关。互联网使用并不一定意味着个体将互联网作为主要消息来源，也是技能与人力资本。另一方面也可能与信息获取便捷性有关，城市居民对地方政府行为，即使不通过互联网媒介也能比较清楚地了解，因此，不需要基于互联网信息对地方政府行为做出评估。各控制变量对中央政府信任感的影响方向与表3-3相同，因此不再一一阐述。

表3-4　**互联网使用（使用频率）、媒体信任感与政府信任感的央地差异**

	A：中央政府或媒体信任感			B：地方政府或媒体信任感		
	方程1A	方程2A	方程3A	方程1B	方程2B	方程3B
	（政府）	（政府）	（媒体）	（政府）	（政府）	（媒体）
互联网使用						

续表

	A：中央政府或媒体信任感			B：地方政府或媒体信任感		
	方程 1A	方程 2A	方程 3A	方程 1B	方程 2B	方程 3B
	（政府）	（政府）	（媒体）	（政府）	（政府）	（媒体）
使用频率	−0.0419***	−0.0196***	−0.0505***	−0.0048	0.0088	−0.0258**
	(0.0082)	(0.0070)	(0.0092)	(0.0104)	(0.0091)	(0.0100)
媒体信任感		0.4656***			0.5115***	
		(0.0091)			(0.0109)	
价值观						
自由主义	−0.0377***	−0.0194***	−0.0400***	−0.0459***	−0.0311***	−0.0287***
	(0.0039)	(0.0034)	(0.0044)	(0.0050)	(0.0043)	(0.0048)
权威主义	0.0454***	0.0273***	0.0394***	0.0606***	0.0358***	0.0485***
	(0.0052)	(0.0045)	(0.0058)	(0.0066)	(0.0058)	(0.0064)
男性	0.0511***	0.0331**	0.0406*	−0.0459*	−0.0491**	0.0053
	(0.0188)	(0.0161)	(0.0210)	(0.0238)	(0.0207)	(0.0229)
教育年限	−0.0103***	−0.0037	−0.0147***	−0.0032	0.0054*	−0.0163***
	(0.0029)	(0.0025)	(0.0033)	(0.0037)	(0.0032)	(0.0036)
出生世代[a]						
"40 前"	0.0837	0.0961*	−0.0417	−0.0493	−0.0130	−0.0627
	(0.0649)	(0.0553)	(0.0726)	(0.0823)	(0.0717)	(0.0790)
"40 后"	0.0856	0.0783	0.0050	−0.2027***	−0.1708**	−0.0557
	(0.0613)	(0.0523)	(0.0686)	(0.0777)	(0.0677)	(0.0746)
"50 后"	0.0278	0.0143	0.0174	−0.1883**	−0.1650**	−0.0404
	(0.0584)	(0.0499)	(0.0654)	(0.0740)	(0.0645)	(0.0711)
"60 后"	0.0064	0.0061	−0.0054	−0.2170***	−0.1883***	−0.0523
	(0.0566)	(0.0483)	(0.0633)	(0.0716)	(0.0624)	(0.0688)
"70 后"	−0.0698	−0.0641	−0.0145	−0.2365***	−0.2145***	−0.0404
	(0.0555)	(0.0474)	(0.0621)	(0.0703)	(0.0613)	(0.0676)
"80 后"	−0.1016*	−0.0572	−0.0965	−0.2293***	−0.1851***	−0.0837
	(0.0562)	(0.0480)	(0.0628)	(0.0711)	(0.0620)	(0.0684)
家庭地位	−0.0119	0.0000	−0.0254*	−0.0060	0.0016	−0.0156
	(0.0133)	(0.0114)	(0.0149)	(0.0169)	(0.0147)	(0.0162)
幸福感	0.0837***	0.0507***	0.0700***	0.1020***	0.0610***	0.0792***
	(0.0123)	(0.0105)	(0.0137)	(0.0155)	(0.0136)	(0.0149)

续表

	A：中央政府或媒体信任感			B：地方政府或媒体信任感		
	方程 1A	方程 2A	方程 3A	方程 1B	方程 2B	方程 3B
	（政府）	（政府）	（媒体）	（政府）	（政府）	（媒体）
法律知识	0.0411***	0.0274***	0.0296***	0.0018	0.0008	0.0020
	（0.0099）	（0.0085）	（0.0111）	（0.0126）	（0.0110）	（0.0121）
政治参与[b]	0.0957***	0.0661***	0.0603***	0.1347***	0.0799***	0.1077***
	（0.0205）	（0.0175）	（0.0230）	（0.0260）	（0.0227）	（0.0250）
社会信任感	0.0636***	0.0267***	0.0801***	0.0823***	0.0395***	0.0834***
	（0.0088）	（0.0076）	（0.0099）	（0.0112）	（0.0098）	（0.0107）
社会公平感	0.0959***	0.0445***	0.1108***	0.1932***	0.1216***	0.1409***
	（0.0096）	（0.0082）	（0.0107）	（0.0121）	（0.0107）	（0.0117）
截距	3.5195***	1.9523***	3.3783***	2.5343***	1.1605***	2.6809***
	（0.1059）	（0.0945）	（0.1190）	（0.1383）	（0.1221）	（0.1303）
观察数	6953	6953	6953	6951	6951	6951
组数	31	31	31	31	31	31
省际方差	0.0173***	0.0062***	0.0251***	0.0612***	0.0321***	0.0360***
	（0.0055）	（0.0022）	（0.0081）	（0.0181）	（0.0101）	（0.0110）
个体方差	0.5809***	0.4246***	0.7265***	0.9307***	0.7074***	0.8600***
	（0.0099）	（0.0072）	（0.0124）	（0.0158）	（0.0120）	（0.0146）
ICC	0.0289	0.0143	0.0334	0.0617	0.0434	0.0402
LR test	124.28***	54.46***	114.48***	278.48***	169.88***	170.62***

注：（1）括号内为标准误，*** $p<0.01$，** $p<0.05$，* $p<0.1$；（2）a：参照组为“90后”，b：投票 vs 不投票。

2. 信息渠道、媒体信任与城市居民政府信任感

基于框架效应分析互联网媒介对政府信任感的影响，其前提是城市居民是以信息渠道方式使用互联网，故本部分笔者将以“最主要信息来源”信息对城市居民的互联网使用目的进行识别。如果对最主要信息来源回答为“互联网媒体”，则认为城市居民信息渠道主要来源于互联网；反之则可能是传统媒介、面对面互动等。我们采用先总后分的方式，首先分析互联网为最主要信息渠道对媒体与政府总体信任感的影响，再分析央地差异。

（1）整体分析：互联网使用信息渠道与媒体信任感与城市居民的政

府信任感

表 3-5 给出了互联网使用信息渠道对媒体与政府信任感的影响结果。同样，为方便比较阅读，并根据表 3-2 关于多层次中介效应检验步骤，分别给出方程 1~3 的结果，而多层次模型相关参数估计放在表的下方。

统计结果显示，媒体信任感是互联网使用（信息渠道）影响政府信任感的重要中介，与本书研究假设预期一致。在其他条件相同而未控制媒体信任感的条件下（方程 1），作为最主要信息渠道为网络媒介的城市居民，相对于以其他媒介为信息渠道的城市居民，对政府总体信任感要低 0. 2483 分，在统计意义上差异非常显著。而控制了城市居民对媒体的总体信任感后（方程 2），差异变为 0. 1467，两者差异显著降低了。与此同时，作为最主要信息渠道的互联网使用，对媒体总体信任感影响显著（方程 3）。基于上述条件，我们可以初步判断互联网信息渠道对政府信任感的影响是以媒体信任感为中介的。而在后面表 3-7 中，我们给出了中介效应检验结果，媒体信任感的中介效应非常显著。

对比表 3-3 和表 3-5 统计结果，可以发现对互联网使用测量的两种识别方式对统计结果的差异。其一是，表 3-3 方程 1 中，互联网使用频率对政府信任感的影响系数为-0. 0470，考虑到互联网使用频次按低到高分为 5 个层次，分别赋值 1~5 分，最低分和最高分差异为 4 分，因此，互联网使用频次最低组与最高组的政府信任感差异约为 1. 88 分。而表 3-5 中，最主要信息渠道为互联网媒介相对于其他媒介组，差异约为 0. 25 分，因此，我们可以初步判断，以互联网使用频率去估计网络使用对政府信任感的影响，在一定程度上低估了互联网对政府信任感的替代框架效应。当然，由于表 3-3 和表 3-5 统计结果在有效样本量上的细微差异，这种低估具体是多少还需要在控制样本的情况下进一步分析。其二是，方程 2 的结果也存在明显差异。表 3-3 中，控制了媒体信任感后，互联网使用（使用频次）对政府信任感的直接效应不再显著，而表 3-5 中互联网使用（信息渠道）对政府信任感的影响幅度虽然显著下降，但依然显著（系数为-0. 1467，在 1%水平显著）。对互联网使用两种识别策略的不同结果的差异，也提示我们在分析互联网的社会影响时，一定要根据研究基础、研究假设进行更为精细的测量。但在以往研究中，大多以较粗糙的方式进行测量，如分析互联网对非制度化参与的影响，仅仅从是否使用互联网进行识别，但事实上，随着互联网在社会经济中的广泛应用，网络使用可能是工作层面的需要，也可能是基于某种目的（如集体行动动员）的需要。

表中依然通过 ICC 给出了省际差异对政府信任感差异的影响。表中单层次模型与多层次模型的系数显著性差异检验结果，展示了采用多层次中介效应模型的必要性。

表 3-5　　互联网使用（信息渠道）、媒体信任感与政府信任感

	方程 1 （政府信任感）	方程 2 （政府信任感）	方程 3 （媒体信任感）
信息渠道			
网络 vs 传统媒体	-0.2483***	-0.1467***	-0.1998***
	(0.0528)	(0.0439)	(0.0576)
媒体信任感		0.5097***	
		(0.0092)	
价值观/政治文化认同			
自由主义	-0.0834***	-0.0485***	-0.0678***
	(0.0076)	(0.0063)	(0.0083)
权威主义	0.1067***	0.0612***	0.0889***
	(0.0101)	(0.0085)	(0.0111)
男性	0.0132	-0.0098	0.0430
	(0.0365)	(0.0303)	(0.0399)
教育年限	-0.0133**	0.0056	-0.0360***
	(0.0055)	(0.0046)	(0.0060)
出生世代 （参照组："90 后"）			
"40 前"	0.0091	0.0315	-0.0286
	(0.1241)	(0.1030)	(0.1356)
"40 后"	-0.1388	-0.1374	0.0080
	(0.1169)	(0.0971)	(0.1277)
"50 后"	-0.1907*	-0.1995**	0.0257
	(0.1121)	(0.0931)	(0.1224)
"60 后"	-0.2471**	-0.2314**	-0.0262
	(0.1090)	(0.0906)	(0.1190)

续表

	方程 1	方程 2	方程 3
	（政府信任感）	（政府信任感）	（媒体信任感）
“70 后”	−0. 3401 ***	−0. 3174 ***	−0. 0403
	（0. 1073）	（0. 0892）	（0. 1172）
“80 后”	−0. 3354 ***	−0. 2475 ***	−0. 1677
	（0. 1086）	（0. 0904）	（0. 1186）
家庭经济地位	−0. 0114	0. 0115	−0. 0470 *
	（0. 0258）	（0. 0214）	（0. 0281）
幸福感	0. 1823 ***	0. 1069 ***	0. 1446 ***
	（0. 0239）	（0. 0199）	（0. 0261）
基本法律知识	0. 0422 **	0. 0284 *	0. 0274
	（0. 0192）	（0. 0160）	（0. 0210）
政治参与（投票 vs 不投票）	0. 2253 ***	0. 1404 ***	0. 1665 ***
	（0. 0398）	（0. 0331）	（0. 0435）
社会信任感	0. 1468 ***	0. 0627 ***	0. 1642 ***
	（0. 0171）	（0. 0143）	（0. 0187）
社会公平感	0. 2956 ***	0. 1661 ***	0. 2555 ***
	（0. 0186）	（0. 0156）	（0. 0203）
截距	5. 9878 ***	2. 9523 ***	5. 9610 ***
	（0. 2042）	（0. 1761）	（0. 2246）
个案数	6，875	6，875	6，875
组数	31	31	31
省际层次方差τ_{00}	0. 0628 ***	0. 0207 ***	0. 0972 ***
	（0. 0199）	（0. 0077）	（0. 0304）
个体层次方差σ^2	2. 1634 ***	1. 4975 ***	2. 5781 ***
	（0. 0370）	（0. 0256）	（0. 044）
组内相关系数（ICC）ρ	0. 0282	0. 0136	0. 0363
LR test	125. 42 ***	50. 39 ***	137. 48 ***

注：括号内为标准误，*** $p<0.01$，** $p<0.05$，* $p<0.1$。

（2）互联网使用（信息渠道）、媒体信任感与政府信任感的央地差异

表 3-6 报告了互联网使用（信息渠道）对媒体与政府信任感的央地差异。模型统计结果显示，互联网使用（信息渠道）不仅直接影响城市

居民的政府信任感，同时以媒体信任感为中介，对中央政府和地方政府信任感产生显著影响。影响方向与替代性框架理论预期相符，即互联网使用降低了城市居民对中央政府和地方政府的信任感。

表中左边（C 部分）展示了以互联网（信息渠道）对中央政府或中央媒体信任感的影响。统计结果显示，在未控制媒体信任感的条件下（方程 1C），相对于非网络媒介为最主要信息渠道的城市居民，以网络媒介为最主要信息渠道的居民对中央政府信任感要低 0.1425 分，控制了媒体信任感（方程 2C）后，互联网媒介使用对城市居民中央政府信任感的负面效应下降了（回归系数为-0.0893 分），但影响在统计意义上依然非常显著。正如本书假设所预期的一样，互联网使用对政府信任感产生了一定的冲击，而这种冲击部分是通过对宣传机构中央媒体的信任感的冲击进行传递的，另外也直接对中央政府的信任感产生影响。方程 3C 的结果显示了作为信息渠道的互联网媒介与传统宣传机构（中央媒体）的关系，作为替代性消息框架的互联网媒体对宣传系统（中央媒体）信任感造成了显著的冲击，降低了中央媒体的信任感。总体而言，表中 C 部分统计结果，与对应的表 3-3 的 A 部分统计结果相比较，结果比较稳定。

表中 D 部分与表 3-3 中对应的 B 部分相比较，结果变动较大。表 3-3B 部分统计结果显示，互联网使用频率对地方政府信任感的影响不显著，也没有发现互联网使用通过对地方媒体信任感的影响进而影响地方政府信任感的证据。但表 3-6 以信息渠道对互联网使用进行识别后，分析互联网信息渠道对地方媒体与地方政府信任感的影响发现，一方面，互联网使用（信息渠道）对地方媒体信任感产生直接影响；另一方面，以地方媒介信任感为中介影响地方媒体信任感，无论是直接效应还是间接效益（中介效应）均显著，方向为负，与假设预期一致。

表 3-6　**互联网使用（信息渠道）、媒体信任感与政府信任感的央地差异**

	C：中央政府或媒体信任感			D：地方政府或媒体信任感		
	方程 1C	方程 2C	方程 3C	方程 1D	方程 2D	方程 3D
	（政府）	（政府）	（媒体）	（政府）	（政府）	（媒体）
互联网使用						
消息渠道[a]	-0.1425***	-0.0893***	-0.1206***	-0.1054***	-0.0647**	-0.0784**
	(0.0272)	(0.0232)	(0.0306)	(0.0345)	(0.0301)	(0.0332)

续表

	C：中央政府或媒体信任感			D：地方政府或媒体信任感		
	方程 1C	方程 2C	方程 3C	方程 1D	方程 2D	方程 3D
	（政府）	（政府）	（媒体）	（政府）	（政府）	（媒体）
媒体信任感		0.4649***			0.5111***	
		(0.0091)			(0.0109)	
价值观						
自由主义	−0.0384***	−0.0202***	−0.0399***	−0.0455***	−0.0311***	−0.0282***
	(0.0039)	(0.0034)	(0.0044)	(0.0050)	(0.0043)	(0.0048)
权威主义	0.0464***	0.0280***	0.0403***	0.0597***	0.0350***	0.0483***
	(0.0052)	(0.0045)	(0.0059)	(0.0066)	(0.0058)	(0.0064)
男性	0.0535***	0.0356**	0.0405*	−0.0410*	−0.0437**	0.0043
	(0.0188)	(0.0161)	(0.0211)	(0.0239)	(0.0208)	(0.0230)
教育年限	−0.0124***	−0.0041*	−0.0185***	−0.0014	0.0079**	−0.0179***
	(0.0028)	(0.0024)	(0.0032)	(0.0036)	(0.0031)	(0.0035)
出生世代[b]						
“40 前”	0.1046	0.0958*	0.0048	−0.1061	−0.0821	−0.0398
	(0.0641)	(0.0546)	(0.0719)	(0.0813)	(0.0708)	(0.0783)
“40 后”	0.1032*	0.0793	0.0421	−0.2506***	−0.2279***	−0.0393
	(0.0604)	(0.0515)	(0.0678)	(0.0765)	(0.0666)	(0.0737)
“50 后”	0.0358	0.0088	0.0477	−0.2286***	−0.2124***	−0.0274
	(0.0579)	(0.0494)	(0.0650)	(0.0734)	(0.0639)	(0.0707)
“60 后”	0.0062	−0.0030	0.0148	−0.2576***	−0.2345***	−0.0422
	(0.0563)	(0.0480)	(0.0632)	(0.0713)	(0.0621)	(0.0687)
“70 后”	−0.0758	−0.0738	−0.0061	−0.2671***	−0.2481***	−0.0349
	(0.0554)	(0.0473)	(0.0622)	(0.0702)	(0.0612)	(0.0676)
“80 后”	−0.0985*	−0.0566	−0.0913	−0.2387***	−0.1992***	−0.0752
	(0.0561)	(0.0479)	(0.0630)	(0.0711)	(0.0619)	(0.0685)
家庭地位	−0.0125	0.0008	−0.0288*	0.0029	0.0119	−0.0185
	(0.0133)	(0.0113)	(0.0149)	(0.0169)	(0.0147)	(0.0162)
幸福感	0.0815***	0.0505***	0.0658***	0.1027***	0.0627***	0.0774***
	(0.0123)	(0.0105)	(0.0139)	(0.0156)	(0.0136)	(0.0151)
法律知识	0.0371***	0.0246***	0.0268**	0.0046	0.0042	0.0009
	(0.0099)	(0.0085)	(0.0111)	(0.0126)	(0.0110)	(0.0121)

续表

	C：中央政府或媒体信任感			D：地方政府或媒体信任感		
	方程 1C	方程 2C	方程 3C	方程 1D	方程 2D	方程 3D
	（政府）	（政府）	（媒体）	（政府）	（政府）	（媒体）
政治参与[c]	0.0949***	0.0631***	0.0647***	0.1316***	0.0767***	0.1075***
	（0.0205）	（0.0175）	（0.0231）	（0.0261）	（0.0227）	（0.0251）
社会信任感	0.0644***	0.0278***	0.0796***	0.0817***	0.0389***	0.0836***
	（0.0088）	（0.0076）	（0.0099）	（0.0112）	（0.0098）	（0.0108）
社会公平感	0.0985***	0.0460***	0.1132***	0.1953***	0.1227***	0.1428***
	（0.0096）	（0.0083）	（0.0108）	（0.0122）	（0.0107）	（0.0117）
截距	3.4813***	1.9396***	3.3246***	2.5201***	1.1631***	2.6510***
	（0.1057）	（0.0938）	（0.1192）	（0.1379）	（0.1218）	（0.1300）
观察数	6896	6896	6896	6895	6895	6895
组数	31	31	31	31	31	31
省际方差	0.0192	0.0063	0.0276	0.0632***	0.0345***	0.0356***
	（0.0060）	（0.0022）	（0.0088）	（0.0186）	（0.0108）	（0.0108）
个体方差	0.5770	0.4212	0.7272	0.9254***	0.7024***	0.8592***
	（0.0098）	（0.0072）	（0.0124）	（0.0158）	（0.0120）	（0.0147）
ICC	0.0322	0.0148	0.0365	0.0640	0.0468	0.0398
LR test	138.57***	56.26***	128.67***	290.18***	184.59***	169.30***

注：（1）括号内为标准误，*** $p<0.01$，** $p<0.05$，* $p<0.1$；（2）a：最主要消息渠道：互联网媒体 vs 其他，b：参照组为“90 后”，c：投票 vs 不投票。

（3）互联网使用与政府信任感的中介效应分析

本章基于两种策略识别互联网的使用，一是互联网使用频率；二是信息渠道，分析互联网使用对政府信任感的影响，在一定程度上检验了互联网作为宣传系统替代性框架的假设。基于互联网使用频率识别的分析结果显示，互联网使用对政府总体信任感产生显著的负面冲击，且这种冲击完全是通过对宣传机构（中央和地方媒体）信任感为中介的，而具体分析结果显示，这种冲击主要是对中央政府信任感的冲击，对地方政府信任感的影响不显著。基于替代性框架理论分析互联网媒介对政府信任感的影响，其前提是城市居民对互联网的使用是作为信息获得渠道使用的。在剔除了互联网作为工作工具、娱乐渠道的影响后，研究发现，作为信息渠道的互联网使用，一方面直接对中央政府和地方政府信任感产生负面影响；

另一方面以媒体信任感为中介，通过对宣传系统（中央和地方媒体）信任感的负面影响进而影响到央地政府信任感。表 3-7 为互联网媒介对政府信任感影响的总效应、直接效应和间接效应估计结果，其中，以互联网为最主要信息来源，对政府信任感的影响中，有 46.1%影响是通过中央媒体或地方媒体信任感为中介的。

表 3-7　基于多水平中介效应模型的分解结果与中介效应检验结果

	互联网使用频率			互联网为最主要信息来源		
	央地	中央 A	地方 B	央地	中央 C	地方 D
间接效应	-0.0381***	-0.0231***	-0.0130**	-0.1007***	-0.0552***	-0.0396***
	(0.0091)	(0.0043)	(0.0055)	(0.0315)	(0.0128)	(0.0147)
直接效应	-0.0079	-0.0194***	0.0087	-0.1466***	-0.0890***	-0.0648**
	(0.0131)	(0.0070)	(0.0083)	(0.0420)	(0.0205)	(0.0299)
总效应	-0.0461***	-0.0425***	-0.0042	-0.2474***	-0.1442***	-0.1044***
	(0.0161)	(0.0084)	(0.0100)	(0.0528)	(0.0232)	(0.0354)
中介效应占比（%）	100	54	—	41	38	38

注：括号内为自举法（bootstrap）估计标准误，重置 100 次。完全中介效应标记为 100%，—表示不存在中介效应。*** $p<0.01$，** $p<0.05$，* $p<0.1$。

同时，对比两种对互联网使用的识别策略结果，发现无论是总效应、直接效应还是中介效应，以互联网为最主要信息来源的识别策略估计结果均大于以互联网使用频率的识别策略估计结果。以互联网为最主要信息来源的识别策略不仅与相关理论发生条件更为符合，因此其内容效度更好，而且，其统计结果也更符合理论预期，从变量策略的准则效度来说，以互联网为最主要信息来源的识别策略也是更好的测量。这也意味着，以往研究中仅从是否使用互联网、使用频率分析网络使用的社会影响，这是不够的，应该根据研究目的进行更为准确的测量与实证研究。

（五）结论与讨论

政府信任或政治信任是转型社会研究的重要议题。对于现代国家治理而言，提升公众信任感是政府面临的一个关键问题（Kikuchi，2008）。公众对政府信任感对政府有序、有效地落实相关公共政策或社会政策尤为关键，也影响着公众与政府互动关系，当公众对政府信任感流失时，往往会增加社会不稳定的风险，影响社会秩序。以往关于政府信任感的研究大多基于公共管理的视角，关注政府绩效与社会资本对政府信任感的影响，而忽视了政府绩效与公众认知之间的媒介因素。本章基于传播社会学视角，在戈夫曼经典框架理论的基础上，提出互联网媒介与传统宣传媒介在新闻报道时互为替代性框架。传统宣传媒介以宣传、引导为主，展现的是政府在经济发展与社会民生方面的努力与成就，对政府行为主要是正面宣传，批评也仅限于上级对下级的批评。而互联网媒体则提供了主流宣传媒介之外的另一个框架，拆迁、腐败、群体性事件等在主流宣传媒介中难以出现的信息在互联网上更有可能得到传播空间，也更有可能对政府行为采取批评叙事，进而影响到公众对政府的信任感。从传播社会学的框架理论出发，互联网媒介对政府信任感的影响体现在两方面，一方面是通过削弱传统宣传媒体的信任感，对政府信任感产生冲击，即以媒体信任感为中介的中介机制；另一方面是直接对政府信任产生的冲击，即直接效应，形成了本书的研究假设。

本章以一个全国代表性数据对互联网的政府信任感效应进行分析，考虑到省级差异等因素，采用多层次中介效应模型对互联网影响政府信任感的中介效应、直接效应进行检验。具体分析中，本书首先以以往文献常用的互联网使用频率识别互联网使用情况，分析其对政府信任感负面影响，以及这种影响的直接效应与以媒体信任感为中介的中介效应。研究发现，互联网作为传统宣传媒介的替代性框架假设得到数据的一定支持。互联网使用对政府信任感有着显著的负面影响，但存在系统的“央地差异”。其中，在对政府整体信任感影响中，媒体信任感发挥着完全中介作用，而对中央政府信任感影响中，媒体信任感发挥着部分中介的作用，而对地方政府信任感影响不显著，因此也不存在中介作用。

本章通过采用更为精准的识别策略，分析城市居民在将互联网媒介作为最主要信息渠道的使用，对政府信任感的影响。研究发现，作为信息渠道的互联网使用对政府信任感有着显著的负向效应，无论是对政府总体信任感，还是中央政府信任感，或者是地方政府信任感，作为信息渠道的互联网媒介发挥着其作为主流宣传媒介的替代性框架效应，一方面对主流宣传媒介（中央媒体、地方媒体或媒体整体）的信任感造成冲击，显著降低了城市居民的媒体信任感，进而以媒体信任感为中介，对政府信任感产生负面影响；另一方面，作为替代性框架的互联网媒介，也直接对政府信任感产生负面冲击。

与以往研究不同，本章的贡献体现在三个层面。以往关于政治社会学研究者对政府信任感的研究中，主要是基于政府绩效与社会资本的思路展开，忽视了政府行为到公众认知的中介——媒体的影响。以往传播社会学、媒体经济学学者关于政府信任感的研究中，大多基于具体议题分析不同媒介特质，特别是新闻偏见的社会效应，微观的个案研究影响了结论的推广性，本书则是基于一般性的谈论、基于社会学中经典框架理论，来分析互联网媒介在信息供给侧存在的“媒介偏误”对政府信任感的影响，因此研究结论更具一般性。与以往社会学研究者关注互联网对公共参与集体行动的研究不一样，本书不是简单地从是否使用互联网、使用频率等信息识别互联网的使用情况，而是从功能与用途方面对城市居民互联网使用情况进行识别，使得测量更符合本章研究目的，在概念测量方面更具内容效度，而统计结果也证明，本章识别策略具有良好的准则效度，进而保证了研究结论的可靠性与稳健性。

与此同时，本章发现，虽然互联网媒介在一定程度上体现了其作为主流宣传媒体替代性框架的作用，进而影响到城市居民对政府的信任感，但对其影响不宜夸大。首先，从回归系数大小来看，即便是作为信息渠道的互联网媒介对政府信任感的影响也依然较小。其次，城市居民整体对政府依然有着较高的信任感，其中特别是对中央政府有着高度信任，也决定了互联网媒介对政府信任感的限度。与此同时，虽然我们强调互联网信息报道在一定程度上是传统宣传媒介的替代性框架，但整个信息传播系统依然处于国家的高度监控之下，特别是近年来政府对互联网空间管理力度加大，因此互联网对政府信任感的冲击也必然是有限度的。最后，从我们的研究结果来看，生活幸福感、社会公平感、对基本法律知识的掌握水平、社会信任感，均能显著提升民众对政府的信任感，从这个意义上来说，提升经济发展增加民众福祉与幸福感、维护社会公正、提高社会公平感、加大普法力度提升公众对基本法律知识的掌握水平、加大社会建设提升公众的社会信任感才是政府提升民众信任感的有效途径，也与政府向服务型政府转型，建设幸福中国的目标相符。

当然，本章研究依然存在较大的局限性。首先是对互联网使用的识别上，虽然本章区分了互联网用途（是否为最主要信息渠道），但对城市居民通过互联网获取信息的具体内容缺少关注，因此影响了研究的进一步拓展。其次，本章虽然关注了媒体偏见的供给侧差异对城市居民政府信任感的影响，但没有对城市居民的异质性，如政治偏好差异、认知框架差异，如何影响政府信任感，即媒体需求侧偏见的影响，进行深入探讨。最后，虽然本章基于多层次模型考虑到了省际差异对城市居民政府信任感的影响，但对省际差异背后系统性的原因没有进一步探讨。这些均是后续研究的方向与内容。

三　网络媒介对政社关系影响的异质性分析

（一）关注的问题：网络媒介影响的异质性

政府权威或政府信任是社会转型的关键议题。一方面，政府权威总是与合法性、政府支持、政府信任感、民众满意度、政府绩效等问题联系在一起，被视为社会秩序的基础；另一方面，政府权威也是各种公共政策得到民众支持与落实的条件与基础（Oh & Hong，2012）。从韦伯到亨廷顿，关于政府权威研究经典著作较多，20 世纪 70 年代中期以来，熊彼特假设成为学者们广为接受的主流模型。实证研究主要以政府信任感、支持度等测量政府权威，并以 GDP、收入增长等与个人福祉正向相关的变量构建幸福指数，基于失业率、通胀率构建悲惨指数（misery index）、基于游行示威数、暴乱数与政府丑闻数构建社会失序指数（civil disorder index），对政府权威（信任感、机构信任感、支持度）进行解释（Taylor & Jodice，1983），这也是目前国内关于政府权威（信任感、支持度）研究的主要框架（胡荣，2007；胡荣等，2011；谢舜等，2012）。然而，经典模型假设个体对政府行为有着充分的认识能力，显然不符合现实，同时该模型也无法解释政府表现并未下降的情况下，民众对政府的满意度与支持度下降的事实（Bok，2001：260），也无法解释在同样的经济环境、社会环境下，不同群体、个体对政府信任感、支持度之间的差异（Van et al.，2008）。

事实上，政府权威或政府信任不仅与政府表现有关，也与个体的认知有关，传播媒介起着重要的作用。与国外关于对媒介技术发展及其政治影响研究的蓬勃发展相比，国内关于新媒体兴起及其对政府权威、公共事务影响的研究却刚刚起步。虽然政府高度重视互联网媒介兴起对政府权威、政治信任以及意识形态的影响，但国内相关研究主要是传播学领域研究者关注，政治学、社会心理学、公共管理领域学者参与不够，相关研究缺少恰当的理论分析框架，大多为对策性、战略性研究，实证研究特别是量化研究依然非常少见，在分析对象上，主要关注媒体机构的议程设置与框架效应，忽视了受众的异质性与主体性（马得勇，2016）。

诸多经验研究指出，互联网使用对公众政治行为、态度产生深远影响，但既有关于互联网的研究主要集聚在维权、集体行动、政府信任感等方面。在研究结论方面，大多研究肯定了互联网对集体抗争的促进作用、对政治信任的负效应，但这些结论依然需要谨慎对待。首先，其研究对象依然是一个高度选择性的群体，如利益受损的征地拆迁者（郑雯、黄荣贵，2016）、业主（黄荣贵等，2011）等，互联网成为其动员、信息发布的工具，为抗争目的服务，而互联网使用对一般民众政治行为与态度的影响的研究比较少见。其次，这种结论依然过于简单，与现实不符。事实上，互联网被视为意识形态的战场，网络信息呈现多元化的特征，而网民并非同质性全体，在个体特质、价值观念等方面也有较大差异（季程远等，2016），因此，互联网新媒体的兴起对不同个体的影响是异质性的。媒介传播理论的发展，特别是关于媒体偏见研究中的验证性新闻理论，揭示了信息对个体的影响，受个体既有认知模式、政治偏好影响，受众在面对新闻信息时并非被动的，而是一个信息筛选、匹配、解读的过程（Gentzkow et al.，2016）。因此，研究互联网使用对政府权威的影响，具体而言，从微观角度考察互联网使用对个体政治行为、政治态度的影响，必须考虑到受众的个体异质性。

鉴于以往基于媒体偏见研究中关注供给侧，即媒体特质研究较多，而对受众特质关注较少，特别是对受众既有的价值观（政治偏好）、解释框架关注较少，因此，本书在梳理有关媒体偏见理论基础上，特别是需求侧影响因素基础上，利用验证性新闻理论，分析互联网媒体对不同政治偏好受众的政府信任感效应。在具体研究中，本书以政府信任感作为政府权威的测量指标，以互联网媒介使用偏好、互联网信息渠道测量受众的媒介选择、受众对自由主义和权威主义政治文化认同感，测量其政治偏好或价值观，分析政治偏好、媒介选择对受众的政府信任感的影响，以及互联网政治信任感效应在不同政治偏好受众的差异。研究发现，网络媒介使用偏好、个体价值观或政治文化偏好对城市居民政府信任感影响显著。与以往研究不同，本书基于验证性新闻理论，分析了互联网媒介对不同政治偏好（价值观或政治文化认同感）城市居民政府信任感的影响，数据分析结果很好地支持了验证性新闻理论相关假设，即个体的媒介使用偏好是个体价值观与媒介偏好匹配的结果。与此同时，互联网媒介对不同价值观的城市居民的政治偏好影响呈现双向加强的特征，体现在政府信任感层面，即权威主义政治文化认同的政府信任感的正向效应对互联网使用者更显著，而自由主义政治文化认同的政府信任感的负向效应对互联网使用者更显著。

本节余下部分安排如下：第二部分为相关文献综述，基于本书研究目的，主要是对媒体偏见理论，从供给侧与需求侧因素，即新闻生产过程和受众政治偏好，综述媒体偏见产生的原因，以及这种偏见的政治影响。其中特别关注敌意媒体理论或验证性新闻理论对受众政治态度与行为的影响。第三部分为研究假设。结合权威主义国家、新闻监控条件对互联网使用的政治影响的实证分析，提出本书的研究假设。第四部分为数据、变量与方法。第五部分为相关假设检验结果。最后是结论与讨论部分，在结尾部分提出，互联网媒介的使用对政府信任感的影响并非同质性的，而是基于个体政治偏好而存在显著差异。与此同时，虽然互联网媒体使用对政府信任感产生一定的负面影响，但更为关键的是政府致力于个体福利增长、社会公平，社会建设与法治建设，这才是提升政府信任感的关键。

（二）媒体偏见影响的文献综述：从新闻供给到需求

1. 从供给到需求：媒体偏见理论研究的发展

关于媒体的政治影响主要来源于“媒体偏见”理论。媒体偏见来自新闻供给侧与需求侧两个层面。从供给方力量来看，主要是因为扭曲失真、过滤两种机制导致媒体偏误（相关综述参见 Gentzkow et al.，2016：623-645）。具体体现为：（1）选择性的有遗漏的信息。即新闻生产过程中，媒体机构总是在给定的议题中给受众或消费者选择性的信息，避免报道与媒体机构日程安排相冲突的信息（Anderson & McLaren，2012）。（2）议程设置。新闻从业者决定着哪些信息是有新闻价值的，哪些是没有的，进而影响受众的信息获得。因此，新闻媒体可在诸多媒体议题报道中突出某一议题，进而引导舆论与公众政治态度与行为（Scheufele，2000）。（3）框架理论。媒体对同一事实报道，通过选择语言选择性地省略，或改变信息来源，可能会传达出完全不同的信息（Gentzkow & Shapiro，2010），进而影响公众舆论与态度（Scheufele，1999；Nelson et al.，1997）。有学者将框架效果的内在生成机制视为对责任的“归因”，架构方式不同，也使得信息接收者在评判责任归属时产生了不同的情况，并导致其对政治事件和人物表现的不同评价（聂静虹，2012）。信息采集的内生性倾斜，编辑与记者内心的政治偏好会影响信息采集过程。因此，媒体信息的扭曲与失真可能是相关新闻机构、利益群体的“有意为之”，但即便是新闻媒体意图中立、客观的报道，也是不可能消除的偏误。相关研究者从供给侧角度将其归纳为两类。一类是新闻机构特质导致的偏见，如记者、主编的政治偏好等；另一类是来自媒体机构外部的压力，如媒体管理者、资助者的力量，又如政府、游说集团、广告商等（Sobbrio，2014）。

供给侧偏误是建立在受众没有或很少对信息准确性的评估基础上，忽视了受众的主体性。事实上，从需求侧驱动力来看，个体对媒体的选择不是随机的，而是一个与已有政治偏好、信仰相匹配的过程（Gentzkow et al.，2016：623-645）。公众对志趣相投的新闻有强烈的偏好，这导致市场媒体迎合公众取向进行报道，在一定程度上能消除媒体供给侧偏见的影响（Gentzkow & Shapiro，2010）。另外，从信息记忆特点来看，人的记忆也是有选择性的，人们更易记住并认同与本身认知一致的信息，是内心价值偏好的“自我投射”。与此同时，对于同一报道，不同政治偏好、信仰、价值观的读者解读也不同。因此，验证性新闻理论指出，受众对信息的接受过程，并非一个被动的过程，而是主动选择、诠释、解读的过程，是对其政治偏好、价值观验证的过程，从这个意义上来说，读者接收的信息是“验证性信息”，新闻也成了验证性新闻。在这种倾向性趋势前面，即使是利润最大化的媒体也不会直接通过偏误性报道影响消费者的信念。那么为什么消费者需要验证性新闻呢？主要有三个类型机制：委托授权、心理效应与声望机制（Gentzkow et al.，2016：623-645）。同时与验证性新闻理论相关的敌意媒体理论指出，由于受众政治偏好、已有的政治立场，读者，特别是观点对立的读者双方都主观地认为均衡的媒体报道于己不利（周树华、闫岩，2012）。正是在这个意义上，敌意媒体理论是验证性新闻理论的另一面，敌意媒体感知的实质并非媒体内容在客观上的偏见程度，而是人们在主观上所感到的“媒体观点与己方观点的偏差度”（Hwang et al.，2008），因此敌意媒体感知可理解为受众对“非验证性新闻”的抵制，面对与自身偏好、既有认知不同的消息与观点，偏激公众往往将其归结为偏见，在内心抵制过程中进一步强化既有观点与偏好。

总之，媒体供给的消息并非均衡的、完全客观的，而是有偏见的，但这并不意味着观众是被媒介操纵的傀儡。媒体传播效果受媒体市场环境、受众特质的影响。其中，竞争对消费者偏见与福利的影响是复杂的。对供给侧刺激导致媒体公司扭曲报道，竞争倾向于减轻偏误。当消费者自身需求是偏误的，竞争也许会导致更大的偏误与迎合消费者，在消费者是理性且充分信息搜寻的情况下，这通常会提升消费者福利；反之则会降低消费者福利。事实上，考虑到受众对信息准确性的评估，在一个公平的市场竞争环境中，供给侧的媒体偏见对理性受众会消失，因此媒体偏见主要是非竞争环境下的现象（Sobbrio，2014）。然而，受众并非完全理性的，而是非理性，甚至是偏激的。偏激受众在解读对立立场新闻时，很难受媒体引导，这也导致少数观点持有者在舆论环境中的“沉默螺旋”。媒体偏见一般情况下会促使人们采取回避措施，通过选择其他有利于自己的媒体来进行信息搜寻和身份确认，与此同时，人们所感知的媒体偏见越高，所引发的愤怒情绪越强，进而影响受众的进一步信息搜寻，强化既有价值与偏好（周树华、闫岩，2012）。

2. 基于媒体偏见理论的互联网新媒体对政治的影响研究

越来越多学者关注互联网等新媒体对政治健康与发展的重要作用（Farrell，2012），以及基于媒体偏见理论，针对互联网新媒体兴起的政治影响的实证性研究，如互联网新媒体对电子议政参政、政治选择与选举政治、公共产品供给与再分配的积极影响及新媒体对相关议题（电子议政参政、选举、公共产品供给）的连锁反应与链式反应（Sobbrio，2014；Prior，2014）。研究者也关注到新媒体兴起导致的公共舆论“极化”现象，意识形态的分割性、对立性，研究发现，在线上舆论相对于线下舆论体现得更为明显，但低于面对面（face-to-face）交流方式（Gentzkow & Shapiro，2010）。与此同时，在政府对媒体的影响方面，研究者发现，政府或政策制定者更偏好封闭的媒体环境、非竞争性媒体，因为竞争性媒体会倾向于制造读者喜欢的新闻。而公共媒体将会坚持社会利益而不是公众偏好（Gentzkow & Shapiro，2008）。特别是当政府机构在进行社会动员，且这种运动或动员对社会个体而言并非必要的情况下，媒体偏好会更显著，而这种偏好在官办媒体中体现得更为明显。从这个意义上而言，市场机构的发展以及随之而来的对新闻媒体机构大量资助，有利于媒体摆脱对官方资源的依赖，进而减轻政治对媒体信息倾向的影响（Gehlbach & Sonin，2014）。可以说，虽然西方社会媒体市场发达，但媒体传播特质存在不同类型，如追求利润的市场模型和服务于公共利益、公共领域模型（Michael，2002）。

总之，研究媒介传播政治传播效果，必须考虑媒体市场环境，特别是政府对媒体的功能定位与掌控情况。与欧美社会不同，中国一般被视为权威主义国家，政府对媒体高度管控，强调媒体在公共舆论的引导功能（人民日报社，1996）。对于媒体，中国政府与学者一般视其为意识形态密切相关的领域（陈建波，2016）。虽然“互联网内嵌着像自由、共同体、平等、利他主义和民主等价值。技术形式具有与生俱来的特性，而这些特性是人类无法干预的”（安德鲁·查德威克，2010：23），但政府通过网络主权的强调（刘晗，2016），对互联网等新媒体进行高度控制与引导（King，2013；King，Pan & Roberts，2014）。即便如此，相关研究者依然发现，不同媒体之间依然存在不同特性。刘伟伟（2013）基于媒体运营的两种模型——市场模型（追求利润）和公共领域模型，研究了不同的“政治控制—市场竞争”的结构组合如何导致党媒的影响力差异。在控制严密的情况下，党办媒体之间的差异依然非常有限，互联网与传统媒体之间的政治控制差异则更为明显。

那么，互联网的兴起又会对政府权威产生怎样的影响呢？相关研究主要关注如下三个方面：一是内容生产方面，网络新媒体与传统媒体不同，进而影响到不同媒体之间的内容特质（区家麟，2013）。互联网技术兴起改变了人的交往方式的变革与交往网络，互联网以及与之相关的博客、微博等新媒介使得政府控制力减弱，降低了公共话语的进入门槛，也在中国社会真正掀起了一场使用者生产内容的热潮（韦路、王梦迪，2014）。由于官方舆论表达渠道的缺失，公众成员纷纷涌入互联网微博空间，生产他们自己的知识，表达他们自己的观点，这势必削弱官方媒体的话语权，进而影响到政府权威。特别是，互联网能促进非制度化的政治参与行为，成为公共运动的平台。在既有的关于集体抗争的文献中，互联网的作用备受关注（陈云松，2013；刘淑华，2015；黄荣贵，2010；季程远等，2016）。二是从内容选择与议程设置来看，互联网在权威政府信息控制之外，提供了替代性信息：权力腐败、不文明与不公正的案例等信息（计永超、刘莲莲，2016）。而这些信息，在高度管控的官办媒体中出现频率较低（邱林川、史安斌，2013；王超群，2013）。三是基于框架理论的“替代性框架”（alternative framing）理论（Tang & Huhe，2014）。主题框架被认为是传统媒体影响公众政治态度的重要机制，相关实验研究的结果也证实了替代性框架对政府信任、具体公共政策支持的影响（Cappella & Jamieson，1997：42-43）。替代性框架具体体现为，在针对同一主题进行报道时，传统官方媒体与互联网新媒体在语言、地点、信息来源方面的选择，传达出完全不同的信息，网络媒体有可能提供更多的批评视角或批评叙事，进而影响到公众对政府（政策）的评价、信任与支持度（Tang & Huhe，2014）。在转型国家，政府可对传统媒体传播主题、形式与传播重点加强控制，但对互联网控制力相对较弱，再加上网民对信息传播的建构作用，使得互联网的信息框架与传统媒体信息存在显著差异，互联网信息成为传统媒体之外的一个替代性框架，这个传播框架进而形塑民众对政府的态度。

总之，无论是从内容生产空间、媒体机构的倾向，还是从内容本身、叙事框架，互联网新媒体均被视为与传统官方媒体存在显著的差异，这必然会对官方话语权形成一定冲击，进而影响到政府权威，而相关实证研究也在一定程度上支持了以上假定。互联网抗争、网络反腐、网络问政等成为互联网时代社会科学研究关注的热点问题。然而，上述研究依然主要聚焦于媒体供给侧的特征或媒介逻辑（郑雯、黄荣贵，2016）。这些研究支持了传统政治传播与多数理论都认同的一个观点，即新闻内容在生产过程中被刻意赋予的一些特殊属性（如口径、修辞）与受众效果之间有着直接的线性影响关系，并通常起到强化劝服的作用，但对媒体受众关注不够。既有对互联网使用者（网民）的研究依然仅限于描述性的研究，对网民特质（郑雯、黄荣贵，2015），特别是其既有价值偏好如何影响政府权威关注不够。事实上，公众价值观、既有偏好不仅影响其政治行为（Rodrik，2014），也影响到个体对媒体信息筛选、解读、诠释（周树华、闫岩，2012）。然而，虽然少数研究注意到个体政治偏好或价值观对政府信任、抗争的影响（马得勇，2007；池上新，2015；季程远等，2016），但这些研究依然缺少对媒介受众主体性的充分关注，忽视了基于验证性新闻理论分析不同价值观、政治偏好受众对媒体的解读效果如何影响到其政治行为与信任感。

（三）研究假设

研究新媒体对政府权威的影响必须考虑媒体传播的内容和受众的政治文化认同。由于政府信任感是政府权威的重要指标，故本书以此为基础来阐述媒体传播对政府权威的影响。

首先是读者异质性。相关理论指出，在影响媒介传播效果的重要因素中，读者异质性比市场竞争性更为重要（Mullainathan & Shleifer，2004）。根据验证性新闻理论，本书主要关注受众的预存知识或政治偏好。政治价值观在建构个人的政治观念中发挥着重要作用，而持有不同政治价值观的人会有不同的政治行为。政府权威与价值观（政治偏好或政治文化观念认同）显著相关。政治价值观常被区分为“自由主义”与“权威主义”两种基本类型。其中，自由主义政治文化观念与小政府理念存在亲和性，其根源于对国家权力的不信任，视国家是“必要的邪恶”，持消极国家立场（庞金友，2011）。权威主义政治文化观念与大政府理念存在亲和性，主张对政府权力的服从。关于政治偏好与政府信任的关系已经被诸多实证研究所证实（池上新，2015；马得勇，2007；季程远等，2016）。故基于

政治文化认同或者说政治偏好，提出本节的

> 假设1：政治文化对政府权威有着显著影响。

具体而言，体现在政治文化与政府信任的关系上，自由主义政治文化观念越强，对政府信任感越低；权威主义政治文化观念越强，对政府信任感越高。

其次，媒体生产的供给侧层面，新媒体使用对政府权威的影响主要体现在两个方面。其一是内容选择层面。负面消息更可能出现在管控相对宽松的互联网媒介上，通过网络而非官方媒体传播。其二是在主题框架方面。即便是同一事件、内容的报道，其主题框架也不同。传统媒体更可能以“宣传”的角度报道某一事件，引导公众对政府行为做出积极评价。而新媒体者更可能从“新闻”角度，甚至是批判角度报道某一事件。故互联网信息成为传统媒体的替代性框架，形塑民众对政府的态度与信任感。由此可以形成本节研究

> 假设2：媒体使用对政府权威产生显著影响，新媒体使用对政府权威产生负面影响。

具体而言，体现在政府信任感层面，使用网络新媒体会导致对政府的信任感流失。

再次，需求侧即受众对媒体的选择并非随机的，而是一个基于政治偏好与媒体偏好匹配过程。由此，形成本节研究

> 假设3：个体对媒体的使用并非随机的，而是个体政治偏好与媒体偏好相匹配的过程，即偏好匹配假设。

互联网提供的是主流叙事框架的替代性框架，更多批判视角。故可推论

> 假设3a：个体对自由主义政治文化认同感越强，越可能选择互联网媒介；个体对权威主义政治文化认同感越强，越不可能选择互联网媒介（假设3b）。

最后，从媒体传播效果而言，新媒体对政府权威的影响存在显著的差异性，这种差异性体现在影响的“因人而异”、双向强化。验证性新闻理论、“敌意媒体理论”认为受众对媒体信息的接受是一个积极的解读过程，个体选择性吸收媒体信息，验证自己既有观点，进而巩固、强化既有偏好与观点。一方面，受众对媒体是有选择性的，不同观点、偏好的受众会选择和自己立场一致的媒体获得消息来源；另一方面，受众内在观点的强化过程，面对与自身偏好、观点或价值观不一样的报道，受众往往会将其视为“偏见”“敌意”而忽视，选择有利于自己观点的信息，进而强化既有偏好。这构成了本节的研究

假设 4：新媒体使用对政府权威的影响存在双向强化效应。

体现在政府信任感层面，对赞同小政府的自由主义政治文化认同者而言，新媒体的使用强化了其对政府的不信任感。对赞同大政府的权威主义政治文化认同者而言，新媒体使用强化了其对政府的信任感。即，

假设 4a：个体对自由主义政治文化越认同，新媒体对政府信任的负向效应越显著；

假设 4b：个体对权威主义政治文化越认同，新媒体对政府信任感的正向效应越显著。

上述四个假设，假设 1、假设 2 检验的是既有研究已关注的问题。假设 1 检验的是政治社会学研究的经典假设，公众价值观、偏好是影响其政治行为、态度或政府信任的重要因素。假设 2 是对既有政治社会传播研究多数理论赞同观点的验证，即媒介逻辑对受众起到劝服的作用，这也是宣传部门秉承的假设。假设 3、假设 4 是本节与以往研究不同之所在，是从受众特质和既有的政治偏好出发，基于媒体偏好研究中的验证性新闻理论，关注受众对媒体的选择机制（假设 3）以及基于既有偏好新闻解读所导致的双向强化效应（假设 4）。

（四）数据、变量与方法

1. 数据与变量

这里采用的是 2010 年中国社会综合调查城市居民数据（CGSS 2010），共 7222 个样本。该数据为公开数据且前面已有介绍，这里不再展开。

因变量：政治信任感。CGSS 2010 数据调查了居民对各种机构的信任程度，这里选取了对司法系统、中央政府、地方政府、公安、中央媒体和地方媒体、全国人民代表大会以及教育系统等政府机构的信任程度，进行加总。这些机构在民众语境中均被视为政府机构，故称为政府信任感，代表着民众心目中的政府权威程度。

自变量：政治文化观念、互联网使用。政治文化观念从两个方面进行测量。一是自由主义认同度，以受访者对言论自由、工作与生活自由和生育自由的认同进行加总得分。问卷中询问受访者是否同意"如果有人在公共场所发布批评政府的言论，政府不应该干涉"，"生多少孩子是个人的事，政府不应该干涉"，"在哪里工作和生活是个人的自由，政府不应该干涉"等观点，从完全不同意到完全同意，分别赋值 1~5 分，得分越高，表示受访者越认同自由主义政治文化。二是权威主义认同度，权威主义与民主价值观相对，而民主价值观重要的指标是税收民主与预算民主（马骏，2009），故这里将个体对税收的收支观念作为民主价值或权威主义价值的重要指标，即"政府制定税收政策必须征求老百姓的意见"，"只要纳了税，就有权利讨论政府怎么花钱"。在实证研究中，个体对政府的服从是其中重要指标，在中国转型语境中，权威主义或新权威主义强调的是精英政治与普通民众的服从和配合，在强政府领导下进而为转型提供良好的秩序基础（萧功秦，2016）。故这里以受访者对问题"老百姓应该服从政府"的同意程度来测量个体服从意识。数据处理过程中，将前两项指标进行反向编码，在三项指标统一方向编码后加总，得分越高越认同权威主义政治文化。

互联网使用：媒介使用偏好、信息渠道。其中，媒介使用偏好，根据受访者"过去一年对媒体的使用"信息，界定互联网的使用情况，如果受访者反馈过去一年"从不"或"很少"使用互联网（手机上网）或手机定制新闻，则表示很少使用互联网，如果回答为"经常""总是"则编码为经常使用互联网，分别编码为 0 和 1，下文简称"互联网使用偏好"。信息渠道是根据受访者"最主要的信息来源"进行界定，如受访者回答主要根据互联网与手机上网获得信息，则编码为 1，表示主要依赖新媒体信息；反之，如果回答为报纸、杂志、广播、电视四种媒体，则为 0，即主要依赖传统媒体信息，下文简称"互联网信息渠道"。

控制变量包括受访者性别、出生代际、教育、家庭地位、生活满意度、基本法律知识掌握情况、是否参与基层选举投票以及社会信任感。以往研究认为，代际差异是影响个体价值观与政府信任感的重要因素（田丰、孙正昕，2016）。不同代际的成长环境各异，导致他们的政治观念不一样。“90后”被视为互联网一代，在相对宽裕的环境下成长，也是中国爱国主义教育加强的一代，势必导致他们与其他代际对政府评价存在差异，故本章以“90后”为出生代际的参照组。生活满意度、家庭地位对应的是关于政府评价的绩效标准，个体生活福利状况与社会发展状况息息相关，作为理性的个体总是基于自身处境来衡量政府承诺的兑现程度，因此，本章控制了个体主观幸福感或者说生活满意度，以及家庭阶层。与此相关的还有公平感，诸多研究指出了公平感对政府信任的影响，因此将公平感纳入控制变量。以往研究认为投票是政治参与的重要形式，是政府程序合法性的重要来源（魏万青，2016），与此同时，个体对程序的理解也显著影响政治信任（郑建君，2013），因此本章控制了是否参与投票的情况，代表着个体政治参与状况，同时控制了个体法律知识掌握情况，作为个体对法律程序的理解程度。此外，以往研究指出政治信任与人际信任或社会信任显著相关（王思琦，2013），故本章控制了受访者的社会信任状况。样本基本情况如表3-8所示。

表3-8 **样本基本情况**

变量	均值	标准差	最小值	最大值	个案数（个）
政府信任感	35.400	6.351	9	45	7034
中央政府	4.269	0.839	1	5	7185
全国人民代表大会	4.227	0.879	1	5	7167
中央媒体	3.930	0.929	1	5	7166
学校教育系统	3.921	0.891	1	5	7162
公安部门	3.810	1.029	1	5	7173
司法系统	3.771	1.041	1	5	7171
地方政府	3.654	1.064	1	5	7175
地方媒体	3.530	0.999	1	5	7169
互联网使用					
互联网使用偏好	0.359	0.480	0	1	7153
互联网消息渠道	0.209	0.407	0	1	7141
政治文化认同					
自由主义	8.841	2.504	3	15	7169
权威主义	7.952	1.879	3	15	7099

续表

变量	均值	标准差	最小值	最大值	个案数（个）
公平感	2.876	1.071	1	5	7204
年龄	47.44	16.02	18	97	7219
男性	0.475	0.499	0	1	7222
教育年限	10.230	4.341	0	19	7220
出生世代					
“40前”	0.085	0.279	0	1	7219
“40后”	0.120	0.325	0	1	7219
“50后”	0.185	0.389	0	1	7219
“60后”	0.215	0.411	0	1	7219
“70后”	0.208	0.406	0	1	7219
“80后”	0.155	0.362	0	1	7219
“90后”	0.031	0.175	0	1	7219
家庭阶层	2.653	0.761	1	5	7199
幸福感	3.813	0.851	1	5	7210
基本法律知识	3.329	1.058	1	5	7208
选举投票	0.348	0.476	0	1	7199
社会信任	3.414	1.105	1	5	7206

表中信息显示，政治信任感平均得分为35.400分，城市居民对政府机构的信任感比较高。具体各机构的信任感如图所示：

图3-1信息显示，城市居民对政府的信任呈现“央强地弱”的局面。对中央政府，有45.94%（3301人）的城市居民表示完全可信任，认为比较可信的占比40.33%，两者合计86.27%，而认为地方政府完全可信、比较可信的比例分别为21.32%、42.55%，两者合计仅为63.87%。这反映出地方政府信任感的流失状况比较严重。与中央政府情况相似，全国人民代表大会也获得了城市居民的高度信任，83.40%的城市居民表示可信，其中完全可信、比较可信的城市居民分别占比45.24%和38.16%。另外，城市居民对宣传机构的信任感也呈现“央强地弱”的局面，认为中央媒体可信（完全可信和比较可信）的城市居民占比73.60%，而地方媒体相应的比例仅为54.78%。另外，从图中也可看出，我国公安部门、司法系统也面临着一定挑战，认为两机构完全可信的城市居民的比例分别为

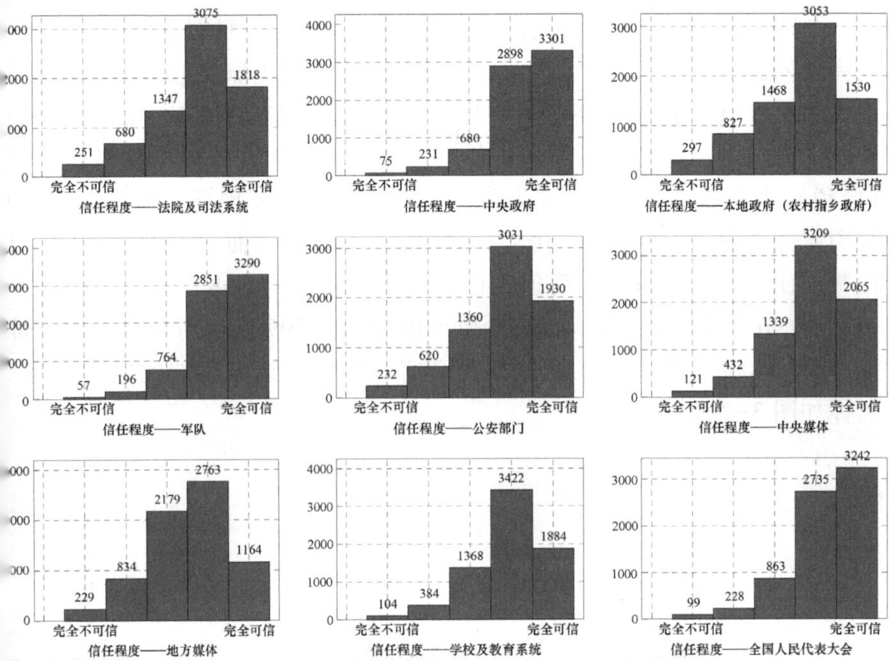

图 3-1　城市居民对政府机构的信任程度

26.91%、25.35%。我们根据受访者对政府各机构信任程度，从完全不可信到完全可信，分别赋值 1~5 分，根据平均分排序，发现城市居民对各机构信任感得分从高到低依次为军队、中央政府、全国人民代表大会、中央媒体、学校教育系统、公安部门、司法系统、地方政府、地方媒体。

从互联网使用偏好来看，城市居民中有 36%的受访者较为频繁（经常、总是）地使用互联网新媒体，依然有 64%的居民很少或从不使用互联网。从信息获得的主要渠道来看，约 21%的受访者表示其最主要的信息来源依赖互联网信息，也就是说绝大部分城市居民依然依靠电视、报纸等传统媒介作为最主要的信息来源。考虑数据调查时间是在 2010 年，智能手机仍处于爆发增长的前夜，故互联网媒介的使用与互联网作为主要信息来源的比例都不算高。

从政治文化认同来看，城市居民对权威主义政治文化认同感平均得分为 8 分。对自由主义价值观或政治文化认同度平均分为 8.8 分。具体而言，在权威主义政治文化认同方面，税收民主（“政府制订税收政策必须征求老百姓意见的比例较高”），同意与完全同意的占比 82.6%，预算民主（“只要纳了税，就有权利讨论政府怎么花钱”）赞同比例略低，同意与完全同意的占比 63.6%。另外，城市居民对政府的服从意识（“老百姓应该服从政府”）非常高，同意与完全同意的占比 68.2%。可见，在民主观念或与之相对的权威主义价值观方面，城市居民依然是从自身利益（收税）来衡量，持功利主义态度，而对约束政府（预算、服从）、限制权力层面考虑得较少。在自由主义政治文化认同观方面，受访者对工作自由赞同比例最高，即“在哪里工作和生活是个人的自由，政府不应该干涉”，受访者对此表示赞同或完全赞同的比例为 70%，而对生育自由，赞同（赞同和完全赞同）的比例仅为 20%，赞同言论自由的比例为 34%。具体如图 3-2 所示。

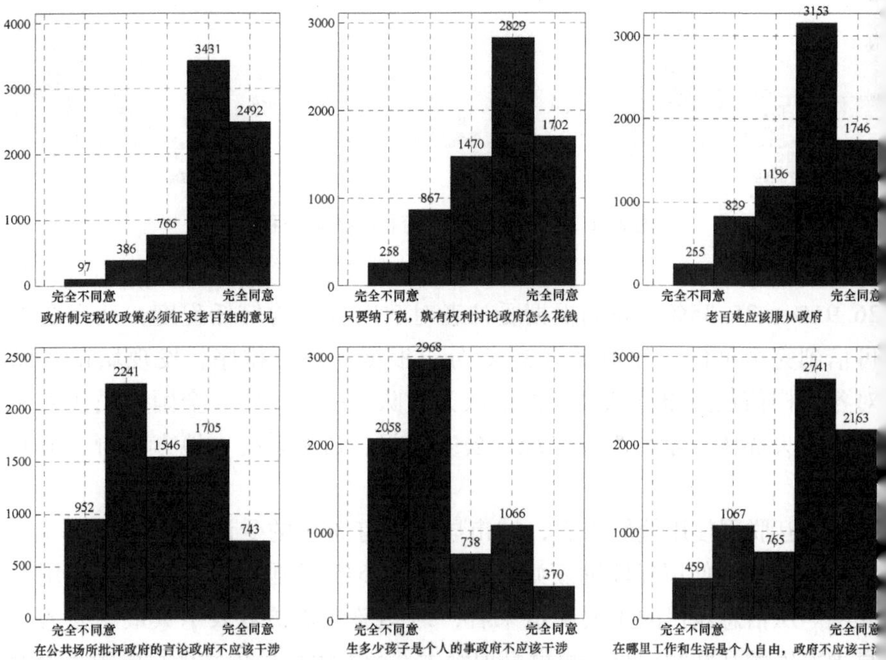

图 3-2　城市居民的政治文化认同

样本信息还显示，受访者男性比例略低于女性，男性占比 47.44%，受教育平均年限为 10.23 年，从代际构成来看，“60 后”“70 后”比例较高，分别占比 21.5%、20.8%。表中信息还显示，大部分受访者（62%）认为自己对基本法律知识掌握较好（比较了解或完全了解），平均得分为 3.33 分，同时，受访者对社会其他人信任程度也较高，平均得分为3.40分。

2. 研究策略与方法

基于本书研究目的，我们建立如下模型：

$$y=\alpha_0+\beta_1 free+\beta_2 obey+\beta_3 net+\gamma X+\mu \quad (1)$$

其中，y为政府信任感，政治文化认同变量是从两个层面测量：自由主义认同感，即模型中的*free*，权威主义认同感，模型以*obey*表示。*net*为互联网媒介使用情况的虚拟变量。X即为其他控制变量，包括性别、出生代际、教育、家庭阶层、生活满意度、基本法律知识掌握情况、是否参与基层选举投票以及社会信任感等，μ为误差项。基于模型（1）中β_1、β_2系数的方向与统计显著性可以对假设1进行检验，假设2即互联网使用对政府信任的检验结果体现为β_3。如前所述，模型中互联网的使用也分为两种情况：互联网使用偏好和互联网消息渠道。其中，互联网使用偏好：根据使用频次区分为经常使用互联网与很少使用互联网。互联网消息渠道：根据最主要信息来源区分为以互联网渠道和以传统媒体渠道，很少使用互联网和传统媒体为主要消息来源分别为参照组。

我们通过模型（2）检验匹配假设：

$$net=\alpha_0+\beta_1 free+\beta_2 obey+\gamma X+\mu \quad (2)$$

其中，*net*即为互联网使用情况。基于匹配假设，可知β_1符号正，β_2显著为负。

为检验验证性新闻假设（假设4），我们在模型（1）中增加了互联网使用与个体政治偏好或政治文化认同的交互项目，具体模型如下：

$$y=\alpha_0+\beta_1 free+\beta_2 obey+\beta_3 net+\beta_4 net\times free+\gamma X+\mu \quad (3)$$

$$y=\alpha_0+\beta_1 free+\beta_2 obey+\beta_3 net+\beta_4 net\times obey+\gamma X+\mu \quad (4)$$

（五）数据分析结果

1. 互联网媒介偏好、政治偏好与政府信任感

表3-9为模型统计结果，这里互联网的使用是依据使用频次进行测量，即互联网媒介偏好。从模型（1）统计结果可知，个体政治偏好或者价值观对政府信任感有着显著的影响。自由主义认同感与权威主义认同感变量所对应的系数分别为-0.3489和0.4581，方向与预期相符，且均在1%的水平显著。与小政府观念具有亲和性的自由主义政治文化认同，与政府信任感显著负相关。在控制了性别、出生世代、教育年限、家庭经济地位、社会公平感、基本法律知识、政治参与（投票）以及社会信任感、互联网使用偏好的情况下，个体对自由主义政治文化认同感每增加1分，

政府信任感约下降 0.35 分。而权威主义价值观持有者有着更高的信任感，在其他条件相同的情况下，权威主义价值观每增加 1 分，政府信任感约提升 0.46 分。假设 1 得到了数据很好的支持。互联网使用偏好对政府信任感有着负面影响（系数为-1.2480，在 1%的水平显著），在其他条件相同的情况下，经常使用互联网的城市居民比很少或不使用互联网的城市居民，政府信任感得分低 1.25 分，差异非常显著。统计结果较好地支持了假设 2。

模型（2）很好地支持了偏好匹配假设，即本章研究假设 3。统计结果显示，个体政治偏好（政治文化认同）与媒体偏好显著相关。政治文化认同变量中，自由主义、权威主义价值观认同感的 logit 回归系数分别为 0.0300、-0.1176。即，在其他条件相同的情况下，个体对自由主义政治文化认同感每增加 1 分，个体常用互联网媒介的发生比率约增加 3%，而对权威主义政治文化认同感每增加 1 分，个体常用互联网媒介的发生比例会显著下降约 11%。

为检验假设 4，模型（3）和模型（4）中分别加入了互联网使用偏好与自由主义政治文化认同感、权威主义政治文化认同感的交互项。结果显示，两个交互项回归系数分别为-0.1741、0.2950，均在 1%水平显著。在其他条件相同的情况下，自由主义价值观对政治信任感的负效应在经常使用网络的城市居民和很少使用网络的城市居民之间存在显著差异，这种政治文化对政府信任感的负效应在经常使用网络的城市居民中体现更显著。假设 4a 得到了数据支持。同样，权威主义政治文化的影响也因个体使用网络的频次而不同，对经常使用网络的城市居民影响更为显著，即对权威主义政治文化认同者而言，经常使用互联网强化了其对政府的信任感，假设 4b 得到数据的支持。总之，互联网的使用对不同政治文化认同者的影响是相互强化的，对自由主义政治文化认同者而言，互联网使用强化了其对政府的不信任，对权威主义政治文化认同者而言，互联网的使用强化了其对政府的信任感。这与验证性新闻理论或敌意媒体理论预期的相符。

表 3-9　　**媒体选择与政府信任感**

	模型（1）	模型（2）	模型（3）	模型（4）
	政府信任感	互联网偏好	政府信任感	政府信任感
政治文化认同				
自由主义	-0.3489***	0.0300**	-0.2856***	-0.3450***
	(0.0283)	(0.0138)	(0.0350)	(0.0283)

续表

	模型（1）	模型（2）	模型（3）	模型（4）
	政府信任感	互联网偏好	政府信任感	政府信任感
权威主义	0.4581***	-0.1176***	0.4520***	0.3397***
	(0.0383)	(0.0185)	(0.0383)	(0.0487)
互联网媒介偏好				
经常使用 vs 少用或不用	-1.2480***		0.3003	-3.5288***
	(0.1778)		(0.5350)	(0.6073)
交互项				
网络×自由主义			-0.1741***	
			(0.0567)	
网络×权威主义				0.2950***
				(0.0751)
男性	0.1028	0.3489***	0.1158	0.1114
	(0.1382)	(0.0664)	(0.1382)	(0.1381)
教育年限	-0.1485***	0.3062***	-0.1476***	-0.1491***
	(0.0206)	(0.0121)	(0.0206)	(0.0206)
出生世代[a]				
"40前"	-0.8146*	-4.0426***	-0.7852*	-0.7513
	(0.4649)	(0.2990)	(0.4647)	(0.4647)
"40后"	-1.1020**	-3.1090***	-1.0830**	-1.0546**
	(0.4413)	(0.2150)	(0.4410)	(0.4410)
"50后"	-1.2446***	-2.1854***	-1.2549***	-1.2095***
	(0.4210)	(0.1869)	(0.4208)	(0.4207)
"60后"	-0.8377**	-1.5896***	-0.8394**	-0.8079**
	(0.4105)	(0.1795)	(0.4103)	(0.4102)
"70后"	-1.0735***	-0.9445***	-1.0672***	-1.0297**
	(0.4058)	(0.1780)	(0.4055)	(0.4055)
"80后"	-1.1103***	-0.0949	-1.0857***	-1.0661***
	(0.4124)	(0.1847)	(0.4122)	(0.4121)
家庭经济地位	-0.0962	0.3345***	-0.0957	-0.0953
	(0.0972)	(0.0479)	(0.0972)	(0.0971)
幸福感	0.6702***	0.1194***	0.6760***	0.6730***
	(0.0894)	(0.0443)	(0.0893)	(0.0893)

续表

	模型（1）	模型（2）	模型（3）	模型（4）
	政府信任感	互联网偏好	政府信任感	政府信任感
基本法律知识	0.2295***	0.1921***	0.2322***	0.2206***
	(0.0726)	(0.0375)	(0.0726)	(0.0726)
政治参与[b]	0.6659***	0.0857	0.6615***	0.6633***
	(0.1478)	(0.0728)	(0.1477)	(0.1477)
社会信任感	0.6872***	0.0540*	0.6865***	0.6877***
	(0.0649)	(0.0315)	(0.0649)	(0.0649)
社会公平感	1.2838***	-0.0681**	1.2889***	1.2839***
	(0.0702)	(0.0341)	(0.0701)	(0.0701)
截距	28.4084***	-4.1217***	27.8463***	29.3234***
	(0.7505)	(0.3750)	(0.7721)	(0.7851)
个案数（个）	6863	6991	6863	6863
R^2/伪 R^2	0.223	0.3696	0.224	0.224

注：（1）*** $p<0.01$，** $p<0.05$，* $p<0.1$。（2）a：参照组为“90后”，b：投票 vs 不投票。

控制变量中，幸福感、社会公平感、社会信任感以及基本法律知识的掌握情况，均与政府信任感显著正相关，教育程度与政府信任感显著负相关。性别与家庭地位对政府信任感的影响不显著。和前文分析一样，政府信任感的代际差异，“90后”相对于其他代际，政府信任感得分更高。

2. 信息主要来源、政治偏好与政府信任感

我们根据个体信息最主要来源，探究以信息渠道选择、互联网媒体为最主要信息渠道（信息渠道）对政府信任感的影响，统计结果如表3-10所示。

表3-10　**信息渠道选择与政府信任感**

	模型5	模型6	模型7	模型8
	政府信任感	信息渠道	政府信任感	政府信任感
政治文化认同				
自由主义	-0.3475***	0.0412***	-0.3206***	-0.3426***
	(0.0284)	(0.0155)	(0.0317)	(0.0284)
权威主义	0.4676***	-0.0706***	0.4643***	0.3787***
	(0.0383)	(0.0207)	(0.0383)	(0.0430)

续表

	模型 5	模型 6	模型 7	模型 8
	政府信任感	信息渠道	政府信任感	政府信任感
信息渠道				
网络 vs 传统媒体	-1.2063***		-0.0281	-4.1795***
	(0.1989)		(0.6452)	(0.6872)
交互项				
网络×自由主义			-0.1293*	
			(0.0674)	
网络×权威主义				0.3966***
				(0.0878)
男性	0.1012	0.4368***	0.1089	0.1090
	(0.1387)	(0.0749)	(0.1387)	(0.1385)
教育年限	-0.1653***	0.2872***	-0.1649***	-0.1656***
	(0.0204)	(0.0140)	(0.0204)	(0.0204)
出生世代[a]				
“40 前”	-0.7313	-4.6086***	-0.7146	-0.6602
	(0.4657)	(0.5284)	(0.4657)	(0.4653)
“40 后”	-1.0501**	-3.2531***	-1.0403**	-1.0035**
	(0.4412)	(0.2514)	(0.4411)	(0.4407)
“50 后”	-1.2329***	-2.5918***	-1.2397***	-1.2013***
	(0.4228)	(0.1929)	(0.4228)	(0.4223)
“60 后”	-0.9172**	-2.0177***	-0.9210**	-0.8860**
	(0.4136)	(0.1693)	(0.4135)	(0.4131)
“70 后”	-1.1533***	-1.1044***	-1.1515***	-1.1153***
	(0.4076)	(0.1604)	(0.4076)	(0.4071)
“80 后”	-1.1219***	-0.1858	-1.1062***	-1.0833***
	(0.4131)	(0.1619)	(0.4131)	(0.4126)
家庭经济地位	-0.1159	0.2060***	-0.1122	-0.1125
	(0.0975)	(0.0544)	(0.0975)	(0.0973)
幸福感	0.6482***	0.0374	0.6498***	0.6482***
	(0.0900)	(0.0512)	(0.0900)	(0.0898)
基本法律知识	0.2184***	0.1390***	0.2175***	0.2077***
	(0.0728)	(0.0453)	(0.0728)	(0.0727)

续表

	模型 5	模型 6	模型 7	模型 8
	政府信任感	信息渠道	政府信任感	政府信任感
政治参与[b]	0. 6230***	-0. 1333	0. 6244***	0. 6207***
	(0. 1484)	(0. 0870)	(0. 1484)	(0. 1482)
社会信任感	0. 6864***	0. 0341	0. 6859***	0. 6934***
	(0. 0651)	(0. 0356)	(0. 0651)	(0. 0650)
社会公平感	1. 3048***	-0. 0369	1. 3075***	1. 3063***
	(0. 0704)	(0. 0389)	(0. 0704)	(0. 0703)
截距	28. 4448***	-4. 5027***	28. 2065***	29. 0811***
	(0. 7534)	(0. 4128)	(0. 7634)	(0. 7654)
个案数（个）	6815	6942	6815	6815
R^2	0. 222	0. 3490	0. 222	0. 224

注：(1) *** $p<0.01$，** $p<0.05$，* $p<0.1$。(2) a：参照组为“90 后”，b：投票 vs 不投票。

相关假设依然得到了数据较好的支持。模型 5 中，信息渠道、政治文化认同感对政府信任感的影响非常显著，方向与预期相符。其中自由主义价值观（自由主义政治文化认同感）与政府信任感显著负相关，在其他条件相同的情况下，个体对自由主义政治文化认同感每增加 1 分，政府信任感降低 0. 34 分。权威主义政治文化认同感与政府信任感显著正相关，在控制了个体特征、公平感、幸福感等因素后，个体对权威主义政治文化认同感每上升 1 分，政府信任感上升 0. 47 分。信息渠道对政府信任感影响显著，在其他条件相同的情况下，以互联网为最主要信息渠道的城市居民对政府信任感比以传统媒体为最主要信息渠道的城市居民，要低 1. 2 分左右，影响非常显著。

为检验政治偏好与媒体偏好匹配假设，模型 6 分析了政治文化认同对信息渠道选择的影响。结果显示，政治偏好对个体信息渠道的选择影响非常显著，自由主义政治文化偏好与权威主义政治文化偏好的 logit 回归系数分别为 0. 0412、-0. 0706，方向相反，均在 1% 的水平上显著。即个体对自由主义政治文化越认同，选择互联网为最主要信息渠道的可能性就越高，假设 3a 得到了数据较好的支持，与之相反，个体对权威主义政治文化认同越高，选择互联网为最主要信息渠道的可能性就越低，与假设 3b 预测方向相符。

模型 7、模型 8 中分别纳入了信息渠道与政治文化认同感的交互项，对假设 3 进行检验。结果显示，政治文化认同感对政府信任感的影响在不同信息渠道使用者之间存在一定差异。网络渠道与自由主义认同感的交互项系数为-0.1293，与权威主义认同感的交互项系数为 0.3966，影响方向与假设 3 预期相符。两个交互项，信息渠道与权威主义认同感的交互项系数在 1%的水平显著，信息渠道与自由主义认同感的交互项系数在 10%的水平上显著。

总体而言，相关假设依然得到了数据较好的支持。正如假设 1、假设 2 所预期的，政治文化认同感与政府信任感显著相关，其中权威主义价值观（认同感）能显著提升城市居民对政府的信任感，而自由主义价值观（认同感）与政府信任感显著负相关，信息渠道对城市居民政府信任感影响显著，网络信息渠道的政治信任感显著低于依赖传统信息渠道的城市居民。另外，个体对信息渠道的选择并非随机的，而是一个匹配过程——媒体偏好与个体政治偏好（政治文化认同感）相匹配的过程。与此同时，验证性新闻假说或敌意媒体假说得到一定的证明，互联网为主要信息渠道，对不同价值观或政治文化认同者的政府信任感影响并非一致的，而是一个互相强化的过程，一方面提升了权威主义认同者的政府信任感，另一方面又降低了自由主义政治文化认同者的政府信任感。

（六）结论与讨论

作为转型中国家，中国政府一直强调社会转型中的秩序与稳定，而政府权威或民众对政府的信任感是社会秩序稳定的基础。近年来，随着互联网技术的发展，信息传播媒介日新月异，这种新的信息传播技术必然会对政治权威或政府信任感产生影响。然而，国内研究主要以传播学、对策性、战略或策略性研究居多，学术性研究较少（荆学民、苏颖，2014）。在方法层面，缺少基于问卷调查、实验方法为基础的实证性量化研究。在分析对象方面，偏重媒体议程设置或者媒体框架，缺少对受众特性的关注（马得勇，2016）。与以往研究不同，本书的贡献主要体现在如下方面：现有关于政府权威、政治信任感的研究，依然是基于熊彼特经典模型，从福利指数、失序指数、痛苦指数分析政府行为对居民政治信任感的影响。而本书关注价值合法性，特别是基于媒体偏见理论，分析信息传播特质对居民政府信任感的影响。更为重要的是，本书不仅检验了以往政治社会传播研究关注的媒介“说服”效果、价值观对政府信任的影响，同时基于验证性新闻理论，分析了受众对媒介的选择与解释导致的自我强化效应。

在方法方面，与以往关注传播研究不同，本书基于一个全国性的代表性的微观调查数据，展开量化分析。理论方面，引入媒体偏见理论框架，分析互联网媒介的兴起对政府信任感的影响。在分析对象方面，本书不同于以往研究仅关注媒体议程设置或媒体框架，而是聚焦于媒体受众。与此同时，本书引入受众的意识形态偏好或政治偏好，基于受众的政治文化认同感，分析互联网媒体对不同意识形态偏好或政治偏好受众的政府信任感的影响。

具体而言，基于媒体偏见理论，本书检验了互联网使用对政府权威——政治信任感的影响。与以往研究仅从信息供给侧关注互联网的政治信任效应不同的是，本书将需求侧力量纳入分析，特别是基于敌意媒体理论、验证性新闻理论，检验了互联网对不同政治文化观念认同者的政治信任的影响。在具体操作中，本书以城市居民对中央与地方政府、法院及监察系统、公安部门、地方政府、央地宣传部门的信任感作为政治信任的指标，以城市居民对互联网媒体的使用频率、消息渠道测量互联网使用情况，以城市居民对自由主义、权威主义认同感测量其政治偏好、政治文化或价值观。研究发现，总体而言，城市居民的政府信任感依然比较高，（1）但政府信任感受个体政治文化认同显著影响，具体而言，自由主义政治文化认同显著降低了城市居民的政府信任感，而权威主义政治文化认同感与政府信任感显著正相关。（2）互联网使用、以网络媒体为最主要信息渠道，对政府信任感具有显著影响。从互联网使用频次来看，相对于较少使用互联网的城市居民，经常使用互联网的城市居民的政府信任感更低。从信息渠道来看，以互联网媒体为最主要信息渠道的城市居民，其政府信任感显著低于依赖传统媒介获取信息的城市居民。（3）媒体选择是与个体政治偏好匹配的过程，即个体政治文化认同对互联网使用有显著影响，其中自由主义价值观认同者更倾向于选择互联网媒介，即更多地使用互联网，更可能以互联网为主要信息渠道，而权威主义政治文化认同者更少使用互联网、更可能以传媒媒介为主要信息渠道。（4）数据支持了验证性新闻理论，互联网使用、以互联网为最主要信息渠道对不同价值观（政治文化认同）的受众影响不同，是一个相互强化的过程，一方面，权威主义政治文化认同者因为互联网使用提升了其政府信任感，而自由主义政治文化认同者同样因为互联网使用而强化了其对政府的不信任感。

社会秩序是社会转型的基础，而政府权威，或民众对政府的信任感，事关社会秩序稳定、政府公共政策的落实效果等。因此，分析互联网兴起对政府权威、政治信任感的影响具有重要的实际意义。本书分析结果显示，互联网作为一个传统宣传媒介（电视、报纸等）之外的蓬勃发展的新媒体，因为在信息内容、传播框架等方面均与传统媒介有显著不同，发挥着“替代性框架”的作用，进而对政府权威（本书的政府信任感）产生不利影响。但同时也应该注意到，更为关键的是个体政治偏好的影响。受众的意识形态偏好、政治偏好不仅影响到个体对媒体（内容、框架）的选择，进而影响到个体的政府信任感，同时，互联网这种政府信任感效应对不同价值观或政治偏好（本书为政治文化认同感）的受众影响是不同的，这种影响具体呈现为“双向强化”的特点，对自由主义政治文化认同者而言，互联网使用强化了其批评意识，进而强化了其对政府的不信任感，对权威主义政治文化认同者而言，互联网使用强化了其服从意识，进而强化了其对政府的信任感。因此，互联网技术的兴起，更多是工具性的，而这种工具性的媒介，具体发挥什么样的作用，并非由其自身决定，而是由其使用的人决定。近年来，政府对新媒体的控制逐步加强，这无疑会影响到互联网（新媒体）传播内容选择与叙事框架，在一定程度上影响民众对政府的信任感与政治行为，但受众毕竟是主体性受众，并非信息的被动接受者，而是一个积极的解读者，个体会基于内心的偏好、接受信息前个体关于现状的评估，对既有消息进行筛选、解读、纠偏，进而强化其内心的“事先评估”与政治偏好。从这个意义而言，关注受众本身的政治偏好或政治文化认同或许是管制媒体内容与框架之外的另一行之有效的方法。

本书还发现，提升民众福祉、增强民众幸福感，维护社会正义、提升民众的社会公平感，加强法律普及、提升民众的基本法律知识，加强社会建设、提升民众的社会信任感与社会资本等，对政府信任感的提升均具有显著的影响。随着经济全球化与互联网的蓬勃发展，社会越来越走向开放，各种社会思潮必然会相互影响，在开放环境下，个体政治偏好、价值观，也必然受到各种政治思潮的影响。因此，从这个意义上来说，政府专注其经济职能，致力于发展与经济成果的共享，致力于法治建设与限制权力，致力于社会建设发展社会资本，以政府绩效、政府规范、公平正义赢得民众信任才是基本之道。

四　互联网时代政社关系优势的城乡差异与分解

（一）政社关系优势的城乡差异

如前所述，既有研究对政社关系优势的测量存在着较大的差异。除了机构信任与政府整体信任之间存在较大差异之外，中国社会转型过程中，基层政社关系优势往往最容易受到冲击。因此，整体而言，政社关系优势，即公众的政府信任感整体保持着较高的水平，但基层相对较低。既有研究对中央与地方的政社关系差异进行了充分的讨论与分析（吕书鹏，2015；罗家德等，2017；陈丽君、朱蕾蕊，2018；王浦劬、郑姗姗，2019）。对基层治理效能而言，基层政社关系优势的影响更为直接。无论是具体政策实施，还是纠纷的处理，基层政府处在与民众互动的第一线。与此同时，中国现代化过程中存在的城乡二元体制，城乡基层治理面临的具体问题有着较大的差异。如，关于农村社会治理，相关研究主要关注农民负担、征地等问题，而城市社区治理研究中，研究者更加关注业主维权、邻避效应等问题。基于此，本节的讨论将聚焦于基层政社关系与城乡差异展开，分析其形成的原因。

本节使用的数据依然是 CGSS 2010 数据，本部分的城乡差异主要是通过调查所在的社区进行界定，其中城市样本量为 7222 个，农村样本量为 4561 个。由于 CGSS 2010 数据基本情况和变量处理相关情况在前文中有详细介绍，因此，对相同变量的处理与具体含义这里不再展开。数据基本情况如下表所示。不出所料，政社关系存在着显著的中央和基层差异。中国民众对中央政府的信任度非常高，近 90%的受访者表示很信任和非常信任，总分为 5 分，平均得分高达 4. 4 分。虽然民众对基层政府信任依然非常高，但受访者表示很信任和非常信任的比例大约为 75%，平均得分约为 3. 7 分，大概相当于百分制的 75 分。两者差异非常显著。

表 3-11 **样本基本情况**

变量名	均值	标准差	最小值	最大值	N
政社关系优势					
整体信任	36. 40	6. 153	9	45	11492
中央政府	4. 378	0. 794	1	5	11729
地方政府	3. 685	1. 096	1	5	11712
互联网使用	0. 250	0. 433	0	1	11705
互联网使用偏好	0. 144	0. 351	0	1	11514
互联网信息渠道	8. 686	2. 509	3	15	11683
权威主义	8. 165	1. 828	3	15	11577
男性	0. 482	0. 500	0	1	11783

续表

变量名	均值	标准差	最小值	最大值	N
教育年限	8.713	4.614	0	19	11778
出生世代					
“40 前”	0.086	0.280	0	1	11780
“40 后”	0.128	0.334	0	1	11780
“50 后”	0.196	0.397	0	1	11780
“60 后”	0.229	0.420	0	1	11780
“70 后”	0.198	0.398	0	1	11780
“80 后”	0.135	0.342	0	1	11780
“90 后”	0.028	0.165	0	1	11780
家庭阶层	2.611	0.766	1	5	11754
幸福感	3.766	0.883	1	5	11767
基本法律知识	3.086	1.152	1	5	11764
选举投票	0.460	0.498	0	1	11755
社会信任	3.504	1.095	1	5	11762
公平感	2.986	1.086	1	5	11752

（二）政社关系城乡差异的比较分析

基于本书的研究目标，下文重点分析政社关系优势的城乡差异，特别是基层政社关系的城乡差异。表 3-12 描述了政社关系优势的城乡差异以及样本的其他差异。整体而言，无论是政社关系的整体优势（整体信任），还是地方政社关系（地方政府信任），均存在着显著的城乡差异。其中，整体信任总分为 45 分，城市社区样本的整体信任均值比农村样本低 2.6 分，地方信任总分为 5 分，城市社区样本比农村样本均值低 0.08 分，城市社区低于农村，且均在 5%的水平上差异显著。此外，从其他变量的比较来看，除了受访者中出生于 1940 年前的比例没有显著差异外，其他变量均存在显著的城乡差异。这进一步说明了关注政社关系城乡差异的必要性。在互联网的使用方面，城市社区样本有 35.9%的受访者经常使用互联网，20.9%的受访者在信息获取渠道上主要是依靠网络与手机信息，但农村样本使用互联网的比例仅为 7.8%，比城市社区样本低 28.1%，农村样本获取信息的渠道主要源自网络与手机信息的不到 4%，仅为 3.8%，比城市社区样本低 17.1%。这说明，即便是在样本调查的

2010 年，互联网的覆盖主要还是在城市，城乡数字鸿沟差异非常显著。从出生世代比例来看，城市社区聚集了更多的“70 后”“80 后”和“90后”，而农村的“60 后”“50 后”和“40 后”比例更高。这也反映出中国城乡差异的人口特征，青壮年劳动力聚集在城市，而农村社区主要是中老年人。此外，从投票参与情况也说明了城市社区与农村社区在基层治理上的差异，城市社区的投票比例显著低于农村。后者高达 63.7%，而城市社区仅为 34.8%。

表 3-12　　城乡差异比较分析

变量	城市		农村		城乡差异
	样本量	均值	样本量	均值	
政社关系优势					
整体信任	7034	35.396	4458	37.992	-2.596***
地方信任	7175	3.654	4537	3.734	-0.080***
互联网使用					
互联网使用偏好	7153	0.359	4552	0.078	0.281***
互联网信息渠道	7141	0.209	4400	0.038	0.171***
自由主义	7169	8.841	4514	8.439	0.402***
权威主义	7099	7.952	4478	8.502	-0.550***
男性	7222	0.475	4561	0.492	-0.017*
教育年限	7220	10.231	4558	6.307	3.924***
出生世代					
“40 前”	7219	0.085	4561	0.087	-0.002
“40 后”	7219	0.120	4561	0.141	-0.021***
“50 后”	7219	0.185	4561	0.214	-0.029***
“60 后”	7219	0.215	4561	0.251	-0.036***
“70 后”	7219	0.208	4561	0.181	0.027***
“80 后”	7219	0.155	4561	0.103	0.051***
“90 后”	7219	0.031	4561	0.022	0.009***
家庭阶层	7199	2.653	4555	2.545	0.108***
幸福感	7210	3.813	4557	3.691	0.122***
基本法律知识	7208	3.329	4556	2.701	0.627***
选举投票	7199	0.348	4556	0.637	-0.289***

续表

变量	城市		农村		城乡差异
	样本量	均值	样本量	均值	
社会信任	7206	3.414	4556	3.645	-0.231***
公平感	7204	2.876	4548	3.161	-0.285***

注：*** $p<0.01$，** $p<0.05$，* $p<0.1$。

（三）政府关系优势的城乡差异：网络使用的影响

在初步分析之后，接下来我们重点分析政社关系优势的城乡差异与网络使用的影响。

首先，是针对整体政社关系优势的回归分析，结果如表 3-13 所示。

整体而言，互联网使用偏好和信息获得渠道对政社关系优势影响非常显著。表中第 1~3 列，使用偏好和信息渠道变量的回归系数均显著为负。因为总体趋势与前文分析结果相同，这里不再做详细解释。政社关系优势的城乡差异非常显著，第 1~3 列中城乡差异对应的回归系数显著为正。具体而言，在其他条件相同的情况下，农村社区居民对政府的总体信任感显著高于城市社区居民，农村社区居民比城市社区居民的整体信任感得分要高出 0.86~0.94 分，相关差异均在 1%的水平上显著。

表 3-13　　整体政社关系优势：城乡差异与互联网使用的影响

变量	总体信任	总体信任	总体信任
城乡差异			
农村 vs 城市	0.9406***	0.8847***	0.8612***
	(0.1237)	(0.1233)	(0.1245)
互联网使用			
使用偏好	-1.3091***		-0.7559***
	(0.1721)		(0.1986)
信息渠道		-1.2756***	-0.9615***
		(0.1478)	(0.1711)
政治文化认同			
自由主义	-0.3442***	-0.3436***	-0.3429***
	(0.0212)	(0.0210)	(0.0212)

续表

变量	总体信任	总体信任	总体信任
权威主义	0.3574***	0.3505***	0.3476***
	(0.0295)	(0.0294)	(0.0296)
男性	0.0705	0.0486	0.0794
	(0.1061)	(0.1052)	(0.1061)
教育年限	-0.1375***	-0.1248***	-0.1211***
	(0.0157)	(0.0157)	(0.0159)
出生世代（参照组："90后"）			
"40前"	-0.5138	-0.5899	-0.7217*
	(0.3706)	(0.3677)	(0.3722)
"40后"	-0.4991	-0.5468	-0.7114**
	(0.3486)	(0.3477)	(0.3505)
"50后"	-0.7452**	-0.7366**	-0.9272***
	(0.3362)	(0.3347)	(0.3375)
"60后"	-0.6478**	-0.5840*	-0.7766**
	(0.3291)	(0.3270)	(0.3298)
"70后"	-0.9248***	-0.8693***	-1.0111***
	(0.3267)	(0.3250)	(0.3268)
"80后"	-0.8768***	-0.8727***	-0.9097***
	(0.3311)	(0.3303)	(0.3309)
家庭经济地位	-0.1462**	-0.1410*	-0.1189
	(0.0732)	(0.0726)	(0.0733)
幸福感	0.4178***	0.4378***	0.4262***
	(0.0659)	(0.0650)	(0.0659)
基本法律知识	0.1676***	0.1770***	0.1806***
	(0.0518)	(0.0514)	(0.0519)
政治参与（投票vs不投票）	0.5045***	0.5282***	0.5049***
	(0.1109)	(0.1099)	(0.1109)
社会信任感	0.7250***	0.7208***	0.7279***
	(0.0498)	(0.0495)	(0.0498)
社会公平感	1.2594***	1.2508***	1.2541***
	(0.0529)	(0.0524)	(0.0529)

续表

变量	总体信任	总体信任	总体信任
截距	29.8912***	29.9031***	29.9990***
	(0.5727)	(0.5678)	(0.5728)
个案数	11033	11215	11014
R^2	0.234	0.234	0.235

注：*** $p<0.01$，** $p<0.05$，* $p<0.1$。

另外，重点关注基层政社关系优势的回归分析结果。表 3-14 回归分析结果显示，基层政府信任感的城乡差异非常显著。

在其他条件相同的情况下，农村社区居民的基层政府信任感显著高于城市居民。具体而言，列 1～列 3 中，城乡差异虚拟变量的回归系数为 0.0913，均在 1%的水平上显著。此外，互联网对基层政社关系优势（地方政府信任感）的影响依然显著。列 1 结果显示，使用互联网的受访者对地方政府信任感显著低于不使用的受访者（系数为-0.0858，在 1%的水平上显著），第 2 列中报告了信息获得主要渠道的影响，回归系数为-0.0546，在 10%的水平上显著，也就是说，在其他条件相同的情况下，信息渠道主要来自网络的受访者对地方政府信任感更低。第 3 列则汇报了同时纳入互联网使用和信息渠道的影响，由于两者是高度关联的，依赖互联网获得信息的前提是使用互联网，因此，信息渠道的影响虽然系数为负，但不再显著。此外，城乡差异的系数，由列 1 的-0.0913 变化为-0.0937，这也进一步说明了地方政社关系的城乡差异中，在一定程度上是由于网络使用差异所致。

表 3-14　**基层政社关系优势分析：城乡差异与互联网使用的影响**

变量	基层政社关系	基层政社关系	基层政社关系
城乡差异			
城市 vs 农村	-0.0913***	-0.0912***	-0.0937***
	(0.0233)	(0.0233)	(0.0235)
互联网使用			
使用偏好	-0.0858***		-0.0662*
	(0.0325)		(0.0375)

续表

变量	基层政社关系	基层政社关系	基层政社关系
信息渠道		-0.0546*	-0.0332
		(0.0279)	(0.0323)
政治文化认同			
自由主义	-0.0398***	-0.0403***	-0.0400***
	(0.0040)	(0.0040)	(0.0040)
权威主义	0.0482***	0.0485***	0.0482***
	(0.0056)	(0.0055)	(0.0056)
男性	-0.0743***	-0.0809***	-0.0743***
	(0.0200)	(0.0198)	(0.0200)
教育年限	0.0016	0.0009	0.0022
	(0.0029)	(0.0030)	(0.0030)
出生世代[a]			
“40前”	-0.0124	-0.0005	-0.0201
	(0.0700)	(0.0696)	(0.0704)
“40后”	-0.1261*	-0.1138*	-0.1341**
	(0.0658)	(0.0658)	(0.0663)
“50后”	-0.1454**	-0.1315**	-0.1521**
	(0.0635)	(0.0634)	(0.0639)
“60后”	-0.2028***	-0.1884***	-0.2085***
	(0.0622)	(0.0619)	(0.0624)
“70后”	-0.1971***	-0.1853***	-0.2000***
	(0.0618)	(0.0615)	(0.0619)
“80后”	-0.1556**	-0.1507**	-0.1572**
	(0.0626)	(0.0625)	(0.0626)
家庭经济地位	-0.0036	-0.0079	-0.0029
	(0.0138)	(0.0137)	(0.0138)
幸福感	0.0543***	0.0521***	0.0547***
	(0.0124)	(0.0122)	(0.0124)
基本法律知识	0.0088	0.0081	0.0090
	(0.0098)	(0.0097)	(0.0098)
政治参与[b]	0.1606***	0.1603***	0.1597***
	(0.0209)	(0.0207)	(0.0209)

续表

变量	基层政社关系	基层政社关系	基层政社关系
社会信任感	0.0917***	0.0917***	0.0920***
	(0.0094)	(0.0093)	(0.0094)
社会公平感	0.2322***	0.2319***	0.2319***
	(0.0100)	(0.0099)	(0.0100)
截距	2.5381***	2.5643***	2.5416***
	(0.1080)	(0.1072)	(0.1082)
个案数	11182	11370	11162
R^2	0.132	0.132	0.132

注：(1) *** $p<0.01$，** $p<0.05$，* $p<0.1$。(2) a：参照组为 90 后，b：投票 vs 不投票。

其他控制变量中，代际差异非常显著。与“90 后”比较，其他代际对地方政府的信任感得分均为负数。其中的原因，前文有所交代。一方面与数据调查时点，“90 后”尚且年轻，没有社会经验；另一方面可能是他们生活的时代，是物质丰裕的时代。中国经济快速发展与社会长期稳定，让他们对政府有着更大的支持与信任。

幸福感、公平感和对基层治理事务的参与（投票）都会显著提升政社关系优势。这进一步说明，中国的政社关系优势，是建立在确保发展成果共享与社会公平的基础上，只有不断提升民众的获得感、幸福感，贯彻落实以人民为中心的发展观，才能真正地确保政社关系优势。

（四）政社关系优势城乡差异的分解

为了进一步厘清基层治理中政社关系优势的城乡差异形成的原因，特别是互联网使用的贡献度，接下来我们将对其城乡差异进行分解。采用的方法是 Oaxaca 分解方法。Oaxaca 分解方法又称 Oaxaca-Blinder 分解，由 Oaxaca（1973）和 Blinder（1973）提出，是研究收入差异（工资歧视）时常用的分解方法。该方法是将差异分解为两部分，即由特征、禀赋差异带来的可解释部分或者禀赋效应，以及不可解释部分或结构差异（Ben，2008）。该方法在不平等研究与差异分解中为常见的方法（张车伟、薛欣欣，2008；魏万青、谢舜，2013）。由于该方法被广泛使用，因此这里不再介绍技术细节。具体结果如表 3-15 所示。

整体而言，政社关系优势的城乡差异显著，其中整体信任感城市比农村低 2.5921 分，地方政府信任感城市比农村低 0.0776 分。整体信任感中，可解释差异为 1.7309，占比 66.7%，不可解释差异占 33.3%，地方政府信任感差异中，可解释差异为 0.1713，但不可解释部分的差异是城市高于农村，缩小了地方政府的整体差异。

表 3-15　　政社关系优势城乡差距的分解

	整体信任模型		地方信任模型	
	可解释差异	不可解释差异	可解释差异	不可解释差异
城乡差异	-1.7309***	-0.8612***	-0.1713***	0.0937***
	(0.0849)	(0.1210)	(0.0146)	(0.0242)
系数分解				
网络（使用和信息渠道）	-0.4010***	0.0118	-0.0208***	0.0083
	(0.0455)	(0.0545)	(0.0078)	(0.0101)
政治文化认同				
自由主义	-0.1448***	-0.2593	-0.0164***	-0.0327
	(0.0192)	(0.3728)	(0.0026)	(0.0758)
权威主义	-0.1898***	2.6559***	-0.0266***	0.2138**
	(0.0209)	(0.5161)	(0.0037)	(0.1069)
男性	-0.0017	0.0824	0.0017**	0.0126
	(0.0024)	(0.1047)	(0.0009)	(0.0209)
教育年限	-0.4711***	-0.6034**	0.0084	0.0854*
	(0.0610)	(0.2490)	(0.0117)	(0.0508)
出生世代[a]				
"40 前"	-0.0028	-0.0956	-0.0001	0.0102
	(0.0041)	(0.0630)	(0.0003)	(0.0122)
"40 后"	0.0135*	-0.2759***	0.0026*	-0.0073
	(0.0082)	(0.1003)	(0.0015)	(0.0194)
"50 后"	0.0253**	-0.3854**	0.0041**	0.0078
	(0.0119)	(0.1532)	(0.0020)	(0.0292)
"60 后"	0.0308**	-0.2848	0.0082***	0.0040
	(0.0148)	(0.1773)	(0.0029)	(0.0339)
"70 后"	-0.0242**	-0.1995	-0.0048**	-0.0089
	(0.0112)	(0.1408)	(0.0021)	(0.0266)

续表

	整体信任模型		地方信任模型	
	可解释差异	不可解释差异	可解释差异	不可解释差异
“80后”	-0.0441**	-0.1215	-0.0075**	-0.0143
	(0.0176)	(0.0915)	(0.0031)	(0.0172)
家庭经济地位	-0.0116	0.2937	-0.0003	-0.0737
	(0.0076)	(0.3915)	(0.0014)	(0.0774)
幸福感	0.0471***	2.0910***	0.0062***	0.3498***
	(0.0109)	(0.5385)	(0.0019)	(0.1077)
基本法律知识	0.1072***	0.3157	0.0054	-0.0009
	(0.0322)	(0.3191)	(0.0062)	(0.0631)
政治参与[b]	-0.1488***	0.1746	-0.0470***	-0.0514**
	(0.0325)	(0.1148)	(0.0064)	(0.0231)
社会信任感	-0.1659***	-0.3086	-0.0209***	-0.1234
	(0.0198)	(0.3932)	(0.0030)	(0.0785)
社会公平感	-0.3489***	0.4293	-0.0635***	-0.2043***
	(0.0308)	(0.3416)	(0.0057)	(0.0711)

注：（1）*** $p<0.01$，** $p<0.05$，* $p<0.1$。（2）a：参照组为“90后”，b：投票 vs 不投票。

分解中我们将反映互联网影响的两个变量，即互联网使用、主要信息渠道是否依靠网络与手机，进而评估网络使用对政社关系优势的影响。表3-15中第二行结果显示，无论是整体信任模型还是地方信任模型，互联网使用的禀赋差异均非常显著，而结构差异均不显著。具体而言，整体信任模型中，网络影响（互联网使用、主要信息渠道是否依靠网络与手机）可解释的差异为-0.4010，而可解释部分的差异为-1.7309，互联网影响占可解释差异的23.16%，而整体差异为-2.592，网络影响占15.5%。而地方信任模型中，互联网影响占可解释差异的12.14%。因为不可解释部分的差异是城市高于农村，缩小了地方政府的整体差异，因此，互联网影响的禀赋差异占地方政府信任城乡总差异的比重更高，达26.8%。

总之，基于传统绩效模型对技术使用影响的忽视，本章引入了内容替代模型与媒体偏见理论分析互联网使用对政社关系的影响，同时基于Oaxaca-Blinder分解，研究城乡政社关系差异的影响因素，研究结果表明，互联网使用对基层政社关系优势有着显著影响。然而，需要指出的是，这里使用的数据是 2010 年的 CGSS 数据。数据收集时点正是微博等新媒体兴起与快速发展时期，对相关媒介的治理依然是起步阶段，因此这种影响可能是阶段性的，随着监管制度的成熟与规范，相关影响可能会逐步降低。不管怎样，互联网的兴起反映出社会发展过程中民众需求的变化与社会治理的复杂性，这种复杂性可能会进一步增加基层治理的难度与负荷。这种难度与负荷主要体现在前文关于互联网使用对集体行动、业主维权等文献综述上。与之对应，基层治理方式也需要与时俱进。而数字政府建设被视为政府赋能，提升治理效能的重要举措。那么，数字化时代的到来与数字政府建设又会对基层治理产生什么样的影响呢？这是本书余下章节将要讨论的内容。

第四章　数字化时代的基层政社关系优势：视角与框架

一　数字政府建设：服务导向与隐私悖论

（一）数字化时代的基层治理与公共服务：乐观前景

近年来，数字技术全面融入经济、社会、文化等各个领域，给人类生产生活、国家治理带来广泛而深刻的影响。《中共中央关于制定国民经济和社会发展第十四个五年规划和二〇三五年远景目标的建议》提出："加强数字社会、数字政府建设，提升公共服务、社会治理等数字化智能化水平。"2022 年 6 月 23 日，为贯彻落实党中央关于加强数字政府建设的重大决策部署，国务院出台《国务院关于加强数字政府建设的指导意见》。数字政府建设是中国政府回应数字化时代公共管理与提升政府效能的重要措施，也是近年社会科学特别是公共管理研究的快速增长点与热点问题。以"数字政府"在知网进行主题搜索，数据显示期刊发文 1297 篇，2017 年前以"数字政府"为主题或篇名的期刊论文均在个位数，其中 2016 年发文量为 6 篇。2017 年起开始迅猛上升，发文量为 16 篇，2018 年为 89 篇，到 2021 年超 500 篇（501 篇），而 2022 年 5 月，"数字政府"相关主题的论文已达到 575 篇。

作为研究社会变迁与现代化的社会学和发展理论，理应将科技创新的社会过程与社会影响，对数字化时代数字社会的社会结构、政社关系、治理手段等进行过程追踪与记录。然而，社会学研究对技术变迁，特别是数字化时代技术变迁带来的社会治理的巨变缺少足够的敏锐性，社会学与发展理论对数字化时代社会变迁的影响依然有限。针对 2016 年以来，中国知网以"数字政府"为主题的 450 篇论文数据分析显示，相关研究主要以行政学与行政管理学科为主，占研究论文的 50%，而社会学学科与发展理论对此关注较少。

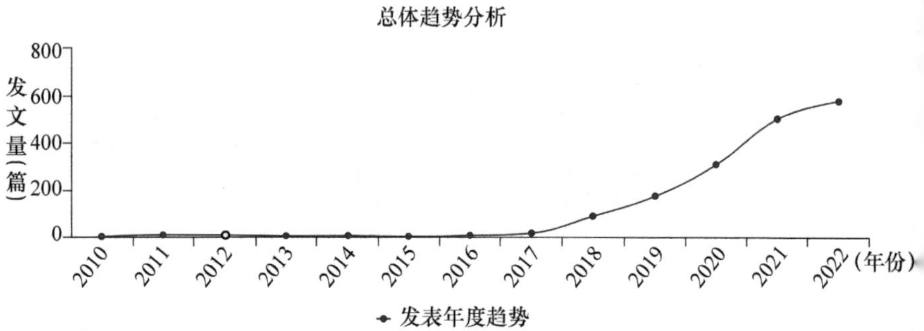

图 4-1　知网以“数字政府”为主题搜索论文发表数：2010~2022 年

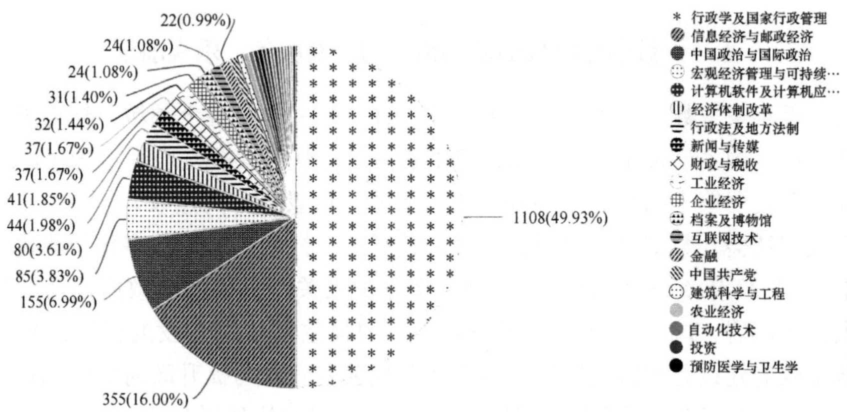

图 4-2　2016 年以来知网“数字政府”主题论文学科分布

基层治理研究是多学科关注的热点领域，也是社会学与发展理论的重要领域，然而，以“数字政府”和“基层治理”为主题词进行搜索，其结果显示相关论文仅 37 篇，其中行政学约占 60%。数字政府建设不仅是国家治理体系与治理能力现代化的重要组成部分，也是基层治理现代化的重要内容，但在研究层面，两者之间的交叉依然较少。其中，社会学与发展理论对数字政府与社会治理的研究更是与当前的热点脱节。

事实上，英文文献也同样存在两者交叉研究的不足。数字政府根植于计算机科学、政治科学、信息科学和公共管理等学科，因此作为一个热点研究领域，数字政府研究也借鉴相关学科的各种观点、方法和主题。数字政府研究涵盖政府数字化转型、数字民主、公民参与、信息获取、公共服

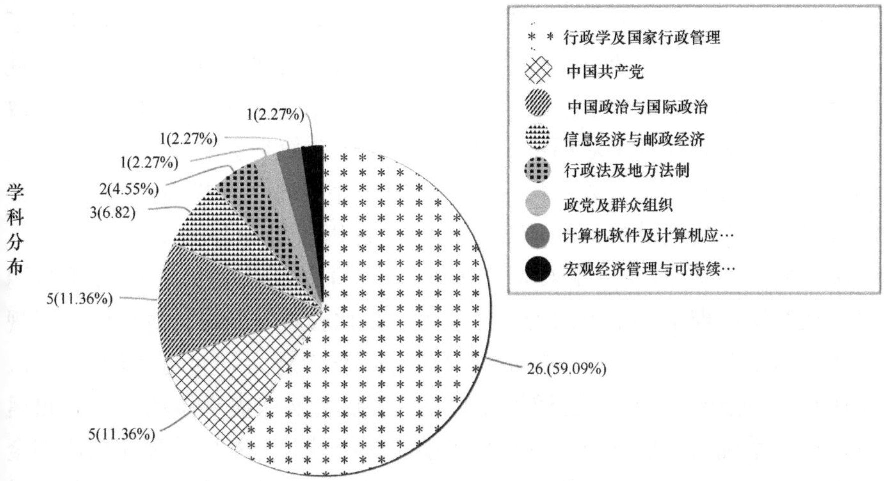

图 4-3　2010 年以来知网“数字政府”和“基层治理”主题论文学科分布

务提质和数字鸿沟等。关于数字政府与民众互动大部分集中在透明度与民众参与、服务交付和可访问性等，也有少量关注数字政府与信任的研究。整体而言，数字政府建设的研究大部分依然建立在如何推进数字政府建设与民众参与的基础上，而对民众参与的结果，以及数字政府对基层治理影响的研究依然比较缺少。在方法上，数字政府研究中规范性陈述和文献评论占主导地位，实证研究较少，少量的实证研究也是以案例研究方法为主（相关综述参见 Gil-Garcia et al.，2018）。案例研究被广泛运用，并更好地了解复杂性以及提供实际和公共政策影响（Moon et al.，2012）。

国内外关于数字政府的研究大部分依然集中在数字政府建设与政务数据的透明化、共享等议题，传统的电子政务时代的研究在数字政府时代依然在延续，而关于数字政府建设如何提升基层治理效能的研究，虽然不断提升，但依然是以案例研究为主。数字化时代的新治理模式成为媒体与社会各界关注的热点问题，“最多跑一次”，“让数据多跑路，群众少跑腿”成为数字政府建设与基层治理结合的典型报道，充斥着各地报刊的头条，“一网通办”，“越秀越有数”，“社区吹哨，部门报到”等来自发达地区的案例研究似乎也充分展示了数字政府建设对基层治理效能的乐观图景（颜海娜等，2021；张欣亮、王雯，2021；吴磊等，2022；陈子韬等，2022；王杰秀，2019）。但案例研究展示的乐观前景与具体基层治理实践效果的达成依然有较大差距。这不仅是因为相关案例主要来自北京、上海等特大城市与沿海发达地区，更为重要的是，数字技术的应用并不能解决传统电子政务时代和基层治理中存在的诸多问题。相关实证研究也揭示了这一点。研究者基于留言板数据与政府回应情况发现，面对事务繁多的社会治理问题，政府回应依然是策略性的（李锋、孟天广，2016）。数字政府建设并不必然提升民众期待满足程度，也不会使基层治理中的资源不足等诸多问题自然消失，数字化时代政府依然存在的“选择性回应”痼疾，呈现出回应率的波动性、回应速度的随意性以及维稳导向下的“条件性解决”特征（李慧龙、于君博，2019）。这在基层治理中表现得尤为明显。在基层治理中，单个纠纷、单个诉求是比较容易满足、达成的，但规模化的需求会导致超大规模的治理负荷与服务“挤兑”问题（徐争荣等，2016）。类似于“春运”这样特殊时点的交通与购票需求激增，会导致运输与购票系统的不堪重负，其结果可能是纠纷处理与基层治理脱离治理金字塔模型，向上传导。同样，数字政府建设与数字政务的发展，在起步与试点阶段是单个公共服务的数字化与智能化，在给定规模下能实现“让数据多跑路，群众少跑腿”，但试点铺开，诸多需求涌入系统会使系统超载与崩溃。这种规模化需求忽然涌入导致的系统崩溃不仅发生在金融领域，在商业与公共服务中也不鲜见（李永华，2019）。在特定时点与危急情境下医疗资源挤兑更是为民众所熟知（欧阳桃花等，2020；张鑫等，2022）。在电子政府与电子政务建设过程中，类似情境也非常普遍，系统的发展是不断完善的，在各地试点与推广中，相关服务即便是在规模压力不大的情况下也常因为系统崩溃与频繁更新等问题被民众所抱怨。事实上，在新近出台的《国务院关于加强数字政府建设的指导意见》中，也准确地概括了数字政府建设存在的问题，虽然“最多跑一次”“一网通办”“一网统管”“一网协同”“接诉即办”等创新实践不断涌现，但“创新应用能力不强，数据壁垒依然存在，网络安全保障体系还有不少突出短板”。

总之，数字政府建设的美好前景与基层治理中的实践落地，数字政府提升基层治理效能与民众满意度，还有诸多问题需要解决。这也是本书关注的问题，即数字政府建设对民众满意度的影响问题，以及数字政府对政社关系优势的影响与机制问题。

（二）数字政府建设与政社关系：现实与挑战

数字技术的发展为社会治理与基层治理提供了新的可能。既有研究对数字政府、智慧治理的效能展开了丰富的研究。丰富的案例研究为我们展示了数字政府建设的效能，特别是在提升政府服务能力等方面的效能，展示了数字政府建设与政社关系优势强化的积极前景，但实践层面，数字政府建设的美好前景与基层治理中的实践落地，数字政府提升基层治理效能与民众满意度，还有诸多问题需要解决。

第一是数字政府的建设与使用悖论。如地铁等交通基础设施建设带来了交通的便捷，但建设过程也带来诸多不便，导致民众的阶段性不满一样。数字政府建设同样需要诸多投入，而且各部门分别采集房屋、单位和人口等基础数据，增加了工作负担（杨宏山，2021）。这也意味着至少在建设与推广阶段，数字政府建设成本、建设过程，会对民众的获得感产生一定影响，而不必然提升其满意度与幸福感。

第二是规模压力导致的具体服务满意度与总体绩效满意度的悖论。众所周知，提升服务体系质量是数字政府建设的重要目标。数字政府建设就是将数字技术广泛应用于政府管理服务，以数据赋能促进公共服务高效化（沈费伟、诸靖文，2021）。虽然单一案例或者少数案例研究都展示出数字政府建设与智慧化服务对基层治理赋能增效的作用。国内研究者基于浙江、北京、广东等地建设智慧城市、数字政府的丰富实践，对国家治理/社会治理数字化转型的典型模式、运行机制及治理成效进行了梳理和提炼。既有研究强调，社会治理体系内部的协同性显著提升，为精准及时满足群众诉求、建设回应型政府、实现整体性治理提供了有效途径（蔡跃洲，2021）。但正如政府信任中对具体机构的信任与对政府的整体信任不同一样，对服务满意度也类似。就是单一服务的满意度与整体服务满意度存在较大的差异。而且，两者之间可能是互相影响的。正如多任务目标的注意力分配一样，地方政府会将注意力放在上级重点考核的目标上，在资源有限的情况下，其他目标会有影响。大规模动员资源实现特定目标，可以达到“善于集中力量办大事”，但是也会影响其他目标的实现，资源约束与激励制度结合在一起，形成治理和服务中的强项与弱项（周黎安，2014）。因此，数字政府建设并不必然提升民众期待满足程度。在诸多目标与问题中，政府对具体问题的回应是策略性的（李锋、孟天广，2016）。事实上，政府的策略性回应并没有随着数字政府建设而改观（李慧龙、于君博，2019）。“上面千条线，下面一根针”，单一服务的效率改进并不必然导致整体效率的提升。当组织制度、资源结构、权力关系均未与技术同步更迭时，数字技术就如同一个放大器，放大上级的注意范围，聚焦基层的责任与义务，致使数字化形式主义泛滥（陈新，2021）。

第三是目标异化悖论。数字政府建设需要资金投入，因此强调加强顶层设计，自上而下地推动，而非基层政府推动。这也导致基层治理的统一性与灵活性问题在数字政府建设过程中也同样存在（周雪光，2011）。数字政府建设过程中不仅政务 APP 种类繁多，同时办事功能完备程度低，不少环节仍需现场进行（阳军，2021）。系统建设与实践情况的差异，最终依然需要多“跑路”，民众在一定程度上承担着“试错成本”。更为重要的是，为了确保政策落实，上级政府往往设立各种考核指标。决策者出于政绩要求基层必须采用相关系统，并设定注册人数、点击量等指标化任务，将其纳入考核内容（杨宏山，2021）。政务 APP、政务微信群泛滥加重了基层干部负担，也导致“互联网+”形式主义种种消解政府公信力（张紧跟，2019）。而考核中的形式化考核、政绩注水、考核过度精细等问题，也使得技术与社会需求脱嵌（陈新，2021），沦为形式主义。

第四是使用便利与隐私悖论。数字技术与人工智能为公共管理与基层治理提供了巨大的机会，更快的信息处理、更高的服务质量、更高的工作效率等巨大潜力使得数字技术被广泛应用于公共治理与基层治理领域，但智能化应用与效能提升是建立在信息基础上的。然而，广泛的信息收集导致了民众对数据隐私和安全问题的担忧（Wirtz et al.，2020）。数字技术使用的便利度与风险往往与社会权利、法律制度等社会基础制度、社会情景联系在一起（Wirtz et al.，2019）。一方面，政社关系与信任感会影响相关技术的采用与阻力，民众对政府的信任感有利于数字政府建设与信息的收集。另一方面，在一个数据密集的时代，扩大个人与国家之间的信息和权力不对称的风险是巨大的。虽然这种担忧主要是对商业部门的担忧（程啸，2018），但对公共部门的数据收集带来的隐私与安全问题的担忧，也与日俱增（Wirtz et al.，2020）。特别是一些隐私信息与特定群体联系在一起，往往会扩大其污名化等负面效应。面部识别技术、车牌读取器、实时 GPS 跟踪和预测性警务，给社会治理与秩序带来了诸多的便利，但关于隐私安全问题也变得更加紧迫。（Lageson，2022）总之，技术的乐观想象总是伴随着隐私担忧。在智能革命的背景下，人工智能技术至少在资源丰富、共识达成、充分回应等方面为国家治理现代化形成重要助力；但亦在安全风险、公民隐私和公平难题等方面对国家治理提出新的挑战（高奇琦，2020）。更便捷更智慧的治理与效能提升，在一定程度上是建立在对隐私授权基础上的，而隐私与信息的收集也意味着如何利用、安全保护这些信息变得越来越重要，这就是数字政府与智能化技术使用的效率与隐私悖论。如何回应隐私威胁问题也成为数字政府建设与数字技术应用中的关键议题（张成福、谢侃侃，2020；杨燕青、马绍之，2020）。

第五是数字政府建设的社会基础与包容性发展问题。数字技术的应用与推广同民众的数字素养相关，但数字鸿沟问题也可能放大数字技术的负外部性，扩大社会不平等，导致数字技术疏远那些无法获得数字资源的群体（Lember et al.，2019）。而这些群体往往是在社会中相对弱势的群体。与此对应的是，数字技术应用的便利性是建立在利益相关者的联合生产基础上的。利益相关者利用数字技术的优势来加强联合生产并提高公共服务质量，但相关利益群体与资本也因为技术上的强势而强化了其优势地位。随着数字化时代来临的是算法时代的来临，算法责任缺失与异化现象频繁出现（肖红军，2022）。从"大数据杀熟"到偏见与群体歧视，技术应用带来便利的同时也强化其优势与"责任鸿沟"问题。一旦出现算法错误或滥用，将会引发重大社会风险，产生社会伦理问题与价值争议。"责任鸿沟"与利润结合的风险，难免让人担忧算法滥用导致数字技术应用偏离正常的轨道，降低民众的信任度（Wirtz et al.，2020）。总之，数字技术不会自动创造公共价值。为了提高公共服务质量与实现公共价值，应预见和避免数字技术和联合生产造成的负面后果（Zou & Zhao，2021）。与此同时，数字技术应用与民众接受度相关。民众与政府互动的相关文献指出，即便有着便捷的电子政府沟通渠道，民众依然倾向于使用传统渠道，如面对面访问政府机构的前台，通过打电话等方式与政府联系，其原因是个人在某些渠道中的经验水平，这增加了他们的"感知丰富性"。电子渠道或者数字政府中的沟通有利于低复杂性、简单的、目标明确的沟通，但现实层面民众与政府的沟通往往伴随着复杂的目标，模糊性和不确定性更高。因此，对于这些要求更高的互动，民众更喜欢使用"更高丰富度"的传统渠道而非数字渠道（Androutsopoulou et al.，2019）。民众的数字技能与信息获取技能等，影响着数字技术应用的基础与效果。

数字政府建设给基层治理乃至国家治理现代化带来了乐观的前景，更高的服务质量、更有效的回应与敏捷治理、更便捷的沟通与回应，这些都意味着数字政府建设必然带来民众更高的满意度与获得感，进而带来政社关系优势的强化。但回到现实层面，数字技术应用也面临着诸多挑战，从美好前景到实践落地，面临着治理规模与负荷问题，也面临着隐私安全与"责任鸿沟"问题、目标异化问题和社会不平等问题。从这一意义上来说，数字政府建设并不必然带来民众的满意度提升与民众的支持，甚至有可能带来民众的抗议与更多的不信任。这也进一步说明以人民为中心发展理念的重要性。然而，与关于数字政府研究的热度相比，社会学与发展理论对数字政府的讨论"置身事外"。本书试图对上述问题进行回应，聚焦数字化时代的基层治理问题，讨论数字技术发展、数字政府建设对政社关系的影响。

二 数字政府建设与政社关系研究：框架与具体内容

（一）简要框架：服务、能力与安全

技术变迁是社会治理与基层治理变革的重要基础，也是影响政社关系优势的重要因素。作为社会科学的经典议题，既有研究对政府行为与政治信任、民众满意度等角度进行了大量的研究。相关研究从政治参与、社会资本、传统文化等多个维度分析了政社关系与信任感的影响因素，而其中政府绩效的关键作用得到实证研究的普遍支持（马得勇，2007；胡荣等，2011；李艳霞，2014；高勇，2014）。互联网的兴起则进一步引发研究者对技术使用与政社关系、政治信任的作用进行研究（Bennett & Segerberg，2012）。整体而言，既有研究通常将互联网技术的使用作为政社关系优势的挑战因素展开研究。诸多经验研究发现，互联网使用与影响政社关系优势的一些不利因素，特别是集体行动与业主维权等非制度参与行为联系在一起，成为非制度参与中运动动员的重要工具（黄荣贵、桂勇，2009；高恩新，2009；黄荣贵，2010；汪建华，2011；陈云松，2013）。因此，大部分研究将互联网的兴起、新媒体的使用视为降低政治信任感的关键因素（王正祥，2009；苏振华、黄外斌，2015；张明新、刘伟，2014）。然而，上述研究无论是研究议题还是结论都值得商榷。其一，大部分研究依然是选择性的研究，其关注的本身就是非制度参与行为，进而分析互联网使用在其中的作用。其二，互联网技术的兴起与数字化时代的来临，使得基层治理模式面临着新的挑战，同时也给基层治理带来了新的机会，提供了治理的新手段。社会的快速发展与转型，使得“多种矛盾和张力以更为错综、浓缩和升级化的形式复合叠加”（李友梅，2021），复杂性社会的到来与国家的社会治理挑战，而互联网技术的兴起又进一步强化了这一趋势与挑战，对基层治理提出了新的要求。数字政府建设是中国政府推进国家治理现代化与社会治理转型的重要举措。近年来，信息技术的应用与数字政府建设不仅提升了基本公共服务的覆盖率，也使得基层治理模式发生了较大的变化。数字治理与敏捷治理理念的兴起，数字技术的广泛应用，在降低治理成本、提升信息沟通效率，以及政务服务与需求的匹配性

等方面取得了显著成效。

其一，数字政府建设使得基本公共服务向基层覆盖，提升了公共服务的可及性与覆盖率，推进了服务均等化与服务效能。数字政府建设不仅降低了服务成本，同时服务效能的显著提升也会进一步提升民众的满意度与获得感，进而强化社会治理中的政社关系优势。

其二，数字技术的发展使得敏捷治理成为可能。敏捷治理被认为是一种新的管理变革，其目标是使组织能够快速适应环境变化，将敏捷应用到感知、响应和协调整个组织之中，是组织获得高绩效、竞争力和可持续性的管理机制总和（任嵘嵘等，2021）。数字政府建设与典型技术应用使得敏捷治理成为可能，能让城市治理变得更聪明、更智慧。敏捷治理实现了治理效率、机构变革、政策改革等方面的赋能，形成了技术+制度双轮驱动模式（赵静等，2021）。进而提升了基层治理与整个社会治理的效能，智慧治理模式的应用也降低了基层治理负荷。2015 年，中央审议通过《关于全面深化公安改革若干重大问题的框架意见》，在全国各地大力开展的智慧警务建设。智慧警务建设是社会治理技术化的一个缩影，其目标就是要通过技术驱动社会治理模式重构，解决传统警务模式面临的治理负荷问题，即无法回应和解决复杂社会转型中的问题（何艳玲、宋锴业，2021）。而智慧社区的建设也是针对传统社区治理模式面临的困境的回应，应着手推动社区层面的敏捷治理变革（葛天任、溥雨欣，2020）。数字化时代的新治理模式成为媒体与社会各界关注的热点问题，“最多跑一次”，“让数据多跑路，群众少跑腿”，“社区吹哨，部门报到”成为数字政府建设与各类政府服务平台建设成绩的典型概括。诸多研究也展示了数字化时代数字政府建设在社会治理与基层治理中的乐观图景，并对阻碍数字治理的因素进行了广泛分析（颜海娜等，2021；张欣亮、王雯，2021；吴磊等，2022）。

其三，技术发展带来便利的同时，技术回应也带来了新的风险。在大数据广泛应用的金融创新活动中，技术驱动所内含的技术风险、操作风险，甚至诱发系统性风险之可能，迫使监管者必须予以有力回应（杨东，2018）。与系统性风险相比，数字化时代技术红利是建立在一个重要的信息悖论或“隐私悖论”基础上的。所谓“隐私悖论”，泛指使用者或消费者自称的隐私偏好和他们实际的隐私保护行为之间的普遍脱节（Chen，2021）。数字化时代的技术红利在一定程度上是建立在信息共享基础上，而信息共享如果缺少有效的隐私保护，会导致大规模的信息泄露，进而带来诸多的社会风险，损害社会整体信任与政社关系优势。事实上，数字化时代平台经济与平台企业的兴起以及人工智能等技术在公共服务领域的应用伴随着巨大隐私与法律保护的争议，影响着社会信任与政治信任（Baik, 2020）。隐私问题不仅仅存于商业与金融领域，在公共服务领域也同样存在（Willems et al., 2022）。与此同时，数字化时代的公共服务在提升公共服务的可及性与覆盖率的同时，还伴随着“数字鸿沟”等问题和争议。这些问题与争议对政社关系优势有何影响？社会学相关研究依然滞后。

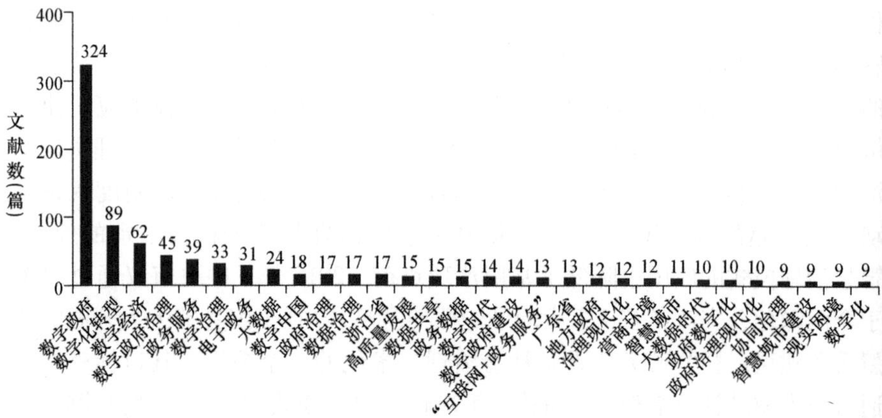

图 4-4　数字政府研究主题分布

数据来源：CNKI。

总之，数字化时代的数字政府建设是影响国家治理与公共服务能力的关键事件，是影响基层治理与服务的大事件，在带来服务便利与敏捷治理可能的同时，也伴随着隐私与风险。然而，与社会媒体，以及管理学、法律与伦理学等学科对技术变迁、数字政府建设研究热度相比，社会学研究，特别是发展研究对相关问题的研究依然有待提升，而关于数字政府建设对基层治理的复杂影响的研究，依然非常滞后。从主题分布来看，既有研究主要是强调数字政府建设与数字化转型，而关于政务服务、营商环境等服务的主题篇数较少，其中，政务服务为 39 篇，营商环境为 12 篇。数字政府建设的目标是提升民众满意度与信任感，强化基层政社关系优势。不过，目标的实现总是一个过程，现实与目标尚存在一定差异。

（二）内容与思路

数字政府建设是否强化了基层政社关系优势呢？如果不是，现实又是怎样的图景呢？又应该如何实现上述目标呢？本书研究试图对上述问题进行回应，将聚焦数字化时代的基层治理问题，讨论数字技术发展、数字政府建设对政社关系的影响。

首先，本书将在梳理多学科研究基础上，以民众对基层政府满意度为基层政社关系切入点关注数字技术与数字政府对基层治理的影响。基层政府满意度影响因素分析部分，本书将聚焦政府行为，从社会保障服务、政府能力与整体绩效、数字化时代安全隐私保护三个维度，搭建“服务、能力、安全”来分析基层政府满意度的影响机制。机制分析部分，将检验数字政府建设对“服务、能力、安全”的影响，以及数字政府建设对基层政府满意度影响中“服务、能力、安全”的中介效应分析。如前所述，社会治理与基层治理事项繁多，而地方政府的资源有限，因此只能是选择性地回应。在指出公共服务政治属性（公众参与和期待）的前提下，行政发包制理论分析了质量压力、统治风险和治理成本之间的关系（周雪光，2014）。具体而言，在行政发包体制下地方政府对具体公共服务的供给和社会事务的治理与激励机制有关（周黎安，2014），对上级政府统一部署的且有着问责与晋升影响的具体事项，往往是社会治理的强项。如果缺少上级的压力与考核，相关事项往往成为弱项。当然，决定具体事项治理质量的，还和地方政府能动员的资源、治理效能提升的“剩余分配权”有关。更为重要的是，相对于提供公共产品提高质量和降低治理成本两个方面，即“有效治理”之效，诸多研究者指出，执政者在效率与降低统治风险之间对后者有着更为强烈的偏好（周雪光，2014）。与政治、社会危机和地方政府的偏离失控相比，效率对统治风险的影响是间接的、滞后的，因此，执政者的抉择更多地表现出对直接统治风险加以控制的偏好。同样，数字政府建设也与其考核目标相关，虽然数字政府建设的根本目标是提升民众的满意度、获得感与安全感，但不同阶段，对数字政府考核目标是不一样的。从现实来看，数字政府建设依然是在基础设施建设阶段，离常态化的运营还有一段差距，从建设、运营到应用，更是需要时间。在服务供给阶段，诸多政务服务中，政府的推进也是分轻重缓急的，因此，数字政府建设对具体服务满意度的影响也比较复杂。因此，可以预期的是，以基础设施建设为重点的数字政府建设，对民众的满意度提升影响依然是个案式而非全面的。此外，还需考虑具体服务满意度与整体服务满意度之间的悖论。诸多服务事项中，数字政府建设对特定项目的影响是显著正效应，但其他事项的滞后会导致民众的不满，因此，在整体层面可能是正负抵消，不显著的。虽然这种整体不显著，但具体情境下显著的情况，不仅可能发生在特定领域，也可能在城乡背景下表现出来。这也要求我们对数字政府建设的治理效能，特别是在政社关系优势上的体现，需要保持敏锐视角。

另外，基于基层政府信任感的视角分析数字政府建设对基层政社关系的影响。分析策略与满意度视角一致。第一是分析基层政社关系优势中政府信任感的来源与影响因素。同样，对影响因素的分析依然是聚焦政府行为层面，关注“服务、能力、安全”的影响。第二是分析数字政府建设对基层信任感的影响，以及“服务、能力、安全”的中介效应。技术层面，借鉴中介效应三步法，但考虑到中介效应检验的争论与最新成果，具体分析中主要是汇报中介效应显著性与影响方向。需要特别指出的是，基层治理的“基层”是一个日常用法，在具体研究中其含义非常官方，有些是指区县政府一级，有些则强调乡镇一级，甚至是社区一级。下文分析的微观数据来自 CSS 2019，该数据的一个特点就是对基层政府满意度的测量具体到区县一级，对信任感的测量既有区县政府，也有乡镇政府。基于数据上的特点与优势，以及基层治理中政社关系的复杂性，本节采取的是多层次分析与分总结构的分析。具体而言，先分后总，自下而上，先从乡镇政府信任感进行分析，再向上递进到区县一级政府信任感分析。然后是整合两者（乡镇政府信任感和区县政府信任感）进行分析。

三　数据与资料来源

（一）数据与资料

下文分析采用的数据是 CSS 2019 和数字政府建设水平的数据。CSS 调查采用概率抽样，调查区域覆盖了全国 31 个省、市、区，包括了 151 个区市县，604 个村/居委会，整个样本容量为 10143 个。数字政府建设水平数据使用的是腾讯研究院 2019 年数字政府报告，即对 2018 年数字政府排名数据。在分析中将两个数据匹配。

（二）变量处理与简要说明

基层政社关系主要体现为两个层面，即基层政府满意度和信任感。基层政府满意度测量是根据 CSS 2019 数据，由受访者对地方政府工作的总体满意度评价编码而成，从比较好、很好、不清楚、不好、很不好，分别赋值为 1~5 分，得分越高评价越高。这里的地方政府问卷中有明确说明，就是区县一级政府。信任是一个多层次概念，实证研究对政府信任有多种操作化方法，本节使用的是 CSS 问卷中民众报告的对各级政府的主观信任水平。根据层级主体的不同，居民对政府的信任感可以划分成中央政府与地方政府，地方政府又可以根据行政层级进一步划分为省级、区县与乡镇政府。本节将基层治理中的地方政府限定为区县与乡镇两级政府。根据 CSS 2019 问卷中“请问，您信任下列机构吗？”对区县政府、乡镇政府的回答衡量居民对基层政府的信任程度，从“完全不信任”“不太信任”“不好说”到“比较信任”“非常信任”赋值为 1～5 分，分数越高越信任，代表着政社关系优势越显著。基层政府的总体信任，则是区县、乡镇政府信任感的加总。

关键自变量为腾讯研究对 2018 年数字政府排名数据。

对政府服务的测量，这里限定为社会保障服务，具体包括养老保障、医疗保障、就业保障、城乡最低保障、住房保障以及社会保障整体，CSS 2019 数据收集了受访者对上述保障服务的满意度，得分为 1～10 分，得分越高越满意，代表社会保障服务质量越高。

政府能力主要是受访者对当地政府（县区）发展经济解决就业能力评价、信息透明度评价、民众诉求回应能力评价，以及对当地政府的总体评价。具体而言，受访者对“当地政府（县区）发展经济解决就业能力”评价，从很不好、不太好、不清楚、比较好、很好，分别编码为 1～5，得分越高则评价越高。同样，受访者对当地政府在“政府信息公开，提高政府工作的透明度”，“有服务意识，能及时回应百姓的诉求”，“总的来说，地方政府的工作”，回答为很不好、不太好、不清楚、比较好、很好，分别编码为 1～5。下文简称为发展能力、信息公开、回应能力、整体绩效或整体能力。

安全隐私策略，本节选择该指标作为信息安全担忧的主要评价，以下简称隐私担忧。在具体编码中，本节将回答为“不好说”的选项视为同意和不同意之间，编码为 3，不同意和很不同意则分别编码为 4 和 5。因此，民众越同意“现在的法律法规对保护消费者的隐私做了比较好的规定”的观点，对隐私担忧程度越低；反之则越高。

控制变量主要是受访者人口特征变量，包括性别、年龄、是否为党员、教育水平、婚姻，考虑到信任感与纠纷处理与阶层相关，故控制了阶层认同情况和住房产权情况，前者为个人对主观地位的评估得分，后者为住房产权套数。此外，既有研究表明，社会信任会影响到政治信任或者政府信任感，故控制社会信任变量。

下文分析中对关键变量均进行了描述，因此这里不再展示样本基本情况。

第五章　多轮驱动视角下的基层政社关系与政府满意度

一　基层政府满意度的影响路径：社会保障供给的视角

（一）社保满意度的整体状况与城乡差异

本节将以民众对基层政府满意度为基层政社关系切入点关注数字技术与数字政府对基层治理的影响。如前所述，民众对基层政府满意度影响的一个重要因素就是社会保障与民生投入。前文以 CGSS 2006 数据和宏观匹配数据分析了社会保障支出对民众满意度的影响，其中，支出数据都是客观数据，这里则基于 CSS 2019 年主观评价数据展开。

CSS 2019 数据中对社会保障的满意度进行了调查，满分为 10 分，最低分为 1 分，我们删除了回答为“不清楚”的选项后进行了分析，具体结果如表 5-1 所示。表 5-1 中，民众对社保整体评价满意度为 6.688 分，如果按百分制接近 70 分。这说明民众对社会保障提出了更高的期待，希望政府在这些方面有更多的作为。其中，养老保障和医疗保障得分高于社保整体得分，分别为 6.942 分和 6.735 分，得分最低的是就业保障，为 5.715 分。这也反映出民众对就业保障有更多的期待，特别希望政府能在就业质量或者收入的提升方面有更多的作为。

表 5-1　　**社会保障满意度**　　（分）

满意度	城乡均值	标准差	样本量	农村均值	城市均值	乡城差异
养老保障	6.942	2.664	9537	7.075	6.841	0.235***
医疗保障	6.735	2.617	9899	6.771	6.707	0.064
就业保障	5.715	2.747	7666	5.666	5.749	-0.083
城乡低保	5.973	2.957	7771	5.913	6.022	-0.110

续表

满意度	城乡均值	标准差	样本量	农村均值	城市均值	乡城差异
住房保障	6. 171	2. 817	7076	6. 162	6. 177	-0. 014
社保整体	6. 688	2. 323	9637	6. 747	6. 644	0. 103 **

值得指出的是，虽然社会保障各方面的城乡差异非常明显，政府也将社会保障等服务的均等化作为施政的重要目标，但反映在民众评价与满意度得分方面，农村社区居民对社会保障整体满意度显著高于城市社区居民，前者比后者高 0. 103 分，而养老保险层面也是如此，农村社区居民对养老保险的评价得分均值为 7. 075 分，城市社区居民为 6. 841 分，前者比后者高 0. 235 分。在医疗保障、就业保障、城乡低保、住房保障等方面，城乡差异显著，但评价方面没能很好地反映出这种差异。

为了更好地反映民众对社保满意度的评价，表 5-2 和图 5-1 中结果显示了民众对政府提供的各种社会保障的满意度得分，最高分为 10 分，最低分为 1 分。具体而言，城乡最低生活保障、就业保障和住房保障得 1 分的比例比较高，分别为 13. 9%、12. 2%、10. 8%，这也进一步反映出民众对政府的期待，依然是希望政府能在经济层面的保障做出更多，其具体

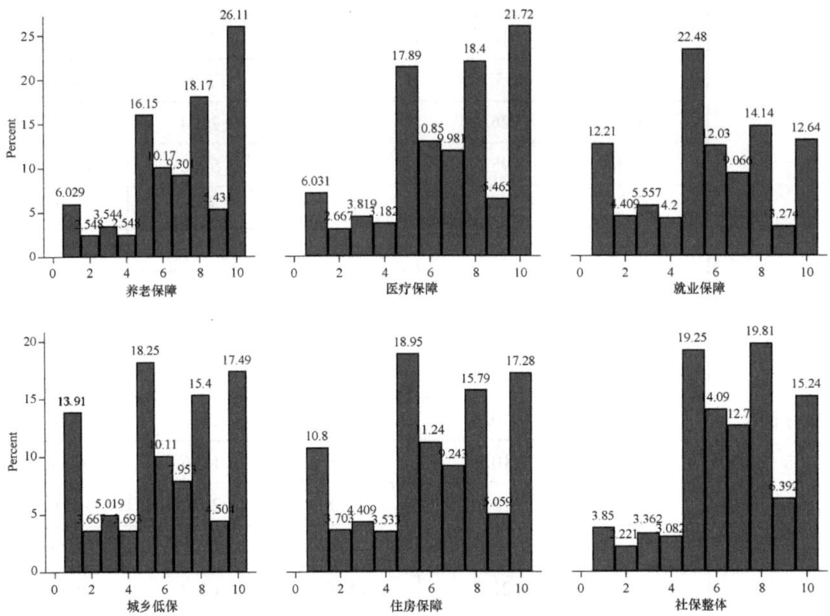

图 5-1　对社会保障状况的满意度：CSS 2019

需求或者不满意的是就业保障、最低生活保障和住房保障，相关需求都可以理解为底线需求。而反映出对生活质量需求与相对远景需求的养老保障、医疗保障，民众回答占 10 分的比例较高，分别为 26.11%和 21.72%。总之，从民众评价的最低分和最高分分布来看，民众的需求主要是一些兜底性的需求，希望政府在就业、最低生活保障与居住等方面做出更多努力。

更进一步，我们对社保满意度具体得分进行城乡差异比较，相关结果汇总如表 5-2 所示。

表 5-2　**社会保障评价得分城乡差异比较**

社保项目	满意度得分（分）	全部（%）	农村（%）	城市（%）	城乡差异（%）
养老保险	1	6.0	6.4	5.8	0.6
	2	2.5	3.0	2.2	0.7**
	3	3.5	3.6	3.5	0.1
	4	2.5	2.4	2.7	-0.3
	5	16.1	15.3	16.8	-1.5*
	6	10.2	9.3	10.8	-1.5**
	7	9.3	7.5	10.6	-3.1***
	8	18.2	15.2	20.4	-5.1***
	9	5.4	4.9	5.8	-0.9*
	10	26.1	32.4	21.4	11.0***
	样本量	9537	4107	5430	—
医疗保险	1	6.0	7.1	5.2	1.9***
	2	2.7	2.8	2.6	0.3
	3	3.8	4.1	3.6	0.5
	4	3.2	3.4	3.0	0.5
	5	17.9	17.6	18.1	-0.5
	6	10.8	9.8	11.7	-1.9***
	7	10.0	7.9	11.6	-3.7***
	8	18.4	15.8	20.4	-4.6***
	9	5.5	4.7	6.0	-1.3***
	10	21.7	26.8	17.9	8.9***
	样本量	9899	4297	5602	—

续表

社保项目	满意度得分（分）	全部（%）	农村（%）	城市（%）	城乡差异（%）
就业保障	1	12.2	14.2	10.9	3.3***
	2	4.4	5.0	4.0	1.0**
	3	5.6	5.9	5.3	0.5
	4	4.2	4.4	4.1	0.4
	5	22.5	21.5	23.2	-1.7*
	6	12.0	10.2	13.3	-3.1***
	7	9.1	7.0	10.5	-3.5***
	8	14.1	13.1	14.8	-1.7**
	9	3.3	2.9	3.5	-0.6
	10	12.6	15.8	10.5	5.4***
	样本量	7666	3123	4543	—
城乡低保	1	13.9	16.5	11.8	4.6***
	2	3.7	4.1	3.3	0.9**
	3	5.0	5.0	5.1	-0.1
	4	3.7	3.9	3.5	0.4
	5	18.2	17.3	19.0	-1.8**
	6	10.1	8.7	11.3	-2.6***
	7	8.0	6.2	9.4	-3.2***
	8	15.4	12.5	17.7	-5.2***
	9	4.5	4.5	4.5	0.0
	10	17.5	21.4	14.4	7.0***
	样本量	7771	3475	4296	—
住房保障	1	10.8	11.9	10.0	1.9**
	2	3.7	4.5	3.1	1.4***
	3	4.4	4.6	4.3	0.3
	4	3.5	3.8	3.4	0.4
	5	19.0	18.1	19.5	-1.4
	6	11.2	10.1	12.0	-1.9**
	7	9.2	7.2	10.7	-3.5***
	8	15.8	14.2	16.9	-2.7***
	9	5.1	4.4	5.5	-1.1**
	10	17.3	21.2	14.6	6.6***
	样本量	7076	2883	4193	—

续表

社保项目	满意度得分（分）	全部（%）	农村（%）	城市（%）	城乡差异（%）
社保整体	1	3.8	4.4	3.4	1.0***
	2	2.2	2.9	1.7	1.2***
	3	3.4	3.2	3.5	-0.3
	4	3.1	3.1	3.1	0.0
	5	19.2	19.4	19.1	0.3
	6	14.1	12.8	15.1	-2.3***
	7	12.7	10.3	14.5	-4.2***
	8	19.8	18.1	21.1	-3.0***
	9	6.4	5.9	6.8	-0.9*
	10	15.2	19.9	11.8	8.1***
	样本量	9637	4123	5514	—

注：$*p < 0.10$，$**p < 0.05$，$***p < 0.01$。城乡差异为特定社会保障具体得分的比例的差异，即农村比例减去城市社区比例，因为四舍五入可能会导致农村和城市的比例差异与直接相减结果略有差异。

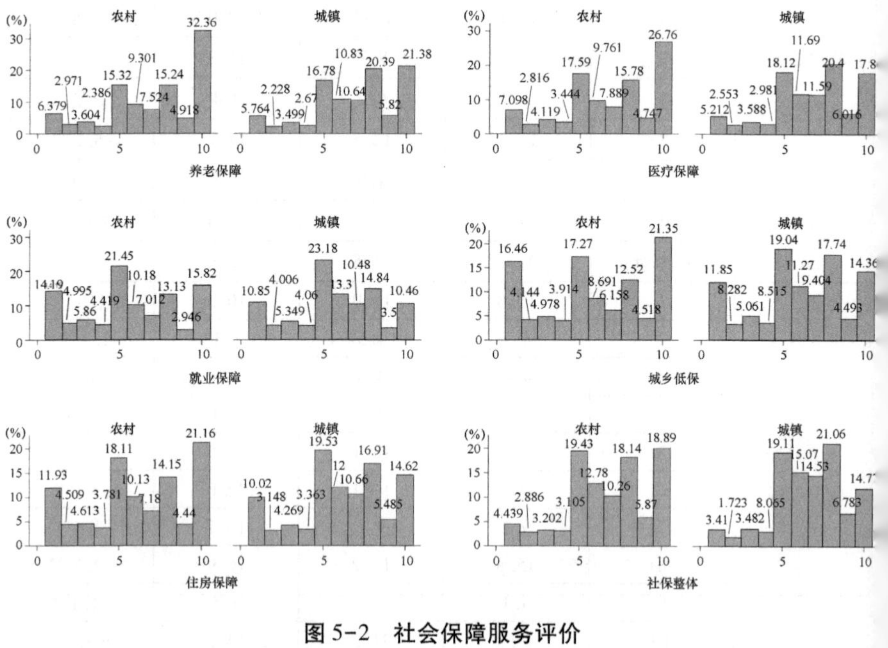

图 5-2　社会保障服务评价

如上述图 5-2 和表 5-2 所示，几乎所有选项，农村居民给出最高分（10 分）的比例均高于城市居民，以养老保险为例，虽然农村养老金与城市养老金差异较大，但农村居民对此给出最高分 10 分的比例高达 32.4%，而城市社区居民却仅为 21.4%。住房保障方面，农村有危房改造等项目，但严格来说，农村社区并无问卷调查中涵盖住房保障项目，不享受调查中的经济适用房、廉租房等，即便如此，农村居民中依然有 21.1%的受访者给出了满分 10 分，而作为住房保障类型覆盖对象的城市居民仅为 14.6%。与此同时，在 6 分到 9 分段，几乎所有社保项目类型以及社保整体满意度，都是城市居民的比例高于农村居民的比例，只有城乡低保满意度的评价中，城市居民和农村居民在 9 分评价那里均为 4.5%，没有差异；而就业保障评价的 9 分段，农村社区居民依然是低于城市居民。

上述关于社会保障满意度评价的描述与差异比较，也提醒我们在后续分析中，至少应该关注两个方面的影响或者反常现象。其一是要注意城乡社会保障服务供给现实与评价得分的悖论。由于社会保障等公共服务供给农村远远落后于城市，中国政府将推进社会保障等公共服务均等化作为发展规划的重要目标，但在对社保的评价上，农村居民的满意度更高，这不仅体现在对社会保障的整体评价上，也体现在具体的养老保障的评价上。即便是在城乡最低生活保障、住房保障和就业保障等主要以城市居民为对象的社会保障方面，农村居民与城市居民也没有体现出显著差异。

其二是关于城乡居民评价标准层面差异。如前文所述，城市居民与农村居民对社会保障的具体指标评价的平均得分，仅在养老保障和社保整体评价上有显著差异，农村居民得分显著高于城市居民，而其他具体指标的平均得分上，两者差异不显著。但如果仔细对比城乡居民的具体评分与比例，有一个特别值得关注的现象就是农村居民做出满分评价的比例较高。从单项社会保障到整体社会保障的评分，农村居民给 10 分的比例均显著高于城市居民，其中养老保险农村居民给满分的比例更是比城市居民高 11 个百分点，即便是经济适用房、公租房、廉租房等基本住房保障，农村居民给满分的比例也比城市居民高出 6.6 个百分点。如果说农村居民对社会保障的满意度整体高于城市居民还可以用农村居民的期待比较低来解释的话，过高的满分比例则反映出评价标准的“异常”，特别是对经济适用房、公租房、廉租房等基本住房保障的评价，农村居民给出如此高的满分比例，更是值得关注。

（二）基层政府满意度的来源：社会保障供给

要评估数字政府建设对基层政社关系优势的影响，首先要关注哪些因素影响政社关系，然后分析数字政府建设能否影响这些因素，进而通过对因素的影响而传导到政社关系层面。对基层政社关系的评估，本书采用的是民众对基层政府满意度，这里首先讨论满意度。如前文所述，民众对基层政府的评价与其公共服务供给，特别是与社会保障供给相关。为此，这里分析各类社会保障供给状况对基层政府满意度的影响。相关指标前文有详细介绍，这里不再赘述。社会保障供给对基层政府满意度的影响分析如表 5-3 所示。

表 5-3 中结果显示，社会保障供给能显著提升民众对基层政府的满意度，各个指标中，养老保障、医疗保障、城乡低保、住房保障以及社会保障整体供给状况，都显著提升了民众对基层政府的满意度。其他指标层面，农村居民对基层政府的满意度显著高于城市居民，相对于女性，男性对基层政府的满意度更低。在其他条件相同的情况下，党员相对于非党员对基层政府的满意度更高。受教育水平与基层政府满意度负相关，说明随着教育水平的增长民众对基层政府的期盼更高。此外，互联网使用与家庭困难情况显著降低了民众对基层政府的满意度，而民众对社会的公平感知越高，对基层政府满意度越高。

表 5-3　社会保障供给与基层政府满意度

	基层政府评价	基层政府评价	基层政府评价	基层政府评价	基层政府评价	基层政府评价
社会保障						
养老	0.042***					
	(0.004)					
医疗		0.043***				
		(0.004)				
就业			0.056***			
			(0.004)			
低保				0.046***		
				(0.004)		
住房					0.055***	
					(0.004)	

续表

	基层政府评价	基层政府评价	基层政府评价	基层政府评价	基层政府评价	基层政府评价
整体						0.082***
						(0.005)
城市社区	0.061***	0.062***	0.094***	0.095***	0.096***	0.072***
	(0.020)	(0.020)	(0.023)	(0.023)	(0.024)	(0.020)
男性	-0.072***	-0.066***	-0.061***	-0.064***	-0.062***	-0.065***
	(0.020)	(0.019)	(0.022)	(0.022)	(0.023)	(0.019)
年龄	-0.002*	-0.001	-0.002	-0.000	-0.001	-0.002**
	(0.001)	(0.001)	(0.001)	(0.001)	(0.001)	(0.001)
信仰	-0.029	-0.032	-0.010	-0.047	-0.069**	-0.032
	(0.028)	(0.027)	(0.032)	(0.031)	(0.032)	(0.027)
党员	0.107***	0.107***	0.118***	0.097***	0.107***	0.103***
	(0.032)	(0.032)	(0.035)	(0.036)	(0.037)	(0.032)
已婚	-0.069**	-0.075**	-0.053	-0.081**	-0.056	-0.045
	(0.032)	(0.031)	(0.034)	(0.034)	(0.035)	(0.032)
教育年限	-0.014***	-0.013***	-0.017***	-0.018***	-0.017***	-0.014***
	(0.003)	(0.003)	(0.003)	(0.003)	(0.003)	(0.003)
阶层认同	-0.001	-0.005	0.000	-0.001	0.001	0.003
	(0.011)	(0.011)	(0.012)	(0.012)	(0.013)	(0.011)
社会公平感	0.142***	0.139***	0.134***	0.142***	0.132***	0.119***
	(0.005)	(0.005)	(0.006)	(0.006)	(0.006)	(0.005)
使用网络	-0.074***	-0.087***	-0.093***	-0.093***	-0.103***	-0.084***
	(0.025)	(0.025)	(0.029)	(0.029)	(0.030)	(0.025)
困难指数	-0.021***	-0.021***	-0.017***	-0.019***	-0.020***	-0.020***
	(0.002)	(0.002)	(0.003)	(0.003)	(0.003)	(0.002)
生活满意度	0.003	0.005	-0.001	0.001	0.005	-0.003
	(0.005)	(0.005)	(0.005)	(0.005)	(0.005)	(0.005)
截距项	3.000***	2.968***	3.014***	2.994***	2.996***	2.896***
	(0.090)	(0.089)	(0.101)	(0.100)	(0.103)	(0.089)
观察值	9517	9876	7646	7752	7058	9615
R^2	0.157	0.156	0.161	0.166	0.167	0.170

注：括号内为标准误，*** $p<0.01$，** $p<0.05$，* $p<0.1$。

总之，社会保障供给状况是影响民众对基层政府满意度的重要因素。这也意味着，数字政府建设如果要提升民众的满意度，其重要的途径就是通过数字政府建设改进社会保障等公共服务的供给状况。那么，数字政府建设提升了民众对社会保障供给状况的评价吗？还有待进一步证实。

（三）数字政府建设对社保满意度影响

为评估数字政府建设对民众社会保障满意度的影响，我们首先采取线性回归法逐项进行分析。回归结果如表 5-4 所示。

如前文所述，数字政府建设带来了服务的便利化，提升了服务可及性，因此能提升民众对具体社会保障事项的满意度。其中，数字政府建设水平的提升，显著提升了民众对养老保险的满意度得分和医疗保险的满意度得分，而对就业保障、住房保障和社保整体满意度得分并不显著。此外，值得注意的是，数字政府建设对城乡低保满意度得分影响显著为负。正如前文所述，就业、城乡最低生活保障以及住房保障，都是兜底性的保障。其中低保覆盖面较低，2019 年年底我国城乡低保人数只有 4300 多万人，占总人口的比重只有 3%，其中部分是因为财产审核过于严格导致一定比例的低保漏保情况（李卫东，2020），城乡生活低保实际覆盖率及保障水平与民众期望之间落差较大，因此满意度较低。与此同时，低保与各地发展水平之间并不匹配，很多东部发达省份低保线甚至低于西部地区，东中西部低保标准总体上仍然存在严重的差距，交叉、“异位”情况导致了较低的满意度（景天魁，2013）。此外，数字政府建设并不一定能降低服务成本。事实上，低保信息化污名化倾向，致使信息化迫使贫困群体不得不在社会福利权和个人隐私权之间做出选择，同时贫困群体往往也是“数字边缘化”群体，容易被排除在信息化福利体系之外（李琴、岳经纶，2021），因此，数字化建设可能会导致民众对低保满意度降低。

表 5-4　　**数字政府建设对社会保障满意度的影响**

变量	养老	医疗	就业	低保	住房	整体
数字政府建设	0.008***	0.007**	0.001	-0.009***	-0.000	0.003
	(0.003)	(0.003)	(0.003)	(0.004)	(0.004)	(0.002)
城市社区	-0.068	-0.005	-0.012	-0.056	0.010	-0.016
	(0.053)	(0.051)	(0.059)	(0.064)	(0.065)	(0.043)

续表

变量	养老	医疗	就业	低保	住房	整体
男性	-0.037	-0.050	-0.217***	-0.072	-0.246***	-0.049
	(0.051)	(0.049)	(0.056)	(0.062)	(0.061)	(0.041)
年龄	0.001	-0.011***	0.003	-0.003	0.009***	0.008***
	(0.002)	(0.002)	(0.003)	(0.003)	(0.003)	(0.002)
信仰	0.008	0.098	-0.075	0.072	0.099	0.095
	(0.072)	(0.070)	(0.081)	(0.089)	(0.087)	(0.059)
党员	0.276***	0.257***	0.305***	0.604***	0.140	0.283***
	(0.083)	(0.081)	(0.091)	(0.102)	(0.100)	(0.068)
已婚	-0.216***	-0.331***	-0.371***	-0.488***	-0.516***	-0.477***
	(0.082)	(0.079)	(0.086)	(0.097)	(0.095)	(0.068)
教育年限	-0.037***	-0.038***	0.012	0.017*	0.010	-0.022***
	(0.008)	(0.007)	(0.008)	(0.009)	(0.009)	(0.006)
阶层认同	-0.108***	-0.086***	-0.144***	-0.076**	-0.125***	-0.130***
	(0.029)	(0.028)	(0.032)	(0.035)	(0.035)	(0.024)
社会公平感	0.435***	0.439***	0.459***	0.454***	0.481***	0.479***
	(0.013)	(0.012)	(0.014)	(0.015)	(0.016)	(0.010)
使用网络	-0.307***	-0.176***	-0.166**	-0.000	-0.037	-0.114**
	(0.066)	(0.063)	(0.076)	(0.082)	(0.083)	(0.054)
困难指数	-0.026***	-0.031***	-0.055***	-0.057***	-0.033***	-0.029***
	(0.006)	(0.006)	(0.007)	(0.008)	(0.008)	(0.005)
生活满意度	0.198***	0.184***	0.259***	0.224***	0.209***	0.175***
	(0.012)	(0.011)	(0.013)	(0.014)	(0.014)	(0.010)
截距项	4.035***	4.403***	2.273***	2.782***	2.433***	3.430***
	(0.235)	(0.226)	(0.263)	(0.287)	(0.285)	(0.191)
观察值	9517	9876	7646	7752	7058	9615
R^2	0.219	0.217	0.278	0.231	0.233	0.311

注：括号内为标准误，*** $p<0.01$，** $p<0.05$，* $p<0.1$。

民众对政府的满意度是国家与社会关系的核心，对基层治理绩效有着广泛影响。既有研究主要是强调对个体特征和服务质量评价的影响。随着研究深入，研究者越来越强调民众期望的影响。私营部门与市场营销研究中广泛应用的期望确认模型被引入政府满意度评价（Oliver，1980；

Churchill & Surprenant，1982）。期望兑现成为影响公共服务与地方政府满意度的重要因素（Van Ryzin，2004；2006）。其核心观点是，民众对公共服务或者地方政府的满意度不仅与服务质量有关，也与他们的期望是否兑现有关。大量的研究表明，政府提供的服务并不一定逐一地转变为民众的满意度，其中一个重要的原因就是民众满意度源于他们对公共服务绩效与他们预期的比较过程。一般而言，个体预期与其过去经历有关，过去表现越好，期望值越高；反之，表现越差，期望值越低（James，2011）。这些期望进而塑造了民众对政府与服务的满意度，以及在体验服务时感知的表现水平。关于期望确认或者期望兑现模型在满意度研究中得到广泛应用，并积累了丰富的实证研究（Zhang et al.，2022）。

因此，考虑到期望对满意度的影响，接下来我们用受访者是否赞同"社会保障投入过低"的说法作为社会保障水平与期望的代理变量，如果同意则编码为 1，表示对社会保障有着较高的期望，即高期望受访者；反之则编码为 0。回归结果如表 5-5 所示。和预期一致，社保高期望受访者相对于参照组，对各项社会保障的满意度水平更低。数字政府建设的影响与前文一致，但系数有了一定的变化，这揭示了数字政府建设水平在一定程度上影响了个体期望，因此，模型中纳入高期望变量后，数字政府建设的系数有了变化。与表 5-4 相比，数字政府建设对养老与医疗满意度的积极作用有所下降，而对城乡低保的负面作用有所强化。

表 5-5 **数字政府建设、期望与社保满意度**

	养老	医疗	就业	低保	住房	整体
数字政府建设	0.007**	0.006**	0.000	−0.011***	−0.002	0.002
	(0.003)	(0.003)	(0.003)	(0.004)	(0.004)	(0.002)
社保高期望	−0.671***	−0.604***	−0.491***	−0.584***	−0.570***	−0.596***
	(0.050)	(0.048)	(0.056)	(0.061)	(0.061)	(0.040)
城市社区	−0.064	0.001	−0.007	−0.051	0.015	−0.011
	(0.052)	(0.051)	(0.059)	(0.064)	(0.065)	(0.043)
男性	−0.020	−0.035	−0.210***	−0.056	−0.235***	−0.035
	(0.050)	(0.049)	(0.056)	(0.062)	(0.061)	(0.041)
年龄	0.003	−0.010***	0.004	−0.001	0.010***	0.009***
	(0.002)	(0.002)	(0.003)	(0.003)	(0.003)	(0.002)

续表

	养老	医疗	就业	低保	住房	整体
信仰	0.015	0.102	−0.069	0.082	0.109	0.095
	(0.072)	(0.069)	(0.081)	(0.088)	(0.087)	(0.058)
党员	0.233***	0.215***	0.271***	0.552***	0.102	0.244***
	(0.083)	(0.081)	(0.090)	(0.102)	(0.099)	(0.067)
已婚	−0.133	−0.253***	−0.311***	−0.414***	−0.447***	−0.402***
	(0.081)	(0.079)	(0.086)	(0.097)	(0.094)	(0.067)
教育年限	−0.036***	−0.036***	0.011	0.017*	0.009	−0.021***
	(0.007)	(0.007)	(0.008)	(0.009)	(0.009)	(0.006)
阶层认同	−0.095***	−0.074***	−0.133***	−0.065*	−0.113***	−0.117***
	(0.029)	(0.028)	(0.032)	(0.035)	(0.035)	(0.023)
社会公平感	0.418***	0.423***	0.444***	0.439***	0.465***	0.463***
	(0.012)	(0.012)	(0.014)	(0.015)	(0.016)	(0.010)
使用网络	−0.265***	−0.137**	−0.134*	0.037	−0.005	−0.075
	(0.065)	(0.063)	(0.075)	(0.081)	(0.082)	(0.053)
困难指数	−0.020***	−0.025***	−0.050***	−0.051***	−0.027***	−0.023***
	(0.006)	(0.006)	(0.007)	(0.008)	(0.008)	(0.005)
生活满意度	0.191***	0.179***	0.255***	0.219***	0.205***	0.169***
	(0.012)	(0.011)	(0.013)	(0.014)	(0.014)	(0.010)
截距项	4.324***	4.656***	2.514***	3.030***	2.705***	3.682***
	(0.234)	(0.225)	(0.263)	(0.286)	(0.285)	(0.190)
观察值	9517	9876	7646	7752	7058	9615
R^2	0.234	0.229	0.285	0.240	0.242	0.326

注：括号内为标准误，*** $p<0.01$，** $p<0.05$，* $p<0.1$。

考虑到社会保障覆盖的城乡差距，以及城乡居民对社会保障满意度评分标准的差异，特别是农村居民更容易给出满分的情况，我们以城乡子样本进行分析。

首先，根据前文分析结果，将养老、医疗和社会保障整体满意度分为一组，分析数字政府建设的影响。回归结果如表5-6所示，回归结果显示，虽然数字政府建设对整体满意度的影响在两个子样本中都不显著，但在养老保障和医疗保障满意度分析中，数字政府建设对社保整体满意度的影响存在较大的城乡差异。具体而言，数字政府建设提升了城市居民对养老保险的满意度，表 5-6 中回归结果显示，数字政府对应的回归系数为 0.010，在 1%的水平上显著。也就是说，在其他条件相同的情况下，数字政府建设得分每提升 1 分，对养老保险的满意度得分会提升 0.01 分。农村子样本中，数字政府建设对养老保险得分的影响虽然为正，但并不显著。数字政府建设对医疗保障的影响则相反。农村子样本分析结果显示，数字政府得分会显著提升民众的医疗保障满意度，但城市子样本中数字政府建设的影响虽然为正，但不显著。可能的原因是医疗服务资源向城市集中，而数字政府建设与医疗保障功能、预约功能的接入，提升了农村居民的医疗保障的可及性，也提升了医疗报账的便捷性。当然，更具体的原因仍需要进一步分析。

表 5-6　　数字政府建设与养老、医疗和社会保障整体满意度

因变量	养老保障		医疗保障		社保整体	
子样本	城市	农村	城市	农村	城市	农村
数字政府建设	0.010***	0.007	0.005	0.010**	0.005	0.001
	(0.004)	(0.005)	(0.004)	(0.005)	(0.003)	(0.004)
男性	0.014	-0.113	-0.002	-0.133	-0.061	-0.033
	(0.063)	(0.084)	(0.060)	(0.083)	(0.051)	(0.070)
年龄	-0.005*	0.011***	-0.015***	-0.004	0.005**	0.011***
	(0.003)	(0.004)	(0.003)	(0.004)	(0.002)	(0.003)
信仰	0.059	-0.035	0.075	0.120	0.041	0.175*
	(0.091)	(0.118)	(0.087)	(0.115)	(0.073)	(0.098)
党员	0.345***	0.109	0.195**	0.328**	0.269***	0.273**
	(0.098)	(0.152)	(0.094)	(0.150)	(0.079)	(0.127)
已婚	-0.002	-0.591***	-0.113	-0.748***	-0.343***	-0.694***
	(0.095)	(0.152)	(0.091)	(0.151)	(0.079)	(0.126)
教育年限	-0.040***	-0.040***	-0.039***	-0.039***	-0.018**	-0.032***
	(0.010)	(0.012)	(0.009)	(0.012)	(0.008)	(0.010)
阶层认同	-0.126***	-0.084*	-0.099***	-0.066	-0.151***	-0.098***
	(0.038)	(0.045)	(0.036)	(0.044)	(0.030)	(0.038)
社会公平感	0.452***	0.419***	0.465***	0.413***	0.488***	0.471***
	(0.017)	(0.019)	(0.016)	(0.018)	(0.014)	(0.016)

续表

因变量	养老保障		医疗保障		社保整体	
使用网络	−0. 204 **	−0. 358 ***	−0. 137 *	−0. 185 *	−0. 071	−0. 132
	(0. 087)	(0. 100)	(0. 083)	(0. 098)	(0. 071)	(0. 083)
困难指数	−0. 024 ***	−0. 027 **	−0. 026 ***	−0. 035 ***	−0. 022 ***	−0. 037 ***
	(0. 008)	(0. 011)	(0. 007)	(0. 010)	(0. 006)	(0. 009)
生活满意度	0. 240 ***	0. 152 ***	0. 221 ***	0. 148 ***	0. 197 ***	0. 149 ***
	(0. 016)	(0. 018)	(0. 015)	(0. 018)	(0. 013)	(0. 015)
截距项	3. 658 ***	4. 314 ***	4. 024 ***	4. 767 ***	3. 189 ***	3. 677 ***
	(0. 307)	(0. 378)	(0. 292)	(0. 370)	(0. 246)	(0. 314)
观察值	5423	4094	5593	4283	5505	4110
R^2	0. 238	0. 205	0. 246	0. 193	0. 325	0. 300

注：括号内为标准误，*** $p<0.01$，** $p<0.05$，* $p<0.1$。

接下来，我们将剩余的社会保障项目，即就业、住房保障和城乡最低生活保障归为一组，进行分样本分析。回归结果如表 5-7 所示。具体而言，分样本结果显示，数字政府建设对就业保障、城乡低保、住房保障的影响与前文整体样本分析结果一致。数字政府建设对城乡居民低保满意度的影响依然显著为负。其中原因，因为前文已有分析，这里不再赘述。

表 5-7　**数字政府建设与就业保障、城乡低保、住房保障满意度**

因变量	就业保障		城乡低保		住房保障	
子样本	城市	农村	城市	农村	城市	农村
数字政府建设	0. 000	0. 002	−0. 009 **	−0. 011 *	0. 002	−0. 005
	(0. 004)	(0. 006)	(0. 004)	(0. 006)	(0. 004)	(0. 006)
男性	−0. 126 *	−0. 323 ***	−0. 114	0. 001	−0. 186 **	−0. 327 ***
	(0. 067)	(0. 097)	(0. 076)	(0. 103)	(0. 076)	(0. 105)
年龄	0. 002	0. 005	−0. 002	−0. 004	0. 009 **	0. 009 *
	(0. 003)	(0. 005)	(0. 004)	(0. 005)	(0. 004)	(0. 005)
信仰	−0. 141	0. 014	0. 029	0. 101	0. 041	0. 205
	(0. 098)	(0. 138)	(0. 111)	(0. 145)	(0. 109)	(0. 144)
党员	0. 242 **	0. 316 *	0. 491 ***	0. 728 ***	0. 082	0. 220
	(0. 104)	(0. 171)	(0. 120)	(0. 185)	(0. 117)	(0. 185)

续表

因变量	就业保障		城乡低保		住房保障	
已婚	−0.164	−0.718***	−0.374***	−0.648***	−0.421***	−0.682***
	(0.100)	(0.161)	(0.113)	(0.178)	(0.112)	(0.173)
教育年限	0.033***	−0.022	0.027**	−0.002	0.014	0.001
	(0.010)	(0.014)	(0.011)	(0.015)	(0.012)	(0.015)
阶层认同	−0.149***	−0.136***	−0.074*	−0.071	−0.122***	−0.124**
	(0.040)	(0.052)	(0.044)	(0.055)	(0.045)	(0.056)
社会公平感	0.476***	0.437***	0.447***	0.461***	0.497***	0.465***
	(0.019)	(0.022)	(0.020)	(0.023)	(0.021)	(0.024)
使用网络	0.090	−0.364***	0.070	−0.055	0.116	−0.184
	(0.099)	(0.119)	(0.109)	(0.124)	(0.110)	(0.128)
困难指数	−0.047***	−0.064***	−0.043***	−0.073***	−0.027***	−0.040***
	(0.008)	(0.012)	(0.009)	(0.013)	(0.009)	(0.013)
生活满意度	0.287***	0.223***	0.280***	0.167***	0.224***	0.189***
	(0.017)	(0.021)	(0.019)	(0.022)	(0.019)	(0.022)
截距项	1.368***	3.287***	2.073***	3.500***	1.912***	3.065***
	(0.332)	(0.439)	(0.372)	(0.459)	(0.370)	(0.468)
观察值	4535	3111	4289	3463	4187	2871
R^2	0.307	0.257	0.262	0.206	0.238	0.230

注：括号内为标准误，*** $p<0.01$，** $p<0.05$，* $p<0.1$。

整体而言，数字政府建设对社会保障服务满意度的影响，存在显著的差异。首先体现在具体类型上，数字政府建设提升了民众对养老保障与医疗保障的满意度，但数字政府建设对兜底性的城乡最低生活保障、住房保障和就业保障，以及整体保障满意度影响不显著。整体保障的影响可理解为各类保障服务满意度的差异化是此消彼长所致。而服务规模与注意力分配，也会影响民众对社会保障与公共服务的整体评价。其中的差异值得关注，一种可能的解释是，这种差异反映了数字政府建设对社会保障服务的影响与其覆盖范围有关。其中，养老保险与医疗保险都是普惠性的保险服务，影响范围广，涉及每一个民众，而住房保障、就业保障和城乡低保是特惠型的，个体对不同类型社会保障的态度是不一样的（Brady & Bostic，2015）。另一种可能的解释是，数字政府建设对各类服务便利化的推进是有差异的，早在信息化时代的“金保工程”就是政务服务建设的重点工程（朱国丰，2008），2010 年金保工程第一期目标基本完成（任社宣，2011）。其推进重点反映了我国社会保障项目推进的轻重缓急，其中养老保险与医疗保险是重点项目。2016 年开展跨省异地就医持卡直接结算工作，解决了群众“跑腿、垫资”困难，实现异地就医“全国一卡通”（人社部信息中心，2019）。因此，数字化的影响主要体现在养老保障与医疗保障两种保障项目。

其次，数字政府建设对医疗保障与养老保障服务的影响体现出显著的城乡差异。其中，养老保障方面，数字政府建设对城市居民的养老保障满意度影响更为显著，对农村社区受访者的影响却不显著。在医疗保障层面，数字政府建设的农村居民医疗保障满意度更为显著，而对城市居民的影响虽然为正，但不显著。

最后，数字政府建设为社会保障等公共服务的便利化带来了广阔的发展前景，但从乐观前景到落地，依然有待落实。正如前文所展示的，数字政府建设依然在“建设”阶段，各类公共服务的使用与便利化，依然在试点城市与试点项目中，整个建设的目标“聚通用”依然是在“聚”与“通”，同我们在各地调研中相关人员反馈的信息一样，虽然各地各部门将信息化、数字化作为重要的考核目标，但在建设过程中，“有时候提出建设指标也奖励绩效分”，后面发展到“提出建设模块给绩效分”，而在用的环节，很多考核是“只要保持系统在连通状态就给分”。与之对应，目前对数字政府建设的学术研究依然聚焦于“数据孤岛”问题上，即“通”的层次。即便在各地“十四五规划”关于新基建目标对“数字政务服务”是重点，但依然是“一体化”，建设目标依然是解决群众生活的“急难愁盼”问题，将实现个人“全生命周期”的服务清单上系统。新一轮数字政府建设，重点依然是在“促进业务协同、资源整合”，“实现更多政务服务事项网上办、掌上办、一次办，持续提升‘一网通办’‘异地可办’‘跨省通办’等在线服务水平”（黄璜等，2022），如果“聚通”尚未解决，那么在“用”层面的效果有待时日，民众对数字政府建设与具体服务满意度的提升，依然有待时日。

（四）从数字政府建设到基层政府满意度：社会保障的中介作用

公共服务质量评估是影响民众对政府满意度的关键因素。数字政府建设提升民众对政府的满意度，其重要途径是通过数字政府建设，提升服务质量，以服务质量的提升影响民众对政府的满意度。本节接下来将关注的问题是：数字政府建设提升了民众对政府的满意度吗？

通过前文分析，我们知道数字政府建设对民众对政府满意度的影响非常复杂。一方面，数字政府建设提升了民众的期望，特别是对社会保障投入的期望，希望能有更多的投入，而高期望必然导致民众对政府满意度的降低。另一方面，数字政府建设对具体社会保障的满意度的影响也非常复杂，具体而言，数字政府建设提升了民众对养老和医疗等普及型的社会保障的满意度，但对特惠型的保障满意度，如城乡最低生活满意度的影响则显著为负；对就业和住房保障的影响虽然不显著，但其方向依然是负向的。

为了清晰阐述数字政府建设对基层政府满意度的影响，本节根据期望确认模型进行了回归分析。具体而言，因变量为基层政府满意度，关键自变量为数字政府建设水平、民众对社保期望的类型（是否高期望组）。同时，我们在模型中逐步纳入各项社会保障评价变量，衡量社会保障的中介作用。为了确保篇幅简洁，这里不再按照中介效应三步法展开分析，而是直接汇报中介效应分解结果。表 5-8 中模型（1）为没有增加各类社会保障满意度，模型（2）到模型（7）分别纳入了养老、医疗、就业、低保和住房、社保整体满意度的影响。表 5-8 中第一行为数字政府建设对基层政府评价影响中的社会保障的中介效应检验结果。具体而言，养老、就业、低保和社保整体的中介效应显著。模型（1）中，数字政府建设得分提高 1 分，基层政府的满意度得分会下降 0.002 分，如果剔除数字政府建设通过养老保障满意度的中介效应，其得分会下降 0.003 分，也就是说，通过提升养老保障满意度得分，数字政府建设对基层政府满意度的负面作用下降了 9.37%。如果不考虑数字政府建设对提升养老保障满意度积极作用的话，数字政府建设与基层政府满意度的负向关系会更强。前文分析中，数字政府建设对医疗保险满意度有显著的提升作用，但表 5-8 中模型 3 结果显示医疗保障满意度的中介效应不显著。模型（4）展示了就业保险的影响与中介作用，因为前文中数字政府建设对就业保障满意度影响不显著，不符合中介效应分析的前提，因此这里不再展开。低保的影响与中介效应分析结果见模型（5），具体而言，增加低保满意度后，数字政府建设对基层政府满意度的负面作用不再显著，进一步中介效应分析结果显示，数字政府与基层政府满意度之间的负向关系中，20.5%的比例可以通过低保满意度的中介效应去解释。此外，模型（7）结果显示，社保整体满意度的中介效应不显著。

综上所述，虽然数字政府建设可以通过优化社会保障服务质量提升满意度，进而对基层政府满意度提升起到积极作用，但现实层面的情况非常复杂。虽然数字政府建设提升了养老满意度，但养老满意度的中介效应非常有限。其中原因不难解释，可能是因为数字政府建设依然处在建设起步阶段，因此要在民众满意度上得到提升有待时日。与此同时，数字政府建设水平虽然能提升服务水平，但建设过程中产生的行政负担、学习成本，以及建设初期使用的不便，也会影响民众对基层政府的评价。此外，数字政府建设与媒体宣传的美好前景，让民众对基层政府，特别是作为基层政府的社区中的形式主义更加不满意。试想一下，如果数字政府建设能降低民众办事成本，最多跑一次，那么社区为什么还会出现要老百姓办各种证明、盖各种章等“烦心事”呢？以至于党中央、国务院多次发文推进基层减负，中共中央办公厅印发《关于解决形式主义突出问题为基层减负的通知》明确提出将 2019 年作为“基层减负年”（李斠，2019）。

表 5-8　　数字政府建设与基层政府满意度：社会保障的中介作用

	模型（1）	模型（2）	模型（3）	模型（4）	模型（5）	模型（6）	模型（7）
中介效应（%）		-9.37 **	-5.22	3.08 ***	20.50 ***	3.95	-5.23
数字政府建设	-0.002 **	-0.003 ***	-0.003 **	-0.003 **	-0.002	-0.003 *	-0.003 **
	(0.001)	(0.001)	(0.001)	(0.001)	(0.001)	(0.001)	(0.001)
社会保障							
养老		0.041 ***					
		(0.004)					
医疗			0.039 ***				
			(0.004)				
就业				0.055 ***			
				(0.005)			
低保					0.043 ***		
					(0.004)		
住房						0.053 ***	
						(0.005)	
整体							0.081 ***
							(0.005)
社保高期望	-0.039 ***	-0.030 ***	-0.032 ***	-0.028 ***	-0.028 ***	-0.032 ***	-0.021 ***
	(0.005)	(0.005)	(0.005)	(0.006)	(0.006)	(0.006)	(0.005)

续表

	模型（1）	模型（2）	模型（3）	模型（4）	模型（5）	模型（6）	模型（7）
城市社区	0.071***	0.067***	0.070***	0.098***	0.095***	0.097***	0.077***
	(0.021)	(0.021)	(0.021)	(0.024)	(0.023)	(0.025)	(0.021)
男性	-0.072***	-0.068***	-0.068***	-0.066***	-0.064***	-0.066***	-0.064***
	(0.020)	(0.020)	(0.020)	(0.022)	(0.022)	(0.023)	(0.020)
年龄	-0.001	-0.001	-0.000	-0.001	0.000	-0.001	-0.001
	(0.001)	(0.001)	(0.001)	(0.001)	(0.001)	(0.001)	(0.001)
信仰	-0.025	-0.032	-0.033	-0.014	-0.038	-0.064*	-0.035
	(0.029)	(0.029)	(0.029)	(0.033)	(0.033)	(0.033)	(0.029)
党员	0.123***	0.111***	0.113***	0.119***	0.087**	0.103***	0.109***
	(0.033)	(0.033)	(0.033)	(0.036)	(0.037)	(0.037)	(0.033)
已婚	-0.071**	-0.060*	-0.067**	-0.051	-0.068*	-0.038	-0.040
	(0.032)	(0.033)	(0.033)	(0.035)	(0.036)	(0.036)	(0.033)
教育年限	-0.016***	-0.015***	-0.015***	-0.017***	-0.017***	-0.016***	-0.014***
	(0.003)	(0.003)	(0.003)	(0.003)	(0.003)	(0.004)	(0.003)
阶层认同	-0.007	-0.002	-0.005	0.001	-0.003	-0.001	0.004
	(0.011)	(0.012)	(0.012)	(0.013)	(0.013)	(0.013)	(0.012)
社会公平感	0.161***	0.143***	0.144***	0.134***	0.144***	0.134***	0.125***
	(0.005)	(0.006)	(0.005)	(0.006)	(0.006)	(0.006)	(0.006)
使用网络	-0.090***	-0.073***	-0.088***	-0.087***	-0.093***	-0.106***	-0.083***
	(0.026)	(0.027)	(0.027)	(0.031)	(0.030)	(0.032)	(0.027)
困难指数	-0.019***	-0.019***	-0.018***	-0.016***	-0.017***	-0.018***	-0.018***
	(0.003)	(0.003)	(0.003)	(0.003)	(0.003)	(0.003)	(0.003)
生活满意度	0.007	-0.001	0.001	-0.005	-0.003	0.000	-0.008
	(0.005)	(0.005)	(0.005)	(0.005)	(0.005)	(0.006)	(0.005)
截距项	3.446***	3.248***	3.246***	3.251***	3.209***	3.271***	3.041***
	(0.101)	(0.107)	(0.106)	(0.117)	(0.116)	(0.119)	(0.105)
观察值	9126	8651	8897	7209	7204	6653	8763
R^2	0.157	0.165	0.165	0.167	0.173	0.177	0.179

注：括号内为标准误，*** $p<0.01$，** $p<0.05$，* $p<0.1$。

二　基层政府满意度的影响路径：服务能力的作用

（一）从数字政府建设到满意度：一个简要的再讨论

关于公共设施建设与基层政府满意度的提升中存在一个“建设与使用满意度”的悖论。具体而言，相关原因主要体现为以下几个方面。

其一，同地铁等交通基础设施建设带来了交通的便捷一样，地铁建设过程也带来诸多不便，导致民众的阶段性不满。建设过程中伴随着投入与负担增加（杨宏山，2021）。这意味着数字政府建设在特定阶段不一定会提升民众的满意度与幸福感，甚至会降低其满意度。

其二，政府转型的视角。一方面，单一技术推进，并不必然带来服务的便利化与治理能力的提升。而考核目标的异化，甚至会导致服务的满意度降低。另一方面，规模压力导致的具体服务满意度与总体绩效满意度的悖论。众所周知，提升服务体系质量是数字政府建设的重要目标。数字政府建设就是将数字技术广泛应用于政府管理服务，以数据赋能促进公共服务高效化（沈费伟、诸靖文，2021）。虽然单一案例或者少数案例研究都展示出数字政府建设与智慧化服务对基层治理赋能增效的作用。国内研究者基于浙江、北京、广东等地建设智慧城市、数字政府的丰富实践，对国家治理或社会治理数字化转型的典型模式、运行机制及治理成效进行了梳理和提炼。既有研究发现社会治理体系内部的协同性显著提升，为精准及时满足群众诉求，建设回应型政府，实现整体性治理提供了有效途径（蔡跃洲，2021）。但正如既有研究所指出的，政府信任感中，机构信任（对具体机构的信任感）与对政府的整体信任不同，民众对政府整体信任感较高的同时也可能对具体政府机构的信任较低，或者相反。服务满意度也与之类似，单一服务的满意度与整体满意度存在较大的差异，民众可能对单一服务很满意，但对整体层面不满意。而且，两者之间可能是互相影响的。正如多任务目标的注意力分配一样，地方政府会将注意力放在上级重点考核的目标，在资源有限的情况下，会影响其他目标。大规模动员资源实现特定目标，可以达到“善于集中力量办大事”的效果，但是也会影响其他目标的实现，资源约束与激励制度结合在一起，形成治理与服务中的强项与弱项（周黎安，2014）。因此，数字政府建设并不必然提升民众期待满足程度。在诸多目标与问题中，政府对具体问题的回应是策略性的（李锋、孟天广，2016）。事实上，政府的策略性回应并没有随着数字政府的建设而改观（李慧龙、于君博，2019）。“上面千条线，下面一根针”，单一服务的效率改进并不必然导致整体效率的提升。当组织制度、资源结构、权力关系均未与技术同步更迭时，数字技术就如同一个放大器，放大上级的注意范围，聚焦基层的责任与义务，致使数字化形式主义泛滥（陈新，2021）。

其三是目标异化悖论。数字政府建设需要资金投入，因此强调加强顶层设计，自上而下的推动，而非基层政府推动。这也导致基层治理的统一性与灵活性问题在数字政府建设过程中同样存在（周雪光，2011）。数字政府建设过程中，不仅各类政务 APP 种类繁多，同时办事功能完备程度低，不少环节仍需现场进行（阳军，2021）。系统建设与实践情况的差异，最终依然需要多“跑路”，民众在一定程度上承担着“试错成本”。更为重要的是，为了确保政策落实，上级政府往往设立各种考核指标。决策者出于政绩需要要求基层必须采用相关系统，并设定注册人数、点击量等指标化任务，将其纳入考核内容（杨宏山，2021）。政务 APP、政务微信群泛滥加重了基层干部负担，也导致“互联网+”形式主义，削弱了政府公信力（张紧跟，2019）。而考核中的形式化考核、政绩注水、考核过度精细等问题，使得技术与社会需求脱嵌（陈新，2021），沦为形式主义。

因此，数字政府建设是手段，其关键是服务理念的转型。如同前文所指出的，民众对社会保障的满意度，可能更为关键的是社会保障的整体水平。如果只是提升了服务的便捷性、服务的可及性，而没有提升服务的整体水平，那么对民众满意度的影响相当有限。

（二）政府职能转型与政府满意度：从信息透明到民众诉求的回应

为了讨论数字政府建设、政府职能转型与民众满意度之间的关联，本部分将讨论政府职能转型与民众满意度的关联，即政府治理能力的提升，能提升民众对政府的整体满意度吗？具体而言，基于民众获得感与需求，本部分对政府职能转型主要关注如下几个维度：经济发展职能、信息公开透明度、需求回应能力，以及政府整体绩效。

首先是政府的经济发展职能的评估。在发展中解决问题是中国社会转型稳定奇迹的基础，也是中国共产党执政的经验总结。新中国成立后的长期阶段，我国社会的主要矛盾是人民日益增长的物质文化需要同落后的社会生产之间的矛盾。为解决这一主要矛盾，党和政府致力于解放生产力，聚焦经济建设，提升民众的物质文化生活水平。党的十九大对新时代社会主要矛盾做出新的研判："中国特色社会主义进入新时代，我国社会主要矛盾已经转化为人民日益增长的美好生活需要和不平衡不充分的发展之间的矛盾"（习近平，2017）。党和政府坚持以人民为中心的发展思想，在发展中改善民生。总之，发展能力是政府的核心能力，而既有关于中国经济快速发展奇迹的解释中，也特别突出政府的发展职能与发展能力（丘海雄、徐建牛，2004；高柏，2006；马敏，2016；陶然、苏福兵，2021）。中国政府也被视为典型的发展型政府（郁建兴、石德金，2008；张汉，2014；陈玮、耿曙，2017），甚至中国的民生政策、社会政策也被视为典型的发展型社会政策，服务于国家竞争力建设与地方发展需求（郁建兴、高翔，2012；魏万青，2020）。经济发展能力是国家的核心能力（耿曙、王颖颖，2022），以经济建设为中心、在发展中解决问题是中国经济与社会长期稳定奇迹的典型特征，因此，也是本节关注的首要职能，即关注发展经济与解决就业能力对政府满意度的影响。

其次是政府透明度和开放度。政府透明度，或者说透明政府，凸显了政府的自我约束和开放性，与此同时，高透明度也意味着政府对民众知情权的尊重，有利于民众参与。政府信息公开是推进国家治理体系和治理能力现代化的基石，为了保障公民、法人和其他组织依法获取政府信息，提高政府工作的透明度，建设法治政府，2007 年 4 月 5 日中华人民共和国国务院令第 492 号公布了《中华人民共和国政府信息公开条例》，2019 年 4 月 3 日中华人民共和国国务院令第 711 号公布了修订后的《中华人民共和国政府信息公开条例》。既有研究指出，政府透明度实际上代表了政务信息对于民众的可及性，能降低参与成本，提升满意度（郑建君等，2022）。但具体而言，《中华人民共和国政府信息公开条例》的实施主要依靠政府权威，国务院各部委为贯彻落实条例制定了部门规章予以保障，而对激励工具利用较少（韩兆柱、均环，2019）。激励手段的缺失，意味着数字政府建设虽然提升了信息公开渠道，但缺少实质性的内容。然而，我们在讨论数字政府建设对信息公开与政府满意度的影响之前，首先要回答信息公开与透明度的提升，能否提升民众对政府的满意度与绩效评价。然后再探讨数字政府建设是否提升了信息公开度和透明度，以及这种透明度的提升是否传导到民众对政府满意度的评价上。当然，从透明度提升到民众是否认识到这种"提升"有一定距离，而且即便是民众认识到这种透明度与信息公开度的提升，他们是否满意也要另当别论。但由于数据限制，对信息透明度的关注主要是从民众对政府信息公开和提高政府工作的透明度的主观认知入手的。这也意味着本节的评估依然存在一定的偏误，需要更为客观的测评。

最后是服务能力，主要是强调政府对民众诉求的回应力。政府回应力即满足公众偏好的能力，一般而言，选举制度与问责压力被认为是政府与官员关注民众偏好与制定回应性政策的重要原因（Grossman & Slough，2022），而公平的选举往往会导致更为公平的政策回应（Ofosu，2019）。重视民意、回应民意是国家治理现代化的重要内容。虽然在公共管理与公共行政研究中，将回应性政府建设视为一个理论动态（卢坤建，2009），与服务型政府建设相呼应。但事实上，“先天下之忧而忧，后天下之乐而乐”，“些小吾曹州县吏，一枝一叶总关情”等传统名句名篇，凸显中国传统文化一直强调对民众民意的回应。作为执政党，中国共产党强调“为民用权”“群众利益无小事”。与西方国家对民意的回应区别主要是选举问责制不同，中国政府强调对民意的回应性是由其执政理念与初心决定。中国政府非常重视对民意的回应，坚持以人民为中心的发展理念，全心全意为人民服务，切实解决好群众的忧心事、烦心事、揪心事。因此，本节关注的一个重要内容就是政府回应力，提升政府回应力，是国家治理能力现代化的重要指标，也是政社关系优势形成的基础。

本节关注政府整体治理水平，即民众对政府的整体绩效的评价与满意度。如前所述，这里的政府指的是基层政府，即县区一级的政府。同样，利用 CSS 2019 年数据，我们评估了基层政府经济发展能力、信息公开度与透明度、基层政府的回应力对政府整体满意度的影响。具体如图 5-3 所示。

相关回归结果如表 5-9 所示。表 5-9 中，因变量是民众对所在基层政府的总体评价，即总体满意度。关键自变量是当地政府在解决就业与发展经济的能力（发展能力）、信息公开与透明度（透明度），以及服务回应力（政府服务意识，能及时回应百姓的诉求的能力）。不出所料，发展能力、透明度与服务回应力与民众对基层政府整体评价显著相关，发展能力越强，民众对基层政府的满意度越高；基层政府的信息公开度越大，民众对其满意度越高；基层政府服务意识越强，越能及时回应百姓的诉求，民众对基层政府越满意。

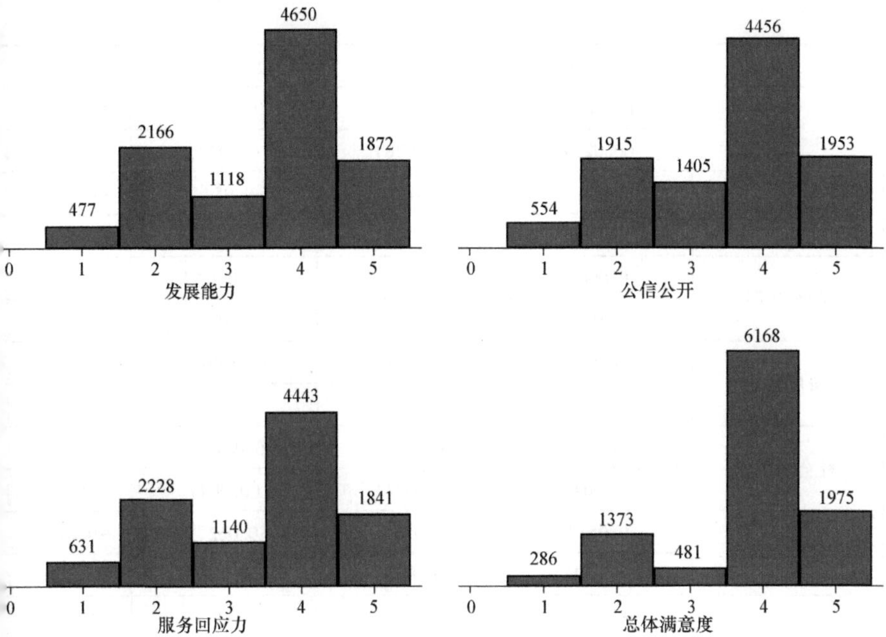

图 5-3　政府能力评价

表 5-9　基层政府治理能力与政府整体满意度：从发展能力到回应力

	政府满意度	政府满意度	政府满意度	政府满意度
发展能力	0.356***			0.133***
	(0.008)			(0.008)
信息公开		0.422***		0.201***
		(0.007)		(0.009)
服务回应力			0.427***	0.244***
			(0.007)	(0.009)
城市	0.051***	0.061***	0.058***	0.056***
	(0.018)	(0.017)	(0.017)	(0.016)
男性	-0.070***	-0.041**	-0.029*	-0.032**
	(0.017)	(0.017)	(0.016)	(0.016)
年龄	-0.000	0.000	-0.001	0.000
	(0.001)	(0.001)	(0.001)	(0.001)
信仰	-0.005	0.008	0.006	0.016
	(0.024)	(0.023)	(0.023)	(0.022)

续表

	政府满意度	政府满意度	政府满意度	政府满意度
党员	0.109***	0.091***	0.074***	0.074***
	(0.029)	(0.028)	(0.027)	(0.026)
已婚	−0.066**	−0.065**	−0.054**	−0.054**
	(0.027)	(0.026)	(0.026)	(0.025)
教育年限	−0.006**	−0.010***	−0.008***	−0.006**
	(0.003)	(0.002)	(0.002)	(0.002)
阶层认同	0.001	−0.004	−0.001	0.001
	(0.010)	(0.009)	(0.009)	(0.009)
社会公平感	0.109***	0.091***	0.087***	0.068***
	(0.004)	(0.004)	(0.004)	(0.004)
使用网络	−0.057**	−0.056***	−0.062***	−0.044**
	(0.022)	(0.021)	(0.021)	(0.020)
困难指数	−0.013***	−0.011***	−0.008***	−0.006***
	(0.002)	(0.002)	(0.002)	(0.002)
生活满意度	0.001	0.001	0.001	−0.003
	(0.004)	(0.004)	(0.004)	(0.004)
截距项	2.036***	1.929***	1.970***	1.477***
	(0.081)	(0.077)	(0.076)	(0.074)
观察值	10260	10260	10260	10260
R^2	0.296	0.357	0.372	0.432

注：括号内为标准误，*** $p<0.01$，** $p<0.05$，* $p<0.1$。

总之，民众对基层政府的整体评价或者说对基层政府满意度，与民众对其职能评价相关，发展能力、信息公开能力和需求回应能力对基层政府满意度有着显著的影响。这也意味着，数字政府建设可以通过提升地方政府发展能力、信息公开能力和需求回应力等途径，提升民众满意度的发挥作用。

（三）数字政府建设与政府职能评价：期望、信息透明与诉求回应

数字政府建设提供了民众对政府服务效能的美好前景，这势必导致民众对政府期望发生变化。此外，数字政府建设提升政府评价满意度的重要途径或者机制就是提升基层政府发展能力、信息公开与需求回应能力。虽然促进信息公开、增强政府对民众需求的回应能力，降低成本提升发展能

力等，是数字政府建设的重要目标，但从建设到使用，再到建设目标的实现，需要时日。因此，接下来的问题就是，数字政府建设能够提升基层政府在上述各方面的能力或者履职能力吗？表5-10展示了数字政府建设、民众期望对政府发展能力、信息公开能力、需求回应能力以及基层政府整体评价的影响。这里使用民众对政府社会保障供给水平的评价作为民众对政府期望的代理变量，民众认为当前社会保障水平越低，则表示其对政府期望更高；反之则表示期望较低。

表5-10中结果显示，民众的社保期望和其对政府能力评价存在显著相关。期望越高，对政府能力评价得分越低。而数字政府建设并没有显著提升民众对基层政府发展能力、信息公开能力和需求回应能力的评价，也没有显著提升民众对基层政府满意度的评价；恰恰相反，数字政府建设的系数均为负值，且除了信息公开满意度模型不显著外，其他模型均在5%的水平上显著。简单来说，数字政府建设越好，民众对地方政府发展经济解决就业问题的满意度、信息公开满意度、需求回应满意度以及整体满意度越低。而四个模型结果显示，提升民众对地方政府各项指标以及整体满意度的关键，依然是民众的生活满意度和社会公平感。生活满意度以及社会公平感越高，民众对地方政府各项指标的满意度和整体满意度越高。反之，如果民众感知的困难越多，他们对基层政府各项指标和整体满意度的评价越低。此外，从数字政府建设对发展能力、信息公开能力与需求回应能力的影响来看，民众可能更在乎的是发展能力和回应力，这些能力给民众带来的收益是可感知的，而对知情权或者信息公开似乎没有这么关注。

数字政府建设的重要目标就是提升民众的满意度与获得感，然而，数字分析结果却呈现出数字政府建设水平越高，民众对基层政府满意度越低，而且与基层政府各项指标（发展能力、信息公开和需求回应能力）评分也呈现负相关。如何理解这种数字政府建设与基层满意度提升之间的悖论呢？可能的原因有三点：

其一是数字政府建设主要由省级政府统一推进，各省市成立大数据管理局负责数字政府建设而不是基层政府负责推进，因此，数字政府建设水平与基层政府评价之间并不存在直接关联。

其二是期望的作用，各省在数字政府建设上力度越大，获得的评分越高，民众越是希望其能运用到具体政务服务中，希望“最多跑一次”全面落实，因此，数字政府建设水平提升了民众的期望。但期望变为现实需要诸多条件，数字政府建设成效在基层落实需要硬件软件的支撑，也需要政府内部数据联通和政府之间的协同，然而，目前数字政府建设依然处在建设阶段，“数据孤岛”与政府各部门之间的协同问题依然有待解决，因此从期望到现实依然有很长的路要走。然而，这种期望一旦没有在现实层面尽快地落实，就会导致民众的挫折感与失望，降低民众对政府的满意度，特别是降低民众对与之打交道的基层政府的满意度。

其三是数字政府建设水平的测量问题。如前所述，关于数字政府建设水平的测量存在诸多标准，本节使用的腾讯研究院的数字政府建设指标，关注的是使用人数等内容，而不是具体服务能力，相关指标不一定是有效的评估指标。

表 5-10　　政府职能与满意度：数字政府的影响

	发展能力	信息公开	需求回应	政府评价
数字政府建设	-0.005***	-0.002	-0.004***	-0.002**
	(0.001)	(0.001)	(0.001)	(0.001)
社保期望	-0.039***	-0.037***	-0.056***	-0.039***
	(0.006)	(0.006)	(0.006)	(0.005)
城市	0.061**	0.019	0.026	0.071***
	(0.025)	(0.025)	(0.026)	(0.021)
男性	-0.007	-0.086***	-0.101***	-0.072***
	(0.024)	(0.024)	(0.024)	(0.020)
年龄	-0.003**	-0.002**	0.000	-0.001
	(0.001)	(0.001)	(0.001)	(0.001)
信仰	-0.051	-0.092***	-0.069**	-0.025
	(0.034)	(0.034)	(0.035)	(0.029)
党员	0.036	0.069*	0.111***	0.123***
	(0.039)	(0.039)	(0.040)	(0.033)
已婚	-0.029	-0.028	-0.047	-0.071**
	(0.038)	(0.038)	(0.039)	(0.032)
教育年限	-0.027***	-0.013***	-0.017***	-0.016***
	(0.004)	(0.004)	(0.004)	(0.003)
阶层认同	-0.021	-0.004	-0.009	-0.007
	(0.014)	(0.014)	(0.014)	(0.011)
社会公平感	0.141***	0.165***	0.169***	0.161***
	(0.006)	(0.006)	(0.006)	(0.005)

续表

	发展能力	信息公开	需求回应	政府评价
使用网络	-0.112***	-0.090***	-0.072**	-0.090***
	(0.031)	(0.031)	(0.032)	(0.026)
困难指数	-0.022***	-0.022***	-0.028***	-0.019***
	(0.003)	(0.003)	(0.003)	(0.003)
生活满意度	0.024***	0.020***	0.020***	0.007
	(0.006)	(0.006)	(0.006)	(0.005)
截距项	3.488***	3.140***	3.187***	3.446***
	(0.121)	(0.121)	(0.124)	(0.101)
观察值	9126	9126	9126	9126
R^2	0.114	0.128	0.144	0.157

注：括号内为标准误，*** $p<0.01$，** $p<0.05$，* $p<0.1$。

（四）数字政府建设与民众满意度：政府职能的中介作用

为评估数字政府建设对政府满意度的影响机制，特别是通过提升发展能力、信息公开能力和服务回应能力的中介作用的影响，我们以基层政府满意度为因变量，以数字政府建设、各项职能指标评价为关键自变量进行回归，具体结果如表 5-11 所示。

表 5-11 中信息显示，发展能力、服务回应力和信息公开能力等都会显著提升民众对基层政府的满意度评价，控制了上述指标之后，数字政府建设水平对基层政府满意度的影响方向不变，但都不显著。同样，我们使用 sgmediation2 命令对发展能力、信息公开能力与回应能力的中介效应进行分解（Zhao，Lynch & Chen，2010）。结果显示，数字政府建设与政府满意度之间的负向关联，与民众对政府发展能力（发展经济与解决就业满意度）和政府回应能力的评价显著相关。

表 5-11　　数字政府建设与基层政府满意度的影响机制分析

	政府评价	政府评价	政府评价	政府评价
中介效应%		103.6***	34.6	98.5***
发展能力		0.350***		
		(0.008)		

续表

	政府评价	政府评价	政府评价	政府评价
信息公开能力			0.416***	
			(0.008)	
服务回应能力				0.420***
				(0.007)
社保期望	−0.039***	−0.025***	−0.023***	−0.015***
	(0.005)	(0.005)	(0.005)	(0.004)
数字政府建设	−0.002**	−0.001	−0.002	−0.001
	(0.001)	(0.001)	(0.001)	(0.001)
城市	0.071***	0.050***	0.063***	0.060***
	(0.021)	(0.019)	(0.018)	(0.018)
男性	−0.072***	−0.069***	−0.036**	−0.029*
	(0.020)	(0.018)	(0.017)	(0.017)
年龄	−0.001	0.000	0.000	−0.001
	(0.001)	(0.001)	(0.001)	(0.001)
信仰	−0.025	−0.007	0.013	0.004
	(0.029)	(0.026)	(0.025)	(0.025)
党员	0.123***	0.110***	0.094***	0.076***
	(0.033)	(0.030)	(0.029)	(0.028)
已婚	−0.071**	−0.061**	−0.059**	−0.051*
	(0.032)	(0.029)	(0.028)	(0.027)
教育年限	−0.016***	−0.006**	−0.010***	−0.008***
	(0.003)	(0.003)	(0.003)	(0.003)
阶层认同	−0.007	0.001	−0.005	−0.003
	(0.011)	(0.010)	(0.010)	(0.010)
社会公平感	0.161***	0.112***	0.092***	0.090***
	(0.005)	(0.005)	(0.005)	(0.005)
使用网络	−0.090***	−0.051**	−0.052**	−0.059***
	(0.026)	(0.024)	(0.023)	(0.023)
困难指数	−0.019***	−0.011***	−0.010***	−0.007***
	(0.003)	(0.002)	(0.002)	(0.002)
生活满意度	0.007	−0.002	−0.002	−0.002
	(0.005)	(0.004)	(0.004)	(0.004)

续表

	政府评价	政府评价	政府评价	政府评价
截距项	3.446***	2.225***	2.141***	2.109***
	(0.101)	(0.096)	(0.091)	(0.090)
观察值	9126	9126	9126	9126
R^2	0.157	0.303	0.363	0.377

注：括号内为标准误，*** $p<0.01$，** $p<0.05$，* $p<0.1$。

总之，数字政府建设与基层政府满意度之间的关系非常复杂。数字政府建设不一定能提升基层政府发展经济能力、信息公开能力和服务回应能力，也不一定使民众对基层政府发展能力与信息公开能力、服务回应能力的满意度提升。恰恰相反，随着数字政府建设水平的提高，民众对政府在发展经济解决就业问题、公开信息增加透明度、提升服务意识增强回应能力方面的期待更高，进而使得数字政府建设对基层政府评价的影响可能是负面的。

相关结果一方面揭示了数字政府建设过程中"技术决定论"的局限性，数字政府建设不仅仅是数字技术、智能技术在公共服务与政务服务中的使用，更为重要的是政府职能转型。数字政府建设是一场革命，伴随着数字政府建设的是政府服务意识与服务能力的增加，是政府职能的改革。如果只有技术的提升，没有政府职能的转型与资源相匹配，那么政府对民众诉求也无法做出回应。在资源有限的情况下，基层政府面对事务繁多的社会治理问题只能是选择性、策略性的回应（李锋、孟天广，2016）。基层治理中的资源不足、体制不顺等问题，不会随着数字政府建设而消失。如果在传统治理时代，基层治理问题与有效回应不足还可以归结为降低社区或者街道一级基层政权，数字政府建设使得相关问题的能快速传导到县区一级，甚至是省一级，脱离理想的"治理金字塔模型"。

另一方面，数字分析结果也解释了数字化时代基层治理社会基础的变化。随着数字政府建设水平提升，民众对政府发展经济解决就业能力的要求也在提升，对政府的服务能力和对民众需求的回应能力的要求也在提升。这也要求基层政府建设过程中政府能力的全面发展，从经济发展能力到服务回应能力，前者保障"蛋糕"不断做大，为解决基层治理问题提供物质基础，提供就业机会，后者保障发展成果为广大民众共享，确保发展成果能传导到广大民众身上。这进一步反映了基层治理的复杂性。新时期社会主要矛盾已经转化为人民日益增长的美好生活需要和不平衡不充分的发展之间的矛盾。这一主要矛盾体现在基层治理中，一是“物质文化生活需求”的表述不足以囊括人民各方面丰富多样的需求；二是民众对同类型的需求也不再是“有无”的问题，而是更关心质量问题。

三 基层政府满意度的来源：安全与隐私的作用

（一）数字化中的隐私与政府满意度：简要讨论

前文从社会保障服务和政府能力两个维度，分析了数字政府建设如何影响民众对基层政府满意度。数字政府建设对基层政社关系的影响是非常复杂的。数字化与智能化是数字政府建设的重要内容，但数字政府建设不能局限于技术决定论，数字政府建设本质上是政府治理理念与治理能力的提升。因此，对数字化时代政社关系优势的理解，关键落脚点依然是政府公共服务供给质量的提升，如果没有社会保障与财政方面的投入，数字化给民众带来的获得感是有限的。与此同时，数字化时代对政府职能提出了更高的要求。与西方国家强调最小政府、消极政府的观念不同，中国民众对政府的要求更高、期待更高，不仅要求其在经济发展与解决就业方面有更高的作为，同时也对政府在服务能力、回应能力上的要求更高。“当官不为民做主，不如回家卖红薯”，反映的就是传统文化对政社关系的理解，强调政府增强对民众需求的回应力，“先天下之忧而忧，后天下之乐而乐”，“些小吾曹州县吏，一枝一叶总关情”等传统名句名篇都凸显出中国传统文化对政府回应力的强调。从这个意义上来说，数字政府建设，数字化只是工具，而政府职能转型、提升服务能力与民众获得感才是数字政府建设的核心。因此，伴随着数字政府建设，更多是“最多跑一次”“一网通办”等体现服务能力与服务理念的内容。另外，数字化带来的便捷影响，也是一个逐步实现的过程。政务服务的数字化不会自然生成，数字化过程会产生诸多关联成本，数字化要求民众投入更多的学习，以此掌握相关软件的使用技能，进而承担心理成本和服从成本（Baekgaard & Tankink，2022）。这些行政负担也会导致民众对政府的评价与满意度发生微妙的变化，增加数字化建设的非预期后果。总之，前文研究展示了数字政府建设不能局限于技术决定论，只有技术的提升，没有服务内容与服务能力的提升，数字政府建设就难以提升民众的政府满意度。

即便是回到技术层面，数字化与技术的影响也是复杂的。诸多研究对数字化的社会后果展开了讨论。例如，对个体而言，数字化虽然带来了便捷，但也导致工作与家庭的界限模糊，个体生活受到更多的干预（Ollier-Malaterre et al.，2019）。其结果是个体生活时间被重构，休闲时间减少，而工作与日常生活边界更加模糊（Gerstel & Clawson，2018）。即便是经济与社会领域经常提及的数字发展红利也是因人而异。其中，“数字鸿沟”和“数字缺勤”相关研究值得关注。数字化快速发展并不意味着其包容性与代表性的增强，特别是对老年群体与资源匮乏群体而言，数字化基础设施普及有限，导致这些群体的特殊需求被忽视了。算法时代被数字化的服务与需求值得进一步追问，是谁的需求、谁的服务被数字化（Wesson et al.，2022）。“数字鸿沟”问题放大了数字技术的负外部性，扩大了社会不平等，导致数字技术可能会疏远那些无法获得数字资源的群体（Lember，et al.，2019）。而这些群体往往是那些在社会中相对弱势的群体。与此对应的是，数字技术应用的便利性是建立在利益相关者的联合生产基础上的。利益相关者利用数字技术的优势来加强联合生产并提高公共服务质量，但相关利益群体与资本也因为技术上的强势而强化了其优势地位。

更多层面的是，社会舆论与研究者们对数字化时代的安全与隐私的担忧。数字化时代也是民众对隐私价值与担忧高涨的时代，互联网巨头在宣称“中国人愿意用隐私换便利”的背后，是隐私保护与安全法律的滞后（李迩，2018）。紧随着数字化时代到来的是算法时代的来临，算法责任缺失与异化现象频繁出现（肖红军，2022）。从“大数据杀熟”到偏见与群体歧视，技术应用带来便利的同时也强化其优势与“责任鸿沟”问题。一旦出现算法错误或滥用，将会引发重大社会风险，产生社会伦理问题与价值争议。“责任鸿沟”与利润的结合的风险，难免让人担忧算法滥用导致数字技术应用偏离正常的轨道，降低民众的信任度（Wirtz et al.，2020）。因此，如果不解决数字化带来的隐私安全问题和算法偏见问题，数字化建设可能会导致更多的担忧和负面后果（Zou & Zhao，2021）。这不仅仅是个人信息被泄露的问题，也还有可能是伴随着数字化与便捷化，特定主体可以借助在数字技术上的优势对个体进行“精准控制”，导致更多的行政负荷与成本增加（Moynihan et al.，2015）。

正如前文所述，可以基于工具主义、技术主义理解数字化。在以人民为中心的发展理念下，数字化红利可以变为便捷的服务、高效的回应力，进而提升民众的获得感与满意度。但在缺少监管与制衡的情况下，数字化也许会成为控制的工具。如果个体信息和其行动便利、服务获得有关，那么个体信息“被消失”或者说“数字缺勤”就意味着相关权利可能被剥夺。如果权利与数字素养、数字能力、数字资源相关，那么商业世界与劳动力市场中数字化侵蚀个体空间与时间的现象也同样会在公共服务中出现。数字化会强化占有数字资源组织的优势地位。在组织目标替代的情况下，数字化建设与特定目标捆绑时，个体除了适应、顺从，又应该如何回应呢？相关问题在疫情防控时期得到了社会的关注。一方面数字化技术与健康码的使用助力了疫情防控，数字化带来的积极前景切实可见（张权、黄璜，2022）。但另一方面，健康码也带来了数字鸿沟与不平等问题（冯雅君、马源，2021），以及信息隐私保护问题（杨燕青、马绍之，2020）。在极少数地方，更有甚者通过控制健康码的形式，确保民众服从相关规定。虽然在上级政府与舆论关注下，地方政府很快做出政策调整，但这些问题已经不是简单的形式主义或者官僚主义问题，而是涉及法律与权利的问题。从这个意义上来了解数字政府建设与隐私安全问题，已经超出前文所说的“使用便利与隐私悖论”。该悖论强调数字化带来的便捷是建立在更多信息收集基础上，更多的信息意味着更高的服务质量，但更多的信息也意味着更少的隐私，而广泛的信息收集会增强民众对数据隐私和安全问题的担忧（Wirtz et al.，2020）。更为重要的是，对数字化的评估不能脱离其社会权利、法律制度等社会基础制度、社会情境联系在一起的范围（Wirtz et al.，2019）。在一个数据密集的时代，扩大个人与国家之间的信息和权力不对称的风险是巨大的。虽然这种担忧主要是对商业部门的担忧（程啸，2018），但对公共部门的数据收集带来的隐私与安全问题的担忧，也与日俱增（Wirtz et al.，2020）。隐私安全问题也变得更加紧迫（Lageson，2022）。如何回应隐私威胁问题也成为数字政府建设与数字技术应用中的关键议题（张成福、谢侃侃，2020；杨燕青、马绍之，2020）。

总之，隐私与安全问题在数字化时代变得如此重要，但绝大部分研究都是评论性的，相关实证研究非常少。这也构成了本节关注的一个重点问题，即数字化时代民众对隐私安全的担忧。具体而言，数字政府建设是否增强了民众对隐私安全的关注，以及这种对隐私安全的关注是否影响到民众对基层政府的满意度和信任感？仍有待追问与解答。

（二）数字化时代的隐私安全问题：便捷与隐私悖论再讨论

数字化快速发展过程，也伴随着人们对信息安全的担忧。如，2018年3月27日中国发展高层论坛上，某知名互联网公司董事长兼CEO表示中国人愿意用隐私换取便利，对隐私问题的态度更开放，相对来说也没那么敏感，他们可以用隐私换取便利、安全或者效率。相关言论激发社会舆论对信息“裸奔”的关注与担忧，2019 年《中华人民共和国个人信息保护法》落地实施（王井怀、刘惟真，2021；管筱璞、柴雅欣，2021；龚文静，2021）。

本章关注数字政府建设对基层政府满意度的影响，首先要关注的是，民众对信息安全的担忧是否影响到了其对基层政府的满意度评价？如果是，民众对信息安全担忧是否由数字政府建设所引起呢？由此，本部分的实证分析依然是延续中介效应三步法的思路，检验数字政府建设与基层政府满意度之间信息安全的中介作用。考虑到中介效应分析方法的争议（江艇，2022），本部分重点关注以下问题：（1）民众对信息安全的担忧是否影响到了其对基层政府的满意度评价？（2）如果是，民众的信息安全担忧是否由数字政府建设所引起？本部分使用的数据依然是 CSS 2019。该数据曾询问受访者对信息安全保护的态度与看法，具体问题是“我很担心个人信息会被商家收集和随便使用”“大部分的商家能够合理使用消费者的信息”“现在的法律法规对保护消费者的隐私做了比较好的规定”。答案选项 1~5 分别为很同意、比较同意、不太同意、很不同意、不好说。受访者对上述三个问题的回答如图 5-4 所示。问题 1 结果显示，民众对商家收集和随便利用个人信息的担忧比例较高，其中有 4449 人对此很担忧（即很同意），占比 43. 3%；表示担忧的 3013 人，占比 29. 3%，两者合计高达 72. 6%。问题 2 结果展示了民众对商家是否能合理利用消费者信息的回答，认为商家能合理或者比较合理地利用消费者信息的（选择很同意或比较同意）分别为 10. 5% 和 32. 7%，两者合计为 43. 2%。也就是说，绝大部分受访者认为商家无法合理利用消费者信息。问题 3 的回答表明，绝大多数受访者认为现行法律制度较好地保护了消费者隐私，其中，选择了很同意或者比较同意的受访者，即认为“现在的法律法规对保护消费者的隐私做了比较好的规定”的受访者占比达 68. 5%。

三个问题都是针对商家与消费者之间的信息安全与隐私保护之间的问题，而第三个问题虽然主要关注消费者信息，但也问到法律制度与信息保护问题，因此，本部分选择该指标作为信息安全担忧的主要评价，简称隐私担忧。在具体编码中，本部分将回答为“不好说”的选项视为同意和不同意之间，编码为 3，不同意和很不同意则分别编码为 4 和 5。因此，民众越同意“现在的法律法规对保护消费者的隐私做了比较好的规定”的观点，对信息安全担忧程度越低；反之则越高。那么，受访者对隐私安全的担忧是否会影响到基层政府的满意度呢？表 5-12 回归结果对此提供

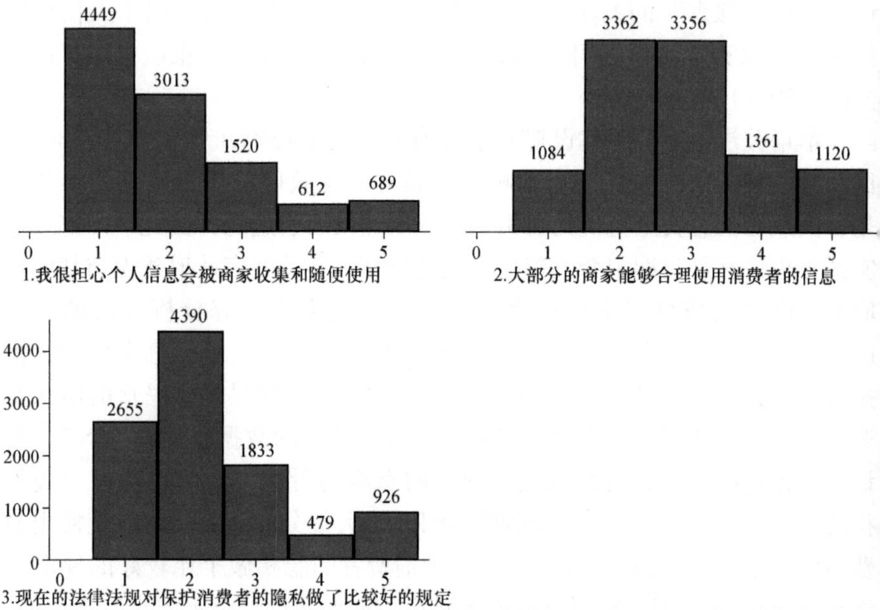

图 5-4　民众对信息安全的态度与看法

注：选项 1~5 分别为很同意、比较同意、不太同意、很不同意、不好说。

了初步的证据支持。

表 5-12 中是数字政府建设对基层政府满意度的影响，可以看到数字政府建设与政府满意度之间存在显著负相关。由于相关结果在前面数据分析中已多次出现，故不再赘述。模型（2）因变量依然是基层政府满意度，关键自变量是民众的隐私担忧，回归系数为-0.094，在 1%的水平上显著。也就是说，民众对隐私安全的担忧程度越高，对基层政府满意度评价得分越低，两者之间存在显著负相关关系。那么，我们要追问，数字政府建设是否提升了民众对隐私安全的担忧呢？我们知道，在互联网经济过程中，与互联网公司强调中国人愿意用隐私换取便利不同的是，在中国数字化建设过程中，数据安全与隐私的保护是相关规划文件的内容，从发展原则到后续的保障措施，数字政府建设都会强调隐私安全问题。某互联网巨头关于民众不重视隐私的观点被媒体报道后，诸多官方媒体都对此进行了批评。2019 年，中国政府又出台了《中华人民共和国个人信息保护法》。数字化建设过程中，对隐私安全的高度关注，意味着数字政府建设是能降低民众对隐私安全担忧的。模型（3）分析结果很好地支持了上述

预期。数字政府建设与隐私担忧之间存在显著负相关关系（系数为-0.006，在1%的水平上显著），数字化程度越高，民众对数字信息因素担忧程度越低。模型（4）是按照中介效应检验的三步法展开分析，因变量与模型（1）相同，为民众对基层政府的满意度，自变量则将数字政府、隐私担忧同时纳入模型，数据分析结果显示，无论是数字政府建设还是隐私担忧，均显著降低了民众的基层政府满意度评价。比较模型（1）和模型（4），数字政府建设对基层政府满意度的影响发生了显著变化，回归系数从-0.002变化为-0.003，这里利用 sgmediation2 命令（Zhao et al., 2010），分析隐私保护的中介效应，结果显示，隐私保护的中介效应显著。具体而言，隐私担忧在数字政府与基层政府满意度评价之间起到部分中介作用（中介效应占比为23.46 %），也就是说，因为数字政府降低了民众对隐私安全的担忧，进而提升了民众对基层政府的满意度。如果没有隐私安全保护带来的积极作用的话，数字政府建设对基层政府满意度的负面影响会更大。

表5-12　**隐私保护与基层政府信任**

	满意度	满意度	隐私保护	满意度
数字政府建设	-0.002**		-0.006***	-0.003**
	(0.001)		(0.001)	(0.001)
隐私担忧		-0.094***		-0.095***
		(0.009)		(0.009)
城市	0.071***	0.094***	0.258***	0.095***
	(0.021)	(0.021)	(0.025)	(0.021)
男性	-0.072***	-0.082***	-0.097***	-0.081***
	(0.020)	(0.020)	(0.024)	(0.020)
年龄	-0.001	-0.001	-0.004***	-0.001
	(0.001)	(0.001)	(0.001)	(0.001)
信仰	-0.025	-0.027	0.011	-0.024
	(0.029)	(0.029)	(0.035)	(0.029)
党员	0.123***	0.124***	0.039	0.126***
	(0.033)	(0.033)	(0.040)	(0.033)
已婚	-0.071**	-0.072**	-0.027	-0.073**
	(0.032)	(0.031)	(0.038)	(0.031)

续表

	满意度	满意度	隐私保护	满意度
教育年限	−0.016***	−0.010***	0.056***	−0.010***
	(0.003)	(0.003)	(0.004)	(0.003)
阶层认同	−0.007	−0.004	0.027*	−0.004
	(0.011)	(0.011)	(0.014)	(0.011)
社会公平感	0.161***	0.150***	−0.116***	0.150***
	(0.005)	(0.005)	(0.006)	(0.005)
使用网络	−0.090***	−0.090***	−0.003	−0.090***
	(0.026)	(0.026)	(0.032)	(0.026)
困难指数	−0.019***	−0.018***	0.003	−0.018***
	(0.003)	(0.003)	(0.003)	(0.003)
生活满意度	0.007	0.008*	0.006	0.007
	(0.005)	(0.005)	(0.006)	(0.005)
社保期望	−0.039***	−0.038***	0.002	−0.039***
	(0.005)	(0.005)	(0.006)	(0.005)
截距项	3.446***	3.637***	2.552***	3.688***
	(0.101)	(0.101)	(0.123)	(0.103)
观察值	9126	9126	9126	9126
R^2	0.157	0.167	0.133	0.168

注：括号内为标准误，*** $p<0.01$，** $p<0.05$，* $p<0.1$。

四 基层政府满意度：期望、保障、服务与安全的多轮驱动

前文分析展示了数字政府建设对基层政社关系的一个复杂图景。具体到基层政府满意度层面，主要发现如下几点。

其一，数字政府建设不应局限于技术决定论，数字政府建设的关键是政府职能转型与服务供给质量的提升。数字化技术的应用能带来诸多便捷性，但如果政府职能没有发生变革，数字技术带来的可能是治理压力向上传导。当民众发现其诉求能快速向上传导且上级政府有着更为丰富的资源满足其诉求时，那么他们对基层政府的评价就有了新的参照系，在基层治理中具体体现为民众对基层政府要求与预期的上升。一旦这种预期没有得

到实现，就会导致“挫折”与不满，降低民众对基层政府的满意度。前文数据分析在一定程度上支持了上述观点，即民众在社保等方面对政府的预期越高，其对政府的评价就越低，满意度得分越低，而数字政府建设与民众对基层政府满意度的评价存在负相关。

其二，数字化背景下民众对基层政府满意度受预期影响之外，还与社会保障、政府服务能力以及隐私保护相关。保障服务供给——服务能力提升——隐私安全构成了数字化时代基层政府满意度评价的重要维度。社会保障等公共服务供给质量和政府回应能力的提升，能显著提升民众的满意度，如果数字政府建设与隐私安全保护同步，也能显著提升民众的满意度，降低预期提升带来的影响。

其三，数字政府建设对社会保障服务与政府服务能力的影响是非常复杂的。数字政府建设提升了特定社会保障服务的满意度，如养老保障、医疗保障等方面，数字政府建设提升了其供给质量，数字政府建设水平的提升，显著提升了民众对养老保障的满意度得分和医疗保障的满意度得分。但对就业保障、住房保障和社保整体满意度得分并不显著，而对城乡最低保障的满意度影响为负，其可能的原因是城乡低保水平与民众期望落差、数字化建设提升了财产审核要求，同时还有可能是低保信息化有污名化倾向，信息化迫使贫困群体不得不在社会福利权和个人隐私权之间做出选择，使得贫困群体作为“数字边缘化”群体而被排除在信息化福利体系之外。数字政府建设与民众对基层政府服务能力评价之间的关系更能说明其复杂性。虽然促进信息公开、增强政府对民众需求的回应能力，降低成本提升发展能力等是数字政府建设的重要目标，但数字分析结果显示，数字政府建设越好，民众对地方政府发展经济解决就业问题的满意度、信息公开满意度、需求回应满意度以及整体满意度就越低。其可能的解释是，伴随着数字政府宣传，民众对数字政府建设的美好前景内化为对基层政府的期待，而现实层面的体验则导致了民众的落差与“挫折”。正如前文所说，“最多跑一次”“一网通办”“越秀越有数”等各种关于数字政府建设的乐观图景的报道充斥媒体头条，但在具体的点到面的落实，特别是在基层治理实践效果的达成，依然有待时日。在治理能力层面没有得到提升的情况下，面对事务繁多的社会治理问题，政府回应依然是策略性的，是稳导向下的“条件性解决”。规模化需求会导致基层治理系统超载。在现实层面，电子政府与电子政务建设与使用过程中，系统崩溃与频繁更新等问题被民众所抱怨。

通过上述分析，本书将数字政府建设评估置于国家与社会关系框架下进行，并搭建了“期望—保障—服务能力与安全”的分析路径，分析了期望、社会保障、政府能力和安全隐私保护对政府绩效评价（基层政府满意度）的影响。然而，基层政府满意度评价只是政社关系的一个维度，中国政社关系优势还表现为民众对基层政府的信任感。基于此，本书接下来将分析数字政府建设对基层政府信任感的影响，同时考虑对基层这一概念的不同理解以及数字政府建设对基层政社关系影响的复杂性，下文分析中将对区县、乡镇不同层级政府信任感展开多层级的分析，并将二者汇总形成基层整体信任感进行分析。

第六章　多层级视角下的基层政府信任感与数字政府建设

一　多轮驱动的基层信任感研究：保障、能力与安全

（一）基层政府信任感与政府能力：发展、服务与安全

中国社会发展奇迹是建立在政社关系优势基础上的经济快速发展奇迹与社会长期稳定奇迹。而政社关系优势主要体现为民众对政府较高的满意度和信任感，故满意度和信任感也是理解中国基层治理的关键视角。前文分析了数字政府建设对基层政府满意度的影响机制，并形成了“期望—保障—服务能力—安全”的分析进路，接下来将关注数字政府建设对基层政府信任感的影响。

数字政府可以理解为电子政务的“进阶版”，但更为重要的是，数字政府建设体现了政府如何在社会、经济、政治等压力下寻求创新的数字解决方案，以及在此过程中如何进行自我变革（Janowski，2015）。目前，以大数据、区块链、人工智能为首的新生代信息通信技术（ICT）叠加共生，驱动着社会各行各业围绕数字化、网络化、智能化展开了新一轮科技变革。在数字革命和治理现代化的历史交汇期上，我国加速了电子政务向数字政府的转型升级，以实现精准、智能治理，用数据赋能智慧城市发展（谭必勇，2020）。数字政府建设是我国重塑政府职能、完善公共治理的重要战略工具。党的十八大以来，中国数字政府建设进入快速发展阶段，党的十九届四中全会、五中全会先后提出推进和加强数字政府建设，随后数字政府建设被明确写入国家“十四五规划”，地方政府也开始为本地区的数字政府制定专项规划，强大新颖的数字技术与人工智能是推进我国治理体系和治理能力现代化的重要科技驱动力（黄璜等，2022）。2022 年 4 月 19 日，中央全面深化改革委员会审议通过《关于加强数字政府建设的

指导意见》，强调“要把满足人民对美好生活的向往作为数字政府建设的出发点和落脚点”，这意味着数字政府建设必须以人民为中心，一切从人民群众的需求出发。数字政府建设的目标是提升治理效能，提升民众的满意度与信任感（徐冠英，2022）。数字政府建设效果好不好，作为用户的民众的评价至关重要。然而，在数字政府建设快速推进的同时，关于数字政府能否改善基层政府与民众的关系、增进民众对政府的信任的相关研究非常缺乏。

基于此，本章将数字政府建设置于政社关系视角下进行评估，与上一章内容相区分。本章重点讨论数字政府建设对基层政府信任感的影响，从作为“使用者”的民众角度出发，探索数字政府建设成效与民众对政府信任感的关系。本章可能的贡献是将现有数字政府研究的视角从“服务主体”转移到“服务客体”、从“建设”转移到“使用”，从民众角度对数字政府的建设做出评估，以期为数字政府下一步建设提供政策意见。具体研究问题为：（1）数字政府对民众的政府信任感有何影响？（2）数字政府对政府信任感的影响会因个人数字技能高低产生不同影响吗？（3）数字政府影响政府信任感的机制是什么？

政府信任感是政社关系的核心内容，既有研究梳理了影响政府信任感的因素，具体包括个人利益的认知、对政府绩效的考察以及相关信息的传播渠道。而政府绩效的认知除经济发展能力之外，又分为社会保障等公共服务的供给能力、再分配的公平感以及政府服务能力，特别是对民众诉求的回应能力等，此外，政府信息透明度以及对民众知情权的保护也是影响民众对政府绩效与满意度评价的重要内容。对发展中国家而言，经济发展能力，即绩效合法性被视为政府信任感的重要基础。亨廷顿的经典论述被广泛引用，“六十年代和七十年代的威权政权几乎毫无例外地被迫去把政绩当作合法性的主要来源之一，如果不是唯一来源的话”（亨廷顿，1998：59）。事实上，经济发展绩效不仅对发展中经济体而言重要，对发达经济体也同样重要。在积极意义上，现代国家合法性来源于国家对整个社会福祉（人民满意度）的促进。如果执政党能够长期地提高效率，改善民众的福祉，使民众免于物质的贫乏，获得更好的发展，便能获得民众的支持。相关实证研究也为此提供了支持，无论是单一国家的经验研究，还是跨国家比较研究（Burkhart & Lewis-Beck，1994）；无论是发达国家（Robinson et al.，2013）还是发展中国家（Remmer，1990），不同时期的证据均表明，宏观经济发展状况对民主国家的政府信任感影响十分显著且非常稳健。改革开放以来，中国经济快速发展举世瞩目，与此同时，中国社会长期稳定同样是举世惊叹。这也使得相关研究自然而然地将经济快速发展奇迹与社会长期稳定发展奇迹联系在一起，强调经济快速发展是社会长期稳定奇迹的基础。许多学者认为中国长期的高水平政治信任是政府在经济建设中取得的巨大成就赢得民众认可与积极评价（Wang，2005；Yang & Tang，2010）。中国经济快速发展奇迹中政府作用至关重要（Lin，1995；Oi，1995；Walder，1995；丘海雄、徐建牛，2004）。从中央到地方，中国的各级政府在促进经济发展、培育市场和产业集群等方面做得远远超过许多国家（高柏，2008）。经济上的成功也使“新权威主义”在中国有了较深厚的社会基础（罗兴佐，2006）。大政府理念受到许多民众的认可，强大政府被视为中国社会转型与现代化的关键（康晓光，2002；夏振坤、唐龙，2005）。而在前文中，我们通过宏观数据与微观数据匹配，验证了经济发展对民众满意度、政府信任感的积极作用。

与此同时，作为社会主义国家，中国政府强调在发展中解决问题，也强调发展成果的共享。无论是“不患寡而患不均”的传统价值理念，还是社会主义的“共同富裕”价值观，都使得中国社会更偏好平等理念，强调促进社会公平。而加强社会保障建设与再分配，成为缓解社会不平等的重要措施。正如前文指出的，如果政府能在发展经济过程中，重视再分配与公共政策支出，特别是大力提供教育、医疗、卫生和社会保障等社会急需的公共产品，这意味着民众获得了更多的公共服务与效用，民众可以通过社会保障、教育等公共服务共享改革发展成果，改善民生状况，能提升民众的满意度，强化民众对政府的信任感。

除经济发展能力与再分配能力之外，民众对政府绩效的评价，也与政府能力本身相关，这些能力包括信息公开能力、政府对民众需求的回应能力以及对民众隐私的保护能力。其中，信息透明度体现出政府对民众知情权的尊重，同时也有利于降低民众参与成本，提升公共服务的可及性（郑建君等，2022）。而政府对民众需求的回应能力，则体现了政府服务的敏捷性，是政府具有高效率、竞争力和可持续性的体现。因此，信息公开能力、回应能力，与社会保障等服务供给能力、经济发展能力等，共同构成了民众对政府总体绩效评价的重要内容。对政府能力与绩效的评价，除了经济发展、信息公开与诉求回应能力等积极因素外，也与公共秩序、安全保护等因素密切相关。20 世纪 70 年代以来，对政治信任感研究的实证文献中，熊彼特模型或者熊彼特假设被广泛使用。具体实证研究主要以政府信任感、支持度等测量政府权威。国内政社关系研究文献中，研究者也主要强调经济发展、收入增长、福利开支的积极作用，以及不平等、失业、土地流失等负面事件的影响（胡荣，2007；胡荣等，2011；谢舜等，2012）。其中，无论是社会保障等增进个人福祉的事项，还是关于社会失序指数的事项，均蕴含民众对基本安全的需求。而幸福经济学的研究文献则强调幸福指数的优势，其关键论证就是相对于客观的公共政策评估，开展主观幸福感的评估能对社会秩序与安全等关键要素做出更好的评估。幸福经济学认为，在很多人们无力改变的制度安排或政策背景（如不公平、环境恶化、通货膨胀、失业等）下显示出来的偏好，并不能反映人们的真实意图，充其量只是人们在诸多不能令人满意的方案中勉强做出的选择，因此，这种选择提供的偏好信息同样是有限的。虽然生活满意度方法也面临着识别标准问题，但不存在上面提到的问题。因此，越来越多的研究者主张，将幸福感与生活满意度作为评估公共服务的标准，特别是针对反恐与安全服务的评估（Frey et al.，2009）。

（二）数字政府建设与基层政府能力：多维度的视角

数字政府建设对基层政府信任感的影响依然可以通过上述途径展开，即民众对政府的期待、政府提供的社会保障服务、政府对民众诉求回应能力，以及安全与隐私保护等。事实上，上述目标也是数字政府建设的重要目标。此外，为政府部门特别是基层政府赋能也是数字政府建设的重要目标之一。在中国现代化转型过程中，基层政府一直承受着各种期待与压力。如果说，西方经典传统，特别是欧美传统“小政府”将政府定位为“守夜人”角色的话，那中国民众则更多强调政府的“有为”，体现出有为政府的理念。而对中国经济快速发展奇迹和社会长期稳定奇迹的解读发现，政府角色至关重要（林毅夫，2017；陈云贤，2019）。

首先，政府的发展能力至关重要，经济发展能力也是国家能力的核心指标（耿曙、王颖，2022），而发展型国家理论主要探讨国家在政策制定与追求经济发展过程中的角色（彭勃、杨志军，2013）。作为发展主义典型的东亚经济体，政府的经济发展能力就远高于其提供公共服务和进行市场监管的能力（薛澜等，2015）。后发展中国家往往强调经济发展，呈现出发展主义的典型特征。而长期以来，中国经济发展中至少有两亿多名劳动力没有成为有效的生产力，如何为这规模巨大的农业剩余劳动力“找活路”成为中国跨越贫困陷阱、实现经济腾飞的关键问题。因此，基层政府需要在经济发展、解决就业方面作贡献，经济发展能力成为评价政府包括基层政府的重要维度。

其次，社会保障供给能力。在发展中国家的现代化过程中，经济发展是关键，然而，伴随着经济发展与现代化过程，民众的期望也在不断提升。在发展经济学与发展社会学中，往往用“后发劣势”来概括发展中国家在社会转型中面临的劣势与民众对政府的“一揽子要求”（杨小凯，2003；林毅夫，2003；吴忠民、刘祖云，2002：16）。具体而言，民众期望经济快速发展，然而，经济发展过程也伴随着各种市场化风险与不平等。而在民众因收入分配不公导致剥夺感增强的同时，社会发展过程也往往伴随着社会权利意识高涨、预期提升。他们希望政府能在诸多方面做出努力。当目标与手段不匹配时，越轨事件增多，社会冲突增加，合法性危机由此产生。而社会保障等再分配政策成为对上述冲突问题的主要回应措施，再分配能力也被认为是国家基础能力的重要内容（王绍光，2014）。一直以来，社会保障与公共服务存在着各种不均衡发展的特征，基层社会是其覆盖的薄弱环节。数字政府建设使得基本公共服务向基层覆盖，提升了公共服务的可及性与覆盖率，推进了服务均等化与服务效能。

再次，数字政府建设对服务能力的提升。数字技术的发展使得敏捷治理成为可能。“技术+制度”双轮驱动模式实现了为治理效率、机构变革、政策改革等方面的赋能（赵静等，2021）。“最多跑一次”，“让数据多跑路，群众少跑腿”，“社区吹哨，部门报到”等典型案例与媒体话语，概括了数字化时代技术应用带来的基层治理的乐观图景。改进服务交付、提高效率，以实现提高透明度、促进公民参与是治理效能提升的关键维度（Nograsek & Vintar，2014）。而数字工具的使用可以改变公共行政部门工作、沟通和提供服务的方式，提升其服务能力与回应能力（Eom & Lee，2022）。

最后，数字政府也提升了职能部门对社会秩序的维护能力。智慧警务建设是通过技术驱动社会治理模式重构来解决传统警务模式面临的治理负荷问题，即无法回应和解决复杂社会转型中的问题（何艳玲、宋锴业，2021）。而智慧社区的建设则是针对传统社区治理模式面临的困境的回应，应着手推动社区层面的敏捷治理变革（葛天任、溥雨欣，2020）。与此同时，伴随着技术发展带来的安全难题，数字化时代平台经济与平台企业的兴起以及人工智能等技术在公共服务领域的应用伴随着巨大隐私与法律保护的争议，影响着社会信任与政治信任（Baik，2020）。对此，中国政府在大力推进数字化发展的同时也强调要强化法律制度的建设，出台《中华人民共和国个人信息保护法》推进信息共享与隐私保护。

总之，理解数字政府建设对基层政社关系优势的影响，依然可以通过上述几个层面，从关注数字政府建设对基层政府的社会保障服务能力、发展经济与服务能力以及维护安全与隐私的能力入手，分析数字政府如何影响基层政社关系优势与民众对基层政府的信任感。

值得注意的是，虽然既有研究从多个方面展示了数字政府建设与政府赋能的影响，但数字政府建设的实践效果的呈现依然存在诸多困难。研究既有对数字化转型研究和实践的文献发现，结构性障碍是导致数字政府难以落地的重要原因。这些障碍包括技术障碍（基础设施、缺乏互操作性、数据访问）、组织因素（缺乏战略、人力资源、数字技能、管理人员的能力）、法律和道德因素（缺乏公民信任）以及与有限预算或财务资源竞争相关的因素，且这些障碍可能同时出现在治理、组织、管理以及技术层面。这些障碍代表了一系列相互关联、需要共同解决的因素（Wilson & Mergel，2022）。因此，分析数字政府建设是否强化了基层治理中的政社关系优势，首先需要回答，数字政府是否真正提升了基层政府的治理能力？

二　数字政府建设与基层政府信任感：基层政府能力的中介作用

（一）分析思路与策略

本章分析旨在考察数字政府的建设是否能够提升居民对基层政府的信任感。具体而言，我们用省级数字政府排名来衡量一省的数字政府的发展状况，通过 OLS 回归探究数字政府与民众对政府信任感的关系。使用 2018 年的数字政府排名与 2019 年的 CSS 数据进行匹配，在一定程度上能缓解反向因果造成的内生性干扰。

首先分析数字政府对基层政府信任感的影响。选取政府信任度作为被解释变量，数字政务省级排名作为解释变量，设定如下基准回归模型：

$$Trust=\alpha_0+\alpha_1 Dige+\alpha_3 Control+\varepsilon_1 \tag{1}$$

trust 为基层政府信任感；*Dige* 是省市数字政府排名；*Control* 是系列控制变量。

根据前文分析，社会保障服务质量、政府能力与安全是政府信任感的主要来源，因而，将社会保障服务质量、政府能力与安全变量分别纳入模型（1）中，设定模型（2），以政府能力为例（*Performance*），基层政府信任感模型设定如下：

$$Trust=\alpha_0+\alpha_1 Dige+\alpha_2 Performance+\alpha_3 Control+\varepsilon_1 \quad (2)$$

数字政府通过提升社会保障服务质量、政府能力与安全保护，进而提升了居民对基层政府的信任感，为了验证这个猜想，使用中介效应分析进行检验：

$$Trust=\alpha_0+\alpha_1 Dige+\alpha_2 Control+\varepsilon_1 \quad (1)$$

$$Performance=\beta_0+\beta_1 Dige+\beta_2 Control+\varepsilon_2 \quad (3)$$

$$Trust=\gamma_0+\gamma_1 Dige+\gamma_2 Performance+\gamma_3 Control+\varepsilon_3 \quad (4)$$

首先通过检验系数β_1、γ_2的显著性情况确定中介效应是否存在，若β_1、γ_2都显著，那么可以确定存在中介效应；若β_1、γ_2只有其中一个显著，尚不能否定中介效应存在的可能性，需要进一步使用 Bootstrap 法检验β_1、γ_2的乘积（这种直接检验 ab 乘积的方法能更精确地识别出中介效应是否存在），在$\beta_1\gamma_2$乘积不显著的情况下才能得出不存在中介效应的结论；若是$\beta_{01}\gamma_{02}$的乘积显著，即肯定存在中介效应，$\beta_1\gamma_2$反映的是中介作用。在确定中介效应存在之后，可以通过检验系数γ_1的显著性做出是否完全中介的结论，关于中介效应的检验原理以及步骤可参考温忠麟和叶宝娟（2014）的说明。考虑到对中介效应检验的争论，下文具体分析中将对相关细节进行进一步说明（江艇，2022）。

本章依然采用 CSS 2019 年数据，该数据询问了受访者对中央政府、县区政府和乡镇政府，以及法院等机构的信任感，1～5 分别为完全不信任、比较不信任、不好说、比较信任、非常信任。图 6-1 中，民众对所在区县政府信任感选择不信任（完全不信任和比较不信任）的比例约为 23.5%，表示信任的受访者（非常信任和比较信任）占比 71.1%，而乡镇政府信任感方面，不信任比例为 30.8%，信任的比例为 62.5%。整体而言，民众对中央政府体现出非常高的信任感，而越往基层，民众的信任感越低。这也进一步反映出基层治理的难题，就是政府权威相对不足，政社关系优势相对而言减弱。此外，图 6-1 给出了民众对法院的信任感，其中表示不信任的比例为 13.42%，信任的比例为 74.04%，还有 12.79% 为不好说。

如前所述，CSS 数据对政府满意度的测量是具体到区县一级政府，缺少对乡镇一级政府的测量，但 CSS 2019 数据对政府信任感的测量更为细致，不仅询问受访者对中央政府、区县政府，以及法院、公安等不同政府部门的信任感，同时也询问了受访者对县乡一级政府的信任感。这使得本书的研究能更具体到基层，即乡镇一级，这也更符合本书对“基层”的界定。但这也使得本书分析存在一定的不足。因为从数字政府建设的具体实践来看，数字政府建设更多是由省级政府主导自下而上的建设，与之对应，数字政府在使用层面的效能也是自上而下的推进与实现过程。这也意味着，在数字政府建设阶段，其效能在乡镇一级难以得到体现。但正如前文所说的，我们重点在对数字政府建设进行一个跟踪、随队记者式的研究，见证数字政府建设过程以及其治理效能在基层治理中的实现与落地过程。在下文分析中，我们把非常不信任、比较不信任、不好说、比较信任、非常信任，分别编码为1~5进行分析。同时，为了与前面关于政府满意度中政府层级对应，本章分析也同时报告以区县政府信任感为因变量的结果。

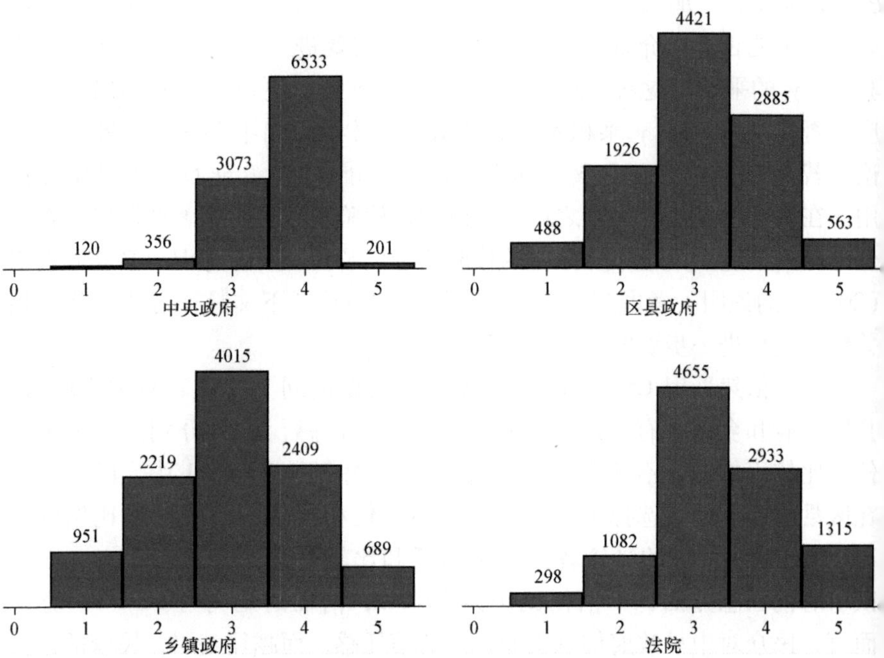

图 6-1　民众对各级政府与法院的信任感（其中，5 为不好说）

需要特别说明的是，我国民众对中央政府的信任感非常高，其中表示不信任（完全不信任和比较不信任）的为4.6%，非常信任和比较信任的受访者占比93.4%。民众对中央政府的信任感，充分阐释了我国社会转型与现代化过程中的一个鲜明的特点，即本书强调的政社关系优势。正如前文所指出的，美国社会发展过程中的一个典型的事实就是，随着时间的推移，美国公民对政府信任问题做出信任回答的比例急剧下降（Levi & Stoker，2000）。

（二）政府职能评价与基层政府信任感：从社会保障到安全隐私

首先，我们来看社会保障满意度对基层政府（乡镇政府）信任感的影响。其中，因变量为乡镇政府信任感，关键自变量为民众对各项社会保障的满意度或评价得分。考虑到民众对基层政府信任感与一般信任相关，因此，在控制变量中控制了一般信任得分。其他控制变量和前文相同，因此不再一一介绍。具体分析结果如表 6-1 所示。

表 6-1 数据分析结果显示，无论是具体社会保障项目，还是社会保障整体的评价，都能显著提升民众对基层政府信任感。此外，民众对社会公平的感知、生活困难与生活满意度等，都会对基层政府信任感产生显著影响。这再一次验证了前文的观点，即社会公平、生活满意度等是型塑政社关系的关键变量；而社会保障等再分配项目，能降低社会不平等，提升民众福祉，因此，也能显著影响民众对政府的信任感。

表 6-1　　社会保障与基层政府信任感

	乡镇政府信任感	乡镇政府信任感	乡镇政府信任感	乡镇政府信任感	乡镇政府信任感	乡镇政府信任感
社会保障						
养老	0.050***					
	(0.006)					
医疗		0.071***				
		(0.006)				
就业			0.074***			
			(0.006)			
低保				0.094***		
				(0.005)		
住房					0.082***	
					(0.006)	
整体						0.102***
						(0.007)
城市社区	-0.005	-0.013	-0.004	-0.001	-0.007	-0.012
	(0.028)	(0.027)	(0.030)	(0.030)	(0.031)	(0.027)

续表

	乡镇政府信任感	乡镇政府信任感	乡镇政府信任感	乡镇政府信任感	乡镇政府信任感	乡镇政府信任感
男性	-0.190***	-0.193***	-0.194***	-0.189***	-0.174***	-0.184***
	(0.026)	(0.026)	(0.029)	(0.029)	(0.030)	(0.026)
年龄	-0.002*	-0.001	-0.002	-0.002	-0.002	-0.003**
	(0.001)	(0.001)	(0.001)	(0.001)	(0.001)	(0.001)
信仰	-0.045	-0.044	-0.068	-0.038	-0.066	-0.035
	(0.038)	(0.037)	(0.042)	(0.042)	(0.042)	(0.037)
党员	0.256***	0.252***	0.239***	0.227***	0.253***	0.247***
	(0.043)	(0.042)	(0.046)	(0.047)	(0.048)	(0.042)
已婚	-0.070*	-0.075*	-0.047	-0.052	-0.058	-0.061
	(0.043)	(0.042)	(0.045)	(0.046)	(0.046)	(0.043)
教育年限	0.002	0.004	0.005	0.001	0.004	0.003
	(0.004)	(0.004)	(0.004)	(0.004)	(0.005)	(0.004)
阶层认同	0.003	0.000	0.017	-0.001	-0.004	0.005
	(0.015)	(0.015)	(0.016)	(0.016)	(0.017)	(0.015)
社会公平感	0.141***	0.132***	0.135***	0.127***	0.133***	0.117***
	(0.008)	(0.007)	(0.008)	(0.008)	(0.009)	(0.008)
使用网络	-0.064*	-0.082**	-0.098**	-0.106***	-0.107***	-0.086**
	(0.035)	(0.034)	(0.039)	(0.038)	(0.040)	(0.034)
困难指数	-0.037***	-0.036***	-0.031***	-0.033***	-0.032***	-0.035***
	(0.003)	(0.003)	(0.004)	(0.004)	(0.004)	(0.003)
生活满意度	0.007	0.004	0.004	0.002	0.010	-0.001
	(0.006)	(0.006)	(0.007)	(0.007)	(0.007)	(0.006)
社保期待	-0.055***	-0.052***	-0.054***	-0.046***	-0.053***	-0.047***
	(0.007)	(0.007)	(0.008)	(0.007)	(0.008)	(0.007)
社会信任感	0.082***	0.078***	0.074***	0.067***	0.067***	0.071***
	(0.007)	(0.007)	(0.008)	(0.008)	(0.008)	(0.007)
截距项	2.540***	2.436***	2.416***	2.438***	2.482***	2.398***
	(0.138)	(0.136)	(0.149)	(0.148)	(0.152)	(0.136)
观察值	8651	8897	7209	7204	6653	8763
R^2	0.199	0.206	0.214	0.228	0.224	0.210

注：括号内为标准误，*** $p<0.01$，** $p<0.05$，* $p<0.1$。

其次，我们再看民众对政府职能的评价和与基层政府信任感的关系。需要指出的是，CSS 数据中民众对政府能力的评价主要是对区县一级政府的评价，具体包括经济发展职能、信息公开透明度、需求回应能力，以及政府整体绩效评价。表 6-2 汇报了民众对政府能力评价与基层政府信任感的相关情况。不出所料，民众对政府能力评价越高，对基层政府信任感越高。因此，基层政社关系优势也可以理解为基层政府能力的体现，数字政府建设要提升政社关系优势，关键是通过数字政府建设实现对基层政府的赋能。

最后是安全隐私保护维度。表 6-2 最后一列给出了安全隐私担忧对乡镇政府信任感的影响，民众对隐私安全越担忧，其对基层政府信任感越低。而事实上，信息安全与隐私保护是近年我国制度建设的重点领域，《中华人民共和国国家安全法》《中华人民共和国网络安全法》《中华人民共和国数据安全法》及《中华人民共和国个人信息保护法》等法治制度为数据安全与个人信息安全保护提供了制度性堡垒，2019 年起，各地也相继公布了数据安全保护条例。

表 6-2　　政府能力、隐私担忧与基层政府信任感

	乡镇政府信任感	乡镇政府信任感	乡镇政府信任感	乡镇政府信任感	乡镇政府信任感
政府能力评价					
发展能力	0.219***				
	(0.011)				
信息公开		0.300***			
		(0.011)			
服务回应力			0.330***		
			(0.011)		
整体评价				0.409***	
				(0.013)	
隐私担忧					-0.063***
					(0.011)
城市	-0.023	-0.017	-0.021	-0.041	0.007
	(0.027)	(0.026)	(0.026)	(0.026)	(0.027)

续表

	乡镇政府信任感	乡镇政府信任感	乡镇政府信任感	乡镇政府信任感	乡镇政府信任感
男性	−0.188***	−0.165***	−0.158***	−0.162***	−0.196***
	(0.025)	(0.025)	(0.025)	(0.025)	(0.026)
年龄	−0.001	−0.001	−0.002*	−0.002	−0.002*
	(0.001)	(0.001)	(0.001)	(0.001)	(0.001)
信仰	−0.019	−0.004	−0.009	−0.022	−0.030
	(0.036)	(0.036)	(0.035)	(0.035)	(0.037)
党员	0.262***	0.250***	0.235***	0.221***	0.271***
	(0.042)	(0.041)	(0.041)	(0.040)	(0.043)
已婚	−0.070*	−0.067*	−0.060	−0.047	−0.077*
	(0.040)	(0.039)	(0.039)	(0.039)	(0.041)
教育年限	0.007*	0.005	0.006*	0.007*	0.005
	(0.004)	(0.004)	(0.004)	(0.004)	(0.004)
阶层认同	−0.002	−0.006	−0.004	−0.005	−0.004
	(0.014)	(0.014)	(0.014)	(0.014)	(0.015)
社会公平感	0.131***	0.115***	0.111***	0.101***	0.152***
	(0.007)	(0.007)	(0.007)	(0.007)	(0.007)
使用网络	−0.062*	−0.061*	−0.066**	−0.053	−0.085**
	(0.033)	(0.033)	(0.032)	(0.032)	(0.034)
困难指数	−0.031***	−0.030***	−0.027***	−0.029***	−0.036***
	(0.003)	(0.003)	(0.003)	(0.003)	(0.003)
生活满意度	0.010*	0.010*	0.010*	0.014**	0.015**
	(0.006)	(0.006)	(0.006)	(0.006)	(0.006)
社保高期待	−0.059***	−0.056***	−0.049***	−0.052***	−0.067***
	(0.007)	(0.006)	(0.006)	(0.006)	(0.007)
社会信任感	0.079***	0.073***	0.067***	0.067***	0.086***
	(0.007)	(0.007)	(0.006)	(0.006)	(0.007)
截距项	2.092***	1.933***	1.863***	1.498***	2.965***
	(0.134)	(0.131)	(0.129)	(0.132)	(0.135)
观察值	9126	9126	9126	9126	9126
R^2	0.223	0.252	0.268	0.270	0.193

注：括号内为标准误，*** $p<0.01$，** $p<0.05$，* $p<0.1$。

（三）数字政府与基层政社关系优势：社保、服务与隐私保护的多轮驱动

如前所述，政社关系优势或者说政府信任感的形成，与社会保障公共服务、政府服务能力以及安全保护能力相关。那么，数字政府建设要提升基层政社关系优势，也主要是从上述几个方面做出努力。可数字政府建设提升了社会保障公共服务、政府服务能力以及安全保护能力吗？前面章节关于数字政府建设与所在县区绩效评价分析，已经对上述问题进行了验证。首先是数字政府建设水平与社会保障主观感知之间的关系，具体而言，数字政府建设显著提升了民众对养老保险的满意度得分和医疗保险的满意度得分，对就业保障、住房保障和社保整体满意度得分的影响并不显著，对城乡低保满意度得分影响显著为负。其次是数字政府与所在区县政府能力评价之间的关系，具体而言，数字政府建设水平与民众对政府发展经济与解决就业能力、信息透明度、政府对民众需求的回应能力，以及政府绩效整体评价均为负相关，除信息透明度之外，其他都是显著为负。最后是数字政府建设与民众关于信息安全的法律保护之间的感知，前文民众越同意“现在的法律法规对保护消费者的隐私做了比较好的规定”的观点，表示对信息安全担忧程度越低，反之则越高。分析发现，数字政府建设与隐私担忧之间存在显著负相关关系（系数为-0.006，在1%的水平上显著），数字化程度越高，民众对数字信息因素担忧程度越低。具体结果汇总如表6-3所示。

表6-3　**数字政府建设对社会保障、政府能力评价与隐私担忧影响汇总表**

因变量	系数	标准误	因变量	系数	标准误
养老	0.008***	0.003	发展能力	-0.005***	0.001
医疗	0.007**	0.003	信息公开	-0.002	0.001
就业	0.001	0.003	需求回应	-0.004***	0.001
低保	-0.009***	0.004	政府评价	-0.002**	0.001
住房	-0.000	0.004	隐私担忧	-0.006***	0.001
社保整体	0.003	0.002			

注：*** $p<0.01$，** $p<0.05$，* $p<0.1$，控制变量参见上一章相关内容。

根据表6-3中汇总结果可见，数字政府对社会保障、政府能力与隐私担忧的影响非常复杂。其中原因前文已有讨论，这里不再一一展开。

接下来将分析数字政府建设对基层政府信任感的影响，以及表 6-3 中列出变量的中介作用。关于中介效应的检验主要是三步法，具体而言，因果关系与作用途径可通过如下结构模型刻画：

$$Y_{ij}=\beta_0+\beta_c X_{ij}+\gamma_{ij} \tag{1}$$

$$Y_{ij}=\beta_0+\beta_{c'} X_{ij}+\beta_b M_{ij}+\gamma_{ij} \tag{2}$$

$$M_{ij}=\beta_0+\beta_a X_{ij}+\gamma_{ij} \tag{3}$$

整个检验流程可分四个步骤。简单来说，在β_a、β_b、β_c回归系数均显著的情况下，$\beta_c-\beta_{c'}$，即β_c和$\beta_{c'}$差异显著的情况下，中介效应存在（Baron & Kenny，1986），也可以通过M_{ij}和X_{ij}的交互项回归系数$\beta_a\beta_b$显著性来检验中介效应（MacKinnon，Warsi & Dwyer，1995）。然而，上述中介效应检验存在检验功效较低以及效应估计偏误等问题，直接效应和间接效应可能会互相抵消，导致第 1 步结果不显著。因此，逐步检验法第 1 步不是必需的，甚至第 2 步、第 3 步也不是必需的，关键在于$\beta_c-\beta_{c'}$，即β_c和$\beta_{c'}$差异显著检验，或者说交互项回归系数$\beta_a\beta_b$显著性来检验（江艇，2022）。因此表 6-4 中主要是汇报养老保障中介效应检验的显著性，不再汇报比例大小。其中，β_a系数为 0.005，在 1%的水平上显著，也就是说，在其他条件相同的情况下，养老保障评价越高，对基层政府信任感越高，β_b系数为 0.007，在 5%的水平上显著，可见，数字政府建设得分越高，民众对养老保障的评价越高。交互项系数，即$\beta_a\beta_b$在 1%的水平上显著为正。虽然相关学者指出中介效应估计受内生性影响存在偏误，汇报中介效应比例价值不大，但本章依然提供了数字政府建设通过养老保障满意度对基层政府信任感的比例为 31.8%。此外，还提供了相关控制变量的影响结果，以供参考。

表 6-4　数字政府建设与基层政社关系优势：养老保障的中介效应

	养老保障	乡镇政府信任感	信任感
β_a养老保障		0.050***	
		(0.006)	
β_b数字政府	0.007**		
	(0.003)		
$\beta_a\beta_b$中介效应			0.000**
			(0.000)
中介效应比例			31.8%
城市	−0.010	−0.006	
	(0.054)	(0.028)	

续表

	养老保障	乡镇政府信任感	信任感
男性	-0.009	-0.191***	
	(0.052)	(0.026)	
年龄	0.006**	-0.002*	
	(0.002)	(0.001)	
信仰	0.040	-0.046	
	(0.074)	(0.038)	
党员	0.163*	0.255***	
	(0.084)	(0.043)	
已婚	-0.153*	-0.070	
	(0.083)	(0.043)	
教育年限	-0.041***	0.002	
	(0.008)	(0.004)	
阶层认同	-0.059**	0.003	
	(0.030)	(0.015)	
社会公平感	0.339***	0.140***	
	(0.014)	(0.008)	
使用网络	-0.237***	-0.064*	
	(0.068)	(0.035)	
困难指数	-0.013**	-0.037***	
	(0.006)	(0.003)	
生活满意度	0.163***	0.007	
	(0.012)	(0.006)	
社保高期待	-0.227***	-0.055***	
	(0.013)	(0.007)	
社会信任感	0.179***	0.082***	
	(0.014)	(0.007)	
截距项	5.001***	2.527***	
	(0.269)	(0.141)	
观察值	8651	8651	
R^2	0.262	0.199	

注：括号内为标准误，*** $p<0.01$，** $p<0.05$，* $p<0.1$。

上述结果表明，以基层政社关系优势为目标的数字政府建设，其重要着力点是提升民众对养老保障等服务的满意度。参照上述方式，我们逐一分析了其他社会保障满意度、政府能力评价以及安全隐私担忧的中介作用与途径。具体结果汇总整理如表 6-5 所示。

首先来看社会保障服务途径的影响。从表 6-5 中交互项检验结果来看，除养老保障和住房保障的中介效应显著外，其他保障项目和社保整体评价的中介效应都不显著。养老保障和住房保障的作用方向也不一致，其中，数字政府建设通过养老保障对提升基层政社关系优势（乡镇政府信任感）有积极影响，但住房保障的影响是负向的，这也与我国社会保障的整体状况相符。

具体而言，在养老保障方面，我国一直致力于基本养老均等化，这是发展最快、最好的领域。我国先后出台多项政策，推进社会政策服务的标准化与信息化，促进社会政策对流动性的适应。2010 年金保工程与全国统一的社会保障卡实现了全国 32 个省级单位与中央数据中心的网络连接，2014 年 2 月，人力资源和社会保障部、财政部关于印发《城乡养老保险制度衔接暂行办法》的通知，推进城乡养老均等化。这些措施不仅提升了民众对中央政府的信任感，也通过服务优化对改善基层政社关系发挥着良性作用。

然而，长期以来在住房保障方面的提升却相对滞后。中国城市化发展过程中的一个典型特征就是，商品房上涨过快，公共住房供给不足（Jing & Richard，2017）。与此同时，在城市房地产发展过程中，地方政府往往将教育资源等与房地产开发捆绑，拉升房价地价，服务于土地财政与土地金融。公共服务与户籍制度一起，成为地方政府理财与促进房地产发展的工具。城市政府通过户籍吸纳有购买力群体与家庭购房，拉升房价地价。地方政府也往往将教育等公共服务与住房捆绑在一起，提升房价地价（张浩等，2014）。而土地财政则成为地方政府的重要收入来源，甚至是“第一财政”。2017 年国有土地使用权出让收入高达 5.21 万亿元，占政府性基金本级收入的 56.93%。为提升土地杠杆作用，地方政府开始通过压缩土地出让面积抬升土地单价，并通过土地抵押获得贷款，2009~2015 年土地抵押面积从 21 万公顷上升到 49.08 万公顷，土地抵押贷款规模从 2.59 万亿元上升到 11.33 万亿元（付敏杰等，2017）。房地产市场快速发展与房价的上涨，导致了住房市场过热，大量社会财富涌入城市房地产市场，但年轻群体面临着购房困难（魏万青、高伟，2020）。土地出让收入和抵押贷款成为地方政府投资拉动经济的重要手段，而地价房价上涨，进一步挤压民众住房需求。住房保障不足与城市房价过高，必然影响民众对政府的看法。因此，本书分析后发现，数字政府通过住房保障满意度对基层政府信任感的影响是负向的。

表 6-5　社会保障、政府能力与隐私担忧的中介作用分析

变量	β_a	β_b	$\beta_a\beta_b$	中介效应比例
养老保障	0.050***	0.007**	0.000**	0.318
	(0.006)	(0.003)	(0.000)	
医疗保障	0.004	0.071***	0.000	0.256
	(0.003)	(0.006)	(0.000)	
就业保障	-0.001	0.075***	0.000	-0.040
	(0.003)	(0.006)	(0.000)	
城乡低保	-0.011***	0.094***	-0.001	-0.527
	(0.004)	(0.005)	(0.000)	
住房保障	-0.002	0.082***	-0.001***	-0.103
	(0.004)	(0.006)	(0.000)	
社保整体	0.002	0.102***	0.000	0.192
	(0.002)	(0.007)	(0.000)	
政府能力评价				
发展能力	-0.005***	0.220***	-0.001***	-0.625
	(0.001)	(0.011)	(0.000)	
信息公开	-0.002	0.301***	-0.001	-0.307
	(0.001)	(0.011)	(0.000)	
需求回应	-0.004***	0.331***	-0.001***	-0.835
	(0.001)	(0.011)	(0.000)	
政府评价	-0.002*	0.409***	-0.001*	-0.550
	(0.001)	(0.013)	(0.000)	
安全隐私				
隐私担忧	-0.006***	-0.063***	0.000**	0.233
	(0.001)	(0.011)	(0.000)	

注：括号内为标准误，*** $p<0.01$，** $p<0.05$，* $p<0.1$。

表 6-5 中也汇报了政府能力与绩效评价的中介效应。整体而言，政府发展能力（政府发展经济和解决就业满意度）、信息公开或政府透明

度、服务回应力以及政府整体评价，都在一定程度上对基层政府信任感有一定的消极影响。表中信息显示，除信息公开指标的中介效应不显著之外，发展能力、服务回应力和政府整体评价的中介效应均显著为负。正如前文关于数字政府建设与基层政府满意度分析中所阐述的。数字政府建设过程中伴随着媒体对数字政府建设乐观前景的报道与宣传，这些报道、宣传以及“最多跑一次”的成功案例，必然会导致民众对数字政府效能抱有更高的期望。体现在数字政府建设与民众对所在区县政府评价上，整体上呈现出数字政府建设水平越高，而民众对县区政府的发展能力、信息公开与诉求回应满意度，乃至整体满意度的评价越低的现象。数字政府提升了民众的期望，通过民众对政府满意度的影响而传导到基层政府信任感层面，整体呈现出负面效应，或者说不利于基层政府信任感的提升。而这一解释逻辑也是符合数字政府建设的现实状况的。其一，数字政府建设并非一蹴而就的过程，数字政府建设不仅需要技术的使用与成熟，同时需要数据本身的支持。这要求公共部门、政府专家的知识和数据（立法、操作）都必须编纂成一种机器可以利用的格式，还必须通过有效管理、结构化和汇总各种数据来确保数据质量。实现这一目标并不容易，即便是实现了相关目标，还存在数据的沟通与互联问题，即“数据孤岛”问题（Androutsopoulou et al., 2019）。这意味着数字政府从建设到使用并产生效能，需要一段较长的时间。其二，数字政府建设与治理效能的实现需要政府部门的积极转型。但官僚主义和公共部门老旧的设备，都制约着数字政府效能的实现（Newman et al., 2022）。此外，民众对数字技术的接受与信任程度也会影响数字政府使用效能。虽然数字政府与电子政务有可能提高政府的透明度、响应能力和问责制，但只有当民众认为相关服务值得信赖时才会接纳与采用，而且数字政府与电子政务的使用不足以引起对政府的信任（Janssen et al., 2018）。如果民众感受数字政府建设与其期望不相符，受到数字政府与人工智能的歧视，或者它威胁到他们的安全、隐私或就业，就不太可能接受或信任它（Wirtz et al., 2019）。总之，数字基础设施建设不等于数字化要使数字政府建设达到提升民众满意度与信任感的目标，强化政社关系优势，不仅要强化技术落地，也要在充分利用数字技术的同时防止陷入“唯技术论”“数据主义”和“数据迷信”，以让生活更美好为需求导向推进服务质量的提升。事实上，最多跑一次，一网通办，虽然以技术解决了时间成本问题，全程数字化、完全不见面、一次也不跑、快到飞起来的服务带来了高效率，但这不等同于高品质、体验佳的服务（郑磊，2021），而且也忽视了沟通的作用，加强了疏离感（Eom & Lee,

2022）。这些问题也在一定程度上能解释为什么在数字化快速发展与乐观前景中有担忧与批评，部分研究人员对 ICT 的变革潜力持怀疑态度（Nograsek & Vintar，2014）。

最后是隐私保护的中介作用。数字化过程需要政府的干预与保护。伴随着数字化，特别是数字经济与平台企业快速化发展的是公众对隐私安全担忧的与日俱增。这也构成了学术研究中对数字化与平台企业的批评热点议题。数字技术使用的便利度与风险，往往是与社会权利、法律制度等社会基础制度、社会情境联系在一起（Wirtz et al.，2019）。对数字政府建设的讨论不能脱离其社会情境，技术变革必然伴随着制度基础与社会基础的适配，否则容易导致技术无法落地，更为重要的是，新技术缺少约束与规范，其结果很可能会是不仅未能利用新技术实现对城市的赋能，还可能使新技术本身成为城市中的一种“负能”（郑磊，2021）。事实上，加强数据安全与隐私保护是数字中国战略的重点内容。《中华人民共和国网络安全法》《中华人民共和国数据安全法》及《中华人民共和国个人信息保护法》等法治制度，以及近年来省市政府为推进大数据发展颁布了一系列的条例，都是对数字化时代数据安全与隐私保护的回应。而表 6-5 中中介效应分析结果也展示了数据安全保护方面的成就，一方面，数字政府发展降低了公众对信息安全的担忧，数字政府发展水平越高，公众对信息安全的担忧越低；另一方面，政府在数据安全上的制度建设带来的积极作用也传导到民众对基层政府的信任感上，提升了民众对基层政府信任感。

（四）数字政府与基层政社关系优势：简要的讨论与不足

政府赋能或增强型政府，是现有研究对数字政府建设美好前景描述的关键内容，具体而言，即通过采用数字技术，政府可以克服官僚主义，增强公共组织和官员的能力，同时降低行政成本（Wirtz et al.，2019）。然而，数字政府建设是一个过程，不仅伴随着数字技术的使用与对政府的赋能，同时也是政府职能转型的过程。数字基础设施建设相对容易，政府服务能力提升与转型则需要时日，同样，数字技术要实现对政府赋能的目标，也需要制度机制与社会基础，特别是政府自身改革与服务能力的提升。这也意味着，在数字政府建设阶段，特别是数字政府建设前期，以需求导向进行评估并不能很好地展示数字政府建设给治理效能带来的潜力。正如前面所说的，和其他基础设施建设一样，数字政府建设也同样存在建设与使用悖论，数字政府建设同样需要诸多投入，增加了工作负担（杨宏山，2021）。这也意味着至少在建设与推广阶段，数字政府建设成本、建设过程，会对民众的获得感产生一定负面影响，而不必然提升其满意度与幸福感。本书试图利用宏观数据与微观数据匹配追踪数字政府建设的效果。数据分析结果也展示了上述预测。

其一，通过优化社会保障等服务效能，提升公众对社会保障服务满意度是强化政社关系优势的重要途径，也是数字政府建设实现提升民众满意度与信任感的着力点。本章实证分析结果也支持了上述假设，但现实层面数字政府对社会保障服务满意度的评价非常复杂，数字政府建设提升了公众对养老保障服务的满意度，进而以养老保障满意度提升为中介，提升了公众对基层政府的信任感，强化了基层政社关系优势，但其他社会保障的中介效应不显著。数字政府通过提升社会保障整体满意度，虽然在一定程度上有利于强化基层政社关系优势，但统计意义上依然不显著。这说明，数字政府在提升社会保障满意度等方面，依然有待发力，下一阶段的重点是数字政府建设要从建到用，通过强化应用效能服务于基层政社关系优势的强化与巩固。

其二，政府赋能是数字政府建设的重要目标，也是数字政府建设实现提升民众满意度和信任感的重要途径。本书分析进一步支持了政府服务能力与政府绩效是强化民众对基层政府信任感的重要机制。同样，本书分析研究也发现，目前数字政府建设虽然提供了一幅关于政府赋能增效的乐观图景，但在现实层面还有待落实，与乐观预期相反的是，数字政府建设提升了民众对政府的期望，数字政府建设水平越高，民众对政府发展经济解决就业等能力的评价反而越低。而公众期望没有得到满足的情况下，必然会对基层政社关系优势产生一定的不利影响。需要指出的是，虽然数字政府建设提升了民众期望，而这种期望又在一定程度上影响了民众对基层政府信任感，但整体而言，其影响程度是较低的，前文中介效应分析与中介效应占比也证实了这一点。从积极乐观的视角理解该问题，意味着下一阶段数字政府一旦实现了对政府赋能的目标，提升了地方政府的发展能力、信息公开、需求回应能力，以及政府整体评价，那么数字政府建设对强化地方政社关系优势，提升民众对基层政府信任感的优势也会体现出来。

其三，如果说数字政府建设通过提升社会保障满意度和政府服务能力（前文所述的发展能力、信息公开、需求回应能力等），强化基层政社关系优势还处于待开发、潜能阶段的话，那么伴随着数字政府建设过程的法律制度建设带来的积极作用则已经得到了数据的支持。数字政府建设水平越高，民众对隐私安全担忧的程度就越低，而这也对基层政府信任感产生了积极影响。这些影响的背后是中国政府，从中央到地方，在数字安全与法律制度上的努力。国家层面，出台了《中华人民共和国国家安全法》《中华人民共和国网络安全法》《中华人民共和国数据安全法》及《中华人民共和国个人信息保护法》等法治制度为数据安全与个人信息安全保护提供了制度性堡垒。在地方层面，各地也相继公布了数据安全保护条例。当然，新近的发展中，国家"十四五规划"与地方"十四五专项规划"也将数字安全与隐私保护作为数字化时代新型基础设施建设的重要内容。

总之，数字政府从建设到应用，从应用到应用效果在政社关系优势上的体现是一个连续的过程，也是需要持续发力、久久为功的过程。数字政府建设为社会保障服务质量和政府能力的提升，提供了美好的前景与潜能，但从理想到现实需要持续的投入，也需要政府部门自身的变革。

三　数字政府建设与政社关系优势：区县政府层级的信任感分析

（一）数字政府建设与基层治理效能的实现：乡镇治理与区县治理的差异

前文展示了数字政府建设对基层政社关系优势巩固方面的潜力与现实。作为一个正在快速发展、但依然是起步阶段的事业，数字政府建设虽然通过服务案例与区域建设取得了令人激动与向往的美好前景，但在整体层面，这些前景依然是预期性的，在实践层面的效能有待挖掘、开发与强化。事实上，这与数字政府建设的总体图景相关，即便是到今天，数字政府建设依然在"数字基础设施"建设阶段。自 2018 年起，中央经济工作会议上就提出加快 5G 商用步伐，加强人工智能、工业互联网、物联网等新型基础设施建设，此后又多次在中共中央政治局会议和国务院常务会议上进一步提出新基建的发展规划，2020 年中央全面深化改革委员会第十二次会议审议通过《关于推动基础设施高质量发展的意见》，提出要以整体优化、协同融合为导向，统筹存量和增量、传统和新型基础设施发展，打造集约高效、经济适用、智能绿色、安全可靠的现代化基础设施体系。国家《"十四五"信息通讯行业发展规划》也将提升数字化社会治理效能，鼓励企业积极参与数字社会、数字政府建设，提升公共服务、社会治理等数字化智能化水平作为其重要内容之一。但正如前文所说的，相关图景依然是在规划蓝图中，其落实也主要是在省市一级，而具体到基层治理、社区治理，即便是在东部沿海地区的试点中，智慧治理依然处于探索阶段，“智慧社区”建设存在数据治理和社区治理现实矛盾、思维矛盾、层级矛盾和方式矛盾的瓶颈，效能不佳（沈莉，吴玮莹，2022）。而前文分析将数字政府建设与政社关系优势的关系局限于乡镇一级，这与上一章对政府满意度探讨的政府层级不一致，也与数字政府治理效能发挥作用的现实层级不一致。

因此，本章接下来将分析数字政府建设对区县一级政府信任感的影响。这不仅使得接下来的讨论与上一章的政府层级一致，与作用机制分析特别是对政府能力测评中的层级一致，同时也意味着本书将数字政府治理效能理解为一个逐级向下推移的过程，接下来的问题是，如果数字政府建设对基层治理的影响依然是一个面向未来的“蓝图”与规划状况，那么再往上一级，到区县政府这一级，数字政府建设的效能能否得到更好的体现？本书将基于 CSS 数据，按照前文关于数字政府建设对基层治理的影响机制与途径，按照社会保障服务、政府能力与绩效、安全隐私等多元驱动机制，逐一展示数字政府建设对区县一级政府信任感的影响。具体分析步骤与逻辑和上一节相同，这里不再赘述。

（二）区县政府信任感来源：社保、服务与隐私保护的多轮驱动机制

如前文所述，民众授予特定领域的特定个人或机构的信任并非无条件的，而是关系性的。其中，承诺的兑现与利益、能力的作用至关重要（Levi & Stoker，2000）。同样，对政府信任而言，政府提供社会保障服务质量、政府履职能力的评价以及面对风险与信息安全的制度建设，都是影响政社关系与政府信任感的重要因素。因此，民众对区县政府信任感同样也可以使用前文的框架，即社保、服务与隐私保护的多轮驱动框架展开分析。

表 6-6 以区县政府信任感为因变量，分析了社会保障服务满意度的影响。具体而言，社会保障对区县政府信任感有着积极的影响。但与前文乡镇政府信任感相比较，社会保障对区县政府信任感的影响的解释力比较低，R^2下降较多，此外，虽然养老保障、医疗保障和就业保障以及社会保障整体对区县政府信任感的影响为负，但养老保障的影响不显著，医疗保障的影响也是在 10%的水平上显著。这说明对区县政府信任感的研究需要进一步阐明。即便如此，提升社会保障满意度依然是影响区县一级政社关系的重要因素。换句话说，数字政府建设要在区县一级政社关系上体

现出效能，加强社会保障服务供给质量依然是重要而有效的途径。此外，民众的公平感、幸福感（生活满意度）以及困难指数，依然是影响其对政府信任感的关键变量，这也进一步支持了前文的观点，提升民众对政府信任感，关键是坚持以人民为中心的发展理念，通过各种途径提升民众福祉，为民解忧。

表 6-6　　社会保障服务与区县政府信任感：OLS 回归结果

	区县政府信任感	区县政府信任感	区县政府信任感	区县政府信任感	区县政府信任感	区县政府信任感
社会保障						
养老	0.002					
	(0.006)					
医疗		0.012*				
		(0.006)				
就业			0.018***			
			(0.007)			
低保				0.028***		
				(0.006)		
住房					0.020***	
					(0.007)	
整体						0.031***
						(0.008)
城市社区	-0.036	-0.031	-0.046	-0.038	-0.048	-0.025
	(0.031)	(0.030)	(0.034)	(0.034)	(0.036)	(0.031)
男性	-0.180***	-0.179***	-0.190***	-0.181***	-0.175***	-0.183***
	(0.029)	(0.029)	(0.032)	(0.032)	(0.034)	(0.029)
年龄	-0.002	-0.001	-0.002	-0.003*	-0.003	-0.002
	(0.001)	(0.001)	(0.002)	(0.002)	(0.002)	(0.001)
信仰	0.018	0.044	0.029	0.059	-0.002	0.029
	(0.042)	(0.042)	(0.047)	(0.047)	(0.048)	(0.042)
党员	0.038	0.048	0.015	-0.006	0.020	0.035
	(0.048)	(0.047)	(0.052)	(0.053)	(0.054)	(0.048)
已婚	-0.121**	-0.129***	-0.143***	-0.100*	-0.116**	-0.130***
	(0.047)	(0.047)	(0.051)	(0.052)	(0.053)	(0.048)

续表

	区县政府信任感	区县政府信任感	区县政府信任感	区县政府信任感	区县政府信任感	区县政府信任感
教育年限	0.034***	0.036***	0.036***	0.036***	0.032***	0.034***
	(0.004)	(0.004)	(0.005)	(0.005)	(0.005)	(0.004)
阶层认同	−0.014	−0.009	−0.011	−0.005	−0.012	−0.011
	(0.017)	(0.017)	(0.019)	(0.018)	(0.019)	(0.017)
社会公平感	0.037***	0.033***	0.028***	0.029***	0.030***	0.028***
	(0.008)	(0.008)	(0.009)	(0.009)	(0.010)	(0.009)
使用网络	0.017	−0.008	−0.032	−0.037	0.004	0.002
	(0.039)	(0.038)	(0.044)	(0.043)	(0.046)	(0.039)
困难指数	−0.015***	−0.014***	−0.013***	−0.015***	−0.010**	−0.014***
	(0.004)	(0.004)	(0.004)	(0.004)	(0.004)	(0.004)
生活满意度	0.020***	0.017**	0.017**	0.012	0.020**	0.015**
	(0.007)	(0.007)	(0.008)	(0.008)	(0.008)	(0.007)
社保期待	−0.030***	−0.030***	−0.034***	−0.023***	−0.036***	−0.027***
	(0.008)	(0.008)	(0.008)	(0.008)	(0.009)	(0.008)
社会信任感	0.036***	0.032***	0.032***	0.032***	0.025***	0.028***
	(0.008)	(0.008)	(0.009)	(0.009)	(0.009)	(0.008)
截距项	3.361***	3.326***	3.423***	3.300***	3.451***	3.279***
	(0.154)	(0.152)	(0.168)	(0.166)	(0.172)	(0.153)
观察值	8651	8897	7209	7204	6653	8763
R^2	0.049	0.049	0.051	0.054	0.049	0.050

注：括号内为标准误，*** $p<0.01$，** $p<0.05$，* $p<0.1$。

同样，我们关注政府能力评价对区县政府信任感的影响。和前文相同，这里的政府能力评价主要是关注发展能力、信息公开能力、服务回应能力以及区县政府整体绩效评价等指标。首先是发展经济与解决就业能力。如前文所述，在发展中解决问题是政社关系优势的基础，经济发展能力是国家的核心能力（耿曙、王颖颖，2022）。就业不仅是经济问题，也是政治问题。如，1950 年 11 月的《中共中央关于失业救济问题的总结及指示》指出，失业问题甚至“可以动摇到城市中人民政权的基础”。作为一个超级规模大国，现代化过程中面临着人口压力与就业压力，其关键途径就是发展经济，以工业化城市化增加就业岗位，缓解就业危机。其次是政府透明度和开放度。信息就是力量，特别是低成本的免费的信息（Aker et al.，2017）。信息和通信技术（ICT）的日益普及可以提高公民要求服务对象服务的能力，数字政府建设与政府热线降低了公民提交投诉或提出请求的成本。信息透明度不仅可以收集公众诉求，使得政府“采取公民喜欢的政策”提升响应能力成为可能，同时也保障了民众的知情权，降低了参与成本（Grossman & Slough，2022）。当然，信息公开与透明度还在一定程度上缓解了民众与政府之间的信息不对称问题（Cesi et al.，2021）。因此，与前文相同，本部分在讨论数字政府建设对信息公开与政府满意度的影响之前，关注信息公开与透明度的提升是否能提升民众对政府的满意度与绩效评价。在此基础上，下文则更进一步关注数字政府建设是否提升了信息公开度和透明度，以及这种透明度的提升是否传导到民众对政府满意度的评价上。再次依然是服务回应能力。重视民意、回应民意是国家治理现代化的重要内容。而对民意的关注不能满足于收集信息，关键是政府回应能力。强调政府回应能力，既是由中国传统政治文化决定的，更是由中国共产党执政理念决定的、由党的本质决定的。因此，和前文一样，这里强调政府回应力。最后是政府整体治理水平的评价。同样，利用 CSS 2019 年数据，我们评估了政府经济发展能力、信息公开度与透明度、基层政府的回应能力对区县一级政府信任感的影响。具体回归结果如表 6-7 所示。

表 6-7 中结果与前文关注政府能力与基层政府信任感的影响基本一致，即政府能力与政府信任感显著正相关，对政府能力各个指标的评价越高，民众对区县政府的信任感越高。值得注意的是，信息公开能力对基层政府信任感影响虽然为正，但不显著，而对区县政府的影响则显著为正。当然，这也可以理解，乡镇街道一级的信息是民众的身边事，民众对所在乡镇或者街道发生的事情比较熟悉，获得相关信息成本也比较低，但对区县一级的政府信息的获得可能更依赖信息公开。

表 6-7 中同样汇报了隐私安全保护对区县一级政府信任感的影响，与前文分析结果不一致的是，隐私担忧对区县一级政府信任感不显著。

表 6-7　　**政府能力评价与区县一级政社关系优势：OLS 回归**

	区县政府信任感	区县政府信任感	区县政府信任感	区县政府信任感	区县政府信任感
政府能力评价					

续表

	区县政府信任感	区县政府信任感	区县政府信任感	区县政府信任感	区县政府信任感
发展能力	0.056***				
	(0.013)				
信息公开		0.117***			
		(0.013)			
服务回应力			0.110***		
			(0.012)		
整体评价				0.201***	
				(0.015)	
隐私担忧					0.011
					(0.012)
城市	-0.028	-0.027	-0.028	-0.040	-0.027
	(0.030)	(0.030)	(0.030)	(0.030)	(0.030)
男性	-0.180***	-0.171***	-0.170***	-0.167***	-0.179***
	(0.029)	(0.028)	(0.029)	(0.028)	(0.029)
年龄	-0.002	-0.001	-0.002	-0.002	-0.002
	(0.001)	(0.001)	(0.001)	(0.001)	(0.001)
信仰	0.041	0.048	0.045	0.042	0.038
	(0.041)	(0.041)	(0.041)	(0.041)	(0.041)
党员	0.050	0.044	0.040	0.028	0.051
	(0.047)	(0.047)	(0.047)	(0.047)	(0.047)
已婚	-0.124***	-0.122***	-0.121***	-0.112**	-0.125***
	(0.045)	(0.045)	(0.045)	(0.045)	(0.045)
教育年限	0.035***	0.035***	0.035***	0.037***	0.033***
	(0.004)	(0.004)	(0.004)	(0.004)	(0.004)
阶层认同	-0.009	-0.010	-0.010	-0.010	-0.010
	(0.016)	(0.016)	(0.016)	(0.016)	(0.016)
社会公平感	0.035***	0.025***	0.026***	0.014*	0.043***
	(0.008)	(0.008)	(0.008)	(0.008)	(0.008)
使用网络	0.020	0.024	0.021	0.030	0.015
	(0.038)	(0.037)	(0.037)	(0.037)	(0.038)

续表

	区县政府信任感	区县政府信任感	区县政府信任感	区县政府信任感	区县政府信任感
困难指数	−0.013***	−0.012***	−0.011***	−0.010***	−0.014***
	(0.004)	(0.004)	(0.004)	(0.004)	(0.004)
生活满意度	0.019***	0.018***	0.019***	0.020***	0.020***
	(0.007)	(0.007)	(0.007)	(0.007)	(0.007)
社保高期待	−0.031***	−0.029***	−0.027***	−0.025***	−0.033***
	(0.007)	(0.007)	(0.007)	(0.007)	(0.007)
社会信任感	0.032***	0.028***	0.027***	0.023***	0.035***
	(0.007)	(0.007)	(0.007)	(0.007)	(0.008)
截距项	3.168***	3.010***	3.038***	2.711***	3.316***
	(0.151)	(0.150)	(0.149)	(0.152)	(0.150)
观察值	9126	9126	9126	9126	9126
R^2	0.053	0.060	0.059	0.069	0.051

注：括号内为标准误，*** $p<0.01$，** $p<0.05$，* $p<0.1$。

（三）数字政府建设与区县政府信任感：社保、能力与隐私的中介效应

接下来，我们进行数字政府建设与区县政府信任感的中介效应分析，即社会保障、服务能力与隐私保护的中介效应。相关结果汇总如表6-8所示。社会保障评价中，除城乡低保的中介效应显著之外，其他各项的中介效应不显著。说明数字政府建设目前还没有通过社会保障服务质量的提升，增强民众对区县政府信任感的影响。政府能力评价中，除了信息公开的中介效应不显著之外，其他三项指标（含总体的政府绩效评价）的中介效应均显著为正。结合前文的分析，数字政府建设提升了公众对政府期待，进而使得数字政府建设水平越高，民众对政府发展能力、信息公开能力、回应能力以及整体评价显著为负（β_a）。但表6-8中信息显示，各项能力指标的中介效应（$\beta_a\beta_b$）均非常显著且与β_a方向不一致，这也说明数字政府建设要实现强化政社关系优势的效果，其关键是提升政府发展能力。此外，隐私保护的中介效应在本部分分析中没有得到数据较好的支持，在统计意义上不显著。

表 6-8 数字政府建设与区县信任感：社保、能力与隐私的中介作用

变量	β_a	β_b	$\beta_a\beta_b$	中介效应比例
社会保障评价				
养老保障	0.002	0.007**	0.000	-0.013
	(0.006)	(0.003)	(0.000)	
医疗保障	0.004	0.012***	0.000	-0.075
	(0.003)	(0.006)	(0.000)	
就业保障	-0.001	0.018***	-0.000	0.035
	(0.003)	(0.007)	(0.000)	
城乡低保	-0.011***	0.028***	-0.000***	0.599
	(0.004)	(0.006)	(0.000)	
住房保障	-0.002	0.020***	-0.000	0.030
	(0.004)	(0.007)	(0.000)	
社保整体	0.002	0.031***	0.000	-0.360
	(0.002)	(0.008)	(0.000)	
政府能力评价				
发展能力	-0.005***	0.056***	-0.000***	1.211
	(0.001)	(0.013)	(0.000)	
信息公开	-0.002	0.117***	-0.000	0.918
	(0.001)	(0.013)	(0.000)	
需求回应	-0.004***	0.110***	-0.000***	2.113
	(0.001)	(0.012)	(0.000)	
政府评价	-0.002*	0.201***	-0.000*	2.062
	(0.001)	(0.015)	(0.000)	
安全隐私				
隐私担忧	-0.006***	0.011	-0.000	0.306
	(0.001)	(0.012)	(0.000)	

注：括号内为标准误，*** $p<0.01$，** $p<0.05$，* $p<0.1$。

（四）数字政府与区县政社关系优势：一个简短的讨论

数字政府建设是一个从上而下的建设过程，其治理效能也应该是从上而下的实现过程。因此，在本部分分析中，我们预期数字政府建设对区县

政社关系优势的影响，相比于基层的乡镇街道一级应该更为显著。然而，数据分析并没有发现数字政府建设对两级政社关系（即本章的政府信任感）的影响有着明显的趋势与差异。

其一，虽然社会保障各项指标对乡镇街道一级政社关系影响的显著度更高（如养老保障的中介效应显著，但在区县一级影响不显著），但这种影响与前文预期有较大差距，或者说，至少数字政府建设没有带来社会保障能力的显著提升。事实上，这也与我国当前阶段社保整体状况相符。作为世界上最大的发展中国家，中国在建设世界上最大的保障体系的同时，一直对社会保障规模“忧心忡忡”，担心社会保障与社会政策超出“底线公平”原则且缺少软性，会对经济发展造成负面影响，进而影响国家竞争力（刘军强，2012）。因此，从基本养老等社会保障发展过程中强调可持续性，在较低水平上扩大覆盖面，从国民经济和社会发展第十个五年计划人口、就业和社会保障重点专项规划，到“十三五”推进基本公共服务均等化规划，乃至“十四五”公共服务规划，“可持续、保基本”“尽力而为、量力而行”“合理引导民众预期”成为社会保障与社会政策文本的关键原则与高频词（魏万青，2020）。社会政策发展趋势是“守住底线、突出重点、完善制度、引导舆论”（贡森、李秉勤，2019）。正如前文所说，数字政府如果只是数字基础设施的发展而没有社会保障与服务水平的提升，其在治理层面的效能比较有限。事实上，正如城市社会学对关于政府支出与集体消费的讨论所指出的一样，不同群体的偏好是不一致的。从生产导向出发，自然更强调资本积累，政府开支主要用于社会性生产过程中，扩大基础设施建设，但普通民众更希望政府加大集体消费投资的比重与提供充分的教育与就业培训机会（夏建中，1998）。

其二，政府发展能力相关指标对提升民众信任感有着较强的中介效应。除了信息公开的中介效应不显著之外，其他各项指标的中介效应均显著。这说明在当前背景下，政府能力特别是发展经济解决就业能力、对民众诉求的回应能力依然至关重要。而数字政府建设也应该以提升政府能力为重点，不仅要见物质基础，更要见能力影响。没有赋能的数字政府建设，依然是形式主义的数字政府。

其三，虽然隐私安全的中介效应不显著，但正如前文所说的，数字政府效能的实现，是建立在特定的制度保护与社会基础上的。没有安全与隐私保护的数字化，必然导致社会的抵制与不信任，这也会使得数字政府建设落地、使用、推广变得更为困难。

四　数字政府建设与政社关系优势：综合的视角

（一）基层治理政社关系与政府信任：区县与乡镇两级政府的综合视角

一直以来，关于政社关系优势研究，特别是关于信任感研究的一个质疑就是信任感的测量问题。受限于数据信息，本书在前面互联网时期的政社关系优势研究中，主要是关注政府信任感与基层政府信任感，但具体而言，基层政府是指哪一级政府，数据中并没有明确提示，与之对应，受访者在回答相关问题时自然没有明确地对应某一级政府。而 CSS 数据对政府满意度和信任感的测量有了明确的界定，其中对政府评价指标明确为调查抽样所在的区县一级政府，对地方政府信任感测量明确区分乡镇、区县一级政府，这使得我们对基层政社关系的讨论更为具体。然而，正如相关研究所指出的，民众对政府机构、不同层级的政府部门的信任感评价有较大的差异，而数字政府建设又是一个有着不同理解的名词，从智慧城市到智慧社区，再到数字政务服务等，都可以理解为数字政府建设，这里的政府可以是不同政府机构，也可以是不同层级政府。因此，我们分析基层政社关系需要考虑上述特征。CSS 数据也收集了公众对媒体、法院、公安部门和医院的信任感，这些机构在传统文化与民众观念中甚至都可以理解为广义上的“政府部门”，但因为本书主题主要是关注基层治理，故在下一步分析中，我们将乡镇、区县一级政府信任感进行加总，形成新的基层政府信任感测量进行分析，以期得到更多的发现。

（二）基层政府信任的再分析：社会保障、服务能力与隐私安全

同样，我们利用表 6-9 汇总了社会保障、服务能力与隐私安全对基层政府（含区县、乡镇两级政府）总体信任感的影响。由于控制变量和前面各表一致，且这里不做重点讨论，故不再列出。表 6-9 结果和前文结果相似，所有变量的回归系数均在 1%的水平上显著。其中，社会保障各项指标和政府能力各项指标均显著为正，而民众对隐私担忧程度越高，则政府总体信任感越低。这也再一次说明，提升民众信任感的关键是提升社会保障服务满意度、政府能力和安全感，这也构成了数字政府转型的价值取向，要以人民为中心加大服务力度和服务能力。数字化是手段，通过数字化提供高质量的社会保障、提升服务能力，保障民众安全，提升人民

群众的幸福感、获得感和安全感才是目标。

表 6-9　　　社会保障、服务能力与隐私安全对总体信任的影响

因变量：总体信任感	系数	N	R^2
养老保障	0.052***	8651	0.145
	(0.009)		
医疗保障	0.083***	8897	0.149
	(0.010)		
就业保障	0.093***	7209	0.155
	(0.010)		
城乡低保	0.122***	7204	0.166
	(0.009)		
住房保障	0.101***	6653	0.159
	(0.010)		
社保整体	0.133***	8763	0.154
	(0.012)		
发展能力	0.275***	9126	0.162
	(0.019)		
信息公开	0.418***	9126	0.186
	(0.019)		
需求回应	0.440***	9126	0.193
	(0.019)		
政府评价	0.610***	9126	0.208
	(0.022)		
安全隐私	-0.052***	9126	0.144
	(0.019)		

注：括号内为标准误，*** $p<0.01$，** $p<0.05$，* $p<0.1$。控制变量与前文各表一致。

此外，表 6-9 中样本量也显示了样本的缺失情况，其中对住房保障问题的回答比较少，主要是住房保障覆盖对象是城市居民，广大农村居民对该项社会保障服务指标的回答“不知道”，导致缺失值比较多。

（三）数字政府与总体信任感的中介效应再分析

如果说民众对养老、医疗、住房、城乡低保等社会保障满意度，以及

公众对政府发展经济解决就业等能力指标是影响政社关系、提升民众政府信任感的主要途径，那么接下来的问题就是，数字政府建设提升了政府总体信任感吗？如果有，那么有多大程度是由社会保障、服务能力与隐私安全能力的提升途径起作用呢？表 6-10 汇总了数字政府建设与政府总体信任感的中介效应分析结果。如前文所述，中介效应的逐步检验法第 1 步不是必需的，甚至第 2、第 3 步也不是必需的，关键在于$\beta_c-\beta_{c'}$，即β_c和$\beta_{c'}$差异显著检验，或者说交互项回归系数$\beta_a\beta_b$显著性来检验（江艇，2022）。因此，表 6-10 中重点汇总了$\beta_a\beta_b$的结果，该结果与β_c和$\beta_{c'}$差异等价。

表 6-10　**数字政府与政府总体信任感的中介效应分析：社会保障、服务能力与隐私安全**

变量	β_a	β_b	$\beta_a\beta_b$	中介效应比例
社会保障评价				
养老保障	0.007**	0.052***	0.000**	2.251
	(0.003)	(0.009)	(0.000)	
医疗保障	0.004	0.083***	0.000	0.713
	(0.003)	(0.010)	(0.000)	
就业保障	-0.001	0.093***	-0.000	-0.070
	(0.003)	(0.010)	(0.000)	
城乡低保	-0.011***	0.122***	-0.001**	-0.928
	(0.004)	(0.009)	(0.000)	
住房保障	-0.002	0.101***	-0.000	-0.714
	(0.004)	(0.010)	(0.000)	
社保整体	0.002	0.133***	0.000	0.299
	(0.002)	(0.012)	(0.000)	
政府能力评价				
发展能力	-0.005***	0.275***	-0.001**	-0.901
	(0.001)	(0.019)	(0.000)	
信息公开	-0.002	0.418***	-0.001	-0.492
	(0.001)	(0.019)	(0.001)	
需求回应	-0.004***	0.441***	-0.002**	-1.278
	(0.001)	(0.019)	(0.001)	

续表

变量	β_a	β_b	$\beta_a\beta_b$	中介效应比例
政府评价	-0.002*	0.610***	-0.001	-0.943
	(0.001)	(0.022)	(0.001)	
安全隐私				
隐私担忧	-0.006***	-0.052***	0.000**	0.222
	(0.001)	(0.019)	(0.000)	

注：括号内为标准误，*** $p<0.01$，** $p<0.05$，* $p<0.1$。

如表 6-10 中信息显示，各类社会保障中养老保障、城乡低保的中介效应在 5%的水平上显著，其他各类社会保障和社保整体评价的中介效应不显著。具体而言，数字政府建设显著提升了民众对养老保障的评价（β_a 为 0.007，在 5%的显著水平上显著为正），因此，其中介效应是显著为正。而数字政府建设对城乡低保的影响为负（β_a 为-0.011，在 1%的水平上显著），其中介效应也显著为负。

政府能力各项指标中，政府发展经济解决就业能力和需求回应能力的中介效应在 5%的水平上显著为负，其他两项指标的中介效应在统计意义上不显著。相关原因在前文已经详细阐述，主要是源于数字政府依然在建设阶段，但相关宣传与乐观前景提升了民众对数字政府的预期。一方面，正处于建设阶段的数字政府尚未带来地方政府整体能力的提升，其运营、使用效能产生有待时日；但另一方面，民众在关于数字化乐观前景的描述中对其期待与日俱增，此消彼长体现在数字政府建设与政府能力各项评价指标中均显著为负，而传导到基层政府整体信任感层面，其中介效应也是显著为负。

安全隐私层面只有一个指标，即民众对信息安全的法律保护的担忧。如前文所述，数字政府建设过程受到各级政府对信息安全的高度重视，并相继出台法律制度与条例，为数字化提供制度堡垒。因此，数字政府建设与公众对隐私担忧水平呈显著负相关（β_a 为-0.006，在 1%的水平上显著），而数字化过程中法律与隐私保护的效果在政社关系层面也得到积极的回应，通过降低民众隐私担忧显著提升了民众对基层政府（区县、乡镇政府）的整体信任感。

（四）总结与讨论

基层政社关系影响因素分析，特别是与政府相关的社会保障能力、政府服务能力和安全隐私保护的影响分析，再一次说明民众对政府的信任感或者说政社关系优势并非无条件形成的；恰恰相反，该优势是中国政府以人民为中心，强调聚焦民众需求推进经济快速增长过程中确保发展成果被民众所共享的结果。

在前文分析中，本书指出中国民众对政府的信任感来自绩效合法性与有效性，特别是经济发展与收入增长的结果，但经济发展并不必然带来民众的支持与信任。不平等、腐败等问题都会导致信任感的流失，而且互联网的兴起，导致民众信息接收渠道与内容发生改变，都会对政社关系优势形成挑战。因此，数字化时代持续巩固政社关系优势的关键是增强再分配，加大社会保障等民生支出的力度。对政府而言，不仅要会分“蛋糕”，通过社会保障等做好再分配，注重民生改善促进社会公平，也要加强能力建设提升对困难与需求的“解题能力”，这些能力包括发展经济解决就业能力、信息公开保障民众知情权参与权的能力、回应民众诉求的能力，以及面对数字化时代与发展过程中确保民众隐私安全的能力等。前文的实证分析也为上述观点提供了支持。然而，令人困惑的是，无论是聚焦区县一级、乡镇一级政府的信任感，还是汇总两级政府信任感为因变量，基于全国性代表性数据与数字政府建设水平的评价数据分析发现，数字政府建设对提升上述服务能力、发展能力的作用依然比较小，数字政府在政社关系优势的效能上还没有得到普遍的支持。当然，这与数字政府建设的阶段有关。虽然一网通办、一网统管目标被广泛提及，但数字政府建设依然在数据聚集、信息沟通、跨部门合作，跨层级合作之间存在问题，各级政府、各级部门之间的数字化依然存在碎片化的问题。事实上，时至今日，省级政府的大数据管理局与大数据中心依然在逐步完善过程中，解决数字政府建设中的碎片化问题、“数据孤岛”问题以及部门协作问题更多是作为“十四五规划”的目标而不是已经实现的现实。即便是单一目标的领域，如公务用车领域，虽然各省机关事务管理局都强调公务用车管理平台“一张网”，但从目前公布的机关事务规划关于发展基础的陈述来看，各省公车管理平台依然在建设与完善阶段，公车接入、运营方面依然与预期目标有很大差距。虽然数字政府建设提供了令人激动的乐观图景，但数字政府潜能依然有待挖掘。

正如全书关于中介效应检验的讨论所指出的，中介效应检验的三步法中，第一步的结果并非必需的，因为显示层面的总体效应可能比较复杂。例如，考虑到中国社会典型的城乡二元结构，我们可以预测数字政府建设对基层政社关系优势的影响存在着城乡差异，甚至可能对城市居民的影响为负，而对农村居民影响为正，或者是相反。但不管哪种结果体现在汇总层面都是此消彼长，正负抵消。对数字政府建设的效应完全可以做出上述假设。因为在数字政府建设之前，电子政务对相关服务的影响主要是覆盖城市居民群体，对农村居民影响较小。这也使得数字政府建设，可能扩大了城乡居民在特定服务的差异。例如，对城市居民而言，城市社区建设大力建设“十五分钟服务圈”，因此各类服务可及性程度较高，而且各种政务中心存在，城市居民即便是在线下办理养老保障、领取公积金等相关服务也非常方便，但对农村居民而言，因为一般不存在这类政务服务中心，即便存在也比较远，因此数字化建设带来的便利程度更显著，他们更有可能是受益者。这也对数字政府建设的分析提出了更具体的要求，特别是在分析数字政府在政社关系中的优势时，充分考虑城乡差异特征，分析数字政府建设对政社关系影响的城乡差异。

第七章　数字化时代的政社关系与城乡差异

一　数字政府建设与政府信任感：城乡差异的表现与特点

城乡二元结构是中国社会发展与现代化过程中的典型特征（刘祖云、胡蓉，2005），也是研究中国问题的关键视角（白永秀，2012）。中华人民共和国成立初期，服务于重工业优先发展战略，为提高积累推进工业化与城市化，我国采取了农村支援城市的发展策略，通过提供农业产品的剩余来为工业化提供积累和降低成本，中国逐渐建立起城乡分割的体制（张海鹏，2019）。改革开放以来城乡关系发生了巨大变化，农村通过农业剩余来支持工业化和城市的比重越来越低，但城市化与工业化低成本劳动力主要源自农村（武力，2007）。虽然我国通过新农村建设、公共服务均等化等措施为缩小城乡差距而努力（厉以宁，2008；2009），城乡一体化格局已呈现出新的趋势，但推进城乡一体化面临严峻挑战（魏后凯，2016）。时至今日，城乡二元结构明显、城乡发展一体化程度低的局面，仍是我国面临的主要结构性问题之一。特别是在社会保障与公共服务方面，制度统一、标准一致、服务可及的农村公共服务体系依然有待建设。农村与基层社区，被视为治理现代化的短板，而数字政府建设被视为推进公共服务可及性、降低服务成本，为政府赋能，补强治理短板的重要途径。如果说，数字政府建设对城市社区治理是锦上添花，那么对农村治理则是雪中送炭。这也意味着数字政府对政社关系优势的影响存在着显著的城乡差异。基于此，本章内容将充分考虑城乡差异特征，分析数字政府建设对政社关系影响的城乡差异。表 7-1 为数字政府建设与政府整体信任感的城乡差异分析结果，使用的数据依然是 CSS 2019 数据和腾讯数字政府建设水平数据，因变量为区县和乡镇两级政府信任感加总，即总体信任感。表中第一列至第三列为城乡样本分析结果，其中，数字政府建设对总体信任感的影响不显著（系数为-0.001），第二列结果显示，城市社区居民对基层政府总体信任感在10%的水平上显著高于农村社区居民（城市社区虚拟变量的系数为0.076）。值得关注的是第四列、第五列子样本分析结果。其中，农村社区子样本统计结果显示，数字政府建设对农村民众的基层政府整体信任感影响显著为正（系数为0.008，在5%的水平上显著），而城市子样本结果则相反，即数字政府建设水平对城市居民的基层政府整体信任感显著为负（系数为-0.008，在5%的水平上显著）。不考虑其他变量的情况下，数字政府建设对基层政府信任感的影响存在着显著的城乡差异，而且影响方向相反。这也意味着对基层政社关系的分析，应充分考虑城乡二元结构的差异，如果将城市与农村社区样本放在一起分析，数字政府建设对政社关系的影响可能因为此消彼长、正负抵消，而在整体上呈现出不显著的状况。

表 7-1　　数字政府建设与政府整体信任感的城乡差异

样本	城乡	城乡	城乡	农村	城市
数字政府建设	-0.001	—	-0.001	0.008**	-0.008**
	(0.003)	—	(0.003)	(0.004)	(0.003)
城市	—	0.076*	0.076*	—	—
	—	(0.043)	(0.043)	—	—
Constant	7.099***	7.048***	7.056***	6.945***	7.219***
	(0.038)	(0.032)	(0.045)	(0.058)	(0.051)
观察值	10283	10283	10283	4481	5802
R^2	0.000	0.000	0.000	0.001	0.001

注：括号内为标准误，*** $p<0.01$，** $p<0.05$，* $p<0.1$。

本章结构安排如下，在展示数字政府建设对基层整体信任感影响异质性的基础上，第二部分聚焦城市子样本分析城市居民政府信任感的影响机制与中介效应，具体分析思路与第五章相似。第三部分则聚焦农村样本，分析数字政府建设对农村居民政府信任感的影响，以及社会保障服务、政府服务能力与安全隐私保护的中介效应。最后，是城乡比较分析与讨论。

二 数字政府建设与政府信任感再讨论

（一）城市居民基层政府信任感：保障、能力与安全多轮驱动

对政府信任感来源的分析，使用的数据依然是 CSS 2019 数据，数字政府发展水平的测量源自腾讯研究院，因变量为前文所说的基层政府整体信任感，即区县一级政府信任感和乡镇一级政府信任感的加总。关键自变量为民众对社会保障的评价、政府能力评价，以及对信息隐私安全评价（隐私安全担忧）。控制变量依然是个体经济社会地位指标的变量和生活状况（生活满意度、困难指数），以及公平感知的变量。考虑到政府信任感与社会信任感的关联，这里依然控制了社会信任感变量。此外，控制变量中还删减了前文分析中一些对信任感影响不显著且既有文献也较少关注的变量。变量处理在前文多有介绍，这里不再详细展开，也不逐一介绍与描述变量含义。

首先来看社会保障对城市居民基层政府信任感的影响。表 7-2 统计结果显示，养老保障、医疗保障、就业保障以及城乡最低生活保障（低保）和住房保障的影响显著，而社保整体评价也显著影响着城市居民的基层政府信任感。简而言之，民众对政府的信任感，或者说城市基层（区县、乡镇两级）的政社关系优势，在一定程度上是建立在政府高度重视民生保障与民生福祉的基础上，民众对社会保障支出评价越高，对政府信任感越高。

表 7-2 社会保障与城市居民基层政府信任感：OLS 分析

	政府信任感	政府信任感	政府信任感	政府信任感	政府信任感	政府信任感
社会保障						
养老保障	0.034***					
	(0.012)					
医疗保障		0.062***				
		(0.013)				
就业保障			0.116***			
			(0.014)			

续表

	政府信任感	政府信任感	政府信任感	政府信任感	政府信任感	政府信任感
城乡最低生活保障				0.124***		
				(0.013)		
住房保障					0.108***	
					(0.013)	
社会保障整体						0.137***
						(0.015)
男性	−0.341***	−0.347***	−0.387***	−0.375***	−0.337***	−0.339***
	(0.056)	(0.055)	(0.061)	(0.063)	(0.064)	(0.056)
年龄	−0.004	−0.004	−0.006**	−0.008**	−0.007**	−0.004
	(0.003)	(0.003)	(0.003)	(0.003)	(0.003)	(0.003)
党员	0.267***	0.270***	0.281***	0.215**	0.301***	0.240***
	(0.087)	(0.086)	(0.095)	(0.100)	(0.099)	(0.087)
已婚	−0.169**	−0.168**	−0.161*	−0.091	−0.132	−0.154*
	(0.085)	(0.083)	(0.091)	(0.094)	(0.095)	(0.087)
教育年限	0.050***	0.054***	0.047***	0.048***	0.043***	0.051***
	(0.009)	(0.008)	(0.009)	(0.010)	(0.010)	(0.008)
网络使用	0.036	−0.004	−0.085	−0.089	0.004	−0.003
	(0.078)	(0.077)	(0.090)	(0.091)	(0.093)	(0.078)
社会公平感	0.183***	0.178***	0.159***	0.166***	0.175***	0.147***
	(0.017)	(0.017)	(0.019)	(0.019)	(0.020)	(0.018)
困难指数	−0.043***	−0.044***	−0.039***	−0.042***	−0.036***	−0.039***
	(0.007)	(0.007)	(0.008)	(0.008)	(0.008)	(0.007)
生活满意度	0.054***	0.048***	0.027*	0.026*	0.042***	0.038***
	(0.014)	(0.013)	(0.015)	(0.015)	(0.015)	(0.014)
社会信任感	0.124***	0.110***	0.099***	0.096***	0.093***	0.091***
	(0.016)	(0.016)	(0.018)	(0.018)	(0.018)	(0.016)
截距项	4.748***	4.688***	4.983***	4.885***	4.773***	4.599***
	(0.224)	(0.221)	(0.243)	(0.249)	(0.252)	(0.220)
观察值	5423	5593	4535	4289	4187	5505
R^2	0.133	0.137	0.147	0.159	0.148	0.141

注：括号内为标准误，*** $p<0.01$，** $p<0.05$，* $p<0.1$。

政府能力与对民众隐私安全的保护，是数字化时代居民政府信任感的重要影响机制。表 7-3 汇总了政府能力评价各项指标和民众信息安全担忧对基层政府信任感的影响。整体来说，数据部分很好地支持了相关预测。政府能力是城市居民对基层政府信任感的重要来源，城市居民对基层政府发展经济解决就业能力、信息透明度和民众诉求回应能力的评价，和对政府整体绩效的评价一起，显著影响着民众的信任感，评价越高信任感越高。民众对隐私安全的担忧度越高，其政府信任感越低，说明政府在法律制度上对个人信息隐私安全的保护，降低了民众的信息安全担忧，其传导到政府信任感层面就是政府信任感随着隐私担忧的降低而提升。

表 7-3　**城市居民基层政府信任感：政府能力与隐私担忧的影响**

	政府信任感	政府信任感	政府信任感	政府信任感	政府信任感
发展能力	0.279***				
	(0.025)				
信息公开		0.406***			
		(0.025)			
回应能力			0.436***		
			(0.024)		
整体绩效				0.589***	
				(0.030)	
隐私担忧					−0.050**
					(0.023)
男性	−0.354***	−0.317***	−0.317***	−0.320***	−0.349***
	(0.054)	(0.053)	(0.053)	(0.053)	(0.054)
年龄	−0.004	−0.004	−0.005*	−0.003	−0.005*
	(0.003)	(0.003)	(0.003)	(0.002)	(0.003)
党员	0.291***	0.276***	0.270***	0.231***	0.292***
	(0.085)	(0.084)	(0.083)	(0.083)	(0.086)
已婚	−0.147*	−0.152*	−0.138*	−0.128*	−0.158**
	(0.079)	(0.078)	(0.078)	(0.077)	(0.080)
教育年限	0.055***	0.052***	0.054***	0.058***	0.052***
	(0.008)	(0.008)	(0.008)	(0.008)	(0.008)

续表

	政府信任感	政府信任感	政府信任感	政府信任感	政府信任感	
网络使用	-0.004	-0.001	-0.009	0.005	-0.008	
	(0.074)	(0.073)	(0.073)	(0.073)	(0.075)	
社会公平感	0.173***	0.149***	0.140***	0.123***	0.200***	
	(0.016)	(0.016)	(0.016)	(0.016)	(0.016)	
困难指数	-0.035***	-0.032***	-0.029***	-0.030***	-0.042***	
	(0.007)	(0.007)	(0.007)	(0.007)	(0.007)	
生活满意度	0.054***	0.058***	0.056***	0.060***	0.062***	
	(0.013)	(0.013)	(0.012)	(0.012)	(0.013)	
社会信任感	0.109***	0.096***	0.093***	0.093***	0.118***	
	(0.015)	(0.015)	(0.015)	(0.015)	(0.015)	
截距项	4.053***	3.815***	3.843***	3.053***	5.006***	
	(0.223)	(0.218)	(0.215)	(0.225)	(0.224)	
观察值	5793	5793	5793	5793	5793	
R^2	0.151	0.171	0.179	0.188	0.133	

注：括号内为标准误，*** $p<0.01$，** $p<0.05$，* $p<0.1$。

控制变量中，男性的政府信任感显著低于女性，党员显著高于非党员，教育水平与基层政府信任感显著正相关，个体生活满意度和困难指数均与政府信任感显著相关，个体社会公平感也显著影响着政社关系。值得留意的是，是否使用网络在两个表中的结果均不显著。

城市子样本分析再一次验证了前文多次阐述的观点，即民众对基层政府的信任感，来自政府在民生福祉与社会公平上的努力与成效，民众对社会保障、政府能力和信息安全保护的评价越高，对基层政府信任感越高。

（二）数字政府建设对社会保障、政府能力与隐私担忧的影响

如果说社会保障、政府发展能力与绩效，对隐私安全的保护，是民生福祉的基础，那么对数字政府建设而言，要实现提升民众获得感与支持，其关键就是通过数字政府建设提升民众的社会保障满意度与政府绩效评价，以及民众的安全感。因此，接下来的问题就是，数字政府建设提升了城市居民的社会保障满意度、政府绩效评价以及安全感了吗？

表 7-4 展示了数字政府建设对城市居民社会保障满意度评价的影响。

具体而言，在数字政府建设对社会保障各项目评价的影响中，只有养老保障和最低生活保障影响显著，对其他项目影响均不显著。其中，数字政府建设水平与养老保障评价正相关，提升了城市居民对养老保障的评价，但与其对城乡最低生活保障的评价显著负相关。

表 7-4　　数字政府建设对城市居民社会保障评价的影响分析

	养老	医疗	就业	低保	住房	整体
数字政府建设	0.010***	0.005	0.000	−0.010**	0.001	0.004
	(0.004)	(0.004)	(0.004)	(0.004)	(0.004)	(0.003)
男性	0.026	0.012	−0.120*	−0.093	−0.172**	−0.053
	(0.062)	(0.059)	(0.066)	(0.075)	(0.074)	(0.049)
年龄	−0.003	−0.013***	0.003	0.000	0.010***	0.007***
	(0.003)	(0.003)	(0.003)	(0.004)	(0.004)	(0.002)
党员	0.329***	0.177*	0.244**	0.457***	0.067	0.258***
	(0.096)	(0.092)	(0.103)	(0.117)	(0.115)	(0.077)
已婚	0.001	−0.116	−0.162	−0.382***	−0.425***	−0.339***
	(0.094)	(0.089)	(0.099)	(0.111)	(0.110)	(0.077)
教育年限	−0.037***	−0.037***	0.038***	0.029***	0.018	−0.015**
	(0.009)	(0.009)	(0.010)	(0.011)	(0.011)	(0.007)
网络使用	−0.160*	−0.096	0.124	0.136	0.160	−0.025
	(0.087)	(0.082)	(0.098)	(0.108)	(0.109)	(0.069)
社会公平感	0.374***	0.382***	0.397***	0.342***	0.398***	0.402***
	(0.018)	(0.017)	(0.020)	(0.022)	(0.022)	(0.015)
困难指数	−0.023***	−0.023***	−0.046***	−0.039***	−0.024***	−0.021***
	(0.008)	(0.007)	(0.008)	(0.009)	(0.009)	(0.006)
生活满意度	0.231***	0.207***	0.278***	0.257***	0.206***	0.190***
	(0.015)	(0.014)	(0.016)	(0.018)	(0.018)	(0.012)
社会信任感	0.190***	0.203***	0.192***	0.253***	0.233***	0.213***
	(0.018)	(0.017)	(0.019)	(0.021)	(0.021)	(0.014)
截距项	2.437***	2.898***	0.030	0.894***	0.607**	1.779***
	(0.251)	(0.239)	(0.272)	(0.302)	(0.302)	(0.200)
观察值	5423	5593	4535	4289	4187	5505
R^2	0.252	0.264	0.320	0.286	0.258	0.349

注：括号内为标准误，*** $p<0.01$，** $p<0.05$，* $p<0.1$。

数字政府建设对城市居民政府能力评价与安全感的影响见表 7-5。整体而言，数字政府建设水平对政府能力评价各项指标存在显著负效应，但提升了城市居民在信息安全方面的安全感（与隐私担忧显著负相关）。前文对此已有充分讨论，数字政府建设给民众带来了高预期、高期望，这种高期望体现在对政府发展能力、信息公开与回应能力，以及整体绩效等能力指标的评价上，就是希望政府做得更多，做得更好。而数字政府建设伴随着快速的法律制度的健全，进而降低了民众对隐私安全的担忧。

表 7-5　**数字政府建设对城市居民政府能力评价与安全感的影响**

	发展能力	信息公开	回应能力	整体绩效	隐私担忧
数字政府建设	-0.006***	-0.002	-0.005***	-0.002*	-0.008***
	(0.002)	(0.002)	(0.002)	(0.001)	(0.002)
男性	0.031	-0.069**	-0.063**	-0.042*	-0.062**
	(0.029)	(0.028)	(0.029)	(0.023)	(0.031)
年龄	-0.003**	-0.003**	0.000	-0.003***	-0.002
	(0.001)	(0.001)	(0.001)	(0.001)	(0.001)
党员	-0.006	0.033	0.045	0.099***	0.043
	(0.045)	(0.045)	(0.046)	(0.037)	(0.049)
已婚	-0.036	-0.010	-0.045	-0.049	-0.068
	(0.042)	(0.042)	(0.043)	(0.034)	(0.045)
教育年限	-0.023***	-0.009**	-0.011**	-0.015***	0.072***
	(0.004)	(0.004)	(0.004)	(0.004)	(0.005)
网络使用	-0.013	-0.015	0.003	-0.021	-0.021
	(0.039)	(0.039)	(0.040)	(0.032)	(0.043)
社会公平感	0.117***	0.140***	0.149***	0.140***	-0.114***
	(0.008)	(0.008)	(0.009)	(0.007)	(0.009)
困难指数	-0.028***	-0.025***	-0.030***	-0.020***	0.005
	(0.004)	(0.004)	(0.004)	(0.003)	(0.004)
生活满意度	0.023***	0.006	0.009	0.001	0.013*
	(0.007)	(0.007)	(0.007)	(0.006)	(0.007)
社会信任感	0.046***	0.062***	0.066***	0.048***	-0.071***
	(0.008)	(0.008)	(0.008)	(0.007)	(0.009)

续表

	发展能力	信息公开	回应能力	整体绩效	隐私担忧
截距项	2.966***	2.592***	2.398***	3.095***	3.121***
	(0.114)	(0.114)	(0.117)	(0.094)	(0.124)
观察值	5793	5793	5793	5793	5793
R^2	0.104	0.118	0.134	0.146	0.134

注：括号内为标准误，*** $p<0.01$，** $p<0.05$，* $p<0.1$。

整体而言，数字政府建设对城市居民社会保障评价、政府能力评价的影响方面比较复杂，特别是社会保障方面，整体上的效能并没有体现出来。与此同时，随着数字化的快速推进与媒体的广泛宣传，民众对政府的期望越来越高。值得关注的是，数字政府建设过程中常伴随着对隐私安全的担忧与批评，但中国政府在法律制度上的努力为数字化提供了健全的安全保护，提升了民众的安全感。

（三）数字政府建设与城市居民基层政府信任感：保障、能力与安全的中介作用分析

如前所述，社会保障、公共服务质量评估是影响民众政府信任感的关键因素，数字政府建设要提升民众对政府的信任感，其重要途径是通过数字政府建设提升社会保障服务质量、政府绩效和安全感。在对上述问题进行分析后，本书将继续分析数字政府建设对城市居民信任感影响中社会保障、政府能力与安全感的中介效应。如前所述，中介效应的检验通常是采取三步法，三步法对因果关系与作用途径主要是通过如下结构模型刻画：

$$Y_{ij}=\beta_0+\beta_c X_{ij}+\gamma_{ij} \tag{1}$$

$$Y_{ij}=\beta_0+\beta_{c'} X_{ij}+\beta_b M_{ij}+\gamma_{ij} \tag{2}$$

$$M_{ij}=\beta_0+\beta_a X_{ij}+\gamma_{ij} \tag{3}$$

中介效应的检验关键在于$\beta_c-\beta_{c'}$，即β_c和$\beta_{c'}$差异显著检验，或者说交互项回归系数$\beta_a\beta_b$显著性来检验（江艇，2022）。虽然前文分析发现数字政府建设对上述因素影响比较复杂，特别是在社会保障方面，大部分指标都不显著，但这里还是逐一汇报中介效应检验结果，并汇总整理出β_a、β_b和交互项回归系数$\beta_a\beta_b$。虽然$\beta_a\beta_b$不显著，汇报中介效应比例意义不大，但表7-6中依然给出了中介效应比例供读者参考。整体而言，数字政府建设通过养老保障与隐私保护提升了城市居民的信任感。能力指标中，

发展能力、回应能力与整体绩效评估都在一定程度上影响政府信任感，在一定程度上能削减因数字政府建设导致期望提高带来的负面作用。

表 7-6　　　　中介效应分析：社会保障、服务能力与隐私安全

变量	β_a	β_b	$\beta_a\beta_b$	中介效应比例
社会保障评价				
养老保障	0.010***	0.035***	0.000*	-0.073
	(0.004)	(0.012)	(0.000)	
医疗保障	0.005	0.062***	0.000	-0.070
	(0.004)	(0.013)	(0.000)	
就业保障	0.000	0.116***	-0.000	-0.004
	(0.004)	(0.014)	(0.000)	
城乡低保	-0.010**	0.124***	-0.001**	0.380
	(0.004)	(0.013)	(0.000)	
住房保障	0.001	0.108***	0.000	-0.056
	(0.004)	(0.013)	(0.000)	
社保整体	0.004	0.138***	0.001	-0.158
	(0.003)	(0.015)	(0.000)	
政府能力评价				
发展能力	-0.006***	0.278***	-0.002**	0.435
	(0.002)	(0.025)	(0.000)	
信息公开	-0.002	0.405***	-0.001	0.185
	(0.002)	(0.025)	(0.001)	
需求回应能力	-0.005***	0.436***	-0.002**	0.601
	(0.002)	(0.024)	(0.001)	
整体绩效评估	-0.002*	0.589***	-0.001*	0.379
	(0.001)	(0.030)	(0.001)	
安全隐私				
隐私担忧	-0.008***	-0.051**	0.000*	-0.107
	(0.002)	(0.023)	(0.000)	

注：括号内为标准误，*** $p<0.01$，** $p<0.05$，* $p<0.1$。

三 数字政府建设与政府信任感再讨论：农村子样本分析

（一）农村居民基层政府信任感：保障、能力与安全多轮驱动

按照前文思路，本部分对农村子样本进行分析。整体而言，提升社会保障满意度对提升村民政府信任感有着显著的正向作用，从养老、医疗到住房、社会保障整体，社保满意度越高，村民政府信任感越高。

表 7-7 社会保障与基层政府信任感：农村子样本分析

	整体信任	整体信任	整体信任	整体信任	整体信任	整体信任
社会保障						
养老	0.081***					
	(0.013)					
医疗		0.110***				
		(0.012)				
就业			0.074***			
			(0.015)			
低保				0.131***		
				(0.012)		
住房					0.110***	
					(0.014)	
社会保障整体						0.144***
						(0.015)
男性	-0.387***	-0.380***	-0.384***	-0.399***	-0.377***	-0.387***
	(0.068)	(0.066)	(0.078)	(0.074)	(0.080)	(0.067)
年龄	-0.009***	-0.006*	-0.005	-0.005	-0.005	-0.009***
	(0.003)	(0.003)	(0.004)	(0.004)	(0.004)	(0.003)
党员	0.426***	0.378***	0.339**	0.294**	0.343**	0.404***
	(0.123)	(0.121)	(0.137)	(0.133)	(0.141)	(0.123)
已婚	-0.209*	-0.203*	-0.191	-0.191	-0.211	-0.185
	(0.123)	(0.121)	(0.130)	(0.128)	(0.133)	(0.122)

续表

	整体信任	整体信任	整体信任	整体信任	整体信任	整体信任
教育年限	0.015	0.022**	0.026**	0.021*	0.027**	0.021**
	(0.010)	(0.010)	(0.012)	(0.011)	(0.012)	(0.010)
网络使用	−0.144*	−0.176**	−0.181*	−0.182**	−0.211**	−0.203**
	(0.081)	(0.079)	(0.096)	(0.089)	(0.098)	(0.080)
社会公平感	0.179***	0.166***	0.185***	0.155***	0.161***	0.142***
	(0.017)	(0.016)	(0.020)	(0.019)	(0.021)	(0.017)
困难指数	−0.073***	−0.066***	−0.058***	−0.064***	−0.062***	−0.067***
	(0.009)	(0.008)	(0.010)	(0.009)	(0.010)	(0.009)
生活满意度	0.004	−0.000	0.007	−0.002	0.020	−0.008
	(0.014)	(0.014)	(0.016)	(0.015)	(0.017)	(0.014)
社会信任感	0.104***	0.107***	0.111***	0.105***	0.087***	0.105***
	(0.016)	(0.016)	(0.019)	(0.017)	(0.019)	(0.016)
截距项	5.769***	5.472***	5.517***	5.476***	5.540***	5.647***
	(0.251)	(0.246)	(0.284)	(0.265)	(0.289)	(0.249)
观察值	4094	4283	3111	3463	2871	4110
R^2	0.142	0.148	0.143	0.164	0.153	0.151

注：括号内为标准误，*** $p<0.01$，** $p<0.05$，* $p<0.1$。

同样，农村子样本分析结果显示。村民对政府发展经济解决就业、信息公开、对民众诉求回应能力，以及政府整体绩效评估，与基层政府信任感显著正相关，村民的安全感也会显著影响其对政府信任感，安全隐私担忧越低，信任感越高。此外，控制变量的影响与前文城市子样本分析结果基本一致，这里不再展开分析。

表 7-8　　**政府能力、安全感与基层政府信任感：农村子样本分析**

	整体信任	整体信任	整体信任	整体信任	整体信任
发展能力	0.311***				
	(0.026)				
信息公开		0.439***			
		(0.026)			
回应能力			0.464***		
			(0.026)		

续表

	整体信任	整体信任	整体信任	整体信任	整体信任
整体绩效				0.639***	
				(0.030)	
隐私担忧					-0.074**
					(0.030)
男性	-0.385***	-0.373***	-0.340***	-0.332***	-0.408***
	(0.064)	(0.063)	(0.063)	(0.062)	(0.065)
年龄	-0.006**	-0.005*	-0.007**	-0.008***	-0.008**
	(0.003)	(0.003)	(0.003)	(0.003)	(0.003)
党员	0.390***	0.364***	0.323***	0.326***	0.435***
	(0.119)	(0.117)	(0.116)	(0.115)	(0.120)
已婚	-0.279**	-0.245**	-0.241**	-0.211*	-0.279**
	(0.118)	(0.116)	(0.116)	(0.114)	(0.120)
教育年限	0.021**	0.019**	0.022**	0.022**	0.016*
	(0.009)	(0.009)	(0.009)	(0.009)	(0.009)
网络使用	-0.127*	-0.114	-0.122	-0.100	-0.183**
	(0.076)	(0.075)	(0.075)	(0.074)	(0.077)
社会公平感	0.170***	0.149***	0.148***	0.123***	0.202***
	(0.015)	(0.015)	(0.015)	(0.015)	(0.015)
困难指数	-0.064***	-0.059***	-0.056***	-0.056***	-0.070***
	(0.008)	(0.008)	(0.008)	(0.008)	(0.008)
生活满意度	0.008	0.003	0.006	0.010	0.015
	(0.013)	(0.013)	(0.013)	(0.013)	(0.013)
社会信任感	0.105***	0.099***	0.086***	0.080***	0.116***
	(0.015)	(0.015)	(0.015)	(0.014)	(0.015)
截距项	5.127***	4.765***	4.795***	4.213***	6.233***
	(0.245)	(0.241)	(0.238)	(0.240)	(0.255)
观察值	4467	4467	4467	4467	4467
R^2	0.159	0.184	0.192	0.214	0.134

注：括号内为标准误，*** $p<0.01$，** $p<0.05$，* $p<0.1$。

（二）数字政府建设对社会保障、政府能力、隐私担忧评价的影响

接下来以农村子样本分析数字政府建设对社会保障、政府能力、隐私

担忧评价的影响。分析结果汇总如下。数字政府建设对社会保障各项目评价的影响只有养老保障和低保显著，对其他项目影响均不显著，其中，数字政府建设水平与养老保障、医疗保障评价正相关，而对其他社会保障指标影响不显著。事实上，对农村民众而言，社会保障最关键的保障项目就是养老保障和医疗保障，其他的就业保障、城乡最低生活保障和住房保障与农村居民关联相对较弱，特别是住房保障更是关联不大，故展开分析的意义不大。但数据分析结果显示出与城市样本不同的内容，就是数字政府水平与村民福祉密切相关的社保，即养老保障和医疗保障，显著正相关。

表 7-9　**数字政府建设对社会保障、政府能力、隐私担忧评价的影响：农村样本分析**

	养老	医疗	就业	低保	住房	整体
数字政府建设	0.008*	0.012**	0.004	−0.009	−0.002	0.004
	(0.005)	(0.005)	(0.006)	(0.006)	(0.006)	(0.004)
男性	−0.112	−0.130	−0.335***	−0.000	−0.355***	−0.027
	(0.084)	(0.082)	(0.096)	(0.102)	(0.104)	(0.069)
年龄	0.011***	−0.003	0.006	−0.004	0.010**	0.011***
	(0.004)	(0.004)	(0.005)	(0.005)	(0.005)	(0.003)
党员	0.098	0.307**	0.299*	0.708***	0.207	0.246*
	(0.151)	(0.149)	(0.169)	(0.184)	(0.184)	(0.125)
已婚	−0.568***	−0.722***	−0.699***	−0.629***	−0.684***	−0.662***
	(0.152)	(0.150)	(0.159)	(0.177)	(0.172)	(0.124)
教育年限	−0.037***	−0.036***	−0.017	0.000	0.004	−0.029***
	(0.012)	(0.012)	(0.014)	(0.015)	(0.015)	(0.010)
网络使用	−0.320***	−0.138	−0.302**	−0.019	−0.112	−0.080
	(0.099)	(0.097)	(0.118)	(0.123)	(0.127)	(0.082)
社会公平感	0.363***	0.358***	0.360***	0.402***	0.393***	0.406***
	(0.020)	(0.019)	(0.024)	(0.025)	(0.026)	(0.017)
困难指数	−0.028***	−0.036***	−0.066***	−0.074***	−0.043***	−0.038***
	(0.011)	(0.010)	(0.012)	(0.013)	(0.013)	(0.009)
生活满意度	0.144***	0.137***	0.215***	0.157***	0.182***	0.139***
	(0.017)	(0.017)	(0.020)	(0.021)	(0.021)	(0.014)
社会信任感	0.147***	0.149***	0.197***	0.146***	0.174***	0.175***
	(0.020)	(0.019)	(0.023)	(0.024)	(0.025)	(0.016)

续表

	养老	医疗	就业	低保	住房	整体
截距项	3.379***	3.918***	1.947***	2.672***	1.902***	2.597***
	(0.319)	(0.311)	(0.363)	(0.384)	(0.392)	(0.262)
观察值	4094	4283	3111	3463	2871	4110
R^2	0.215	0.204	0.272	0.214	0.241	0.318

注：括号内为标准误，*** $p<0.01$，** $p<0.05$，* $p<0.1$。

基于农村子样本的数字政府建设对政府能力评价与安全感的影响见表7-10。整体而言，数字政府建设水平对政府能力评价的影响与前文城市子样本分析结果差异较大。城市子样本中，数字政府建设水平与城市居民对政府能力评价、绩效评价显著负相关，而农村子样本分析结果是数字政府建设对各项的影响均不显著。

政府在信息安全与隐私保护上的努力在农村居民群体上也体现出了积极的效果。数字政府建设水平越高，村民对信息安全担忧越低。数字政府建设伴随着快速的法律制度的健全，不仅降低了城市居民对隐私安全的担忧，同样也降低了农村民众对隐私安全的担忧。

表7-10　**数字政府建设对政府能力评价、村民信息安全感的影响**

	发展能力	信息公开	回应能力	整体绩效	隐私担忧
数字政府建设	-0.002	-0.000	-0.001	0.000	-0.005***
	(0.002)	(0.002)	(0.002)	(0.002)	(0.002)
男性	-0.038	-0.056	-0.122***	-0.103***	-0.139***
	(0.036)	(0.036)	(0.037)	(0.031)	(0.033)
年龄	-0.003	-0.004**	-0.001	0.002	-0.008***
	(0.002)	(0.002)	(0.002)	(0.002)	(0.002)
党员	0.144**	0.160**	0.240***	0.168***	0.019
	(0.067)	(0.067)	(0.068)	(0.058)	(0.061)
已婚	-0.008	-0.083	-0.087	-0.110*	0.034
	(0.067)	(0.067)	(0.068)	(0.057)	(0.061)
教育年限	-0.021***	-0.011**	-0.016***	-0.012**	0.015***
	(0.005)	(0.005)	(0.005)	(0.005)	(0.005)
网络使用	-0.166***	-0.147***	-0.121***	-0.124***	-0.058
	(0.043)	(0.043)	(0.044)	(0.037)	(0.039)

续表

	发展能力	信息公开	回应能力	整体绩效	隐私担忧
社会公平感	0.120***	0.130***	0.128***	0.131***	-0.068***
	(0.009)	(0.009)	(0.009)	(0.007)	(0.008)
困难指数	-0.019***	-0.025***	-0.030***	-0.022***	-0.001
	(0.005)	(0.005)	(0.005)	(0.004)	(0.004)
生活满意度	0.019***	0.024***	0.017**	0.006	0.008
	(0.007)	(0.007)	(0.008)	(0.006)	(0.007)
社会信任感	0.049***	0.049***	0.073***	0.062***	-0.058***
	(0.008)	(0.008)	(0.008)	(0.007)	(0.008)
截距项	2.850***	2.820***	2.616***	2.787***	3.268***
	(0.138)	(0.138)	(0.140)	(0.119)	(0.125)
观察值	4467	4467	4467	4467	4467
R^2	0.115	0.128	0.145	0.169	0.074

注：括号内为标准误，*** $p<0.01$，** $p<0.05$，* $p<0.1$。

（三）农村居民基层政府信任感：保障、能力与安全的中介作用分析

与前文相同，农村子样本的中介效应分析也不逐一按照三步法检验汇报结果，而是汇总整理出β_a、β_b和交互项回归系数$\beta_a\beta_b$进行分析，即便$\beta_a\beta_b$不显著但表中依然给出了中介效应比例供读者参考。社会保障的中介效应分析，只有医疗保障的中介效应在5%的水平上显著，数字政府建设不仅直接提升了村民对基层政府信任感，而且通过提升村民对医疗保障评价的中介作用，提升了村民的政治信任感，强化了农村基层的政社关系优势。政府服务能力各项指标的中介效应均不显著。而信息安全带来的安全感的中介效应在10%的水平上显著。

表 7-11　　农村子样本的中介效应分析：社会保障、服务能力与隐私安全

变量	β_a	β_b	$\beta_a\beta_b$	中介效应比例
社会保障评价				
养老保障	0.008*	0.081***	0.001	0.083
	(0.005)	(0.013)	(0.000)	

续表

变量	β_a	β_b	$\beta_a\beta_b$	中介效应比例
医疗保障	0.012**	0.109***	0.001**	0.169
	(0.005)	(0.012)	(0.001)	
就业保障	0.004	0.074***	0.000	0.027
	(0.006)	(0.015)	(0.000)	
城乡低保	-0.009	0.132***	-0.001	-0.138
	(0.006)	(0.012)	(0.000)	
住房保障	-0.002	0.110***	-0.000	-0.040
	(0.006)	(0.014)	(0.001)	
社保整体	0.004	0.144***	0.001	0.058
	(0.004)	(0.015)	(0.001)	
政府能力评价				
发展能力	-0.002	0.312***	-0.001	-0.077
	(0.002)	(0.026)	(0.001)	
信息公开	-0.000	0.439***	-0.000	-0.019
	(0.002)	(0.026)	(0.001)	
需求回应能力	-0.001	0.464***	-0.000	-0.048
	(0.002)	(0.026)	(0.001)	
政府评价	0.000	0.639***	0.000	0.034
	(0.002)	(0.030)	(0.001)	
安全隐私				
隐私担忧	-0.005***	-0.071**	0.000*	0.040
	(0.002)	(0.030)	(0.000)	

注：括号内为标准误，*** $p<0.01$，** $p<0.05$，* $p<0.1$。

四　基层政府信任感影响来源：城乡差异背景下的再讨论

（一）基层政府信任感城乡差异再分析

前文分析发现，基层政府信任感存在着显著的城乡差异。城市子样本，数字政府建设水平与基层政府整体信任感显著负相关，农村子样本则是显著正相关。这一分析结果也展示了中国城乡二元结构特征对基层治理的影响。为了分析城乡差异来源以及数字政府建设的作用，余下部分分析将对两个子样本进行回归分解。

首先是遴选社会保障、政府服务能力和安全隐私等指标展开分组分析。社会保障指标中，考虑到最低生活保障、住房保障与农村居民的关联度，以及不同保障满意度之间的相关性，这里不再纳入分析，也不再做加总或者因子分析降维处理，政府服务能力指标中，因为信息公开指标在前面分样本分析中均不显著，故也不再纳入。安全隐私指标在前文城乡样本中均显著，故纳入。回归结果如表 7-12 所示。具体而言，城市子样本中，数字政府建设与民众对基层政府整体信任感显著负相关，而农村子样本则是显著正相关，均在 5%的水平上显著但方向相反。在增加了关键变量和人口学特征变量、公平感和困难指数等变量后，城市子样本中数字政府建设水平对基层政府信任感的影响虽然依然为负，但不再显著，而农村子样本结果则反而系数变大，由 0.008 变为 0.009，依然在 5%的水平上显著为正。再看社会保障服务的影响，城市子样本中，养老保障显著为负，而就业、医疗保障显著为正，而农村子样本中，医疗保障影响显著为正，但其他指标不显著。当然，上述结果依然有待商榷与再讨论，因为社会保障服务评价指标之间可能存在较大的相关性，没有进行降维度处理一同放进回归模型中的做法并不科学。政府服务能力指标中，两个子样本结果比较一致，回应能力与政府整体绩效的影响显著为正。值得注意的是，两个子样本回归结果显示，隐私担忧的影响不显著。

表 7-12　　数字政府建设与基层政府信任感：城乡分组分析

	城市子样本		农村子样本	
	整体信任感	整体信任感	整体信任感	整体信任感
数字政府建设	-0.008**	-0.002	0.008**	0.009**
	(0.003)	(0.004)	(0.004)	(0.004)
养老保障		-0.040**		-0.002
		(0.019)		(0.018)
医疗保障		0.040**		0.066***
		(0.019)		(0.018)
就业保障		0.087***		0.004
		(0.016)		(0.017)
发展能力		-0.028		-0.022
		(0.032)		(0.036)

续表

	城市子样本		农村子样本	
	整体信任感	整体信任感	整体信任感	整体信任感
回应能力		0.266***		0.257***
		(0.033)		(0.038)
政府整体绩效		0.428***		0.492***
		(0.040)		(0.043)
隐私担忧		0.008		0.044
		(0.025)		(0.034)
男性		−0.351***		−0.338***
		(0.059)		(0.075)
年龄		−0.004		−0.005
		(0.003)		(0.004)
党员		0.229**		0.151
	(0.091)		(0.131)	
婚姻		−0.151*		−0.094
		(0.088)		(0.124)
教育		0.058***		0.040***
		(0.010)		(0.011)
网络使用		−0.067		−0.094
		(0.088)		(0.092)
公平感		0.070***		0.084***
		(0.020)		(0.020)
困难指数		−0.028***		−0.045***
		(0.007)		(0.010)
生活满意度		0.023		0.007
		(0.015)		(0.016)
社会信任感		0.071***		0.073***
		(0.018)		(0.019)
截距	7.219***	3.204***	6.945***	3.152***
	(0.051)	(0.285)	(0.058)	(0.332)
观察值	5802	4393	4481	3010
R^2	0.001	0.216	0.001	0.241

注：括号内为标准误，*** $p<0.01$，** $p<0.05$，* $p<0.1$。

（二）基层政府信任感城乡差异的回归分解结果

我们采用 Oaxaca-Blinder 进行分解，分析基层政府信任感城乡差异的来源。用 Oaxaca-Blinder 主要是将差异分为可观测因素与不可观测因素的影响，其中可观测差异即禀赋差异，不可观测差异则包括系数差异和交互差异两部分。该分解方法已经广泛使用（陈钊等，2010；顾海等，2012），故不详细介绍。回归分解如表 7-13 所示。

基于 7403 个有效观察值的数据样本分析，基层政府信任感的城乡差异为-0.086，城市显著高于农村。整体分解将差异分解为三部分，即禀赋差异、系数差异和交互项差异。基于分解结果可发现，禀赋差异为-0.230，是整体差异的 2.67 倍。为什么整体差异反而会比禀赋差异要小呢？其关键是交互差异和系数差异，即同样的因素，在城乡样本中的系数是不同的，而且系数与禀赋交互一起也会导致部分差异缩小，进而使得城乡整体信任感差异缩小。详细分解则汇报了各变量的禀赋差异与系数差异、交互差异。其中，数字政府建设的差异因为是省级单位的测量，因此不显著，但由于各省市的城乡比例不一样，依然导致了部分禀赋差异。禀赋差异一列中，几乎所有的因素均存在着城乡禀赋差异，这使得城乡差异的禀赋效应最终达到 0.230，城市显著高于农村，城乡二元特征非常明显。在禀赋差异中，对城乡差异起到缩减作用的是公平感，农村居民的公平感显著高于城市居民，因此缩小了两者之间的信任感差异（系数为 0.023）。系数差异中，我们关注的是数字政府建设的系数差异（0.129，在 10%的水平上显著），同样的数字政府建设水平，对农村居民信任感的影响显著高于城市居民。

表 7-13　　基层政府信任感城乡差异分解（N=7403）

	信任感	禀赋差异	系数差异	交互差异
整体分解				
农村	7.113***			
	(0.040)			
城市	7.199***			
	(0.032)			
差异	-0.086*	-0.230***	0.074	0.070*
	(0.051)	(0.035)	(0.055)	(0.041)

续表

	信任感	禀赋差异	系数差异	交互差异
详细分解		禀赋差异	系数差异	交互差异
数字政府		-0.001	0.129*	0.002
		(0.001)	(0.069)	(0.002)
养老保障		-0.007*	0.265	0.007
		(0.004)	(0.177)	(0.005)
医疗保障		0.001	0.145	0.001
		(0.003)	(0.177)	(0.002)
就业保障		-0.009	-0.469***	0.008
		(0.006)	(0.132)	(0.006)
发展能力		-0.001	0.010	0.000
		(0.002)	(0.171)	(0.002)
回应能力		0.011	-0.017	-0.000
		(0.008)	(0.174)	(0.002)
政府整体绩效		-0.006	0.242	-0.001
		(0.010)	(0.226)	(0.002)
隐私担忧		-0.000	0.077	-0.015
		(0.012)	(0.107)	(0.021)
男性		-0.007*	0.010	0.000
		(0.004)	(0.042)	(0.002)
年龄		-0.016	-0.018	-0.002
		(0.011)	(0.198)	(0.018)
党员		-0.011**	-0.010	0.004
		(0.005)	(0.021)	(0.007)
婚姻		-0.010	0.042	0.003
		(0.006)	(0.125)	(0.010)
教育		-0.177***	-0.206	0.056
		(0.030)	(0.164)	(0.045)
网络使用		0.017	-0.019	0.005
		(0.019)	(0.103)	(0.028)
公平感		0.023***	0.099	0.004
		(0.007)	(0.180)	(0.007)

续表

	信任感	禀赋差异	系数差异	交互差异
困难指数		-0.021***	-0.101	-0.012
		(0.006)	(0.076)	(0.009)
生活满意度		-0.017**	-0.096	0.009
		(0.009)	(0.131)	(0.012)
社会信任感		-0.230***	0.074	0.070*
		(0.035)	(0.055)	(0.041)
截距			-0.008	
			(0.433)	

注：括号内为标准误，*** $p<0.01$，** $p<0.05$，* $p<0.1$。

第八章　数字化时代的政社关系优势与基层治理：总结与讨论

一　中国奇迹中的基层政社关系优势与数字化时代的挑战

（一）研究发现与简要讨论

基础不牢，地动山摇。作为世界人口超大规模的发展中国家，中国现代化道路中面临着诸多挑战。面对诸多挑战与不利条件，中国社会依然在党的领导下实现了经济发展奇迹与社会长期稳定奇迹。没有社会稳定，发展就没有基础。然而，与社会长期稳定奇迹重要性不匹配的是，既有关于中国现代化道路研究主要是聚焦于经济增长奇迹而对社会长期稳定奇迹关注相对不足。与此同时，梳理现有关于中国社会稳定机制的研究，大部分研究强调政府的核心作用，强调行政发包与风险分散机制（曹正汉、周杰，2013；何艳玲、汪广龙，2016），甚至部分研究者将中国社会长期稳定奇迹理解为利用金钱“购买稳定”等策略行动的结果（张永宏、李静君，2012）。相关研究虽然在一定程度上捕捉到中国社会稳定的特定方面，但只见树木不见森林，忽视了中国稳定奇迹的社会基础，也忽视了作为一个超大规模国家，如果社会稳定秩序是建立在“购买”策略与分包基础上的基层治理压力与负荷问题。这种基于强大资源的基础治理模式无疑也是不可持续。同时也与中国社会长期稳定奇迹中，治理负荷与压力较大而投入资源较低的现实不相符。如前文所述，中国现代化实践的一个典型事实就是，在基层治理“高负荷低投入”悖论下中国成功地实现了基层治理的稳定与社会的长治久安。

“新时代改革开放和社会主义现代化建设的丰富实践是理论和政策研究的‘富矿’”（习近平，2020）。多重转型、规模巨大、短期聚集等特点，使得中国社会良性社会秩序的建立面临着巨大的挑战（李培林，

2021），这也使得中国现代化过程中的“社会长期稳定奇迹”显得尤为重要和独特，对中国社会长期稳定奇迹的解释也必须超越传统关于国家与社会相互对立的假设。本书回到中国社会发展的事实基础，即民众对政府超高的支持率与信任度这一典型事实，提出了对基层治理“高负荷低投入悖论”的政社关系优势解释，并整合不同时期全国性的代表性微观调查数据匹配宏观数据，对此进行分析。

首先，本书搭建了政社关系优势解释的传统绩效模型、互联网时代的内容替代模型与数字化时代政府赋能模型，在整合上述模型的基础上，形成了绩效、内容替代与赋能的解释框架。

其次，对基层政社关系优势，本书强调从信任感与满意度两个维度进行策略并提出基层政社关系优势的形成机制，基于发展主义理论提出绩效有效性与发展共享性的解释机制，基于数字化时代的敏捷治理与赋权模型提出社会保障服务质量与政府能力赋能的解释机制，基于风险维度提出隐私保护驱动机制。最终形成了发展共享、服务、能力与安全驱动的多重型塑机制，这些机制构成了基层政社关系的来源，同时也体现了中国式现代化道路“在发展中解决问题”“以人民为中心”“稳中求进”的特点。

最后，针对互联网与数字化时代对基层政社关系的挑战，本书强调聚焦民众需求、政府服务能力和安全保护能力为基础推进基层治理与数字政府建设。本书通过翔实的数据分析指出，虽然数字政府建设给基层治理和基层政社关系优势提供了乐观的图景，但在现实层面，数字政府治理效能的实现还有待时日。同时在数字政府建设过程中，乐观图景提升了民众的预期，甚至出现了“建设与使用”的悖论，即数字政府建设水平的提升反而降低了民众对社会保障、服务能力评价的降低。

（二）研究的创新与不足

本书的推进之处主要体现为三个方面。

其一，弥补既有中国现代化道路研究对社会长期稳定奇迹研究的不足。理解中国现代化道路，构建“新发展社会学”理论，需要对中国社会长期稳定奇迹进行解读。既有研究对中国经济发展奇迹探讨非常丰富，而对发展中国家现代化建设过程中的普遍难题，以及作为超级规模国家多重转型、规模巨大、短期聚集的社会长期稳定奇迹的研究相对滞后，且缺少系统性分析。本书提出了中国社会长期稳定奇迹的基层政社关系优势解释视角，并从基层治理负荷角度理解基层治理能力，为理解中国社会长期稳定奇迹提供基层治理与政社关系优势的新视角。首先，本书认为，作为超大规模的发展转型国家，治理负荷与治理规模是理解基层治理的关键变量，本书将基于治理负荷与规模变量的维度理解基层治理能力现代化，并在梳理既有关于基层治理研究的基础上，将基层治理能力操作划分为治理矛盾外溢、资源动员、信息沟通与回应能力、政策落实成本等多个维度。另外，针对基层治理中超大负荷压力与低投入悖论，提出了政社关系优势的解释维度，与既有研究聚焦政府行为与政治势能不同，本书根植中国治理的传统双轨政治和社会资本，对基层治理提出了新的解释视角。

其二，弥补既有文献对政社关系优势形成机制研究的不足。无论是满意度，还是信任感，既有研究均有广泛涉猎，并提出诸多解释。然而，在国家与社会关系框架下，既有研究往往是基于批判视角研究，讨论基层政府信任感的流失与民众的抗争，这种抗争政治研究视角为我们理解现代化发展与转型过程中社会长期稳定奇迹的来之不易奠定基础，但如果仅关注抗争与信任感流失未免会有失偏颇。本书基于中国社会发展的具体实践，特别是从党的执政理念与发展中解决问题等政策文献与话语中，结合发展理论与政府信任感的多学科模型，提出了一个跨时期的解释框架，即前文所概括的，基于发展主义理论提出绩效有效性与发展共享性的解释机制，基于数字化时代的敏捷治理与赋权模型提出社会保障服务质量与政府能力赋能的解释机制，基于风险维度提出隐私保护驱动机制，最终形成了发展共享、服务、能力与安全驱动的多重型塑机制。相关解释框架为理解数字化时代、社会转型过程中政社关系优势的来源提供了整体性综合性的解释视角，同时也为数字化时代推进数字政府建设实现治理效能，提供了启发与思路。

其三，本书另一重要贡献是弥补社会学的基层治理研究对数字化时代技术变迁影响关注不足。科技创新驱动着基层治理变革，成为影响基层治理乃至国家治理现代化的关键变量。技术变迁是社会治理与基层治理变革的重要基础，也是影响政社关系优势的重要因素。作为研究社会变迁与现代化的社会学和发展理论，理应将科技创新的社会过程与社会影响，对数字化时代数字社会的社会结构、政社关系、治理手段等进行过程追踪与记录。社会学研究对技术变迁，特别是数字化时代技术变迁带来的社会治理的巨变缺少足够的敏锐性，社会学与发展研究对数字化时代社会变迁的影响依然有限。面对数字化与技术变迁带来的急剧变化，本书试图记录这一变化对基层治理与基层政社关系优势的影响，并利用代表性的数据对数字政府建设如何影响基层政社关系优势进行实证分析。与此同时，数字化发展带来的隐私安全担忧成为社会热点，但少有实证研究成果。本书试图在上述问题上做出回应，利用数据分析数字政府建设对隐私担忧的影响，以及这种影响向基层政社关系优势的传导机制。

本书的不足之处也至少体现为如下三个方面。

首先，作为前瞻性、对策性研究，本书为数字化时代数字政府建设与基层治理提供了新见解，同时，由于数字政府建设依然是一个正在进行的事业，目前主要是基础设施建设阶段，从建设到运营，从运营到使用，从使用到技术不断完善以及治理效能的实现，是一个不断推进、不断发展的过程，本书记录了特定阶段的影响，但作为前瞻性的研究结论，随着数字政府建设的推进，基层治理的完善，也会失去时效性，进而限制了研究的实践价值与应用价值。

其次，本书试图超越个案研究，基于全国性代表性数据评估数字政府建设的效能。但这种整体性的研究也会对特定领域的变化缺少敏锐性。虽然本书试图对基层治理区分县区、乡镇等多个层次，捕捉数字政府建设带来的治理效能，同时从服务能力、社会保障等作用机制捕捉数字政府对基层治理的影响，但整体性研究难免会掩盖精细化的影响，特别是这种影响可能是多面向、多轨迹、多方向的。正如本书对各类社会保障的分析所揭示的一样，数字政府建设效能是嵌入在特定社会情境中的，可能有利于某一类社会保障项目效能的提升，而对其他类没有影响。同时，数字政府建设有利于提升相对落后的农村地区的政社关系优势，而对更为发达的城市地区所带来的效应不显著。

最后，本书的不足还体现为数字政府测量上。事实上，无论是数字经济，还是数字政府建设，既有研究对数字化的测量并无统一的标准。本书使用的是腾讯研究院的数字政府研究报告数据，相关数据虽然强调基础设施建设与在线人数等使用信息，但全国层面的数据与测量，一般是建立在数据可获得性的基础上。而数据可获得性这一统一标尺，又可能使得在特殊领域有治理效能的信息由于其他领域、其他省份缺少数据等缘故而没有在其中体现出来。

二　数字化时代基层政社关系优势的提升与对策

本书展示了数字化时代数字政府建设对基层治理效能与政社关系优势的复杂影响。研究发现，虽然数字政府建设为社会治理、基层治理提供了乐观的前景，但在现实层面，数字政府建设效能有待提升。导致这种现象的原因是多方面的。前文分析也从数字政府的建设与使用悖论、规模压力导致的具体服务满意度与总体绩效满意度的悖论、目标异化悖论、使用便利与隐私悖论，以及数字政府发展的包容性和数字鸿沟等问题中分析了其中原因。

其一，是数字政府建设评估标准的原因，既有研究分析了数字政府建设中的种种形式主义。数字政府建设中各类政务 APP 繁多，民众在一定程度上承担着“试错成本”，与此同时，考核指标设定注册人数、点击量等指标化任务，使得技术与社会需求脱嵌，沦为形式主义。因此，推进数字政府建设治理效能的实现，关键是要科学设置考核指标与阶段性建设目标，以“用”为主，需求牵引数字政府建设，而不是自上而下的考核推动。

其二，数字政府使用效能的实现是建立在特定社会基础上的。数字政府建设不应脱离其社会基础，应以适宜老人、儿童，偏远农村留守群体等脆弱群体的特点与需求推进数字政府建设。区分轻重缓解、有针对性地推进社会保障建设是我国社保制度发展的重要经验。同样，服务与需求导向下的数字政府建设，也要坚持以人民为中心，瞄准基层治理中的难点与堵点，针对基层治理脆弱群体的需求，推进数字政府使用的便捷度，降低数字鸿沟的不利影响。

其三，数字政府建设要超越技术决定论的错误理念，要坚持技术赋能与服务质量的提升结合，以看得见的实惠、好处，推进数字政府的发展。具体而言，要将社会保障制度的完善、政府发展能力与沟通能力的提升，作为数字政府建设的内容载体，提升数字政府的使用效能，在使用中完善数字政府、完善政府服务。

其四，以安全为基础，稳中求进地推进数字政府建设。数字政府建设给基层治理带来了巨大的想象力，但同时伴随着风险与隐患。这种风险与隐患不仅体现在隐私安全的保护上，还体现着政府与社会关系的重塑。伴随着数字政府建设的是，民众诸多权益、福祉均与政府息息相关，一旦出现滥用数字权力、滥用算法权力，必然对个体权利造成不利影响。如何在提升使用效能与使用授权之间平衡，可能是数字化时代政社关系需要讨论的新话题，也是不可回避的话题。

总之，数字政府建设是数字化时代强化政府职能，提升政府服务能力的关键举措。虽然数字化时代，民众与政府互动形式上有了较大的变化，但其内核是不变的，就是要超越技术主义与将数字政府建设理解为基础设施硬件完善的结果，更为关键的是，要聚焦民众需求，与民众需求匹配，加强制度建设与服务能力建设。

参考文献

一 中文专著与译著

《中国共产党第十九届中央委员会第六次全体会议公报》，人民出版社，2021。

吴冠军：《正当性与合法性之三岔路口——韦伯，哈贝马斯，凯尔森与施米特》，载许章润主编：《清华法学》，清华大学出版社，2005。

吴忠民、刘祖云：《发展社会学》，高等教育出版社，2002。

俞可平：《全球化时代的"社会主义"》，中央编译出版社，1998。

〔德〕马克斯·韦伯：《经济与社会》上卷，林荣远译，商务印书馆，1997。

〔德〕马克斯·韦伯：《韦伯作品集3：支配社会》，简惠美译，广西师范大学出版社，2004。

〔法〕托克维尔：《旧制度与大革命》，冯棠译，商务印书馆，1997。

〔法〕托马斯·皮凯蒂：《21世纪资本论》：巴曙松等译，中信出版社，2014。

〔美〕加布里埃尔·A. 阿尔蒙德、小G. 宾顾姆·鲍威尔：《比较政治学：体系、过程和政策》，曹沛霖译，东方出版社，2007。

〔美〕乔纳森·H. 特纳：《社会学理论的结构》，邱泽奇等译，华夏出版社，2006。

〔美〕塞缪尔·P. 亨廷顿：《变化社会中的政治秩序》，王冠华等译，上海世纪出版集团，2008。

〔美〕塞缪尔·亨廷顿：《第三波——20世纪后期民主化浪潮》，刘军宁译，上海三联书店，1998。

〔美〕西摩·马丁·李普塞特：《政治人：政治的社会基础》，张绍宗译，上海人民出版社，1997。

〔英〕安德鲁·查德威克：《互联网政治学：国家、公民与新传播技术》任孟山译，华夏出版社，2010。

〔英〕卡尔·波兰尼：《大转型：我们时代的政治与经济起源》，冯钢、刘阳译，浙江人民出版社，2007。

二 中文期刊与报刊

白钢、林广华：《论政治的合法性原理》，《天津社会科学》2002 年第 4 期。
白永秀：《城乡二元结构的中国视角：形成、拓展、路径》，《学术月刊》2012 年第 5 期。
蔡跃洲：《中国共产党领导的科技创新治理及其数字化转型——数据驱动的新型举国体制构建完善视角》，《管理世界》2021 年第 8 期。
曹劲松：《新闻媒体的政治属性与传播属性》，《南京社会科学》2016 年第 2 期。
曹正汉：《中国上下分治的治理体制及其稳定机制》，《社会学研究》2011 年第 1 期。
曹正汉、周杰：《社会风险与地方分权——中国食品安全监管实行地方分级管理的原因》，《社会学研究》2013 年第 1 期。
陈斌开、林毅夫：《发展战略、城市化与中国城乡收入差距》，《中国社会科学》2013 年第 4 期。
陈晨等：《关注城市化进程中的弱势群体——对被征地农民经济补偿、社会保障与就业情况的考察》，《经济体制改革》2004 年第 1 期。
陈烽：《社会学的研究对象及其学科地位再认识》，《中国社会科学》1985 年第 5 期。
陈家刚：《协商民主概念的提出及其多元认知》，《公共管理学报》2008 年第 3 期。
陈建波、庄前生：《作为意识形态技术的互联网：执政党的视角》，《新闻与传播研究》2016 年第 11 期。
陈健民、丘海雄：《社团、社会资本与政经发展》，《社会学研究》1999 年第 4 期。
陈丽君、朱蕾蕊：《差序政府信任影响因素及其内涵维度——基于构思导向和扎根理论编码的混合研究》，《公共行政评论》2018 年第 5 期。
陈那波、李伟：《把“管理”带回政治——任务、资源与街道办网格化政策推行的案例比较》，《社会学研究》2020 年第 4 期。
陈天祥等：《双向激活：基层治理中的数字赋能——“越秀越有数”数字政府建设的经验启示》，《华南师范大学学报》（社会科学版）2021 年第 4 期。

陈玮、耿曙:《政府介入与发展阶段:发展策略的新制度分析》,《政治学研究》2017 年第 6 期。
陈新:《注意力竞争与技术执行:数字化形式主义的反思及其超越》,《社会科学战线》2021 年第 8 期。
陈映芳:《行动力与制度限制:都市运动中的中产阶层》,《社会学研究》2006 年第 4 期。
陈云松:《互联网使用是否扩大非制度化政治参与——基于 CGSS2006 的工具变量分析》,《社会》2013 年第 5 期。
陈云贤:《中国特色社会主义市场经济:有为政府+有效市场》,《经济研究》2019 年第 1 期。
陈钊等:《行业间不平等:日益重要的城镇收入差距成因——基于回归方程的分解》,《中国社会科学》2010 年第 3 期。
陈子韬等:《作为组合式创新的数字政府建设——基于上海“一网通办”的案例分析》,《经济社会体制比较》2022 年第 2 期。
程安亭:《中部地区各省宏观税负差异的实证分析》,《财经理论与实践》2008 年第 6 期。
程金华、吴晓刚:《社会阶层与民事纠纷的解决——转型时期中国的社会分化与法治发展》,《社会学研究》2010 年第 2 期。
程倩:《契约型政府信任关系的形成与意义》,《东南学术》2005 年第 2 期。
程啸:《论大数据时代的个人数据权利》,《中国社会科学》2018 年第 3 期。
程永宏:《改革以来全国总体基尼系数的演变及其城乡分解》,《中国社会科学》2007 年第 4 期。
池上新:《市场化、政治价值观与中国居民的政府信任》,《社会》2015 年第 2 期。
邓一鸣:《论二元经济结构时期农业增长与就业结构转换——兼论农业劳动力转移机制》,《中国农村经济》1989 年第 7 期。
狄金华:《政策性负担、信息督查与逆向软预算约束——对项目运作中地方政府组织行为的一个解释》,《社会学研究》2015 年第 6 期。
狄金华、钟涨宝:《从主体到规则的转向——中国传统农村的基层治理研究》,《社会学研究》2014 年第 5 期。
丁汉青、王亚萍:《SNS 网络空间中“意见领袖”特征之分析——以豆瓣网为例》,《新闻与传播研究》2010 年第 3 期。

杜运泉、李力：《略论中国共产党执政合法性模式的转型》，《理论与改革》2006 年第 6 期。
樊红敏、刘晓凤：《模糊性治理：县域政府社会冲突治理运作逻辑》，《中国行政管理》2019 年第 10 期。
樊鹏：《中国社会结构与社会意识对国家稳定的影响》，《政治学研究》2009 年第 2 期。
范剑勇等：《居住模式与中国城镇化——基于土地供给视角的经验研究》，《中国社会科学》2015 年第 4 期。
冯仕政：《发展、秩序、现代化：转型悖论与当代中国社会治理的主题》，《中国人民大学学报》2021 年第 1 期。
冯雅君、马源：《当老龄化遇到智能化：如何助老人跨越数字鸿沟》，《中国城市报》2021 年 1 月 25 日第 4 版。
付敏杰等：《工业化和城市化进程中的财税体制演进：事实、逻辑和政策选择》，《经济研究》2017 年第 12 期。
甘剑斌：《政绩合法性战略的选择及其困境》，《苏州大学学报》（哲学社会科学版）2007 年第 2 期。
高柏：《新发展主义与古典发展主义——中国模式与日本模式的比较分析》，《社会学研究》2006 年第 1 期。
高柏：《中国经济发展模式转型与经济社会学制度学派》，《社会学研究》2008 年第 4 期。
高恩新：《互联网公共事件的议题建构与共意动员——以几起网络公共事件为例》，《公共管理学报》2009 年第 4 期。
高方：《中央重点报刊：坚定正确政治方向　切实履行职责使命——专访国家新闻出版广电总局新闻报刊司司长李军》，《传媒》2016 年第 7 期。
高培勇：《奔向公共化的中国财税改革——中国财税体制改革 30 年的回顾与展望》，《财贸经济》2008 年第 11 期。
高奇琦：《智能革命与国家治理现代化初探》，《中国社会科学》2020 年第 7 期。
葛天任、溥雨欣：《新兴技术能否破解“共同体困境”——数字政府、智慧社区与敏捷治理》，《社会治理》2020 年第 2 期。
耿曙、王颖颖：《发展研究中的“国家能力解释”——论证逻辑的陷阱及其超越》，《社会学评论》2022 年第 2 期。
龚丽兰、郑永君：《培育“新乡贤”：乡村振兴内生主体基础的构建机制》，《中国农村观察》2019 年第 6 期。

龚强等：《财政分权视角下的地方政府债务研究：一个综述》，《经济研究》2011 年第 7 期。

龚文静：《向侵害个人信息安全说不》，《人民日报》（海外版）2021 年 9 月 13 日第 5 版。

贡森、李秉勤：《新时代中国社会政策的特点与走向》，《社会学研究》2019 年第 4 期。

顾海等：《我国城乡居民的医疗需求差异研究——基于 Oaxaca-Blinder 方法的回归分解》，《学海》2012 年第 3 期。

管筱璞、柴雅欣：《针对个人信息野蛮掘金的时代结束了》，《中国纪检监察报》2021 年 11 月 10 日第 4 版。

郭庆旺、吕冰洋：《中国税收负担的综合分析》，《财经问题研究》2010 年第 12 期。

国务院发展研究中心农村部课题组等：《从城乡二元到城乡一体——我国城乡二元体制的突出矛盾与未来走向》，《管理世界》2014 年第 9 期。

过勇、胡鞍钢：《行政垄断、寻租与腐败——转型经济的腐败机理分析》，《经济社会体制比较》2003 年第 2 期。

韩燕等：《宗族组织、权威人物和农民进城对农村公共物品供给的影响——以川南乡村筹资修建“户户通”公路为例》，《公共管理学报》2021 年第 2 期。

韩兆柱、于均环：《政府信息公开政策文本量化研究——以〈中华人民共和国政府信息公开条例〉实施十年间的政策文本为例》，《学习论坛》2019 年第 7 期。

韩志明：《利益表达、资源动员与议程设置——对于“闹大”现象的描述性分析》，《公共管理学报》2012 年第 2 期。

何包钢、黄徐强：《儒式协商：中国威权性协商的源与流》，《政治思想史》2013 年第 4 期。

何包钢、吴进进：《公共协商的政治合法性功能——基于连氏市民公共服务满意度调查》，《浙江社会科学》2016 年第 9 期。

何立新、潘春阳：《破解中国的“Easterlin 悖论”：收入差距、机会不均与居民幸福感》，《管理世界》2011 年第 8 期。

何欣峰：《社区社会组织有效参与基层社会治理的途径分析》，《中国行政管理》2014 年第 12 期。

何艳玲：《“中国式”邻避冲突：基于事件的分析》，《开放时代》2009 年第 12 期。

何艳玲、宋锴业：《社会治理的国家逻辑：基于警务改革史的分析》，《社会学研究》2021 年第 4 期。
何艳玲、汪广龙：《中国转型秩序及其制度逻辑》，《中国社会科学》2016 年第 6 期。
侯光辉、王元地：《邻避危机何以愈演愈烈——一个整合性归因模型》，《公共管理学报》2014 年第 3 期。
侯麟科等：《双重约束视角下的基层治理结构与效能：经验与反思》，《管理世界》2020 年第 5 期。
胡鞍钢、王磊：《社会转型风险的衡量方法与经验研究（1993—2004 年）》，《管理世界》2006 年第 6 期。
胡荣：《农民上访与政治信任的流失》，《社会学研究》2007 年第 3 期。
胡荣等：《社会资本、政府绩效与城市居民对政府的信任》，《社会学研究》2011 年第 1 期。
黄冬娅：《多管齐下的治理策略：国家建设与基层治理变迁的历史图景》，《公共行政评论》2010 年第 4 期。
黄华兵：《论新权威体制的合法性危机及其改革模式》，《内蒙古农业大学学报》（社会科学版）2008 年第 3 期。
黄璜等：《数字化赋能治理协同：数字政府建设的“下一步行动”》，《电子政务》2022 年第 4 期。
黄荣贵：《互联网与抗争行动：理论模型、中国经验及研究进展》，《社会》2010 年第 2 期。
黄荣贵、桂勇：《互联网与业主集体抗争：一项基于定性比较分析方法的研究》，《社会学研究》2009 年第 5 期。
黄荣贵等：《抗争信息在互联网上的传播结构及其影响因素——基于业主论坛的经验研究》，《新闻与传播研究》2011 年第 2 期。
黄少安、赵建：《转轨失衡与经济的短期和长期增长：一个寻租模型》，《经济研究》2009 年第 12 期。
黄先海、宋学印：《赋能型政府——新一代政府和市场关系的理论建构》，《管理世界》2021 年第 11 期。
黄晓春、周黎安：《“结对竞赛”：城市基层治理创新的一种新机制》，《社会》2019 年第 5 期。
黄晓春、周黎安：《政府治理机制转型与社会组织发展》，《中国社会科学》2017 年第 11 期。
黄晓星、熊慧玲：《过渡治理情境下的中国社会服务困境——基于 Z 市社会工作服务的研究》，《社会》2018 年第 4 期。
黄晓星、杨杰：《社会服务组织的边界生产——基于 Z 市家庭综合服务中心的研究》，《社会学研究》2015 年第 6 期。
黄有光：《快乐应是人人与所有公共政策的终极目的》，《经济学家茶座》2008 年第 5 期。
计永超、刘莲莲：《新闻舆论引导力：理论渊源、现实依据与提升路径》，《新闻与传播研究》2016 年第 9 期。
季程远等：《中国网民的政治价值观与网络抗争行为的限度》，《社会》2016 年第 5 期。
贾康、白景明：《县乡财政解困与财政体制创新》，《经济研究》2002 年第 2 期。
江艇：《因果推断经验研究中的中介效应与调节效应》，《中国工业经济》2022 年第 5 期。
姜长云：《县乡财政困难及其对财政支农能力的影响》，《管理世界》2004 年第 7 期。
靳东升、陈琍：《90 年代中国宏观税负的国际比较研究》，《财政研究》2003 年第 5 期。
荆学民、苏颖：《中国政治传播研究的学术路径与现实维度》，《中国社会科学》2014 年第 2 期。
景天魁：《底线公平概念和指标体系——关于社会保障基础理论的探讨》，《哈尔滨工业大学学报》（社会科学版）2013 年第 1 期。
靖鸣：《"党报不得批评同级党委"——1953 年广西〈宜山农民报〉批评中共宜山地委事件及其争论的前前后后》，《新闻与传播研究》2004 年第 3 期。
康晓光：《经济增长、社会公正、民主法治与合法性基础——1978 年以来的变化与今后的选择》，《战略与管理》1999 年第 4 期。
康晓光：《未来 3—5 年中国大陆政治稳定性分析》，《战略与管理》2002 年第 3 期。
雷洪、范洪：《试论社会学的研究对象和理论体系》，《社会学研究》1986 年第 5 期。
李迩：《为便利卖隐私？此商业逻辑要不得!》，《深圳商报》2018 年 4 月 1 日第 4 版。
李锋、孟天广：《策略性政治互动：网民政治话语运用与政府回应模式》，《武汉大学学报》（人文科学版）2016 年第 5 期。

李广杰等：《地方政府投资行为、规制与经济增长——“转型期中国地方政府投资行为及其规制”研讨会综述》，《经济研究》2009 年第 6 期。

李慧龙、于君博：《数字政府治理的回应性陷阱——基于东三省“地方领导留言板”的考察》，《电子政务》2019 年第 3 期。

李培林：《另一只看不见的手：社会结构转型》，《中国社会科学》1992 年第 5 期。

李培林：《中国式现代化和新发展社会学》，《中国社会科学》2021 年第 12 期。

李培林等：《构建中国发展型的社会政策——“科学发展观与社会政策”笔谈》，《中国社会科学》2004 年第 6 期。

李培林等：《和谐社会构建与西方社会学社会建设理论》，《社会》2005 年第 6 期。

李琴、岳经纶：《信息技术应用如何影响社会福利权的实现？——基于贫困治理的实证研究》，《公共行政评论》2021 年第 3 期。

李靔：《“基层减负年”来了——学习贯彻中办〈关于解决形式主义突出问题为基层减负的通知〉》，《中国纪检监察》2019 年第 6 期。

李卫东：《提高低保标准应考虑的几个问题》，《中国民政》2020 年第 23 期。

李艳霞：《何种信任与为何信任？——当代中国公众政治信任现状与来源的实证分析》，《公共管理学报》2014 年第 2 期。

李永华：《东莞土拍新政背后的疯狂　刷新纪录的 62 轮报价，房企疯抢致交易系统崩溃》，《中国经济周刊》2019 年第 12 期。

李永友：《我国财政支出结构演进及其效率》，《经济学（季刊）》2010 年第 1 期。

李友梅：《中国现代化新征程与社会治理再转型》，《社会学研究》2021 年第 2 期。

李祖佩：《“新代理人”：项目进村中的村治主体研究》，《社会》2016 年第 3 期。

李祖佩、钟涨宝：《分级处理与资源依赖——项目制基层实践中矛盾调处与秩序维持》，《中国农村观察》2015 年第 2 期。

厉以宁：《论城乡二元体制改革》，《北京大学学报》（哲学社会科学版）2008 年第 2 期。

厉以宁：《走向城乡一体化：建国 60 年城乡体制的变革》，《北京大学学报》（哲学社会科学版）2009 年第 6 期。

梁玉成：《社会资本和社会网无用吗?》，《社会学研究》2010 年第 5 期。
林毅夫：《后发优势与后发劣势——与杨小凯教授商榷》，《经济学（季刊）》2003 年第 3 期。
林毅夫：《中国经验：经济发展和转型中有效市场与有为政府缺一不可》，《行政管理改革》2017 年第 10 期。
刘晗：《域名系统、网络主权与互联网治理历史反思及其当代启示》，《中外法学》2016 年第 2 期。
刘建生等：《“双轨双层”治理：第一书记与村两委的基层贫困治理研究》，《中国行政管理》2019 年第 11 期。
刘军强：《社会政策发展的动力：20 世纪 60 年代以来的理论发展述评》，《社会学研究》2010 年第 4 期。
刘军强：《增长、就业与社会支出——关于社会政策的“常识”与反“常识”》，《社会学研究》2012 年第 2 期。
刘明兴等：《农村税费改革、农民负担与基层干群关系改善之道》，《管理世界》2008 年第 9 期。
刘能：《当代中国转型社会中的集体行动：对过去三十年间三次集体行动浪潮的一个回顾》，《学海》2009 年第 4 期。
刘尚希：《公共支出范围：分析与界定》，《经济研究》2002 年第 6 期。
刘守英、王一鸽：《从乡土中国到城乡中国——中国转型的乡村变迁视角》，《管理世界》2018 年第 10 期。
刘淑华：《大数据时代网络抗争治理——基于江苏启东事件的个案研究》，《中国行政管理》2015 年第 7 期。
刘伟、彭琪：《政府满意度、生活满意度与基层人大选举参与——基于 2019 年“中国民众政治心态调查”的分析》，《政治学研究》2021 年第 2 期。
刘伟伟：《政治控制、市场竞争与地方党报的影响力：广东、上海、天津的比较研究》，《传播与社会学刊》2013 年第 24 期。
刘欣：《当前中国社会阶层分化的多元动力基础——一种权力衍生论的解释》，《中国社会科学》2005 年第 4 期。
刘燕等：《中国社会的转型路径与转型风险——兼论“中国模式”》，《财经问题研究》2011 年第 12 期。
刘祖云：《试论社会学的研究对象》，《华中师院学报》（哲学社会科学版）1985 年第 3 期。
刘祖云、胡蓉：《论社会转型与二元社会结构——中国特色的二元社会结构研究之一》，《中南民族大学学报》（人文社会科学版）2005 年第 1 期。
龙太江、王邦佐：《经济增长与合法性的“政绩困局”——兼论中国政治的合法性基础》，《复旦学报》（社会科学版）2005 年第 3 期。
卢坤建：《政府理论研究的一个走向：从政府回应到回应型政府》，《中国行政管理》2009 年第 9 期。
鲁元平、王韬：《主观幸福感影响因素研究评述》，《经济学动态》2010 年第 5 期。
陆铭等，《政府干预与企业家满意度——以广西柳州为例的实证研究》，《管理世界》2008 年第 7 期。
陆益龙：《户口还起作用吗——户籍制度与社会分层和流动》，《中国社会科学》2008 年第 1 期。
陆益龙：《乡村民间纠纷的异化及其治理路径》，《中国社会科学》2019 年第 10 期。
吕芳：《中国地方政府的“影子雇员”与“同心圆”结构——基于街道办事处的实证分析》，《管理世界》2015 年第 10 期。
吕书鹏：《差序政府信任：概念、现状及成因——基于三次全国调查数据的实证研究》，《学海》2015 年第 4 期。
罗楚亮：《城乡分割、就业状况与主观幸福感差异》，《经济学（季刊）》2006 年第 2 期。
罗家德等，《“央强地弱”政府信任格局的社会学分析——基于汶川震后三期追踪数据》，《中国社会科学》2017 年第 2 期。
罗兴佐：《中国国家与社会关系研究述评》，《学术界》2006 年第 4 期。
马得勇：《政治信任及其起源——对亚洲 8 个国家和地区的比较研究》，《经济社会体制比较》2007 年第 5 期。
马得勇：《政治传播中的框架效应——国外研究现状及其对中国的启示》，《政治学研究》2016 年第 4 期。
马骏：《实现政治问责的三条道路》，《中国社会科学》2010 年第 5 期。
马骏、刘亚平：《中国地方政府财政风险研究：“逆向软预算约束”理论的视角》，《学术研究》2005 年第 11 期。
马敏：《近代中国的商业启蒙》，《中国社会科学》2014 年第 2 期。
马敏：《现代化的“中国道路”——中国现代化历史进程的若干思考》，《中国社会科学》2016 年第 9 期。
马拴友：《宏观税负、投资与经济增长：中国最优税率的估计》，《世界经济》2001 年第 9 期。
马跃：《宏观工作体制和乡镇应对策略——对“上面千条线、下面一根针”的解读》，《经济社会体制比较》2011 年第 2 期。
孟天广：《转型期的中国政治信任：实证测量与全貌概览》，《华中师范大学学报》（人文社会科学版）2014 年第 2 期。
苗壮：《制度变迁中的改革战略选择问题》，《经济研究》1992 年第 10 期。
牟放：《论界定我国公共支出范围的标准》，《中央财经大学学报》2001 年第 8 期。
聂静虹：《论政治传播中的议题设置、启动效果和框架效果》，《政治学研究》2012 年第 5 期。
聂静虹等：《承前启后：新闻评论之架构效果探究》，《新闻与传播研究》2013 年第 3 期。
欧阳静：《论基层运动型治理——兼与周雪光等商榷》，《开放时代》2014 年第 6 期。
欧阳静：《政治统合制及其运行基础——以县域治理为视角》，《开放时代》2019 年第 2 期。
欧阳桃花等：《构建重大突发公共卫生事件治理体系：基于中国情景的案例研究》，《管理世界》2020 年第 8 期。
庞金友：《当代西方国家失败理论的路径与逻辑》，《政治学研究》2017 年第 5 期。
庞金友：《近代西方国家观念的逻辑与谱系》，《政治学研究》2011 年第 5 期。
彭勃、杨志军：《发展型国家理论、国家自主性与治理能力重塑》，《浙江社会科学》2013 年第 6 期。
彭代彦：《增加农民收入与乡镇政府改革》，《经济学家》2003 年第 6 期。
丘海雄、徐建牛：《市场转型过程中地方政府角色研究述评》，《社会学研究》2004 年第 4 期。
邱林川、史安斌（编）：《新闻、政治、社运与数字媒体》，《传播与社会学刊》2013 年第 26 期。
区家麟：《网络新闻再界定：市场导向下的新媒体变革》，《传播与社会学刊》2013 年第 25 期。
饶品贵等，《地方政府债务的挤出效应：基于企业杠杆操纵的证据》，《中国工业经济》2022 年第 1 期。

人社部信息中心：《人社信息化 迈入“互联网+”新征程》，《中国人力资源社会保障》2019 年第 10 期。
任嵘嵘等：《敏捷治理：一个新的管理变革——研究述评与展望》，《技术经济》2021 年第 8 期。
任社宣：《覆盖全国的人社信息网架构初具规模》，《中国组织人事报》2011 年 4 月 13 日第 1 版。
邵梓捷等：《政治传播视角下〈新闻联播〉的宣传模式分析》，《清华大学学报》（哲学社会科学版）2015 年第 3 期。
沈费伟、诸靖文：《数据赋能：数字政府治理的运作机理与创新路径》，《政治学研究》2021 年第 1 期。
沈莉、吴玮莹：《数据赋能视角下“智慧社区”建设的瓶颈与出路——以 H 社区为例》，《公共治理研究》2022 年第 2 期。
生青杰：《政府在房屋拆迁中的角色定位与职责重构》，《中州学刊》2009 年第 6 期。
盛希贵、贺敬杰：《宣传话语的视觉“祛魅“：新媒体环境下网民对政治类新闻图片的再解读》，《国际新闻界》2014 年第 7 期。
盛智明：《地方政府部门如何规避风险？——以 A 市社区物业管理新政为例》，《社会学研究》2017 年第 5 期。
施芸卿：《机会空间的营造——以 B 市被拆迁居民集团行政诉讼为例》，《社会学研究》2007 年第 2 期。
石发勇：《业主委员会、准派系政治与基层治理——以一个上海街区为例》，《社会学研究》2010 年第 3 期。
史波：《网络舆情群体极化的动力机制与调控策略研究》，《情报杂志》2010 年第 7 期。
宋林飞：《社会风险指标体系与社会波动机制》，《社会学研究》1995 年第 6 期。
宋石男：《互联网与公共领域构建——以 Web2. 0 时代的网络意见领袖为例》，《四川大学学报》（哲学社会科学版）2010 年第 3 期。
苏芳、毛基业：《应对环境变化的战略路径转换过程：内外部正反馈和管理者刻意行为的影响》，《管理世界》2019 年第 10 期。
苏振华、黄外斌：《互联网使用对政治信任与价值观的影响：基于 CGSS 数据的实证研究》，《经济社会体制比较》2015 年第 5 期。
孙凤：《主观幸福感的结构方程模型》，《统计研究》2007 年第 2 期。
孙立平：《后发外生型现代化模式剖析》，《中国社会科学》1991 年第 2 期。

孙立平:《畸变中的高风险》,《南风窗》2000 年第 10 期。
孙立平:《以重建社会来再造经济》,《社会学研究》2009 年第 2 期。
孙宁华:《经济转型时期中央政府与地方政府的经济博弈》,《管理世界》2001 年第 3 期。
孙玉娟:《利益冲突视角下的政府和农民非对称博弈》,《当代世界与社会主义》2007 年第 1 期。
谭必勇、刘芮:《数字政府建设的理论逻辑与结构要素——基于上海市“一网通办”的实践与探索》,《电子政务》2020 年第 8 期。
谭术魁:《中国频繁暴发征地冲突的原因分析》,《中国土地科学》2008 年第 6 期。
陶然、苏福兵:《经济增长的“中国模式”:两个备择理论假说和一个系统性分析框架》,载吴敬琏:《比较》2021 年第 3 期。
田丰、孙正昕:《青年对政府评价的影响因素》,《青年研究》2016 年第 3 期。
田国强、杨立岩:《对“幸福—收入之谜”的一个解答》,《经济研究》2006 年第 11 期。
田毅鹏、吕方:《单位社会的终结及其社会风险》,《吉林大学社会科学学报》2009 年第 6 期。
童兵:《新闻批评和政治民主——对“党报不得批评同级党委”规定的历史考察》,《中国人民大学学报》1988 年第 4 期。
童星:《社会管理创新八议——基于社会风险视角》,《公共管理学报》2012 年第 4 期。
汪大海、唐德龙:《从“发展主义”到“以人为本”——双重转型背景下中国公共管理的路径转变》,《中国行政管理》2005 年第 4 期。
汪建华:《互联网动员与代工厂工人集体抗争》,《开放时代》2011 年第 11 期。
王超群:《群体性事件、新闻传媒常规实践与弱势群体的利益表达》,《传播与社会学刊》2013 年第 25 期。
王程伟、马亮:《压力型体制下绩效差距何以促进政府绩效提升——北京市“接诉即办”的实证研究》,《公共管理评论》2020 年第 4 期。
王佃利等:《从“邻避管控”到“邻避治理”:中国邻避问题治理路径转型》,《中国行政管理》2017 年第 5 期。
王国勤:《当前中国“集体行动”研究述评》,《学术界》2007 年第 5 期。
王杰秀:《民有所呼　我有所应——北京市社区治理的实践与思考》,《社会治理》2019 年第 8 期。

王井怀、刘惟真：《个人信息保护法落地满月　我们的信息还在“裸奔”吗》，《新华每日电讯》2021 年 12 月 3 日第 12 版。

王君泽等：《微博客意见领袖识别模型研究》，《新闻与传播研究》2011 年第 6 期。

王美艳、蔡昉：《户籍制度改革的历程与展望》，《广东社会科学》2008 年第 6 期。

王宁：《地方消费主义、城市舒适物与产业结构优化——从消费社会学视角看产业转型升级》，《社会学研究》2014 年第 4 期。

王宁：《经济增长模式转型：一个文化机制的分析》，《兰州大学学报》（社会科学版）2020 年第 1 期。

王浦劬、郑姗姗：《政府回应、公共服务与差序政府信任的相关性分析——基于江苏某县的实证研究》，《中国行政管理》2019 年第 5 期。

王绍光：《大转型：1980 年代以来中国的双向运动》，《中国社会科学》2008 年第 1 期。

王绍光：《国家治理与基础性国家能力》，《华中科技大学学报》（社会科学版）2014 年第 3 期。

王绍光：《中国公共政策议程设置的模式》，《中国社会科学》2006 年第 5 期。

王思琦：《政治信任、人际信任与非传统政治参与》，《公共行政评论》2013 年第 2 期。

王向阳：《新双轨治理：中国乡村治理的旧制度与新常态——基于四地乡村治理实践的考察》，《甘肃行政学院学报》2017 年第 2 期。

王小鲁：《我国国民收入分配现状、问题及对策》，《国家行政学院学报》2010 年第 3 期。

王毓莉：《驯服 v. s. 抗拒：中国政治权力控制下的新闻专业抗争策略》，《新闻学研究》2012 年第 110 期。

王正祥：《传媒对大学生政治信任和社会信任的影响研究》，《青年研究》2009 年第 2 期。

韦路、王梦迪：《微博空间的知识生产沟研究：以日本核危机期间中国网民的微博讨论为例》，《传播与社会学刊》2014 年第 27 期。

魏后凯：《新常态下中国城乡一体化格局及推进战略》，《中国农村经济》2016 年第 1 期。

魏万青：《户籍制度改革对流动人口收入的影响研究》，《社会学研究》

2012 年第 1 期。
魏万青：《经济绩效、价值认同、政治参与和政府信任感》，《社会学评论》2016 年第 1 期。
魏万青：《竞争力建设与中国社会政策供给逻辑的演变》，《江汉论坛》2020 年第 9 期。
魏万青：《情感、理性、阶层身份：多重机制下的集体行动参与——基于 CGSS2006 数据的实证研究》，《社会学评论》2015 年第 3 期。
魏万青、高伟：《经济发展特征、住房不平等与生活机会》，《社会学研究》2020 年第 4 期。
魏万青、刘庄：《冲突背景下的非正式制度与政策落实——以宗族网络对计划生育影响为例》，《社会学评论》2017 年第 1 期。
魏万青、谢舜：《区域经济发展模式下的劳工收入差异与分解　基于珠三角、苏南与浙江三地数据的实证研究》，《社会》2013 年第 2 期。
温忠麟、叶宝娟：《中介效应分析：方法和模型发展》，《心理科学进展》2014 年第 5 期。
温忠麟等：《中介效应检验程序及其应用》，《心理学报》2004 年第 5 期。
吴磊等：《数字化时代敏捷治理的学术图景：研究范式与实现路径》，《电子政务》2022 年第 8 期。
吴明霞：《30 年来西方关于主观幸福感的理论发展》，《心理学动态》2000 年第 4 期。
武力：《1949—2006 年城乡关系演变的历史分析》，《中国经济史研究》2007 年第 1 期。
武小龙：《柔性治理的发生逻辑及影响效应——以拆迁纠纷事件中政府的回应策略为例》，《社会发展研究》2021 年第 2 期。
习近平：《决胜全面建成小康社会　夺取新时代中国特色社会主义伟大胜利——在中国共产党第十九次全国代表大会上的报告》，《人民日报》2017 年 10 月 28 日第 1 版。
习近平：《在经济社会领域专家座谈会上的讲话》，《人民日报》2020 年 8 月 25 日第 2 版。
夏建中：《新城市社会学的主要理论》，《社会学研究》1998 年第 4 期。
夏倩芳、王艳：《“风险规避”逻辑下的新闻报道常规——对国内媒体社会冲突性议题采编流程的分析》，《新闻与传播研究》2012 年第 4 期。
夏倩芳、袁光锋：《“国家”的分化、控制网络与冲突性议题传播的机会结构》，《开放时代》2014 年第 1 期。

夏振坤、唐龙：《论权威主义与中国的现代化》，《当代世界与社会主义》2005 年第 1 期。
夏志强：《国家治理现代化的逻辑转换》，《中国社会科学》2020 年第 5 期。
萧功秦：《从百年变革看中国新权威主义改革模式》，《武汉大学学报》（人文科学版）2016 年第 4 期。
肖红军：《算法责任：理论证成、全景画像与治理范式》，《管理世界》2022 年第 4 期。
肖唐镖：《当代中国的“维稳政治”：沿革与特点——以抗争政治中的政府回应为视角》，《学海》2015 年第 1 期。
谢金林：《情感与网络抗争动员——基于湖北“石首事件”的个案分析》，《公共管理学报》2012 年第 1 期。
谢秋山、许源源：《“央强地弱”政治信任结构与抗争性利益表达方式——基于城乡二元分割结构的定量分析》，《公共管理学报》2012 年第 4 期。
谢舜等：《宏观税负、公共支出结构与个人主观幸福感兼论“政府转型”》，《社会》2012 年第 6 期。
谢宇等：《中国家庭追踪调查：理念与实践》，《社会》2014 年第 2 期。
谢岳、曹开雄：《集体行动理论化系谱：从社会运动理论到抗争政治理论》，《上海交通大学学报》（哲学社会科学版）2009 年第 3 期。
谢岳、党东升：《“维稳”的绩效困境：公共安全开支视角》，《同济大学学报》（社会科学版）2013 年第 6 期。
熊光清：《当前中国社会风险形成的原因及其基本对策》，《教学与研究》2006 年第 7 期。
熊美娟：《政治信任测量的比较与分析——以澳门为研究对象》，《公共管理学报》2014 年第 1 期。
徐朝阳、林毅夫：《发展战略与经济增长》，《中国社会科学》2010 年第 3 期。
徐冠英：《数字化治理：建设人民满意的数字政府》，《新华日报》2022 年 6 月 2 日第 4 版。
徐林等：《农村基层治理中的多重社会网络》，《中国社会科学》2017 年第 1 期。
徐勇：《“回归国家”与现代国家的建构》，《东南学术》2006 年第 4 期。
徐勇：《农民理性的扩张：“中国奇迹”的创造主体分析——对既有理论

的挑战及新的分析进路的提出》,《中国社会科学》2010 年第 1 期。
徐争荣等:《互联网金融流动性风险分析——基于银行挤兑模型与大数定律视角》,《现代管理科学》2016 年第 2 期。
薛澜等:《国家治理体系与治理能力研究:回顾与前瞻》,《公共管理学报》2015 年第 3 期。
颜昌武:《刚性约束与自主性扩张——乡镇政府编外用工的一个解释性框架》,《中国行政管理》2019 年第 4 期。
颜海娜等:《基层重大公共卫生风险防控中的敏捷治理机制——基于 H 街道的新冠肺炎疫情防控个案分析》,《华南理工大学学报》(社会科学版)2021 年第 1 期。
燕继荣:《协同治理:社会管理创新之道——基于国家与社会关系的理论思考》,《中国行政管理》2013 年第 2 期。
阳军:《新技术条件下形式主义、官僚主义的新表现及治理分析》,《治理现代化研究》2021 年第 2 期。
杨爱平、余雁鸿:《选择性应付:社区居委会行动逻辑的组织分析——以 G 市 L 社区为例》,《社会学研究》2012 年第 4 期。
杨宝:《政社合作与国家能力建设——基层社会管理创新的实践考察》,《公共管理学报》2014 年第 2 期。
杨东:《监管科技:金融科技的监管挑战与维度建构》,《中国社会科学》2018 年第 5 期。
杨宏山:《“互联网+基层治理”效能提升的行动路径》,《人民论坛》2021 年第 34 期。
杨建党:《新时期加强中国共产党执政合法性的若干思考》,《社会主义研究》2007 年第 2 期。
杨敏:《“国家—社会”互构关系视角下的国家治理与基层治理——兼论治理技术手段的历史变迁及当代趋向》,《广西民族大学学报》(哲学社会科学版)2016 年第 2 期。
杨善华,苏红:《从“代理型政权经营者”到“谋利型政权经营者”——向市场经济转型背景下的乡镇政权》,《社会学研究》2002 年第 1 期。
杨伟民:《当前中国的社会保险在社会分层中的作用》,《社会学研究》2005 年第 5 期。
Sachs J 等:《经济改革和宪政转轨:回应》,《经济学(季刊)》2003 年第 4 期。
杨燕青、马绍之:《“数字抗疫”与隐私保护》,《第一财经日报》2020 年

6月8日第A12版。
姚东旻等，《中国政府治理模式的选择与转换：一个正式模型》，《社会》2021年第6期。
叶静：《地方软财政支出与基层治理——以编外人员扩张为例》，《社会学研究》2016年第1期。
应星：《“气”与中国乡村集体行动的再生产》，《开放时代》2007年第6期。
于建嵘：《当前我国群体性事件的主要类型及其基本特征》，《中国政法大学学报》2009年第6期。
于建嵘：《利益、权威和秩序——对村民对抗基层政府的群体性事件的分析》，《中国农村观察》2000年第4期。
郁建兴、高翔：《地方发展型政府的行为逻辑及制度基础》，《中国社会科学》2012年第5期。
郁建兴、黄飚：《地方政府在社会抗争事件中的“摆平”策略》，《政治学研究》2016年第2期。
郁建兴、石德金：《超越发展型国家与中国的国家转型》，《学术月刊》2008年第4期。
曾繁旭、黄广生：《网络意见领袖社区的构成、联动及其政策影响：以微博为例》，《开放时代》2012年第4期。
曾国平、许峻桦：《政府在城市拆迁中的角色定位》，《云南行政学院学报》2004年第3期。
张车伟、薛欣欣：《国有部门与非国有部门工资差异及人力资本贡献》，《经济研究》2008年第4期。
张成福、谢侃侃：《数字化时代的政府转型与数字政府》，《行政论坛》2020年第6期。
张德志、王耀波：《税收征收率　宏观税负　弹性系数关系分析》，《财政研究》2005年第12期。
张国磊、张新文：《制度嵌入、精英下沉与基层社会治理——基于桂南Q市“联镇包村”的个案考察》，《公共管理学报》2017年第4期。
张海鹏：《中国城乡关系演变70年：从分割到融合》，《中国农村经济》2019年第3期。
张汉：《“地方发展型政府”抑或“地方企业家型政府”？——对中国地方政企关系与地方政府行为模式的研究述评》，《公共行政评论》2014年第3期。

张浩等，《教育资源配置机制与房价——我国教育资本化现象的实证分析》，《金融研究》2014 年第 5 期。
张健：《合法性与中国政治》，《战略与管理》2000 年第 5 期。
张紧跟：《警惕“互联网+政务”披上形式主义外衣》，《人民论坛》2019 年第 25 期。
张紧跟：《制造同意：广州市政府治理邻避冲突的策略》，《武汉大学学报》（哲学社会科学版）2017 年第 3 期。
张乐、童星：《“邻避”冲突管理中的决策困境及其解决思路》，《中国行政管理》2014 年第 4 期。
张明新、刘伟：《互联网的政治性使用与我国公众的政治信任——一项经验性研究》，《公共管理学报》2014 年第 1 期。
张权、黄璜：《技术赋能与复杂性化约——基于“健康码”的分析》，《政治学研究》2022 年第 2 期。
张文翠：《基层政府政绩目标设置博弈与压力型体制异化——基于北方七个地市的实地调研》，《公共管理学报》2021 年第 3 期。
张欣亮、王雯：《政务热线改革驱动下超大城市基层敏捷治理研究——以北京市“12345”政务热线为例》，《领导科学》2021 年第 16 期。
张鑫等：《医疗挤兑情境下公众医疗服务满意度及影响因素研究》，《中国公共卫生管理》2022 年第 1 期。
张旭霞：《现代政府信用及其建构的对策性选择》，《南京社会科学》2002 年第 11 期。
张永宏、李静君：《制造同意：基层政府怎样吸纳民众的抗争》，《开放时代》2012 年第 7 期。
张宇等：《中国经济模式的政治经济学分析》，《中国社会科学》2011 年第 3 期。
张云昊：《应对转型风险：我国社会政策的现实背景、目标选择与何以所为》，《哈尔滨市委党校学报》2005 年第 3 期。
赵鼎新：《西方社会运动与革命理论发展之述评——站在中国的角度思考》，《社会学研究》2005 年第 1 期。
赵静等：《敏捷思维引领城市治理转型：对多城市治理实践的分析》，《中国行政管理》2021 年第 8 期。
赵善阳、郑晨：《社会学——一门对社会进行整体研究的科学——对社会学的对象及其学科性质的探讨》，《上海大学学报》（社会科学版）1984 年第 1 期。

赵文哲、杨继东：《地方政府财政缺口与土地出让方式——基于地方政府与国有企业互利行为的解释》，《管理世界》2015 年第 4 期。

郑杭生：《社会学对象问题新探》，《社会学研究》1986 年第 1 期。

郑建君：《政治信任、社会公正与政治参与的关系——一项基于 625 名中国被试的实证分析》，《政治学研究》2013 年第 6 期。

郑建君等：《公共服务参与会增加个体的获得感吗？——基于政府透明度与信任的调节作用分析》，《公共行政评论》2022 年第 2 期。

郑磊：《城市数字化转型的内容、路径与方向》，《探索与争鸣》2021 年第 4 期。

郑雯、黄荣贵：《"媒介逻辑"如何影响中国的抗争？——基于 40 个拆迁案例的模糊集定性比较分析》，《国际新闻界》2016 年第 4 期。

郑雯、黄荣贵：《微博异质性空间与公共事件传播中的"在线社群"——基于新浪微博用户群体的潜类分析（LCA）》，《新闻大学》2015 年第 3 期。

郑永年：《国际发展格局中的中国模式》，《中国社会科学》2009 年第 5 期。

中国经济增长与宏观稳定课题组，张平，刘霞辉等：《增长失衡与政府责任——基于社会性支出角度的分析》，《经济研究》2006 年第 10 期。

中国社会学会：《建党百年与新时代中国特色社会学学科建设——中国社会学会学党史专题会议暨新发展阶段理论体系建设研究高端论坛综述》，《社会学研究》2021 年第 4 期。

钟鸣明：《我国当前的宏观税负水平评析》，《税务研究》2007 年第 12 期。

周飞舟：《从汲取型政权到"悬浮型"政权——税费改革对国家与农民关系之影响》，《社会学研究》2006 年第 3 期。

周黎安：《行政发包制》，《社会》2014 年第 6 期。

周黎安：《中国地方官员的晋升锦标赛模式研究》，《经济研究》2007 年第 7 期。

周其仁：《农地产权与征地制度——中国城市化面临的重大选择》，《经济学（季刊）》2004 年第 4 期。

周树华、闫岩：《敌意媒体理论：媒体偏见的主观感知研究》，《传播与社会学刊》2012 年第 22 期。

周小豪、朱晓林：《做可信任的质性研究——中国企业管理案例与质性研究论坛（2020）综述》，《管理世界》2021 年第 3 期。

周雪光、练宏：《政府内部上下级部门间谈判的一个分析模型——以环境政策实施为例》，《中国社会科学》2011 年第 5 期。

周雪光：《"逆向软预算约束"：一个政府行为的组织分析》，《中国社会科学》2005 年第 2 期。

周雪光：《国家治理规模及其负荷成本的思考》，《吉林大学社会科学学报》2013 年第 1 期。

周雪光：《基层政府间的"共谋现象"——一个政府行为的制度逻辑》，《社会学研究》2008 年第 6 期。

周雪光：《权威体制与有效治理：当代中国国家治理的制度逻辑》，《开放时代》2011 年第 10 期。

周雪光：《行政发包制与帝国逻辑 周黎安〈行政发包制〉读后感》，《社会》2014 年第 6 期。

周雪光：《运动型治理机制：中国国家治理的制度逻辑再思考》，《开放时代》2012 年第 9 期。

周业安、赵坚毅：《市场化、经济结构变迁和政府经济结构政策转型——中国经验》，《管理世界》2004 年第 5 期。

朱光磊、赫广义：《农民工意见表达的限制性因素及其对策研究》，《华中师范大学学报》（人文社会科学版）2005 年第 1 期。

朱国丰：《金保工程：建设统一规范的公共服务网络》，《中国劳动保障报》2008 年 10 月 30 日第 3 版。

朱力：《中国社会风险解析——群体性事件的社会冲突性质》，《学海》2009 年第 1 期。

朱涛：《纠纷格式化：立案过程中的纠纷转化研究》，《社会学研究》2015 年第 6 期。

三 英文著作与期刊论文

Aker, Jenny C., Collier, Paul, and Vicente, Pedro C., 2017: "Is Information Power? Using Mobile Phones and Free Newspapers during an Election in Mozambique", *Review of Economics and Statistics*, 2007, Vol. 99, No. 2, May, pp. 185~200.

Anderson, C. J., and Tverdova, Y. V., 2003: "Corruption, Aolitical Allegiances, and Attitudes Toward Government in Contemporary Democracies", *American Journal of Political Science*, 2003, Vol. 47, No. 1, Jane, pp. 91~109.

Anderson, Simon P., and McLaren, John, 2012: "Media Mergers and Media Bias with Rational consumers", *Journal of the European Economic Association*, Vol. 10, No. 4, August, pp. 831~859.

Androutsopoulou, Aggeliki, et al., 2019: "Transforming the Communication Between Citizens and Government through AI-guided Chatbots", *Government Information Quarterly*, Vol. 36, No. 2, April, pp. 358~367.

Baekgaard, Martin, and Tankink, Tara, 2022: "Administrative Burden: Untangling a Bowl of Conceptual Spaghetti", *Perspectives on Public Management and Governance*, Vol. 5, No. 1, March, pp. 16~21.

Baik, Jeeyun, 2022: "Data Privacy and Political Distrust: Corporate 'Pro Liars', 'Gridlocked Congress', and the Twitter Issue Public Around the US Privacy Legislation", *Information, Communication & Society*, Vol. 25, No. 9, July, pp. 1211~1228.

Baron, R. M., and Kenny, D. A., 1986: "The Moderator-mediator Wariable Distinction in Social Psychological Research: Conceptual, Strategic, and Statistical Considerations", *Journal of Personality and Social Psychology*, Vol. 51, No. 6, December, pp. 1173~1182.

Bauer, Daniel J., Preacher, Kristopher J., and Gil, Karen M., 2006: "Conceptualizing and Testing Random Indirect Effects and Moderated Mediation in Multilevel Models: New Procedures and Recommendations", *Psychological Methods*, Vol. 11, No. 2, June, pp. 142~163.

Bian, Y. J., and Logan, J. R., 1996: "Market Transition and the Persistence of Power: The Changing Stratification System in Urban China", *American Sociological Review*, Vol. 61, No. 5, October, pp. 739~758.

Blanchflower, D. G., and Oswald, A. J., 2004: "Well-being over Time in Britain and the USA", *Journal of Public Economics*, Vol. 88, No. 7~8, July, pp. 1359~1386.

Blinder A. S., 1973: "Wage Discrimination: Reduced Form and Structural Estimates", *Journal of Human Resources*, Vol. 8, No. 4, Autumn, pp. 436~455.

Borooah, Vani K., 2006: "How Much Happiness Is There in the World? A Cross-country Study", *Applied Economics Letters*, Vol. 13, No. 8, July, pp. 483~488.

Brady, David, and Bostic, Amie, 2015: "Paradoxes of Social Policy: Welfare Transfers, Relative Poverty, and Redistribution Preferences",

American Sociological Review, Vol. 80, No. 2, April, pp. 268~298.

Burkhart, Ross and Michael Lewis-Beck, 1994: "Comparative Democracy: The Economic Development Thesis", *American Political Science Review*, Vol. 88, No. 4, December, pp. 903~910.

Busemeyer, J. R., and Townsend, J. T., 1993: "DecisionField Theory: A Dynamic-cognitive Approach to Decision Making in an Uncertain Environment", *Psychological Review*, Vol. 100, No. 3, July, pp. 432~459.

Cappella, J. N. and Jamieson, K. H., 1997: *Spiral of Cynicism: The Press and the Public Good*, Washington: Oxford University Press, USA.

Chang, ECC and Chu, Y. H., 2006: "Corruption and Trust: Exceptionalism in Asian Democracies?", *The Journal of Politics*, Vol. 68, No. 2, May, pp. 259~271.

Chanley, V. A., Rudolph, T. J., and Rahn, W. M., 2000: "The Origins and Consequences of Public Trust in Government: A Time Series Analysis", *Public Opinion Quarterly*, Vol. 64, No. 3, Autumn, pp. 239~256.

Chen, Long, Huang Yadong, Ouyang, Shumiao and Wei Xiong. The Data Privacy Paradox and Digital Demand. National Bureau of Economic Research, May 2021, https://www.nber.org/papers/w28854,2022. 5. 16.

Chiang, Chun-Fang, and Knight, Brian, 2008: "Media Bias and Influence: Evidence from Newspaper Endorsements", *Review of Economic Studies*, Vol. 78, No. 3, July, pp. 795~820.

Churchill, G. A., and Surprenant C., 1982: "An Investigation into the Determinants of Customer Satisfaction", *Journal of Marketing Research*, Vol. 19, No. 4, November, pp. 491~504.

Citrin, Jack, and Stoker, Laura, 2018: "Political Trust in a Cynical Age", *Annual Review of Political Science*, Vol. 21, No. 1, Januray, pp. 49~70.

Citrin, Jack, 1974: "Comment: The Political Relevance of Trust in Government" *American Political Science Review*, Vol. 68, No. 3, September, pp. 973~988.

Clark, Andrew, E., 1999: "Are Wages Habit-forming? Evidence from Micro Data", *Journal of Economic Behavior and Organization*, Vol. 39, No. 2, June, pp. 179~200.

Clark, Andrew, E., 1996: "Job Satisfaction in Britain", *British Journal of Industrial Relations*, Vol. 34, No. 2, June, pp. 189~217.

Clark, Andrew, E., 2001: "What Really Matters in A Job? Hedonic Measurement Using Quit Data", *Labour Economics*, Vol. 8, No. 2, February, pp. 223~242.

Clark, Andrew, E. and Oswald, Andrew, J., 1994: "Unhappiness and Unemployment", *Economic Journal*, Vol. 104, No. 424, May, pp. 648~659.

Coale, Ansely, J. and Hoover, Edgar, M., 1958: *Population Growth and Economic Development in Low-income Countries: A Case Study of India's Prospects*. Princeton: Princeton University Press.

Coleman, James, Samuel, 1990: *Foundations of Social Theory*, Cambridge: Harvard University Press.

Cruz, Cesi, Keefer, Philip, and Labonne, Julien, 2021: "Buying Informed Voters: New Effects of Information on Voters and Candidates", *The Economic Journal*, Vol. 131, No. 635, April, pp. 1105~1134.

David Beetham, 2013: *The legitimation of Power*, Middlesbrough: Macmillan International Higher Education.

David, Bloom, David, Canning and Jaypee, Sevilla, 2003: *The Demographic Dividend: A New Perspective on the Economic Consequences of Population Change*, California: Rand Corporation.

Derek, Bok, 2010: *The Politics of Happiness: What Government Can Learn from the New Research on Well-being*, Princeton: Princeton University Press.

Derek, Bok, 2001: *The Trouble with Government*, Cambridge: Harvard University Press.

Di Tella, Rafael, and MacCulloch, Robert, 2006: "Europe vs America: Institutional Hysteresis in A Simple Normative Model", *Journal of Public Economics*, Vol. 90, No. 12, December, pp. 2161~2186.

Di Tella, Rafael, MacCulloch, Robert, and Oswald Andrew J., 2001: "Preferences over Inflation and Unemployment: Evidence from Surveys of Happiness", *American Economic Review*, Vol. 91, No. 1, March, pp. 335~341.

Diener, Ed., 2006: "Guidelines for National Indicators of Subjective Well-being and Ill-being", *Applied Research in Quality of Life*, Vol. 1, No. 2, August, pp. 151~157.

Dobbin, Frank, Simmons, Beth, and Garrett, Geoffrey, 2007: "The Global Diffusion of Public Policies: Social Construction, Coercion, Competition or Learning?" *Annual Review of Sociology*, Vol. 33, No. 1, pp. 449~472.

Dolan, Paul, 2011: "Happiness Questions and Government Responses: A Pilot Study of What the General Public Makes of It All", *Revue D'économie Politique*, Vol. 121, No. 1, January, pp. 3~15.

Easterlin, Richard A, 1974: "Does Economic Growth Improve the Human Lot?" in Paul A. David, Melvin W. Reder, eds., *Nations and Households in Economic Growth*, Academic Press : January.

Easterlin, Richard A., 2001: "Income and Happiness: Towards a Unified Theory", *The Economic Journal*, Vol. 111, No. 473, July, pp. 465~484.

Eom, Seok-Jin, and Lee, Jooho, 2022: "Digital Government Transformation in Turbulent Times: Responses, Challenges, and Future Direction", *Government Information Quarterly*, Vol. 39, No. 2, April, p. 101690.

Farrell, Henry, 2012: "The Consequences of the Internet for Politics", *Annual Review of Political Science*, Vol. 15, No. 1, Janaury, pp. 35~52.

Frank, R. H., 1997: "The frame ofReference as a Public Good", *The Economic Journal*, Vol. 107, No. 445, November, pp. 1832~1847.

Frank, R. H, 1985: *Choosing the Right Pond: Human Behavior and the Quest for Status*, Oxford: Oxford University Press.

Frey, Bruno, S., and Stutzer, Alois, 2002: "What can Economicts Learn from Happiness Research?", *Journal of Economic Literature*, Vol. 40, No. 2, June, pp. 402~435.

Frey, Bruno, S., Luechinger, Simon, and Stutzer, Alois, 2009: "The Life Satisfaction Approach to Valuing Public Goods: The Case of Terrorism", *Public Choice*, Vol. 138, No. 3, March, pp. 317~345.

Garrett G., and Mitchell D., 2001: "Globalization, Government Spending and Taxation in the OECD", *European Journal of Political Research*, Vol. 39, No. 2, March, pp. 145~177.

Gehlbach, Scott, and Konstantin Sonin, 2014: "Government Control of the Media", *Journal of Public Economics*, Vol. 118, October, pp. 163~171.

Gentzkow, Matthew, and Jesse M. Shapiro, 2008: "Competition and Truth in the Market for News", *Journal of Economic Perspectives*, Vol. 22, No. 2, Spring, pp. 133~154.

Gentzkow, Matthew, and Jesse M. Shapiro, 2011: "Ideological Segregation Online and Offline", *The Quarterly Journal of Economics*, Vol. 126, No. 4, November, pp. 1799~1839.

Gentzkow, Matthew, and Jesse M. Shapiro, 2010: "What Drives Media Slant? Evidence from US Daily Newspapers", *Econometrica*, Vol. 78, No. 1, January, pp. 35~71.

Gentzkow, Matthew, Jesse M. Shapiro, and Daniel F. Stone, 2016: *Chapter* 14-*Media Bias in the Marketplace: Theory*, in Simon P. Anderson, Joel Waldfogel, David Strömberg, eds., Handbook of Media Economics, Amsterdam : North-Holland, Vol. 1, pp. 623~645.

Gerstel, Naomi, and Dan Clawson, 2018: "Control over Time: Employers, Workers, and Families Shaping Work Schedules", *Annual Review of Sociology*, Vol. 44, July, pp. 77~97.

Gilley, Bruce, 2006: "The Meaning and Measure of State Legitimacy: Results for 72 Countries", *European Journal of Political Research*, Vol. 45, No. 3, May, pp. 499~525.

Gil-Garcia, J. Ramon, Sharon S. Dawes, and Theresa A. Pardo, 2018: "Digital Government and Public Management Research: Finding the Crossroads", *Public Management Review*, Vol. 20, No. 5, pp. 633~646.

Gimbel, Ronald W., et al., 2002: "Organizational and Environmental Predictors of Job Satisfaction in Community-based HIV/AIDS Services Organizations", *Social Work Research*, Vol. 26, No. 1, March, pp. 43~55.

Goffman, Erving, 1986: *Frame Analysis: An Essay on the Organization of Experience*, Harvard University Press, p. 258.

Grossman, Guy, and Tara Slough, 2022: "Government Responsiveness in Developing Countries", *Annual Review of Political Science*, Vol. 25, May, pp. 131~153.

Guan, Xinping, 2000: "China's Social Policy: Reform and Developmenting the Context of Marketization and Globalization", *Social Policy & Administration*, Vol. 34, No. 1. March, pp. 115~130.

Guillaume, Cheikbossian, 2003: " Property Rights, Rent-seeking Andaggregate Outcomes in Transition Economies", *Economic Systems*, Vol. 7, No. 3, September, pp. 271~288.

Harris, John R., and Michael P. Todaro, 1970: "Migration, Unemployment, and Development: A Two $ Sector Analysis", *American Economic Review*, Vol. 60, No. 1, January, pp. 126~142.

Hassid, Jonathan, 2012: "Safety valve or Pressure Cooker? Blogs in Chinese Political Life", *Journal of Communication*, Vol. 62, No. 2, April, pp. 212~230.

He, Baogang, and Mark E. Warren, 2011: "Authoritarian Deliberation: The Deliberative Turn in Chinese Political Development", *Perspectives on Politics*, Vol. 9, No. 2, June, pp. 269~289.

Helliwell, John F., 2006: "Well-being, Social Capital and Public Policy: What's New?", *The Economic Journal*, Vol. 116, No. 510, March, pp. 34~45.

Helliwell, John, 2001: "Social Capital, the Economy and Well-being", *The Review of Economic Performance and Social Progress*, Vol. 1, January, pp. 43~60.

Hetherington, Marc J., 1998: "The Political Relevance of Political Trust", *American Political Science Peview*, Vol. 92, No. 4, December, pp. 791~808.

Hwang, Hyunseo, Zhongdang Pan, and Ye Sun, 2008: "Influence of Hostile Media Perception on Willingness to Engage in Discursive Activities: An Examination of Mediating Role of Media Indignation", *Media Psychology*, Vol. 11, No. 1, March, pp. 76~97.

James, Oliver, 2011: "Managing Citizens' Expectations of Public Service Performance: Evidence from Observation and Experimentation in Local *Government.*", *Public Administration*, Vol. 89, No. 4, September, pp. 1419~1435.

Jann, Ben, 2008: "The Blinder-Oaxaca Decomposition for Linear Regression Models", *Stata Journal*, Vol. 8, No. 4, January, pp. 453~479.

Janowski, Tomasz, 2015: "Digital Government Evolution: From Transformation to Contextualization", *Government Information Quarterly*, Vol. 32, No. 3, July, pp. 221~236.

Janssen, Marijn, et al., 2018: "Trustworthiness of Digital Government Services: Deriving a Comprehensive Theory through Interpretive Structural Modelling", *Public Management Review*, Vol. 20, No. 5~6, pp. 647~671

KikuchiMasao, 2008: "Assessing Government Efforts to (Re) Build Trust in Government: Challenges and Lessons Learned from Japanese Experiences", *Research in Public Policy Analysis & Management*, Vol. 17, No. 8, pp. 201~225.

Kim, Seoyong, and Donggeun Kim, 2011: "Does Government Make People Happy?: Exploring New Research Directions for Government's Roles in Happiness", *Journal of Happiness Studies*, Vol. 13, No. 5, September, pp. 875~899.

King, Brayden G., 2014: "The Logic of Connective Action: Digital Media and the Personalization of Contentious Politics", *American journal of Sociolo-*

gy, Vol. 120, No. 3, November, pp. 968~971.

King, Gary, Jennifer Pan, and Margaret E. Roberts, 2013: "How Censorship in China Allows Government Criticism but Silences Collective Expression", *American Political Science Review*, Vol. 107, No. 2, May, pp. 326~343.

King, Gary, Jennifer Pan, and Margaret E. Roberts, 2014: "Reverse-engineering Censorship in China: Randomized Experimentation and Participant Observation", *Science*, Vol. 345, No. 6199, August, pp. 891−+.

Knight, John, Song. Lina, and Ramani Gunatilaka, 2009: "Subjective Well-being and Its Determinants in Rural China", *China Economic Review*, Vol. 20, No. 4, December, pp. 635~649.

Kohler, Ulrich, Kristian Bernt Karlson, and Anders Holm, 2011: "Comparing Coefficients of Nested Nonlinear Probability Models", *The Stata Journal*, Vol. 11, No. 3, pp. 420~438.

Krull, Jennifer L., and David P. MacKinnon, 2001: "Multilevel Modeling of Individual and Group Level Mediated Effects", *Multivariate Behavioral Research*, Vol. 36, No. 2, October, pp. 249~277.

Lageson, Sarah Esther, 2022: "Criminal Record Stigma and Surveillance in the Digital Age", *Annual Review of Criminology*, Vol. 5, No. 1, January, pp. 67~90.

Larcinese, Valentino, Riccardo Puglisi, and James M. Snyder Jr, 2011: "Partisan Bias in Economic News: Evidence on the Agenda-setting Behavior of US Newspapers", *Journal of Public Economics*, Vol. 95, No. 9~10, October, pp. 1178~1189.

Lau, Lawrence J., Yingyi Qian, and Gerard Roland, 2000: "Reform without Losers: An interpretation of China's Dual-track Approach to Transition", *Journal of Political Economy*, Vol. 108, No. 1, February, pp. 120~143.

Lee, Ching Kwan, and Yonghong Zhang, 2013: "The Power of Instability: Unraveling the Microfoundations of Bargained Authoritarianism in China", *American Journal of Sociology*, Vol. 118, No. 6, May, pp. 1475~1508.

Lember, Veiko, Taco Brandsen, and Piret Tõnurist, 2019: "The Potential Impacts of Digital Technologies on Co-production and Co-creation", *Public Management Review*, Vol. 21, No. 11, June, pp. 1665~1686.

Levi, Margaret, and Laura Stoker, 2000: "Political Trust and Trustworthiness", *Annual Review of Political Science*, Vol. 3, No. 1, June, pp. 475~507.

Lim, Linda YC, and Aaron Stern, 2002: "State Power and Private Profit: The Political Economy of Corruption in Southeast Asia", *Asian-Pacific Economic Literature*, Vol. 16, No. 2, November, pp. 18~52.

Lin, Nan, 1995: "Local Market Socialism: Local Corporation in Action in Rural China", *Theory and Society*, Vol. 24, No. 3, June, pp. 301~354.

Lipsky, Michael, 1980: *Street-level Bureaucracy: Dilemmas of the Individual in Public Service*. New York: Russell Sage Foundation.

MacKinnon, David P., Ghulam Warsi, and James H. Dwyer, 1995: "A Simulation Study of Mediated Effect Measures", *Multivariate Behavioral Research*, Vol. 30, No. 1, January, pp. 41~62.

Manzetti, Luigi, and Carole J. Wilson, 2006: "Corruption, Economic Satisfaction, and Confidence in Government: Evidence from Argentina", *The Latin Americanist*, Vol. 49, No. 2, Spring, pp. 131~139

Michelson, Ethan, 2008: "Justice from Above or Below? Popular Strategies for Resolving Grievances in Rural China", *The China Quarterly*, Vol. 193, March, pp. 43~64.

Miller, Arthur H, 1974: "Political Issues and Trust in Government: 1964~1970", *American Political Science Review*, Vol. 68, No. 3, September, pp. 951~972.

Miller, Arthur H., and Ola Listhaug, 1990: "Political Parties and Confidence in Government: A Comparison of Norway, Sweden and the United States", *British Journal of Political Science*, Vol. 20, No. 3, January, pp. 357~386.

Moon, M. Jae, Jooho Lee, and Chul-Young Roh, 2014: "The Evolution of Internal IT Applications and e-Government Studies in Public Administration", *Administration & Society*, Vol. 46, No. 1, October, pp. 3~36.

Moynihan, Donald, Pamela Herd, and Hope Harvey, 2015: "Administrative Burden: Learning, Psychological, and Compliance Costs in Citizen-state Interactions", *Journal of Public Administration Research and Theory*, Vol. 25, No. 1, January, pp. 43~69.

Mullainathan, Sendhil, and Andrei Shleifer, 2005: "The Market for News", *American Economic Review*, Vol. 95, No. 4, September, pp. 1031~1053.

Mustillo, Sarah A., Omar A. Lizardo, and Rory M. McVeigh, 2018:

"Editors' Comment：A Few Guidelines for Quantitative Submissions", *American Sociological Review*, Vol. 83, No. 6, October, pp. 1281～1283.

Nelson, Thomas E., Rosalee A. Clawson, and Zoe M. Oxley, 1997："Media Framing of A Civil Liberties Conflict and Its Effect on Tolerance", *American Political Science Review*, Vol. 91, No. 3, September, pp. 567～583.

Newman, Joshua, Michael Mintrom, and Deirdre O'Neill, 2022："Digital Technologies, Artificial Intelligence, and Bureaucratic Transformation", *Futures*, Vol. 136, February, pp. 102～886.

Nograšek, Janja, and Mirko Vintar, 2014："E-government and Organisational Transformation of Government：Black Box Revisited?", *Government Information Quarterly*, Vol. 31, No. 1, January, pp. 108～118.

Nye, Joseph S., Philip D. Zelikow, and David C. King, eds., 1997：*Why People Don't Trust Government*. Cambridge, Mass.：Harvard University Press.

Oaxaca, Ronald, 1973："Male-female Wage Differentials in Urban Labor Markets", *International Economic Review*, Vol. 14, No. 3, October, pp. 693～709.

Ofosu, George Kwaku, 2019："Do Fairer Elections Increase the Responsiveness of Politicians?", *American Political Science Review*, Vol. 113, No. 4, August, pp. 963～979.

Oh, Hyungna, and Jong Ho Hong, 2012："Citizens' trust in government and their willingness-to-pay", *Economics Letters*, Vol. 115, No. 3, June, pp. 345～347.

Oi, Jean C, 1992："Fiscal Reform and the Economic Foundations of Local State Corporatism in China", *World Politics*, Vol. 45, No. 1, October, pp. 99～126.

Oi, Jean C, 1995："The Role of the Local State in China's Transitional Economy", *The China Quarterly*, Vol. 144, No. 1, January, pp. 1132～1149.

Oliver, Richard L, 1980："A Cognitive Model of the Antecedents and Consequences of Satisfaction Decisions：a suggested framework and rehearch proposibions", *Journal of Marketing Research*, Vol. 17, No. 4, November, pp. 460～469.

Ollier-Malaterre, Ariane, Jerry A. Jacobs, and Nancy P. Rothbard, 2019："Technology, Work, and Family：Digital Cultural Capital and Boundary Management", *Annual Review of Sociology*, Vol. 45, No. 1, July, pp. 425～447.

Oswald, Andrew J., 1997: "Happiness and Economic Performance", *The Economic Journal*, Vol. 107, No. 445, November, pp. 1815~1831.

Oswald, Andrew J., and Nattavudh Powdthavee, 2008: "Does Happiness Adapt? A Longitudinal Study of Disability with Implications for Economists and Judges", *Journal of Public Economics*, Vol. 92, No. 5, June, pp. 1061~1077.

Peng, Yusheng, 2010: "When Formal Laws and Informal Norms Collide: Lineage Networks Versus Birth Control Policy in China", *American Journal of Sociology*, Vol. 116, No. 3, November, pp. 770~805.

Perovic, Lena Malesevic, and Sivia Golem, 2010: "Investigating Macroeconomic Determinants of Happiness in Transition Countries: How Important is Government Expenditure?" *Eastern European Economics*, Vol. 48, No. 4, December, pp. 59~75.

Pratt, Michael G., Scott Sonenshein, and Martha S. Feldman, 2022: "Moving Beyond Templates: A Bricolage Approach to Conducting Trustworthy Qualitative Research", *Organizational Research Methods*, Vol. 25, No. 2, June, pp. 211~238.

Preacher, Kristopher J., Michael J. Zyphur, and Zhen Zhang, 2010: "A General Multilevel SEM Framework for Assessing Multilevel Mediation", *Psychological Methods*, Vol. 15, No. 3, January, pp. 209~233.

Prior, Markus, 2014: "Media and Political Polarization", *Annual Review of Political Science*. Vol. 16, No. 1, May, pp. 101~127.

Putnam, Robert D., Robert Leonardi, and Raffaella Y. Nanetti, 1994: *Making Democracy Work: Civic Traditions in Modern Ltaly*, Princeton University Press, pp. 40~41.

Ram, Rati, 2009: "Government Spending and Happiness of the Population: Additional Evidence from Large Cross-country Samples", *Public Choice*, Vol. 138, No. 3, September, pp. 483~490.

Ranis, Gustav, and John CH Fei, 1961: "A Theory of Economic Development", *American Economic Review*, Vol. 51, No. 4, September, pp. 533~565.

Remmer, Karen L., 1990: "Democracy and Economic Crisis: the Latin American Experience", *World Politics*, Vol. 42, No. 3, April, pp. 315~335.

Robinson, Scott E., et al., 2013: "Explaining Popular Trust in the Department of Homeland Security", *Journal of Public Administration Research and Theory*, Vol. 23, No. 3, July, pp. 713~733.

Rodrik, Dani, 2014: "When Ideas Trump Interests: Preferences, World Views, and Policy Innovations", *Social Science Electronic Publishing*, Vol. 28, No. 1, Winter, pp. 189~208.

Saunders, Peter, and Xiaoyuan Shang, 2001: "Social Security Reform in China's Transition to a Market Economy", *Social Policy & Administration*, Vol. 35, No. 3, December, pp. 274~289.

Scheufele, Dietram A., 2000: "Agenda-setting, Priming, and Framing Revisited: Another Look at Cognitive Effects of Political Communication", *Mass Communication & Society*, Vol. 3, No. 2~3, November, pp. 297~316.

Scheufele, Dietram A., 1999: "Framing as a Theory of Media Effects", *Journal of Communication*, Vol. 49, No. 1, February, pp. 103~122.

Schudson, Michael, 2002: "The Business of Media: Corporate Media and the Public Interest, by Daivid Crobeall and Willian Hoyens. Pine Forge Press, 2001", *The Information Society*, Vol. 18, No. 4, pp. 307~308.

Scitovsky, Tibor, 1976: "The joyless economy: An Inquiry into Human Satisfaction and Consumer Dissatisfaction", *The Economic Journal*, Vol. 86, No. 344, December, pp. 911~913.

Seligson, Mitchell A., 2003: "The Impact of Corruption on Regime Legitimacy: A Comparative Study of four Latin American Countries", *The Journal of Politics*, Vol. 64, No. 2, January, pp. 408~433.

Sirowy, Larry, and Alex Inkeles, 2017: "The Effects of Democracy on Economic Growth and Inequality: A Review", *Studies In Comparative International Development*, Vol. 25, No. 1, Spring, pp. 125~156.

Sobbrio, Francesco, 2014: "The Political Economy of News Media: Theory, Evidence and Open Issues", A Handbook of Alternative Theories of Public Economicsn, *Edward Elgar Publishing*, pp. 278–320.

Sobel, Michael E., 1982: "Asymptotic Confidence Intervals for Indirect Effects in Structural Equation Models", *Sociological Methodology*, Vol. 13, pp. 290~312.

Sobel, Michael E., 1987: "Direct and Indirect Effects in Linear Structural Equation Models", *Sociological Methods & Research*, Vol. 16, No. 1, August, pp. 155~176.

Sobel, Michael E., 1986: "Some New Results on Indirect Effects and Their Standard Errors in Covariance Structure Models", *Sociological Methodology*,

Vol. 16, pp. 159~186.

Tang, Min, and Narisong Huhe, 2014: "Alternative Framing: the Effect of the Internet on Political Support in Authoritarian China", *International Political Science Review*, Vol. 35, No. 5, October, pp. 559~576.

Taylor, Charles Lewis, and Michael C. Hudson, 1983: *World Handbook of Political and Social Indicators*, New Haven: Yale University Press.

Todaro, and Michael P., 1981: *Economic Development in the Third World*, New York: Longman.

Van de Walle, Steven, Steven Van Roosbroek, and Geert Bouckaert, 2008: "Trust in the Public Sector: is There Any Evidence for a Long-term decline?" *International Review of Administrative Sciences*, Vol. 74, No. 1, March, pp. 47~64.

Van Ryzin, Gregg G., 2004: "Expectations, Performance, and Citizen Satisfaction with Urban Services", *Journal of Policy Analysis and Management*, Vol. 23, No. 3, June, pp. 433~448.

Van Ryzin, Gregg G., 2006: "Testing the Expectancy Disconfirmation Model of Citizen Satisfaction with Local Government", *Journal of Public Administration Research and Theory*, Vol. 16, No. 4, October, pp. 599~611.

Veenhoven, Ruut Ehrhardt, Joop Ho, Monica Sie Dhian de Vries, Astrid, 1993: *Happiness in Nations: Subjective Appreciation of Life in 56 Nations 1946~1992*, Rotterdam: Erasmus University Rotterdam.

Walder, Andrew G., 1995: "Local Governments as Industrial Firms: An Organizational Analysis of China's Transitional Economy", *American Journal of Sociology*, Vol. 101, No. 2, September, pp. 263~301.

Wang, Zhengxu, 2005: "Before the Emergence of Critical Citizens: Economic Development and Political Trust in China", *International Review of Sociology*, Vol. 15, No. 1, January, pp. 155~171.

Weatherford, M. Stephen, 1992: "Measuring Political Legitimacy", *American Political Science Review*, Vol. 86, No. 1, September, pp. 149~166.

Weil, Frederick D., 1989: "The Sources and Structure of Legitimation in Western Democracies: A Consolidated Model Tested with Time-series data in Six Countries Since World War Ⅱ", *American Sociological Review*, Vol. 54, No. 5, October, pp. 682~706.

Weinschenk, Aaron C., and David J. Helpap, 2015: "Political Trust in the

American States", *State and Local Government Review*, Vol. 47, No. 1, February, pp. 26～34.

Wesson, Paul, et al., 2022: "Risks and Opportunities to Ensure Equity in the Application of Big Data Research in Public Health", *Annual Review of Public Health*, Vol. 43, April, pp. 59～78.

Willems, Jurgen, et al., 2023: "AI-driven Public Services and the Privacy Paradox: Do Citizens Really Care about Their Privacy?" *Public Management Review*, Vol. 25, No. 11, April, pp. 2116～2134.

Williamson, Jeffrey G., 1998: "Growth, Distribution, and Demography: Some Lessons from History", *Explorations in Economic History*, Vol. 35, No. 3, July, pp. 241～271.

Wilson, Christopher, and Ines Mergel, 2022: "Overcoming Barriers to Digital Government: Mapping the Strategies of Digital Champions", *Government Information Quarterly*, Vol. 39, No. 2, April, p. 101681.

Wirtz, Bernd W., Jan C. Weyerer, and Benjamin J. Sturm, 2020: "The Dark Sides of Artificial Intelligence: An Integrated AI Governance Framework for Public Administration", *International Journal of Public Administration*, Vol. 43, No. 9, April, pp. 818～829.

Wirtz, Bernd W., Jan C. Weyerer, and Carolin Geyer, 2019: "Artificial Intelligence and the Public Sector—Applications and Challenges", *International Journal of Public Administration*, Vol. 42, No. 7, July, pp. 596～615.

Wu, Cary, and Rima Wilkes, 2018: "Local-national Political Trust Patterns: Why China is an Exception", *International Political Science Review*, Vol. 39, No. 4, February, pp. 436～454.

Yang, Kaifeng, and Marc Holzer, 2006: "The Performance-trust Link: Implications for Performance Measurement", *Public Administration Review*, Vol. 66, No. 1, January, pp. 114～126.

Yang, Qing, and Wenfang Tang, 2010: "Exploring the Sources of Institutional Trust in China: Culture, Mobilization, or Performance?" *Asian Politics & Policy*, Vol. 2, No. 3, June, pp. 415～436.

Zhang Jiasheng, Chen Wenna, Nicolai Petrovsky, Richard M. Walker, 2021: "The Expectancy-disconfirmation Model and Citizen Satisfaction with Public Services: A Meta-analysis and an Agenda for best Practice", *Public*

Administration Review, Vol. 82, No. 1, February, pp. 147~159.

Zhao, Xinshu, John G. Lynch Jr, and Qimei Chen, 2010: "Reconsidering Baron and Kenny: Myths and Truths about Mediation Analysis", *Journal of Consumer Research*, Vol. 37, No. 2, August, pp. 197~206.

Zhou, Jing, and Richard Ronald, 2017: "Housing and Welfare Regimes: Examining the Changing Role of Public Housing in China", *Housing, Theory and Society*, Vol. 34, No. 3, September, pp. 253~276.

Zou, Yonghua, and Wanxia Zhao, 2022: "Neighbourhood Governance During the COVID-19 Lockdown in Hangzhou: Coproduction Based on Digital Technologies", *Public Management Review*, Vol. 24, No. 12, January, pp. 1914~1932.

